기업금융실무와 위험분석

권성일 저

Corporate Banking & Risk Analysis

머리말

기업금융실무와 위험분석

지난 2004년 한국금융연수원에서 『금융기관의 기업금융설계와 위험분석』을 출판한 이후 4판을 거듭하면서 수정하고 보완해 왔습니다. 2016년 1월 기존의 『금융기관의 기업금융설계와 위험분석(4판)』을 절판하고, 『기업금융실무와 위험분석』이라는 새로운 이름으로 출판하였습니다.

본서는 금융기관에서 근무하는 여신심사역, 기업금융RM(relationship manager) 및 기업금융담당 지점장님들께서 보내주신 호응으로 국내에서 기업금융(corporate banking)과 투자금융(investment banking)의 실무서로 자리하게 되었습니다.

또한, 본서는 한국금융연수원의 『여신심사과정』에서 『기업금융상품의 위험요인분석』 과목의 교재로 사용되고 있습니다. 『기업금융상품의 위험요인분석』과목은 수출입금융, 부동산금융, 여신관련 파생상품 및 기타특수금융 세부과목으로 구성되어 있습니다.

이번 수정개편 작업을 통하여 각장에 존재한 오탈자를 수정하고, 내용면에서는 특히, 11장 부동산금융과 위험분석, 12장 프로젝트파이낸스와 위험분석, 13장 자산유동화증권과 위험분석에서 설명이 부족한 부분을 보완하였습니다.

끝으로 본서가 여신심사와 기업금융RM 업무에 근무하시는 동료 및 선후배님들의 기업금융(corporate banking)과 투자금융(investment banking)의 실무에 도움이 되길 바라며, 본서의 보다 향상된 모습을 위하여 선후배님들의 많은 조언을 기대합니다. 아울러 본서를 출판해 주신 한국금융연수원과 한국금융연수원 출판사 업부에 감사드립니다.

2017년 5월

권 성 일

Contents

01편

기업금융의 종류와 운용

Types & Operation of Corporate Banking

Contents

02편 수입금융과 수출금융
Import & Export Finance

Contents

03편 파생금융상품과 환위험관리
Financial Derivatives & FX Risk Management

Contents

04편

채권의 종류와 위험분석

Type of Bonds & Risk Analysis

Contents

05편

부동산금융과 프로젝트파이낸스

Real Estate Finance & Project Finance

Contents

06편

다양한 특수금융

Contents

Contents

01편

기업금융의 종류와 운용

Types & Operation of Corporate Banking

"

기업금융의 종류,
운용 및 금융업 위험분석을 중심으로

"

1장

금융기관의 금융업 위험분석

Banking Business & Risk Analysis

핵심용어

금융위험 Financial Risk	환율위험 FX Risk
운영위험 Operational Risk	금리위험 Interest Risk
산업위험 Industrial Risk	자금재조달위험 Refinancing Risk
금융업위험 Banking Business Risk	재투자위험 Reinvestment Risk
거래위험 Transaction Risk	베이시스위험 Basis Risk
법적위험 Legal Risk	옵션위험 Option Risk
경영위험 Management Risk	유동성위험 Liquidity Risk
준법위험 Compliance Risk	시장유동성위험 Market Liquidity Risk
신용위험 Credit Risk	자금조달유동성위험 Funding Liquidity Risk

제1절

금융업위험의 종류

Banking Business & Risk

금융기관이 금융업(banking business)을 함으로써 수익을 창출하는 과정에는 여러 가지 위험이 발생하게 된다. 금융기관이 금융업을 영위하는 과정에서 발생할 수 있는 다양한 위험, 즉 이미 예상했거나 예상하지 못한 여러 가지 위험을 금융업위험(banking business risk)이라 할 수 있다.

금융업위험은 곧 금융기관 자체의 신용위험(credit risk)에 해당하며 금융기관 자체의 신용분석 및 신용평가의 대상이 된다.

금융기관이 시장에서 금융업을 실행함으로써 수익을 창출하는 과정에서는 수익성에 영향을 미치는 여러 가지 위험이 존재하고 발생하게 된다. 이를 크게 세 가지, 즉 ① 금융위험(financial risk), ② 운영위험(operational risk), ③ 산업위험(industrial risk)으로 나눌 수 있다.

금융업에 존재하는 여러 가지 위험을 종류별로 정리하면 다음과 같다.

● 그림 1-1 _ 금융업위험(banking business risk)의 종류

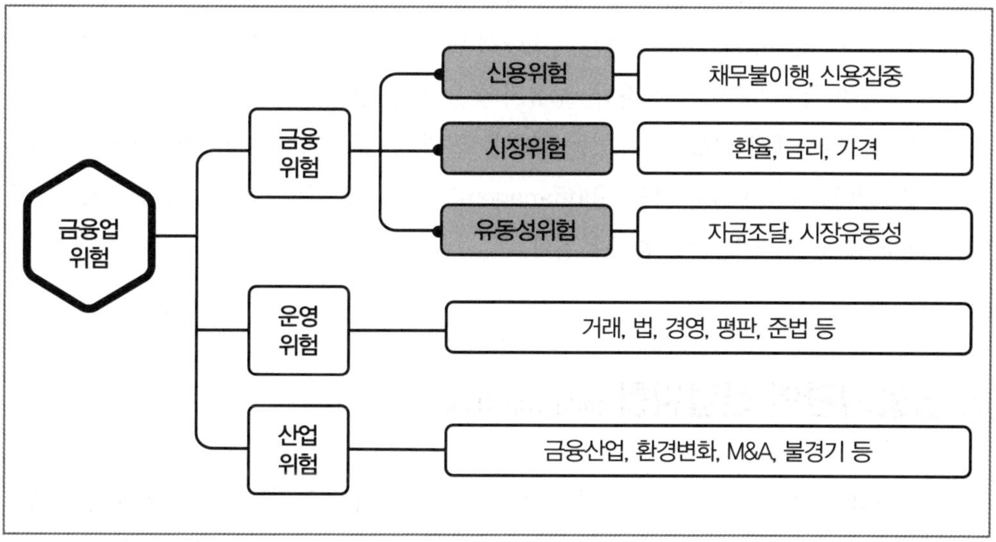

1. 금융기관의 금융위험 (Financial Risk)

금융위험(financial risk)은 금융기관이 수익을 창출할 목적으로 금융업 고유의 업무를 위하여 조달한 재원으로 투자한 자산(대출, 매입외환, 투자유가증권, 장단기채권 등)에서 발생할 수 있는 신용위험(credit risk), 시장위험(market risk), 유동성위험(liquidity risk)으로 구분된다.

금융기관이 보유하고 있는 개별 자산들에는 각각의 만기가 있는데 신용위험, 시장위험, 유동성위험은 이러한 개별자산의 만기 이전 혹은 만기에 발생하는 위험이고, 개별자산에서 발생하는 위험들이다.

2. 금융기관의 운영위험 (Operational Risk)

운영위험(operational risk)은 금융기관이 금융업의 핵심업무(core business) 또는 비핵심업무(non-core business)를 운영하는 과정에서 발생할 수 있는 위험을 말한다.
바꾸어 말하면 금융기관이 투자자산, 보유자산 및 비금융자산(예; 유형자산) 등을 취득하고 관리하는 과정에서 발생할 수 있는 위험을 말한다. 운영위험은 거래위험(transaction risk), 법적위험(legal risk), 경영위험(management risk), 평판위험(reputation risk), 준법위험(compliance risk) 등으로 구분된다.

3. 금융기관의 산업위험 (Industrial Risk)

산업위험(industrial risk)은 금융기관이 영업활동을 영위하고 있는 금융산업에서 발생하는 변화들이 해당금융기관의 수익성에 영향을 미칠 수 있는 여러 가지 위험을 말한다.

예를 들어 금융산업 환경의 변화, 즉 경쟁관계에 있는 금융기관들의 M&A, 영업경쟁의 심화, 국내외 경제상황이 침체상태(불경기)로 전환되는 경우 등이다.

제2절

금융위험의 종류와 특성

Financial Risk

금융위험(financial risk)은 대출 및 채권과 같은 금융기관의 장부내거래(on-balance transaction)뿐만 아니라 장부외거래(off-balance transation)에서도 발생한다. 이때 장부외거래에는 원리금지급보증, 건설 및 무역관련 지급보증 등도 포함된다.

1. 신용위험 (Credit Risk)

신용위험(credit risk)은 여신(대출 및 지급보증 등)을 공여한 채권자와 여신을 수혜받은 채무자 사이에서 발생하는 위험이다. 그리고 채무자가 채권자로부터 받은 금융의 만기에 채무자로서 이행해야 할 의무를 할 수 없는 상황에 직면하게 되는 위험이다.

대표적인 신용위험은 채무자(차주)가 빌린 대출금을 만기에 상환할 수 없는 상태에 직면할 수 있는 채무불이행위험(default risk), 즉 부도위험이다. 그러므로 우리가 흔히 말하는 국가위험도 신용위험에 해당한다. 그리고 신용평가기관의 보유자산(예; 대출금 또는 유가증권)과 관련 있는 채무자의 신용등급 하락으로 보유자산의 가치하락에서 발생하는 손실도 신용위험에 속한다.

총대출금 중에서 특정대출금이 차지하는 대출집중위험(혹은 신용집중위험: concentration risk)도 신용위험에 속한다. 예를 들어 특정기업의 신용등급이 높더라도 그 기업이나 특정그룹(혹은 특정산업 및 특정지역 등)에 대한 대출비중이 너무 높으면 위험관리 관점에서 볼 때 해당금융기관의 신용위험은 오히려 높게 평가된다. 따라서 신용집중위험은 분산투자를 하지 않음으로써 발생하는 위험이다.

이 외에도 금융기관이 신용위험에 직면한 정도를 점검할 수 있는 재무비율에는 총여신에 대한 무수익여신비율 등이 있다. 이들 비율이 높을수록 해당금융기관의 신용위험은 높게 평가된다.

무수익여신 / 총여신 × 100

한편 신용위험에는 전통적으로 대출, 채권 및 여러 가지 지급보증 형태의 여신이 주요 대상이었으나 오늘날에는 파생금융상품(derivatives)의 거래가 매우 활발해지면서 금융기관은 다양한 파생금융상품을 기업에 제공하게 되었다. 그러므로 파생금융상품거래도 신용위험분석의 대상이 된다.

왜냐하면 파생금융상품계약은 기초자산(파생금융상품)의 계약시점가치와 결제시점가치의 차이, 즉 계약기간에 발생하는 기초자산의 가치변동으로 발생할 수 있는 손실금액에 대한 거래당사자(counter-party)의 결제위험(settlement risk)이 발생하기 때문이다. 이때는 그 손실금액이 신용위험이 된다.

2. 시장위험 (Market Risk)

시장위험(market risk)은 금융기관이 보유하고 있는 자산과 부채에 대하여 시장상황에 따라 여러 가지 변수가 자산과 부채의 가치를 변동시키는 시장가격변동위험(price fluctuation risk)을 말한다. 그러므로 시장위험은 환율, 이자율, 주식가격 등의 변화에 영향을 받으며, 이러한 변수들이 예상하지 않은 방향으로 움직일 때 발생할 수 있는 손실을 의미한다.

1) 환율위험 (Foreign Exchange Risk)

환율위험(FX risk)은 환율의 변동이 금융기관에서 보유하고 있는 외화자산과 부채의 가치를 변화시킴으로써 금융기관에 손실을 발생시킬 수 있는 위험이고, 일반적으로 환위험이라고도 한다. 그러므로 금융기관이 보유하고 있는 외화자산과 외화부채의 차이가 클수록 해당금융기관의 잠재적인 환위험은 커진다.

예를 들어 동일통화를 전제로 할 때 A금융기관의 (외화자산–외화부채)/자본총계 비율이 10%이고, B금융기관의 비율이 7%이라면, 환율에서 발생하는 A금융기관의 시장위험이 B금융기관의 시장위험보다 크다. 따라서 다음과 같은 비율의 관리가 중요하다.

(통화별 외화자산–외화부채) / 자본총계 × 100

아울러 보유외화자산과 보유외화부채의 만기가 길면 길수록 혹은 환율의 변동폭이 커질수록 환위험은 높아진다. 따라서 보유외화자산 또는 보유외화부채의 만기와 환위험은 정(+)의 비례관계에 있다.

결론적으로 환위험은 ① 외환포지션(foreign exchange position), ② 보유외화자산과 부채별 만기의 불일치, ③ 보유외화자산과 보유외화부채에 관한 해당통화의 환율변동 폭(예: 1년 동안)에 의하여 주로 결정된다.

2) 금리위험 (Interest Risk)

금리위험(interest risk)은 금리변동으로 인해 해당금융기관 현금흐름의 불확실성이 증대되는 것을 말한다. 금리가 변하면 두 가지의 경로로 금융기관의 현금흐름에 영향을 준다. 첫째는 재투자수익과 재조달비용의 변화를 통해서이고, 둘째는 자산과 부채의 가치변화를 통해서이다.

따라서 금리위험은 금리가 변할 때 해당금융기관의 순이자소득이 얼마나 변동하는가를 의미한다고 할 수 있다.[1] 금리위험은 금융기관의 ALM(asset liability management)관리에서 매우 중요한 의미를 갖는다. 금리위험에는 (1) 자금재조달위험, (2) 자산재투자위험, (3) 가격위험, (4) 베이시스위험, (5) 옵션위험이 있다.

(1) 자금재조달위험 (Refinancing Risk)

● 그림 1-2 _ 자금재조달위험(Refinancing Risk)의 예

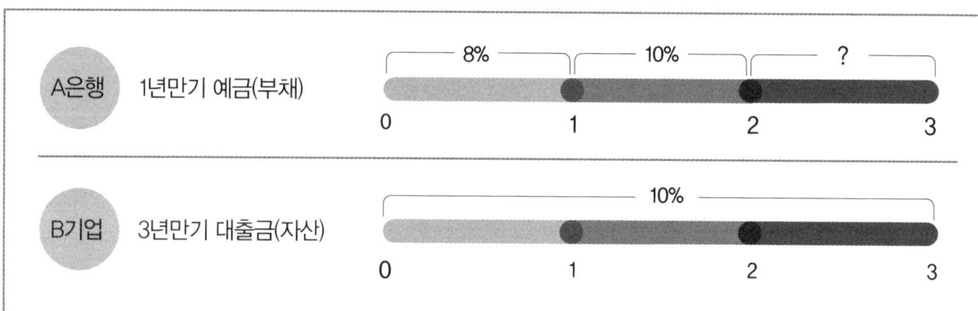

앞의 그림에서 보는 바와 같이 A은행은 3년만기 대출을 B기업에 제공하였다. 이때 A은행은 B기업과 3년 동안 대출이자를 매년 10%씩 받기로 약정하였다. A은행은 1년 동안 대출재원으로 예금이자를 연 8% 지급하는 1년만기 예금을 사용하고 연 2%의 순이자수익(spread or interest margin)을 얻을 계획이었다. 이때 예금주는 1년 후 만기일에 예금을 인출한다고 가정한다.

1) 오세경 · 김진호 · 이건호, 「위험관리론」, 경문사, p. 151 참고.

그러므로 A은행은 3년만기 대출금의 1차연도는 연 2%의 순이자수익을 향유할 수 있다. 만약 2차연도에 1년만기 예금금리가 연 8%에서 연 10%로 상승한다고 하자. 그 결과 2차연도의 대출수익은 제로(0)가 되고 2년 동안 대출금에 대한 평균 수익성(순이자수익)은 1%로 하락하게 된다.

만약 대출 3차연도에 이르러 1년만기 예금금리가 연 10%에서 연 9%로 하락한다면 A은행은 3년만기 대출자산을 지원하기 위하여 매년 1년만기 예금을 조달하고 지원한 결과로 3년평균 연 1%의 순이자수익을 얻게 된다. 반대로 3차연도에 이르러 1년만기 예금금리가 연 10%에서 연 12.6%로 상승하면 A은행은 3차연도에 연 2.6%의 손실이 발생하게 되고, 그 결과로 오히려 3년 동안 0.6%(즉 매년 0.2%씩)의 손실이 발생하게 된다.

이러한 손실은 시중금리의 상승으로 대출 3차연도에는 대출재원으로서 연 10% 이하의 자금을 구할 수 없었기 때문에 발생한다. 이와 같이 자산의 만기에 비하여 부채의 만기가 상대적으로 짧은 자금으로 자산을 지원했을 때 ① 자금재조달이 어려운 경우와 ② 보유자산의 수익성을 보장할 수 없는 상황이 발생할 수 있는 위험을 자금재조달위험(refinancing risk)이라 한다.

참 고

예를 들면 1997년 이전에 일부 종금사들은 해외시장에서 상대적으로 금리가 싼 외화단기자금으로 금리가 높은 장기외화채권에 투자를 하였다. 1997년 11월에 한국이 외환위기에 직면하게 되자 해외 대출은행들의 자금회수(refinancing 중단)로 인하여 발생된 **자금재조달위험**을 극복하지 못하고 신용위험(부도 또는 파산)에 직면한 사례가 많이 있었다.
또한 2008년 10월 국제금융시장에서 미국발 금융위기(예: 리먼브러더스 파산)가 발생했을 때 일부 국내은행들은 원화금리에 비하여 상대적으로 금리가 싼 일본엔화 단기자금을 조달하여 기업에 장기대출로 활용하였고, 국내은행에 단기자금을 대출한 엔화대출은행의 자금회수로 국내대출은행들은 일시적으로 **자금재조달위험**에 직면한 사례가 있었다.

(2) 자산재투자위험 (Reinvestment Risk)

● 그림 1-3 _ 자산재투자위험(Reinvestment Risk)의 예

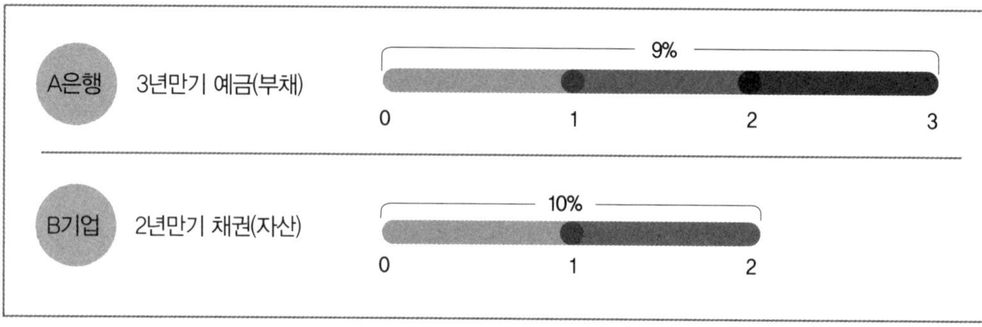

앞의 그림에서 보는 바와 같이 A은행은 2년 평균수익률이 연 10%인 B기업의 채권을 취득하였다. 그리고 안정적인 재원확보를 위하여 연 9%인 3년만기 정기예금을 2년만기 채권의 투자재원으로 사용하였다. 이때 예금주는 3년 후인 예금만기일에 예금을 인출한다고 가정한다. 그러므로 A은행은 채권투자 2년 동안 유동성위험이 없이 연 1% 투자수익성을 안정적으로 향유할 수 있다.

그러면 과연 3차연도에도 유동성위험이 없이 안정적으로 연 1% 수익성을 향유할 수 있을까? 만약 3차연도에 1년만기 채권수익률이 연 9.5%로 하락하면 3차연도에는 수익성이 연 1%에서 연 0.5%로 하락하게 된다. 따라서 A은행은 2년만기 채권투자를 위하여 3년만기 자금을 사용함으로써 유동성위험을 제거할 수 있었다.

그러나 3차연도에 1년만기 채권수익률이 연 8.5%로 하락하면 A은행은 3차연도에 연 0.5%의 손실이 발생하고, 그 결과 3년 동안 A은행의 투자수익률은 연 1.5%로 하락하게 된다.

이와 같이 금융기관(자산보유자)이 자산의 만기에 비하여 상대적으로 긴 자금으로 자산을 지원했을 때 손실이 발생할 수 있는 위험, 즉 투자자산의 만기일 이후에 이미 조달한 자금의 조달비용을 상회하는 수익성이 보장되는 자산에 재투자할 수 없게 될 위험을 자산재투자위험(re-investment risk)이라 한다.

(3) 금리변동으로 인한 가격위험

부채만기가 자산만기보다 짧은 경우에 발생하는 자금재조달위험(refinancing risk)과 자산만기가 부채만기보다 짧은 경우에 발생하는 자산재투자위험(renvestment risk)은 금리변동이 금융기관의 금융자산과 금융부채의 시장가치를 변화시키기 때문에 발생한다.

왜냐하면 금융기관의 금융자산은 자산 만기에 현금으로 전환되는 현금유입(cash inflow)이고, 부채는 부채 만기에 조달한 자금을 예금자에게 지급하는 현금유출(cash outflow)이기 때문이다.

금융자산(financial assets)은 할인된 미래현금유입(discounted future cash inflow)에 해당하고, 금융부채(financial debts)는 할인된 미래현금유출(discounted future cash outflow)에 해당한다. 그러므로 금융자산의 합은 할인된 미래현금유입의 합이라고 할 수 있고, 금융부채의 합은 할인된 미래현금유출의 합이라 할 수 있다.

후취개념인 금리는 선취개념인 할인율에 해당하므로 시장금리가 상승하면 시장할인율도 상승하게 되고, 이로 인하여 고정금리부자산의 시장가치와 고정금리부부채의 시장가치가 각각 하락하게 된다. 반대로 시장금리가 하락하면 시장할인율도 하락하게 되고, 이로 인하여 고정금리부자산의 시장가치와 고정금리부부채의 시장가치가 각각 상승하게 된다.

그러므로 자산의 평균만기가 부채의 평균만기보다 긴 자산을 보유하고 있는 금융기관 입장에서 금리가 상승하면 상대적으로 만기가 긴 고정금리부자산가치의 하락폭이 고정금리부부채가치의 하락폭보다 더 크게 나타난다. 따라서 그 차이 때문에 자산의 평균만기와 부채의 평균만기가 일치하는 금융기관과 비교하면 상대적인 기회손실로 평가된다.

반대로 금리가 하락하면 고정금리부자산가치의 상승폭이 고정금리부부채가치의 상승폭보다 더 크게 나타나기 때문에 그 차이만큼이 상대적인 기회이익으로 평가된다.

(4) 베이시스위험 (Basis Risk)

자금재조달위험, 재투자위험, 가격위험은 자산만기와 부채만기가 불일치하는 구조인 경우에 금리가 변동하면 발생할 수 있는 위험이다. 만약 이러한 위험을 회피하기 위하여 어떤 금융기관이 금융자산의 평균만기와 부채의 평균만기를 일치시켰다고 하자.

그 후에는 금리변동이 발생하더라도 자산과 부채 간에 기본수익(spread)이 존재했으면 그 기본수익에서는 손실이 발생하지 않지만 기본수익의 폭은 약간 변하게 된다. 왜냐하면 금융기관의 자산금액과 부채금액이 달라서 자산의 변동폭과 부채의 변동폭이 일치하지는 않기 때문이다.

이처럼 자산 만기와 부채 만기가 일치한다고 하더라도 자산의 변동폭과 부채의 변동폭이 일치하지 않아서 기본수익이 축소될 수 있는 위험을 베이시스위험(basis risk)이라 한다. 그러므로 베이시스위험은 자금재조달위험, 재투자위험, 가격위험과 비교할 때 상대적으로 위험이 낮다.

(5) 옵션위험 (Option Risk)

3년만기 정기예금에 가입한 예금자에게 만기일 전에 금융기관에 대하여 현금인출청구권(option)이 있다고 하자. 만약 시중금리가 상승하면 예금자는 옵션행사(예금의 중도해지)를 심각히 고려하게 되고, 예금기관은 예금인출 가능성으로 인한 자금재조달위험이 예금의 만기까지 존재하게 된다.

또한 3년만기 대출을 사용하고 있는 차주에게 만기 전에 조기상환청구권(option)이 있다고 하자. 만약 시중금리가 하락하면 차주는 옵션행사(대출의 조기상환)를 심각히 고려하게 되고, 대출기관은 조기상환의 가능성으로 인한 자산재투자위험이 대출의 만기까지 존재하게 된다.

이와 같이 자산과 부채에 특정의 옵션이 있는 경우에 그 옵션행사로 인하여 발생할 위험을 옵션위험(option risk)이라 한다.

3) 가격변동위험 (Price Fluctuation Risk)

가격위험은 경제환경의 변화에 따라 환율, 금리, 주식 등과 같이 주요 경제변수들의 예상하지 못한 변동이 금융기관이 보유하고 있는 자산과 부채(채권, 외환, 대출, 파생금융상품의 포지션 등)의 시장가치를 변화시키는 위험이다.

가격변동위험은 시장위험(market risk)에 속하고, 외환거래 및 파생금융상품거래에서 발생하는 포지션위험(position risk)과 단기에 시세차익을 목적으로 금융자산을 보유할 때 발생하는 거래위험(trading risk)에서 주로 발생한다.

3. 유동성위험 (Liquidity Risk)

유동성위험(liquidity risk)은 시장유동성위험과 자금조달유동성위험으로 나눌 수 있다. 시장유동성위험(market liquidity risk)은 보유하고 있는 금융자산에 대한 거래가 시장에서 활발하지 않아서 보유하고 있는 금융자산을 매각하고자 할 때에 거래가 즉시 이루어지지 않는 경우를 말한다. 이러한 위험은 장내금융상품보다 장외금융상품에서 발생하기 쉽다. 따라서 시장유동성위험은 다양해진 파생금융상품의 출현으로 향후에는 그 중요성이 더욱 부각될 것이다.

자금조달유동성위험(funding liquidity risk)은 ① 자금조달계획 등의 차질로 인하여 만기가 도래한 채무를 상환하기에는 자금이 부족한 경우, ② 예기치 않은 예금자의 예금인출사태(bank run)로 인하여 금융기관이 일시적인 기술적지급불능(technical insolvency) 상태에 직면하게 되는 경우 등이 있다.

이와 같이 금융기관 혹은 기업에 일시적인 유동성부족의 상태가 갑자기 발생하면 정상적인 자금조달비용보다 더 높은 금융비용을 지급하게 되고, 이로 인하여 시장에서 해당금융기관 또는 기업은 신용에 손실을 입게 된다. 한편, 유동성위험 중에서 자금조달유동성위험은 금융기관이 금융업을 활발히 운영하는 과정에서 발생할 수 있는 위험이다.

제3절

운영위험의 종류와 특성

Operational Risk

운영위험(operational risk)은 금융기관이 핵심업무(core business) 또는 비핵심업무(non-core business)를 운영하는 과정에서 발생할 수 있는 여러 가지 위험을 말한다. 이러한 위험은 업무능력이 부족한 직원 및 부적절한 내부절차와 시스템으로 인하여 직간접적인 손실을 발생시킨다.

1. 법적위험 (Legal Risk)

법적위험은 금융기관이 고객(기업)과 계약을 이행하면서 발생하는 위험이다. 예를 들어 법적위험은 계약이행(예; 채권행사) 과정에서 발생하거나 혹은 재판결과의 패소로 나타난다.

법적위험의 원인에는 계약자체의 흠결, 계약서에서 필요로 하는 채권서류의 미비, 관련규정의 위반, 절차의 불일치 등이 있다.

2. 준법위험 (Compliance Risk)

준법위험은 업무를 수행하면서 직원이 지켜야 할 관련 법규, 규정 및 윤리기준 등을 위반하거나 준수하지 않음으로 발생하는 위험이고, 대내외적으로 발생하는 경제적 또는 비경제적 손실을 의미한다.

이러한 준법위험은 우리나라가 OECD에 가입하고 금융기관의 대형화 및 국제화가 이루어짐에 따라 국제금융사회에서 요구하는 주요 사항 중의 하나이다. 따라서 준법위험은 향후에는 더욱 강조될 것이다.

3. 거래위험 (Transaction Risk)

거래위험은 금융서비스의 제공 또는 금융상품의 인도 등에서 발생하는 경제적인 손실로, 주로 직원의 도덕성과 영업능력의 문제에서 발생한다. 그리고 이는 내부통제 및 영업관리시스템 또는 직원교육을 통하여 예방할 수 있다. 앞에서 언급한 법적위험도 거래위험에 속한다고 볼 수 있다.

4. 평판위험 (Reputation Risk)

평판위험은 금융기관이 금융업의 핵심업무 또는 비핵심업무를 수행하면서 대외적으로 인정하는 평판, 바꾸어 말하면, 해당기관에 대한 부정적인 여론이 형성되는 위험을 의미한다.

이러한 위험에 직면하게 된 금융기관은 업무 전반에 걸쳐 사회로부터 받는 부정적인 영향으로 인하여 영업에 심각한 경제적 손실이 발생할 수 있다. 따라서 평판위험은 법적위험보다는 준법위험과 관련이 더 많다.

제4절

산업위험의 특성

Industrial Risk

산업위험(industrial risk)은 금융환경, 즉 금융산업의 악화가 해당금융기관의 영업에 미칠 위험을 말한다. 금융산업의 변화가 해당금융기관의 수익성에 나쁜 영향을 미칠 수 있는 위험, 심지어 해당금융기관을 신용위험(부도 및 파산)에 이르게 할 수도 있는 위험이다.

금융산업의 환경변화 중에서 대출금리의 상승은 일반적으로 대출에 대한 이자마진(interest margin: 자금조달비용과 대출이자 차이)을 확대시켜 금융기관의 영업수익을 향상시키는 반면에, 원금회수에 대한 채무불이행위험을 오히려 증가시킨다.

만약 채무불이행 사건이 발생하면 경우에 따라서는 대출자산 전체에서 발생하는 수익(순이자수익)금액보다 개별자산의 채무불이행에서 발생하는 손실(원금손실)금액이 더 큰 경우도 있다. 이와 같이 금융기관이 투자한 자산의 건전성이 악화되면 영업수익보다 영업손실이 증가하게 되고 해당금융기관은 금융업의 실패로 인한 신용위험에 직면하게 된다.

M&A를 통한 경쟁금융기관의 대형화, 불경기의 도래, 특정산업의 도태, 기업의 투자위축 등과 같이 금융산업환경의 변화에서 발생하는 산업위험은 금융기관의 외부에서 발생하는 위험이고, 금융업위험, 즉 금융기관의 신용위험에 영향을 미치는 중요한 위험 중의 하나이다.

연습문제

제 1 장

1. 금융기관의 금융업위험(banking business risk)을 크게 세 가지로 구분하고, 각각 존재하는 위험을 간략히 설명하시오.

2. 금융위험(financial risk)을 크게 세 가지로 구분하고, 각각 존재하는 위험의 내용을 간략히 설명하시오.

3. 시장위험(market risk)을 세 가지로 구분하고 이를 각각 설명하시오.

4. 금리위험(interest risk) 다섯 가지를 간략히 설명하시오.

5. 자금재조달위험(refinancing risk)과 재투자위험(reinvestment risk)을 각각 간략히 설명하시오.

6. 금융기관의 운영위험(operational risk)에 내재하는 위험을 소개하고 설명하시오.

7. 금융기관의 산업위험(industrial risk)에 내재하는 위험을 소개하고 설명하시오.

2장

기업금융의 종류와 운용방식

Types & Operation of Corporate Banking

핵 심 용 어

기업금융 Corporate Banking
건별금융 One-off Facility
회전금융 Revolving Facility
취소가능한도금융 Uncommitted Line
소구금융 Recourse Financing
비소구금융 Non-recourse Financing
한도금융 Line of Credit
제작금융 Structured Facility
취소불능한도금융 Committed Line

제1절

기업금융의 종류와 운용

Types & Operation of Corporate Banking

1. 기업금융의 내용과 종류 (Types of Corporate Banking)

은행의 금융업(banking business)은 기업에 금융을 제공하는 기업금융(corporate banking)과 개인에게 금융을 제공하는 개인금융(private banking)으로 구분된다.

기업금융(corporate banking) 또는 기업여신(credit facility)은 은행이 기업에 특정금액의 대출 또는 지급보증을 제공하는 것뿐만 아니라, 기업이 대출을 자유롭게 사용할 수 있는 '대출한도' 또는 일정금액 범위 이내에서 지급보증을 자유롭게 신청할 수 있는 '지급보증한도' 등도 포함한다.

그리고 은행이 기업에 '통화선도거래' 또는 '스왑거래'를 일정금액 범위 이내에서 자유롭게 거래할 수 있는 '통화선도 거래한도' 또는 '통화스왑 및 이자율스왑 거래한도' 등을 공여했다면 이들 한도도 '기업금융'에 포함되고, 이는 '기업금융위험'의 분석대상이고 관리대상이다.

왜냐하면 이러한 외환거래에서도 기업의 채무불이행(default risk)에 따른 손실이 발생하기 때문이다. 이와 같이 금융기관이 기업에 제공하는 다양한 여신(credit facility)을 기업금융(corporate banking)이라고 한다.

한편, 은행이 기업에 제공하는 다양한 금융(여신)의 종류에 따라 기업금융을 구분하면 다음과 같다.

● 그림 2-1 _ 기업금융(Corporate Banking)의 종류에 따른 구분

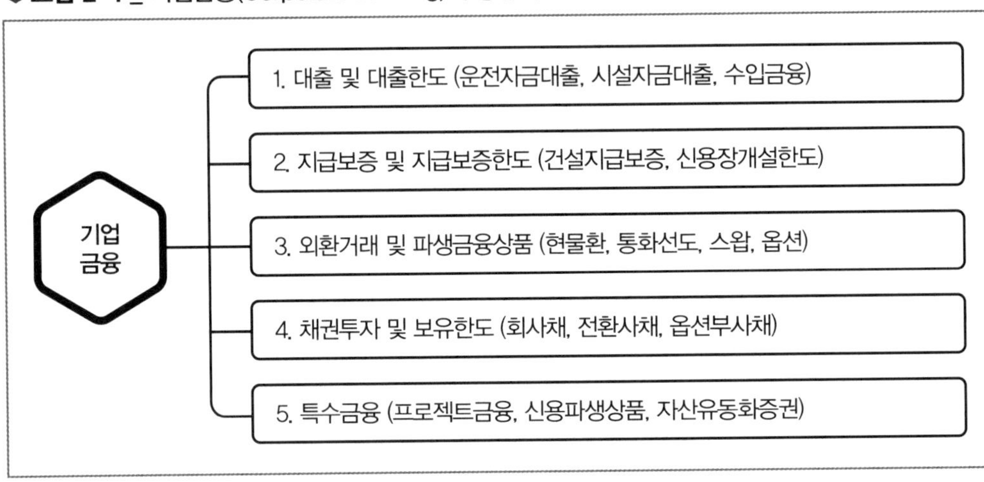

2. 기업금융의 운용방식 (Operation for Credit Facilities)

1) 기업금융의 운용방식 (Operation for Credit Facilities)

기업금융의 운용방식은 ① 건별금융(one-off facility), ② 한도금융(line of credit), ③ 회전금융(revolving facility), ④ 제작금융(structured facility)으로 구분한다.

● 그림 2-2 _ 기업금융의 공여기간에 따른 구분과 금융방식

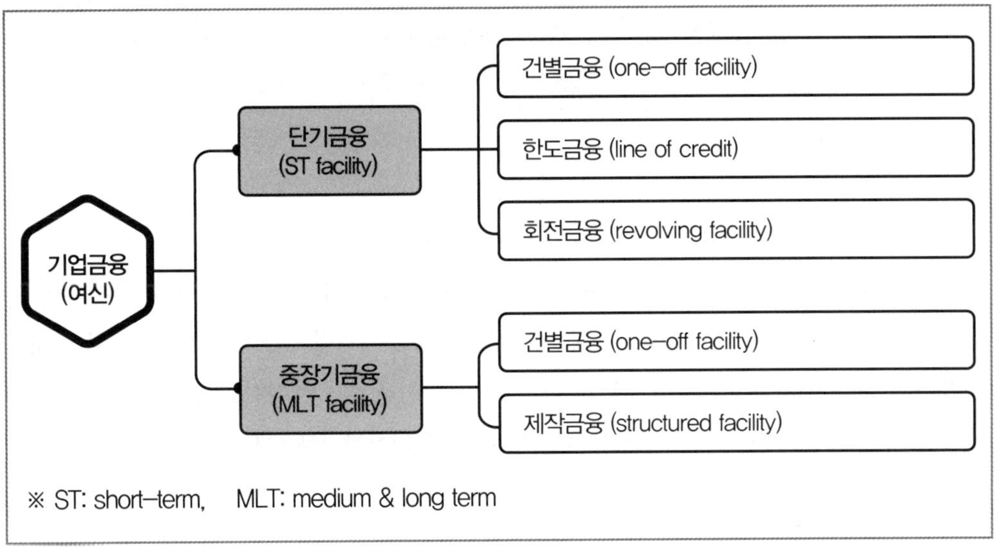

금융기관이 기업에 제공하는 기업금융은 금융을 제공하는 기간에 따라 단기금융(short term credit facility)과 중장기금융(medium & long term credit facility)으로 구분할 수 있다.

금융기관이 단기금융을 운용하는 방식은 ① 건별금융(one-off credit facility), ② 한도금융(line of credit), ③ 회전금융(revolving credit facility)으로 구분된다. 또한 중장기금융을 운영하는 방식은 ① 건별금융(one-off credit facility), ② 제작금융(structured credit facility)으로 구분된다.

> **참고**
>
> **Credit Line과 Credit Facility의 차이**
>
> 기업금융(corporate banking)에 사용되는 용어 중에는 credit line과 credit facility라는 용어가 있다. 그리고 이 용어들은 금융기관이 대출, 지급보증, 파생금융상품 등의 다양한 금융을 기업에 제공할 때 사용된다. 이 두 용어의 차이를 살펴보면 다음과 같다. ① credit line은 일반적으로 여신을 공여기간에 따라 단기와 중장기로 구분할 때 단기여신(short-term credit)을 한도형태로 운용하는 것을 말한다. 한도승인기간은 1년 이내이고, 단기여신한도 혹은 단기금융한도의 의미로 사용된다. ② credit facility는 단기여신(short-term credit)과 중장기여신(medium & long-term credit)을 모두 포괄하는 넓은 개념으로 사용된다. 즉, 'credit facility'는 'credit line'을 포함하는 개념이다.

2) 취소불능한도금융 (Committed Line of Credit)

취소불능한도금융(committed line)은 금융기관이 1년 이내인 단기금융한도를 기업에 제공하는 것으로 차입기업이 사용할 금융의 종류, 수수료, 개별금융의 만기 및 전체 한도의 만기를 기업에 통지하고, 기업이 전체 한도의 만기 이내에서 약정한 개별금융을 금융기관에 신청하면 해당금융기관은 그 금융을 실행해야 할 의무를 갖는 한도를 말한다.

취소불능한도금융의 만기 내에는 기업의 신용등급하락과 같은 신용위험이 증가하는 상황이 발생하여도 기업은 금융기관에 약정한 금융을 요구할 수 있다.

금융기관은 기업에 금융제공을 약정한 대가로 기업으로부터 약정수수료(commitment fee)를 받는 경우도 있다. 한편 외국에서는 취소불능한도금융을 confirmed line 혹은 advised line이라고도 한다.

3) 취소가능한도금융 (Uncommitted Line of Credit)

취소가능한도금융(uncommitted line)에서는 기업금융담당자(relationship manager: RM)가 특정기업에 대한 단기금융한도를 승인받으면 해당기업에게 금융제안서(facility letter or offer letter)을 작성하여 기업에 송부하게 된다.

그 내용은 반드시 승인조건과 일치해야 하고 향후 제공할 금융의 종류, 수수료, 이자율, 개별금융의 만기 및 한도의 유효기간 등과 같이 사전에 상의한 거래조건(terms and conditions)을 명시하게 된다. 만약 금융기관이 해당기업에 대하여 신용위험을 느끼게 되면 언제라도 금융을 중단하거나 상환을 요청할 수 있다.

왜냐하면 취소가능한도금융의 금융제안서에는 일반적으로 여신을 제공하는 금융기관의 단독결정(bank's sole discretion)에 의하여 금융을 중단하거나 기존금융의 상환을 요청할 수 있는 내용을 넣기 때문이다.

이와 같이 금융기관이 기업에 단기금융한도를 제공하고 이를 운용하면서 금융한도의 유효기간 이내라도 해당기업에 신용위험이 발생하면, 금융기관의 자유재량에 따라 금융을 중단하거나 회수할 수 있는 법적근거를 보유하면서 기업에 금융을 제공하는 데 취소가능한도금융의 목직이 있다.

4) 약정수수료 (Commitment Fee)

대출은행이 차주에게 약정수수료(commitment fee)를 수취하는 경우는 다음과 같이 두 가지가 있다.

(1) 단기대출의 약정수수료

대출은행은 기업에 단기대출인 취소불능한도금융(committed line)을 제공할 때 한도금액에 대하여 약정수수료(예; 0.3%)를 수취한다. 대출은행이 수취하는 약정수수료는 대출은행의 대출확약에 대한 이행의무의 대가(premium)에 해당한다. 그러므로 만약 차주의 신용상태가 계약기간 동안에 악화되더라도 대출은행은 자금제공확약 의무를 이행해야 한다.

(2) 중장기대출의 약정수수료

중장기대출(예; 외화대출, 시설자금대출, 부동산금융 등)인 경우이고, 중장기대출 조건에는 일반적으로 인출가능기간(Availability)이 있다. 인출가능기간에는 차주가 대출은행의 별도 승인이 없어도 승인받은 대출한도 범위 이내에서는 임의로 자금을 인출할 수 있다. 이때 대출은행은 인출가능기간 중에 인출하지 않은 금액(미인출금액)에 대하여 약정수수료(예; 0.3%)를 수취한 경우가 있다.

약정수수료(commitment fee)는 일반적으로 인출가능기간이 긴 경우(예; 6개월 이상)에 수취한다. 약정수수료는 이자비용의 성격이 일부 있고, 또한 승인받은 대출에 대하여 인출을 촉진시켜 해당대출 업무를 조속히 종료함으로써 대출업무의 관리비용을 낮추고 동시에 이자수익을 높이는 데 그 목적이 있다.

이와 같이 미인출금액에 대한 약정수수료는 자금을 구하기 어려운 국가(주로 후진국) 혹은 자금을 구하기 어려운 사업(예; 프로젝트파이낸스 등)에서는 사용하지만, 시중자금이 풍부하고, 대출시장에서 금융기관 간에 경쟁이 심하여 상대적으로 자금을 구하기가 쉬운 선진국의 자금시장 상황에서는 면제하는 경우가 많다.

제2절

기업금융의 운용방식

Operation for Credit Facilities

기업금융의 운영방식은 금융제공기간과 관계없이 금융제공방식에 따라 구분하면 크게 네 가지 방식이 있다.

① 건별금융(one-off credit facility)
② 한도금융(line of credit)
③ 회전금융(revolving facility)
④ 제작금융(structured facility)

이상 네 가지 방식의 특징을 정리하면 다음과 같다.

1. 건별금융 (One-Off Credit Facility)

건별금융방식으로 대출을 운영하는 예를 그림으로 나타내면 다음과 같다.

그림 2-3 _ 건별금융(one-off loan)방식

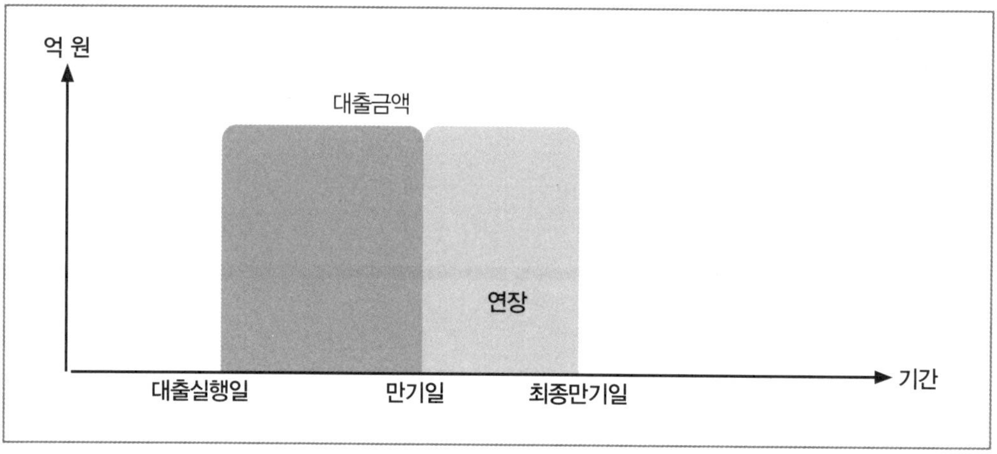

건별금융(one-off credit facility)방식은 금융기관이 기업으로부터 대출, 지급보증 등의 금융을 신청받으면 그 신청이 있을 때 마다 매번 승인부서 혹은 승인권자의 승인을 받아서 건별로 실행하는 금융을 말한다. 따라서 실행한 금융이 만기 전 또는 만기일에 상환되면 승인효력도 자동적으로 소멸되는 여신이다.

따라서 승인을 받아서 실행한 금융에 원금상환이 일어나는 경우, 또는 지급보증의 의무면제 등으로 금융잔액이 소멸되고, 얼마 후에 차주가 상환한 금융금액보다 더 적은 금액의 동일한 금융을 신규로 신청하더라도 승인권자로부터 신규금융에 대하여 승인을 새로이 받아야 한다.

그러므로 건별금융방식은 금융기관이 중장기대출, 중장기지급보증, 중장기신용파생상품 등의 금융을 제공하는 경우에 많이 사용하는 방식이다.

2. 한도금융 (Line of Credit)

한도금융방식으로 대출을 운용하는 예를 그림으로 나타내면 다음과 같다.

● **그림 2-4** _ 한도금융(line of short term loan)방식

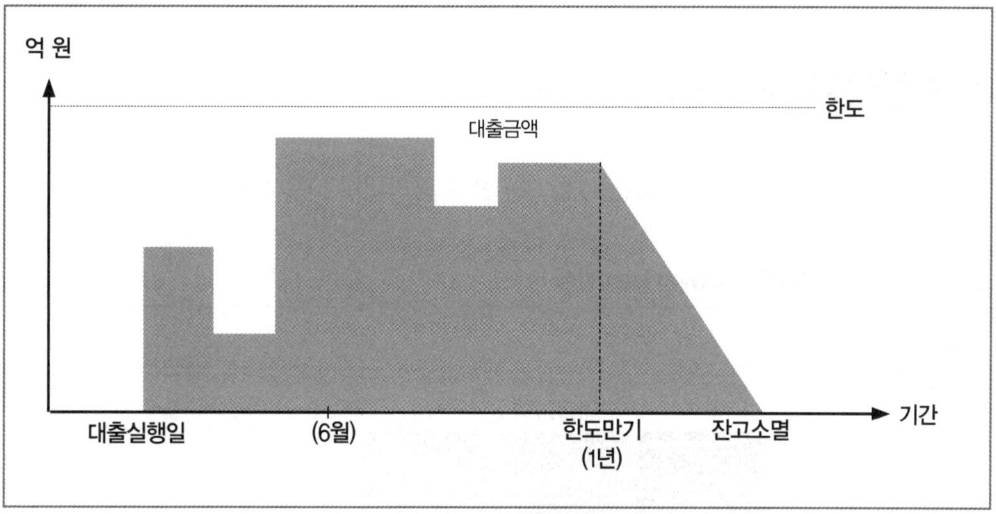

한도금융(line of credit)방식은 은행이 기업과 상담을 통하여 해당기업이 필요로 하는 금융의 종류, 즉 대출, 지급보증, 파생금융상품 등에 대하여 개별금융의 만기, 거래빈도, 건별 거래금액 등을 파악하고, 해당기업으로 하여금 승인조건과 승인기간 이내에서 기업이 원하는 다양한 금융을 공여하는 것을 말한다. 한도승인기간은 일반적으로 1년으로 한다.

한도금융의 운영방식은 두 가지로 나눌 수 있다. ① 승인한도 이내에서 기업이 대출금을 자유롭게 인출하고 만기에 상환할 수 있는 당좌차월한도, 수입신용장개설한도, 수출환어음할인한도 등과 같이 특정금융에 대한 한도를 각각 정하고 운영하는 개별금융한도이다. ② 은행이 기업에서 원하는 여러 가지 금융을 기업의 신용등급과 함께 종합적으로 고려하여 설정한 총여신한도 개념으로, 그 한도 내에서 사전에 논의된 다양한 금융을 기업이 자유롭게 사용할 수 있는 종합금융한도이다.

한도금융방식은 일반적으로 대출, 수입신용장개설, 건설관련 지급보증 등은 1년 미만 금융을 제공하고, 상대적으로 금융위험이 낮은(6장 4절 참고 바람) 파생금융상품은 2년 미만 거래를 제공한다. 그리고 해당한도의 만기가 지나면 그 한도를 연장하거나 신규로 한도승인을 받지 않으면 대출은행은 금융을 계속적으로 제공할 수 없다.

3. 회전금융 (Revolving Credit Facility)

회전금융방식으로 대출을 운용하는 예를 그림으로 나타내면 다음과 같다.

● 그림 2-5 _ 회전금융(revolving loan)방식

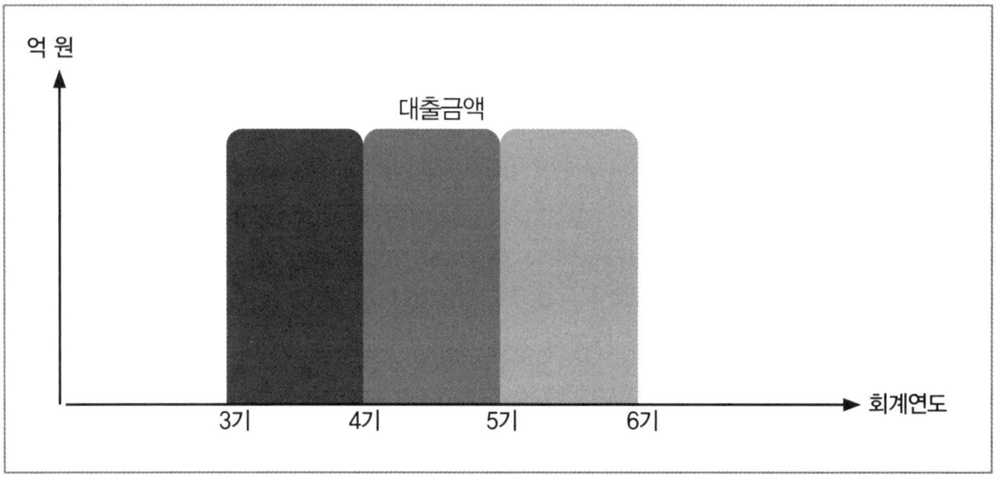

회전금융(revolving facility)방식은 기업이 대출 또는 수입신용장개설에 대한 금융을 계속적으로 제공해 줄 것을 요구할 때 은행은 기업과 사전 협의를 통하여 대출 또는 수입신용장개설 등에 특정조건을 부여하고, 이들 금융이 만기에 소멸되면 같은 금액, 같은 조건의 신규금융을 별도의 승인 없이 연속적으로 실행하는 방식이다.

예를 들어 지급보증서의 발행 또는 수입신용장개설을 위한 회전금융은 지급보증서 또는 신용장의 만기일이 지나면 동일한 조건과 금액인 지급보증서 또는 신용장을 신규로 개설하는 방식으로 금융을 제공하는 방식을 말한다.

■ 건별금융과 회전금융의 차이

건별금융은 만기일에 대출 또는 지급보증을 연장하게 되면 기존대출 또는 지급보증이 소멸되는 것이 아니고 기간이 연장되는 것이다. 그러나 회전금융은 사전에 약정한 바와 같이 기존금융의 만기일에 기존금융은 완전히 소멸되고 동일한 조건의 신규금융이 실행되는 것이다.

4. 제작금융 (Structured Credit Facility)

회전금융방식으로 대출을 운용하는 예를 그림으로 나타내면 다음과 같다.

● **그림 2-6** _ 일반중장기대출(term loan)과 제작금융(structured loan)

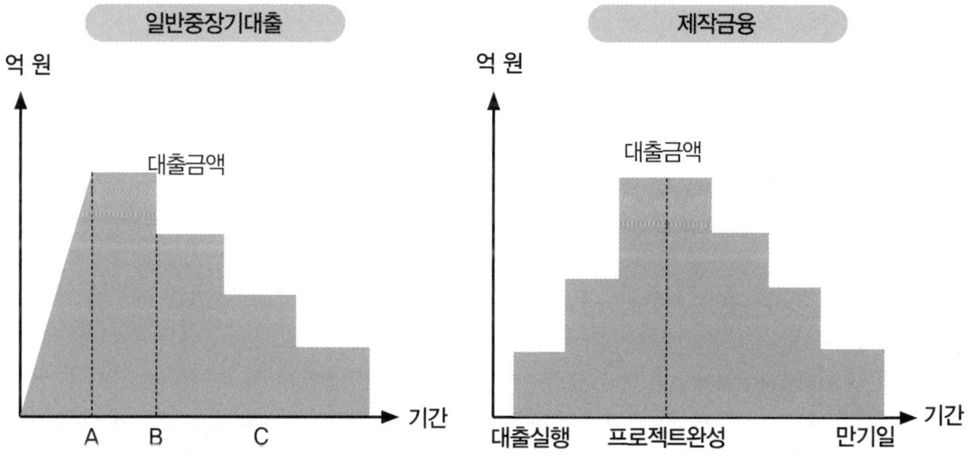

※ A: 인출허용기간(Availability), B: 거치기간(Grace Period) C: 원금상환기간(Repayment Period)

제작금융(structured credit facility)방식은 구조화금융으로 호칭되기도 한다. 국내적으로 혹은 국제적으로 표준화된 금융이 아니라 특정프로젝트의 완공기간, 운영기간, 완공 후에 유입되는 현금흐름(즉, 대출금의 상환재원) 등에 맞추어 설계하는 금융을 말한다.

예를 들어 대출인 경우는 프로젝트파이낸스(project finance)와 같이 프로젝트(예; 도로, 항만 발전소 건설 등)의 시공에 자금을 지원하는 대출설계를 하게 된다. 그러므로 제작금융은 표준화되지 않고 고객의 요청에 맞게 설계된 금융 혹은 표준에서 다소 변형된 맞춤금융(tailor-made financing)이라 할 수 있다.

따라서 제작금융은 1회성의 특수목적을 위하여 설계되는 금융으로서 금융운용방식은 건별금융방식으로 기업에 제공된다. 제작금융의 만기는 일반적으로 1년 이상인 중장기이다.

제3절

소구금융과 비소구금융

Recourse Finance & Non-Recourse Finance

1. 소구금융(Recourse Finance)과 운용방식

1) 소구금융의 특성과 회계 및 관리

국내에서 외상판매가 증가하거나 외상수출이 증가하면 판매자(혹은 수출상)의 운전자금 부담은 가중된다. 그 이유는 매출이 발생해도 판매대금회수가 이루어지지 않기 때문이다.

이러한 운전자금 부담을 해결하기 위하여, 즉 판매 즉시 대금을 회수하기 위하여 국내 외상판매인 경우에 판매자는 구매자로부터 수취한 상업어음(구매자가 발행한 어음)을 은행에 할인(또는 매각)한다. 또한 해외 외상수출인 경우에 수출상은 환어음(수출상이 발행한 어음)과 관련서류를 은행에 매각(negotiation, 즉 할인)한다.

예를 들어 판매자(혹은 수출상)가 어음(100원)을 금융기관에 할인하면 매출채권처분손실(5원, 할인료에 해당됨)을 차감하고 남은 금액(95원)을 수취하게 된다. 이때 매출채권처분손실(5원)은 금융기관 입장에서는 선취이자에 해당하고, 기업 입장에서는 선급이자에 해당한다. 또한 기업 입장에서는 매출채권을 금융기관에 매각하고 채무자가 그 대금을 결제할 때까지는 장부외계정(off-balance sheet)에서 우발채무로 관리한다.

이와 같이 금융기관 입장에서 어음할인(또는 수출채권매입)은 매출채권금융에 해당한다. 은행 입장에서는 어음할인(또는 수출채권매입) 후에 어음만기일에 채무자(혹은 수입상)가 대금을 결제하게 되면 은행의 매출채권금융(즉 어음할인)은 종료된다. 그러나 어음만기일에 채무자가 대금을 결제하지 않으면 문제가 발생하게 된다.

이와 같이 금융기관이 판매자(혹은 수출상)에게 매출채권금융을 제공할 때 어음할인 후 만기일에 채무자가 대금을 결제하지 않으면 금융기관이 원금회수를 목적으로 판매자(또는 수출상)에게 상환청구권(recourse)을 행사할 수 있는 조건으로 어음을 할인(매입)한 경우를 소구금융(with recourse to exporter financing or recourse financing)이라 한다.

■ Recourse

소구권, 구상권이라고 하는데 상환청구권에 해당한다.

2) 소구금융과 한도금융방식

소구금융은 금융기관이 판매자(혹은 수출상)에게 상환청구권(recourse)을 행사할 수 있기 때문에 금융기관이 제공하는 매출채권금융이 소구금융조건인 경우 금융기관은 대체로 한도금융방식으로 운용한다.

소구금융인 경우 금융기관은 판매자(혹은 수출상)에게 상환청구권(recourse)을 행사할 수 있다. 예를 들어 한도금액 100억, 할인기간 1년일 경우, 할인대상이 1년 미만이고 100억 이내 매출채권이면 금융기관은 채무자, 금액, 기간에 상관없이 모두 취급 가능하다.

2. 비소구금융(Non-Recourse Finance)과 운용방식

1) 비소구금융의 특성과 회계 및 관리

금융기관이 판매자(혹은 수출상)에게 매출채권금융을 제공할 때 어음할인 후 만기일에 채무자가 대금을 결제하지 않으면 은행이 판매자(또는 수출상)에게 상환청구권(recourse)을 행사할 수 없는 조건으로 어음을 할인(매입)한 경우를 비소구금융(without recourse to exporter finance 또는 non-recourse finance)이라 한다.

기업 입장에서 할인(또는 매각) 이후에 비소구금융의 회계처리도 소구금융의 회계처리와 같다. 그러나 기업 입장에서 비소구금융으로 상업어음(또는 외상수출채권)을 할인(또는 매각)한 경우에는 할인 이후에 우발채무로 관리해야 할 의무를 갖지 않는다. 그 이유는 만기일에 결제가 이루어지지 않더라도 할인은행이 기업에 소구권(recourse)을 행사할 수 없기 때문이다.

2) 비소구금융과 건별금융방식

비소구금융은 은행이 상환청구권(recourse)을 갖지 않기 때문에 ① 국내 외상판매인 경우에는 어음지급인인 국내의 물품구매사, ② 해외 외상수출하는 경우에는 해외의 수입상, ③ 수출상이 신용장(L/C)을 수취하고 수출하는 경우에는 신용장발행은행에 대한 신용위험에 의존해야 한다.

비소구금융은 금융기관이 판매자(혹은 수출상)에게 소구권(recourse)을 행사할 수 없기 때문에 금융기관이 제공하는 매출채권금융이 비소구금융인 경우에 금융기관은 어음지급인에 대한 신용위험분석이 매우 중요하며, 따라서 건별로 심사하고 취급하는 건별금융방식으로 운용한다.

금융기관의 심사포인트는 ① 어음지급인의 대금결제능력, ② 어음금액의 크기, ③ 어음기간의 장단 등을 고려한다. 어음지급인의 신용도는 우량일수록 선호하고, 어음금액은 어음지급인의 신용상태를 고려하여 매입이 가능한 범위 내에서는 클수록 선호하고, 어음기간도 어음지급인의 신용상태를 고려하여 매입이 가능한 범위 내에서는 길수록 선호한다.

비소구금융에는 예를 들어 금융기관이 비소구조건으로 상업어음을 매입하는 경우, 국제팩토링(international factoring, 4장 참고), 포페이팅(forfaiting, 5장 참고), 자산유동화(13장 참고) 등이 있다.

연습문제

제 2 장

1. 기업금융을 그 종류에 따라 다섯 가지로 구분하여 설명하시오.

2. 기업금융을 단기금융과 장기금융으로 구분하고 장단기금융 각각에 대한 운용방식을 설명하시오.

3. 취소불능한도금융(committed line)과 취소가능한도금융(uncommitted line)을 비교하시오.

4. 건별금융(one–off facility)의 개념과 그 구조를 설명하시오.

5. 한도금융(line of credit)의 개념과 그 구조를 설명하시오.

6. 회전금융(revolving facilit)의 개념과 그 구조를 설명하시오.

7. 제작금융(structured facility)의 개념과 그 구조를 설명하시오.

8. 소구금융과 비소구금융의 차이를 설명하시오.

3장

대출설계와 대출금융 위험분석

Loan structuring & Risk Analysis

핵 심 용 어

- 위험가중자산 Risk Weighted Assets
- 대출설계 Loan Structuring
- 일시유동자산 Temporary Current Asset
- 중장기대출 Term Loan
- 회전대출 Revolving Loan
- 현금흐름대출 Cash Flow Lending
- 분할상환대출 Installment Repayment Loan
- 비용지급금융 Expense Financing
- 매출채권금융 Account Receivable Financing
- 기업의 자산구조 Capital Structure
- 영구유동자산 Permanent Current Asset
- 특정용도단기대출 Bridge Loan
- 단기대출 Temporary Loan
- 일시상환대출 Bullet Repayment Loan
- 재고자산금융 Inventory Financing
- 부(−)의 순운전자본구조
- 정(+)의 순운전자본구조

제1절

대출과 위험가중자산

Loans & Risk Weighted Assets

1. 대출의 개념과 운용 (Loan Facility)

1) 대출의 개념

대출(loan)은 금융기관이 대출신청인(기업)에게 대출만기일에 상환받기로 하고 자금을 빌려주는 것을 말한다. 대출은행은 기업에 자금을 빌려준 대가로 약정한 자금사용료, 즉 이자를 기업으로부터 받는다.

일반적으로 기업은 이자를 후급으로 지급한다. 기업은 재무상태표에 대출기간이 1년 이내 대출금은 〈단기차입금〉으로 관리하고, 1년 이상 대출금은 〈장기차입금〉으로 관리한다.

2) 대출의 운용

대출은행이 대출을 실행하는 방법은 건별대출(one-off loan)과 한도대출(line of loan)로 나눌 수 있다. 건별대출은 기업이 대출을 여러 번 신청하는 경우에도 건별로 개별승인을 받아 대출이 실행되는 것을 말한다.

한도대출은 기업에 제공할 대출한도를 승인하여 그 한도 이내에서 기업이 자유로이 자금을 인출할 수 있도록 하는 대출을 말한다. 기업 입장에서 당좌차월한도 등을 예로 들 수 있다.

2. 대출은행의 금융위험 (Lender's Risk)

1) 대출은행의 금융위험

기업의 차입금융(debt financing)이 성공하면 기업의 영업이익이 증가하고 배당여력이 증가하게 된다. 바꾸어 말하면, 주주의 부를 상대적으로 크게 증대시키고 기업의 주식가치를 증가시키게 된다. 그러나 차입금융이 실패하면 영업이익을 감소시키거나 당기순손실을 발생시키게 된다. 이는 주주의 부를 상대적으로 크게 감소시키고 기업의 주식가치를 하락시킨다.

기업의 차입금융 실패는 기업의 원금상환능력을 약화시키므로 대출은행 입장에서는 대출자산의 건전성이 위협받게 된다. 그러므로 대출은행의 금융위험은 기업의 차입금융 성공여부에 달려 있다. 달리 표현하면 대출은행의 금융위험은 차입기업의 원금상환능력과 비용지급능력에 의존한다고 할 수 있다.

2) 대출위험과 신용보강

대출은행이 대출실행 이전에 대출신청인의 부채상환능력이 낮다고 평가하면 대출은행은 대출위험을 감소시키기 위하여 대출채권에 대한 신용보강(credit enhancement)을 차입기업(대출신청인)에 요구하게 된다.

이때 차입기업은 신용보강을 위하여 일반적으로 건물, 매출채권, 유가증권, 제3자의 지급보증 등을 대출은행에 담보로 제공한다.

3. 위험가중자산과 수익성분석 (Risk Weighted Asset & Profitability Analysis)

〈상황〉 K은행은 A, B, C, D기업에게 각각 10억 원씩 1년만기 대출을 실행하였다. K은행은 A기업에는 신용대출을 실행하였고, B기업으로부터는 국내 시중은행의 지급보증서를 담보로 받았다. C기업으로부터는 사장 소유의 아파트를 담보로 받고, D기업으로부터는 정기적금 7억 원을 담보로 받았다. 그리고 각 대출에 대한 K은행의 순이자수익(대출수익성)은 모두 연 1.5%였다. 이때 K은행의 대출금, 즉 A, B, C, D기업에 제공한 대출금의 위험가중자산을 각각 구하고, 아울러 위험가중자산 대비 순이익비율(Return on Risk Weighted Asset: RORWA)을 각각 구하시오.

※ 예를 들어, K은행의 대출이자가 연 6.5%이고, 자금조달비용이 연 5.0%이면 대출수익성은 연 1.5%가 됨.

〈풀이〉

K은행의 위험가중자산 대비 순이익 비율(RORWA)

(단위: 백만 원)

	A기업	B기업	C기업	D기업
1. 대출수익성	1.5%	1.5%	1.5%	1.5%
2. 대출금	1,000	1,000	1,000	1,000
3. 위험가중자산*	100%	20%	35%	30%
4. RORWA	1.5%	7.5%	4.3%	5.0%

* 신용환산율(부록을 참고 바람)에 해당함.

1) 위험가중자산(신용환산율)

신BIS 표준방법(부록: 위험가중자산의 계산과 신용환산율 참고)을 적용하면 신용대출위험은 100%, 국내은행지급보증의 위험은 20%, 거주부동산의 위험은 35%, 현금담보의 위험은 0%로 평가된다. 한편, 개인과 (중소기업기본법에 의한) 중소기업에 대한 신용대출은 75%를 적용한다.

2) RORWA의 계산

K은행이 A, B, C, D기업에 제공한 각 대출금에 대한 RORWA의 계산은 각각의 대출수익성을 위험가중자산으로 나누어 간단히 계산할 수 있다.

(1) A기업 대출금의 RORWA: 1.5%(= 1.5% ÷ 100%)

(2) B기업 대출금의 RORWA: 7.5%(= 1.5% ÷ 20%)

(3) C기업 대출금의 RORWA: 4.3%(= 1.5% ÷ 35%)

(4) D기업 대출금의 RORWA: 5.0%(= 1.5% ÷ 30%)

제2절

대출설계와 기업의 자산구조

Loan Structuring & Capital Structure

1. 기업의 자산구조[1)]

● **그림 3-1** _ 기업의 자산구조

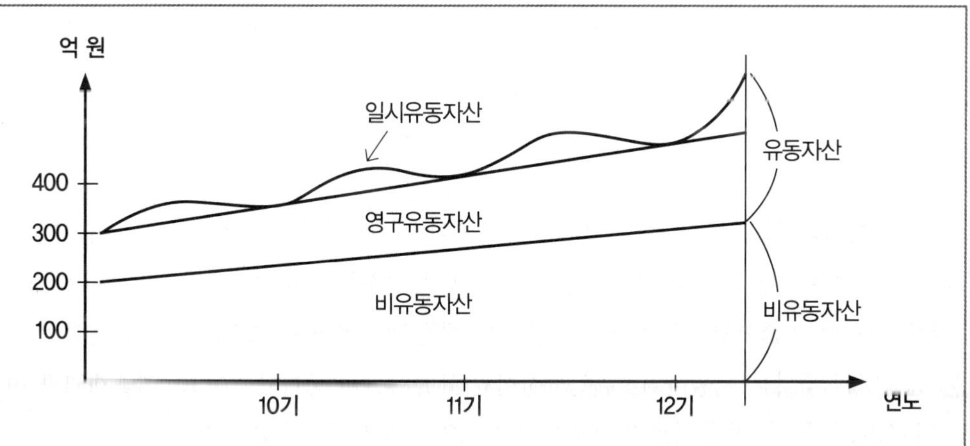

1) Eugone F. Brigham Louis C. Gapenski, Michael Cehrhardt, "Financial Mangement Theory and Practice", Ninth edition, The Dryden Press, pp. 835–838에서 참고.

일반적으로 기업의 총자산 중에서 유동자산의 규모는 거의 매일 변동한다. 따라서 기업의 유동자산은 계절적인 요인 등으로 거의 매일 변동하는 부분과 안정적으로 일정수준을 유지하는 부분으로 나눌 수 있다.

기업이 영업활동을 실행하는 데 유동자산이 일시적으로 증가했다가 감소하는 부분을 일시유동자산(temporary current assets)이라 하고, 일 년 내내 항상 필요로 하는 유동자산의 특정부분을 영구유동자산(permanent current assets)이라 한다. 그러므로 영구유동자산은 재무관리 관점에서는 단기자산이 아니라 장기자산으로 취급할 수 있다.

기업의 자산 중에서 일시유동자산이 변동하는 이유는 사업에 계절성(seasonality)이 있기 때문이다. 계절성사업으로는 다음과 같은 업종을 예로 들 수 있다.

① 겨울성수기사업으로는 난방기제조 및 판매사업, 정유업, 가스업, 모피의류업, 크리스마스와 관련된 완구 및 인형 등의 상품제조업, 스키와 같은 겨울 스포츠 사업 등이 있다.
② 여름성수기사업으로는 냉방기제조 및 판매사업, 빙과류업, 냉음료업, 여름농산물 생산 및 유통업, 수영장과 같은 여름 레저 및 스포츠 사업 등이 있다.
③ 특정기간 성수기사업으로는 교과서, 문구, 참고서, 교복제작 및 판매업 등은 봄학기와 가을학기의 초기가 성수기이고, 골프장은 봄과 가을이 성수기이고, 포도주 수입업은 가을이 성수기이고, 어업 또는 수산물가공업 등은 특정계절이 성수기이다.

이러한 계절성사업의 성수기에는 일시유동자산이 한시적으로 증가하게 되고 이 성수기가 지나면 일시유동자산이 감소하게 된다. 그리고 일시유동자산이 증가하게 되는 주된 요인은 대체로 매출액의 증가와 동반한 재고자산, 매출채권 및 미수금의 증가이다. 재고자산의 증가는 매출액의 증가를 지원하기 위한 사전적인 유동자산의 증가요인이고, 매출채권과 미수금의 증가는 매출액의 증가로 발생되는 사후적인 유동자산의 증가요인이다.

2. 대출설계와 대출기간 (Loan Structuring & Loan Maturity)

기업의 자산구조를 분석하기 위하여 총자산을 단기자산과 장기자산으로 구분할 수 있다. 또한 장기자산은 다시 영구유동자산과 비유동자산으로 구분할 수 있다.

● **그림 3-2 _ 기업자산의 구분**

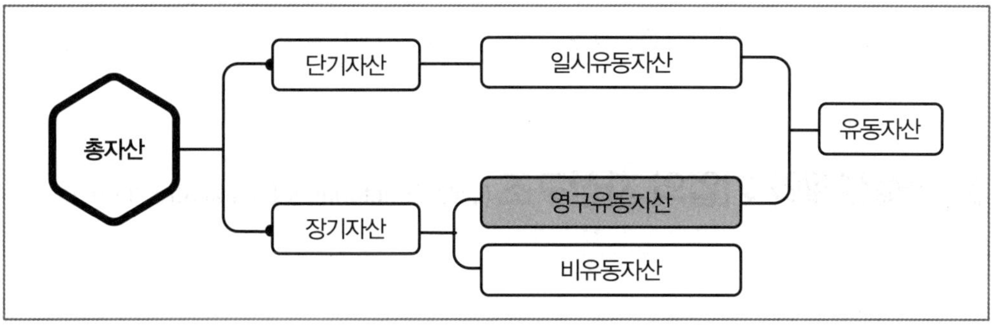

기업대출의 설계를 위하여 차입기업을 계속기업으로 생각하고 기업의 자산을 동태적유동성[2] 관점에서 분석해 보자.
예를 들어 어떤 기업의 재고자산보유기간과 매출채권회수기간이 각각 3개월이라고 하면 그 기업의 매출채권에 지원하는 대출금의 대출기간은 최소한 3개월 이상이어야 하고, 재고자산에 지원하는 대출금의 대출기간은 최소한 6개월 이상이어야 한다.

왜냐하면 그 기업의 매출채권에 대손이 발생하지 않으면 매출이 일어나고 평균적으로 3개월 후에 매출채권의 회수로 자금이 유입되기 때문이다. 그리고 재고자산은 원재료가 기업에 반입되어 제조과정을 거치고 판매되기까지 평균적으로 3개월이 소요되고, 매출이 발생하고 추가로 매출채권회수기간 3개월이 경과해야 현금이 유입되기 때문이다. 따라서 재고자산의 현금화에는 6개월이 소요된다.

그리고 현실적으로 기업의 영구유동자산은 기업의 장기자산과 같다. 왜냐하면 기업이 계속기업으로서 일정금액의 매출을 유지하려면 시장환경이 변하지 않는 한 일정금액의 (영구

2) 권성일, 「최신기업신용분석(제7판)」, 한국금융연수원(2015), pp. 42-45.

유동자산에 해당하는) 유동자산을 항상 보유하고 있어야 하기 때문이다.

그러므로 계속기업을 가정하면 미수금 등의 유동자산은 모두 각각의 만기를 가지고 있으며 정상적인 경우는 만기일에 모두 현금으로 전환된다. 반면에 기계장치, 생산시설 공장 등의 유형자산은 회계 관리에서 감가상각비라는 현금의 유출이 없는 비용이지만 현실적으로는 매월, 분기별 현금으로 유입된다. 그러므로 이론적으로는 유형자산에 지원하는 대출금의 대출기간은 유형자산의 내용연수와 일치시키는 것이 가장 바람직하다.

3. 대출설계와 기업의 자산구조 (Loan Structuring & Capital Structure)

1) 기업의 자산구조와 금융지원 (Capital Structure & Financing)

기업이 투자자산에 대한 자금지원을 바르게 하려면 '금융지원의 기본' 이론을 준수해야 한다. '금융지원의 기본' 이론은 유동자산과 같은 단기자산은 단기자금으로 지원해도 되지만 유형자산과 같은 장기자산은 장기자금(① 장기차입금, ② 자기자본, ③ 영업현금흐름 등)으로 지원해야 한다는 이론이다.[3)]

그림 3-3 _ 기업의 자산구조와 자금지원

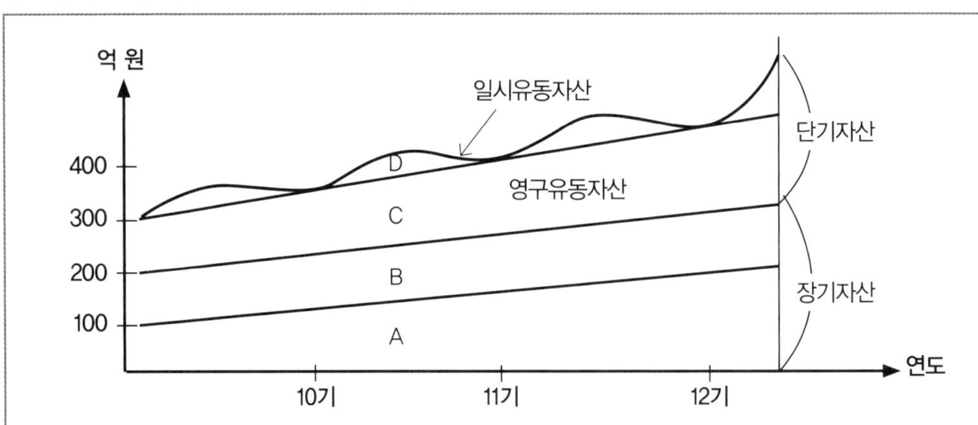

3) 권성일, 「최신기업신용분석(제7판)」, 한국금융연수원(2015), pp. 42-45.

기업이 생산활동과 판매활동에 지원하는 자금을 조달할 때 기업 입장에서 가장 중요시해야 하는 두 가지 사항이 있다. 이는 ① 안정적인 자금조달(자산의 만기에 일치하는 자금조달의 노력)과 ② 금융비용의 최소화(자금조달 비용을 줄이려는 노력)이다. 이 두 가지는 대출은행으로부터 상환압박에서 벗어나기 위함과 기업의 수익성을 향상시키기 위함이다.

한편 장기자금과 단기자금의 특성을 보면 ① 안정적인 자금조달과 ② 금융비용의 최소화는 서로 역(trade-off)의 관계에 있다. 왜냐하면 단기자금에 비하여 장기자금조달에 대한 금융비용이 일반적으로 더 높기 때문이다. 그러므로 투자자산에 만기가 긴 자금을 지원하면 금융비용이 증가하게 되고, 상대적으로 만기가 짧은 자금으로 지원하게 되면 금융비용은 낮아지지만 상환부담이 증가하게 된다.

또한 기업 입장에서 자금을 조달할 때는 ③ 자금의 유연성(flexibility: 차입기업이 상환을 원할 때 자유롭게 상환할 수 있는 정도 즉, 대출상환에 제약이 없는 경우를 의미함)도 고려해야 한다.

그러나 현실적으로 단기자산의 만기와 대출기간은 일치시킬 수 있지만, 유형자산과 같은 장기자산의 만기와 대출기간을 일치시키기는 거의 불가능하다. 왜냐하면 생산설비는 내용연수가 대체로 10년을 초과하는 경우가 많기 때문이다. 그리고 기업에 대출기간을 10년 이상 지원하는 금융기관은 거의 없기 때문이다. 그러므로 현실적으로는 기업의 자산을 차입금융을 통하여 '금융지원의 기본' 이론에 맞게 지원하기는 거의 불가능하다.

2) 대출설계와 대출금의 용도 (Loan Structuring & Types of Loans)

대출을 사용용도에 따라 크게 세 가지로 구분할 수 있다. ① 유형자산, 유동자산 등의 자산취득에 사용되는 자산지원대출(asset financing loan), ② 배당금, 세금, 노무비소급분, 판매관리비 등의 비용지급에 사용되는 비용지원대출(expense financing loan), ③ 회사채, 장단기차입금 등의 기존차입금 상환에 사용되는 상환지원대출(refinancing loan)이다. 이를 그림으로 나타내면 다음과 같다.

● **그림 3-4 _ 대출금의 용도에 따른 구분**

또한 자산지원대출을 기업의 단기자산과 장기자산에 각각 지원하는 대출금으로 구분하여 정리하면 다음과 같다.

● **그림 3-5 _ 자산지원대출의 구분**

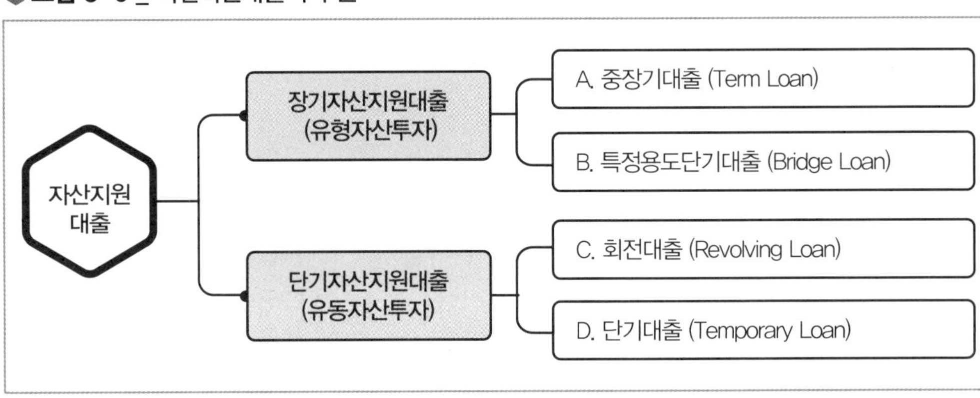

현실적으로는 단기자금으로 유상증자의 납입이 완료될 때까지, 혹은 회사채 발행자금이 유입될 때까지 등을 이유로 특정기간만 단기자금으로 장기자산에 지원하기도 한다. 이런 경우와 같이 장기자금이 유입될 때까지만 일시적으로 단기자금으로 장기자산을 지원하는 대출을 특정용도단기대출(bridge loan)이라 한다.

기업의 영구유동자산은 기업 입장에서 장기자산과 같다. 그러므로 기업은 영구유동자산에 대하여 현실적으로 중장기대출금으로 지원하거나 또는 1년만기 단기대출을 상환하지 않고 매년 연장하는 회전대출금(revolving loan) 형태로 영구유동자산을 지원하고 있다.

흔히 운전자본지원의 용도로 1년만기 대출이 기업에 대출되고, 이 대출이 상환되지 않고 매년 연장되는 단기대출을 '일반대출'이라고 부른다. 그리고 기업은 당좌차월과 같은 단기대출로 변동성이 많은 일시유동자산을 지원한다.

대출금의 용도를 정리하면 기업자산을 지원하는 대출금을 ① 장기자산지원대출과 ② 단기자산지원대출로 구분할 수 있다. ① 장기자산지원대출은 생산시설 증대를 위한 시설자금으로 사용되는 중장기대출과 장기자산투자를 위하여 장기자금이 유입될 때까지만 지원하는 특정용도단기대출로 구분할 수 있다. 그리고 ② 단기자산지원대출은 영구유동자산에 지원하는 회전대출과 일시유동자산에 지원하는 단기대출로 구분할 수 있다.

4. 대출금의 용도에 따른 상환재원 (Source of Repayment)

기업의 장기자산(생산활동)과 단기자산(구매활동 및 판매활동)에 지원된 대출금, 즉 핵심자산(core assets)에 지원된 대출금에 대한 정상적인 상환재원을 분석해 보면 다음과 같다.

기업의 사산에 지원된 대출금의 상환재원은 기본적으로 영업활동에서 유입된 현금흐름, 즉 영업현금흐름이다. 만약 기업의 차입금융이 성공하면 당기순이익이 증가하고 영업현금흐름도 증가하게 된다.

이론적으로는 1년 동안 유입된 영업현금흐름은 장기자산('그림 3-3'에 표시된 A와 B영역)에 지원된 대출금과 영구유동자산(C영역)에 지원된 대출금 일부의 상환재원이 된다. 왜냐하면 유형자산은 생산활동의 핵심인 생산시설(핵심자산)이고 영구유동자산은 매출액 유지에 필요한 최소한의 유동자산이기 때문이다.

그러므로 이론적으로는 기업의 차입금융이 성공하게 되면 영업활동에서 유입된 영업현금흐름으로 유형자산과 같은 장기자산에 지원한 대출금(A와 B영역)을 상환하고, 그 유형자산의 내용연수가 끝나고 생산활동이 불가능해지면 기업은 다시 차입금융으로 새로운 유형자산을 취득하게 된다. 만약 유형자산의 감가상각은 모두 끝났지만 유형자산이 생산활동을 계속할 수 있으면 영구유동자산을 상환할 수도 있게 된다.

또한 어떤 기업의 사업성이 매우 좋아서 매출 대비 순이익이 매우 높으면 영업현금흐름이 풍부하여 A와 B영역뿐만 아니라 C영역(영구유동자산)까지 상환하게 된다. 따라서 유형자산이 내용연수가 지나도 생산활동에 기여할 수 있으면 그 기업은 한시적으로 무차입경영 상태에 도달할 수 있게 된다.

물론 현금흐름의 유입액이 크면 일시유동자산(D영역: 재고자산 또는 매출채권의 일시적인 증가)에 지원한 대출금도 상환할 수 있겠지만, 이론적으로는 그렇지 않다. 왜냐하면 현금흐름은 판매마진에서 발생하지만 일시유동자산의 상환재원은 판매마진이 아니라 판매대금 그 자체이기 때문이다. 따라서 일시유동자산인 재고자산과 매출채권의 증가에 지원된 대출금은 제품판매 후에 회수된 현금, 즉 재고자산의 감소 또는 매출채권의 감소, 바꾸어 말하면 재고자산 또는 매출채권이 현금으로 전환되는 자금이 이론적인 상환재원이 된다.

그러므로 일시유동자산에 지원한 대출금의 상환재원이 일시유동자산 그 자체란 의미로 외국은행 중에는 일시유동자산지원대출을 자산전환대출(asset conversion loan)이라고도 하고, 이는 일시유동자산의 현금전환을 의미한다. 그러므로 대출금의 상환재원으로서 현금흐름을 매출현금흐름[4]의 개념을 적용하면 보다 정확히 분석할 수 있다. '그림 3-3'에서 기업의 자산을 구성하고 있는 A · B · C영역의 상환재원은 판매마진에 해당되는 매출현금흐름이 되고, D영역은 영업현금흐름 중에서 영업활동으로 인한 자산 · 부채의 변동, 즉 영업운전자본[5]의 감소가 상환재원이 된다.

4) 매출현금흐름=당기순이익 + 현금의 유출이 없는 비용 – 현금의 유입이 없는 수익. 권성일, 「최신기업신용분석(제7판)」, 한국금융연수원(2015), pp. 339–342.

5) 영업운전자본=(매출채권+재고자산+미수금 등) – (매입채무+미지급금 등). 권성일, 「최신기업신용분석(제7판)」, 한국금융연수원(2015), p. 254.

제3절

대출설계와 장기자산지원대출

Loan Structuring & Fixed Asset Financing Loan

1. 대출설계와 중장기대출 (Loan Structuring & Term Loan)

중장기대출은 기업의 자산 중에서 공장건설, 기계장치 구입 등과 같이 장기자산 취득에 지원한 자금과 연구개발비에 지원한 자금 등과 같이 자본적지출(capital expenditure)에 지원하는 대출금을 말한다.

대출기간은 투자자산의 만기와 기업의 신용상태를 고려하여 일반적으로 2~8년이다. 중장기대출의 상환재원은 영업현금흐름이기 때문에 영업현금흐름을 상환재원으로 하는 대출이라는 뜻으로 현금흐름대출(cash flow lending)이라고 한다.

중장기대출(term loan)은 상환조건에 따라 일시상환대출(bullet repayment loan)과 분할상환대출(installment repayment loan)로 구분한다.

1) 일시상환대출 (Bullet Repayment Loan)

일시상환대출(bullet repayment loan)은 대출기간이 일반적으로 2~5년인 중장기대출로서 원금상환 조건이 대출만기일에 대출금 전액을 일시에 상환하는 대출을 말한다.

그리고 차입기업 입장에서 이자지급방법이 후급조건인 경우 대출기간에는 이자지급일에 이자만 후급조건으로 지급하고, 대출만기일에는 대출금과 마지막 1회 이자를 대출은행에 지급함으로써 대출은행과 차입기업의 대출거래는 종료된다.

2) 분할상환대출 (Installment Repayment Loan)

분할상환대출(installment repayment loan)은 대출기간이 일반적으로 3~8년인 중장기대출로서 원금상환 조건은 대출기간 이내에서 대출금을 균등하게 분할하여 특정일로부터 대출만기일까지 원금을 상환하는 조건의 대출을 말한다.

그리고 차입기업 입장에서 이자지급방법이 후급조건인 경우 거치기간(grace period)에는 이자만 후급으로 지급하고, 원금상환기간이 도래하면 원금상환일과 이자지급일을 일치시키고 원금상환일마다 균등분할한 상환금액과 1회 이자를 매번 대출은행에 지급한다.

그리고 대출만기일에는 마지막 균등분할상환금액과 1회 이자를 대출은행에 지급함으로써 대출은행과 차입기업의 대출거래는 종료된다(분할상환대출에 대한 자세한 내용은 14장 1절과 2절 참고 바람).

2. 특정용도단기대출(Bridge Loan)과 금융위험

1) 특정용도단기대출(Bridge Loan)의 특성과 내용

특정용도단기대출(bridge loan)은 장기자산에 지원하는 단기대출로서 영업활동이 아닌 장기자산의 취득과 같이 자본적지출(capital expenditure) 혹은 관계회사의 주식취득 등의 특정용도에 사용되는 거액의 자금을 일반적으로 6개월 이내인 특정기간만 한시적으로 지원하는 거액의 단기대출을 말한다.

기업의 자금조달 관점에서 보면 특정용도단기대출은 유상증자대금의 납입일까지만 혹은 중장기외화대출의 실행일까지만 지원하는 대출, 즉 예정된 장기자금의 지원을 전제로 한시적으로 특정용도에 지원하는 단기대출이다. 물론 특정용도단기대출의 상환재원은 대출의 만기 전에 유입이 예정된 장기자금이다. 그러므로 특정용도단기대출은 장기자산의 투자시점과 장기자금의 유입시점에서 발생하는 시간적인 차이를 연결하는 징검다리 역할을 하는 대출(bridge loan)이다.

2) 대출은행의 금융위험

대출은행의 금융위험은 계획된 장기자금의 조달 가능성 혹은 예정된 장기자금의 유입 가능성에 의존한다. 왜냐하면 특정용도단기대출은 계획된 혹은 예정된 장기자금의 조달이 곧 상환재원이기 때문이다.

제4절

대출설계와 단기자산지원대출

Loan Structuring & Current Asset Financing Loan

1. 회전대출과 중장기대출 (Revolving Loan & Term Loan)

1) 단기자산지원과 회전대출 및 중장기대출

단기자산지원대출은 단기자산, 즉 유동자산에 1년만기 회전대출 또는 중장기대출을 지원하는 것을 말한다. 일반적으로 2~3년만기 회사채를 발행하고 조달한 자금을 운전자금 지원용도(general working capital purpose)로 사용하는 것도 이에 해당한다고 할 수 있다. 기업의 단기자금은 일정한 매출을 유지하거나 매출이 증가하면 일시유동자산도 증가하지만 영구유동자산도 증가하게 된다.

이때 영구유동자산의 증가분에 대한 자금지원은 1년만기 회전대출 또는 2~3년 만기대출이 적당하다고 하겠다. 왜냐하면 기업이 계속기업으로서 영업활동을 지속하는한 영구유동자산 부분은 항상 필요하기 때문이다.

● 그림 3-6 _ 매출액증가와 영구유동자산지원대출

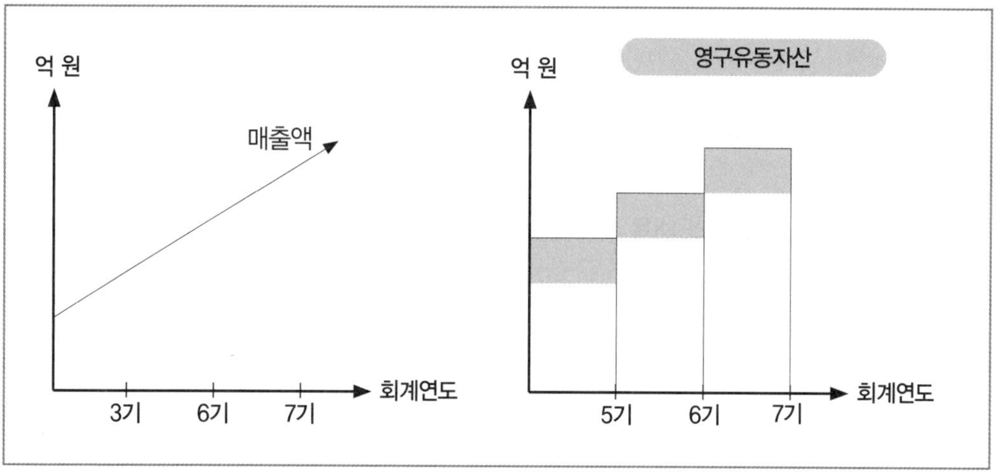

위의 그림에서 왼쪽은 기업의 매출액이 매년 안정적으로 증가하는 것을 나타낸다. 그리고 오른쪽은 기업의 영구유동자산을 나타내고, 매출의 증가에 동반하여 영구유동자산도 매년 증가하는 모습을 나타낸다.

만약 단기자산의 지원에 중장기자금을 조달하면 기업은 상대적으로 상환부담을 덜 수 있게 되고, 매출이 증가하는 경우에도 단기차입금의 연장과 같은 차입활동을 상대적으로 적게 해도 되는 재무안정성을 얻을 수 있다. 반면에 장기자금의 조달비용은 단기자금의 조달비용에 비하여 상대적으로 높기 때문에 장기자금의 사용은 상대적으로 기업의 영업이익을 잠식시키게 된다.

아울러 장기자금은 자금의 유연성(flexibility)이 낮아서 사업의 성수기가 지나고 일시유동자산이 감소하여 차입금의 일부를 상환하고자 해도 상환을 실행하기 어려울 수도 있다.

2) 대출은행의 금융위험

대출은행의 금융위험은 회전대출방식으로 지원했든 혹은 중장기대출방식으로 지원했든 간에 모두 차입기업의 신용위험에 전적으로 의존한다. 대출기간이 길어지면 당연히 금융위험이 증가한다.

2. 단기자산지원과 단기대출 (Current Asset Financing & Short-Term Loan)

1) 매출채권금융(Account Receivable Financing)

(1) 매출채권금융의 특성과 내용

매출채권금융은 매출성장에 따른 매출채권의 증가를 지원하는 대출로서 국내외 매출채권을 담보로 하고 자금을 지원하는 대출이다. 매출채권금융에는 두 가지 방법이 있다.

첫째, 국내의 상품구매자 또는 해외의 수입상 중에서 특정의 채무자(obligor)를 모아 채무자집단을 만들고, 그 채무자집단으로부터 받을 채권을 담보로 하여 매출채권금융의 한도를 책정하고 그 한도금액 혹은 그 범위 이내에서 대출을 지원하는 방법이다.

채무자집단으로부터 받을 채권을 담보로 제공하는 방법에도 ① 서류상으로, 즉 법적으로만 채권을 양도하는 방법과 ② 채권이 발생할 때마다 그 채권서류를 대출은행에 실제로 양도하는 방법이 있다. 일반적으로는 서류상으로만 채권을 양도하는 방법을 많이 사용한다.

둘째, 차입기업이 특수목적을 가진 별도의 회사(special purpose company: SPC)를 자산유동화의 주간사로서 설립하여 기업의 매출채권을 그 특수목적회사(SPC)에 매각하거나 양도하고 대출은행은 자산유동화의 주간사로서 SPC를 통하여 차입기업에 자금을 제공한다. 그리고 SPC는 양도받은 매출채권을 담보로 자산유동화증권(assets-backed securities: ABS)을 발행하고 유입되는 자금을 상환재원으로 한다(제13장 참고 바람).

(2) 매출채권금융의 대상기업[6)]

매출채권금융을 필요로 하는 기업의 특징은 다음과 같다.

① 매출액 대비 매출채권 비중, 즉 매출채권/매출액(%) 비중이 상대적으로 높은 업종 혹은 기업

② 매출채권회수기간이 상대적으로 긴 업종 혹은 기업

③ 자기자본 대비 매출성장이 높은 기업, 즉 주주가 급속히 성장하는 사업을 충분히 지원하기에는 자금력이 부족한 기업

④ 매출성장에 비하여 수익성이 낮은 기업, 즉 사업의 성장성은 높으나 수익성이 낮아서 영업현금흐름으로 매출채권증가를 충분히 지원하기에는 자금이 부족한 기업

> **참 고**
>
> **매출채권금융의 종류**
>
> 제2편에서 설명되는 팩토링금융(factoring), 수출환어음매입금융(negotiation), 포페이팅(forfaiting), 수출어음매입금융(note purchase), 상업어음할인 등은 매출채권금융에 속한다.

(3) 금융기관의 매출채권금융위험

금융기관의 매출채권금융의 위험은 현실적으로는 소구금융과 비소구금융에 따라 달라진다. 소구금융인 경우 금융기관의 매출채권매입금융위험은 ① 채무자의 신용위험과 ② 매출채권매각자(예; 국내판매기업 혹은 수출기업)의 신용위험에 의존한다. 따라서 매출채권금융위험은 현실적으로는 대출위험보다 상대적으로 낮다. 그러나 비소구금융인 경우에 금융기관의 매출채권금융의 위험은 전적으로 채무자의 신용위험에 의존한다.

---

6) Jay M. McDonald & John E Mckinley, "Corporate Banking", American Bankers Association, p. 224-225 일부 수정.

2) 재고자산금융 (Inventory Financing)

(1) 재고자산금융의 특성과 내용

재고자산금융(inventory financing)은 협의의 개념으로는 기업이 자동차, 광물, 곡물, 원유 등을 구입하거나 수입할 때 대출은행이 재고자산을 담보로 하고 기업에 자금을 제공하는 대출로서 재고자산 구매자금으로 사용되는 대출을 말한다.

재고자산금융의 특징은 차입기업이 재고자산을 구매할 때 대출은행이 차입기업에 자금을 주는 것이 아니고 특정한도 이내에서 차입기업이 구매하는 재고자산의 결제를 위하여 대출은행이 재고자산의 판매자에게 직접 대금을 지급함으로써 대출을 발생시키는 방식이다.

재고자산금융의 대상이 되는 자산은 ① 처분의 용이성(salability), ② 관리의 용이성(controllability) 및 ③ 보험의 대상이 될 수 있는 보험성(insurability) 등이 있어야 한다.

(2) 제3자인 창고업자가 재고자산을 관리하는 경우

대출은행이 지원하는 대출금으로 차입기업이 구입한 재고자산은 원칙적으로 대출은행이 그 소유권을 갖는다. 그러므로 재고자산금융을 위하여 ① 재고자산의 소유권자로서 대출은행, ② 재고자산의 구매자로서 차입기업, ③ 재고자산의 보관자로서 창고업자, 즉 3자가 다 같이 합의한 계약에 따라 금융기관이 제공하는 재고자산금융으로 차입기업이 구입한 재고자산을 사전에 지정한 창고회사에 보관시킨다.

그리고 차입기업이 판매를 위하여 재고자산을 출고하려면 대출은행의 출고허가증을 받아서 창고회사에 그 출고허가증을 제시하고 재고자산을 출고하는 방식이다. 물론 창고보관료는 차입기업이 지급한다.

(3) 대출은행의 재고자산금융위험

차주는 대출은행과 합의한 지정창고에 일정수준의 재고자산을 유지해야 할 의무를 가지고, 동시에 대출은행이 재고자산의 유출입을 통제 및 관리하는 방식의 재고자산금융은 일반대출보다 대출은행의 금융위험이 상대적으로 낮다.

3) 비용지급금융 (Expense Financing)

(1) 비용지급금융의 특성과 내용

비용지급금융(expense financing)은 기업이 수행하는 정상적인 영업활동 또는 영업외활동으로 인하여 사전에 예상했거나 예상하지 못한 비용의 지급을 위하여 대출은행이 기업에 자금을 제공하는 대출을 말한다.

예를 들어 임금협상 이후에 지급해야 하는 노무비의 소급분, 배당금, 공과금 및 벌금, 세금 등이다. 그러므로 비용지급금융의 기간은 대체로 단기이며 한시적이다.

비용지급금융의 특징은 대출자금이 장단기자산의 취득에 사용되는 것이 아니고 계속기업으로서 영업활동 과정에서 발생된 여러 가지 비용의 지급에 사용되는 것이다. 그러므로 비용지급금융의 상환재원도 이론적으로는 영업현금흐름이다.

(2) 대출은행의 비용지급금융위험

대출은행의 비용지급금융위험은 운전자금용도의 신용대출위험과 같다.

제5절

기업의 운전자본구조와 단기대출[7)]

Working Capital Structure & Short-term Loan

1. 정(+)의 운전자본구조와 단기대출

정(+)의 운전자본구조의 개념, 현상, 특성, 업종 및 현금흐름분석을 정리하면 다음과 같다.

1) 개념

① 순운전자본 = 재고자산 + 매출채권 − 매입채무 〉 0

혹은

② 영업운전자본 = (재고자산+매출채권+미수금 등)−(매입채무+미지급금 등) 〉 0

2) 현상

① 매출과 순운전자본(NWC)은 정(+)의 비례관계에 있다.

② 정(+)의 구조가 심할수록 매출이 증가하면 NWC는 상대적으로 더 많이 증가한다.

7) 권성일, 「최신기업신용분석(제7판)」, 한국금융연수원(2015), pp. 260–272.

(즉, 현금유출이 더 많이 발생하여 차입의존도가 높아진다.)

③ 정(+)의 구조가 심할수록 유동비율이 높은 경향을 갖는다.
(순운전자본의 증가는 유동비율의 상승요인으로 작용하기 때문)

3) 특성

① 정(+)의 구조가 심할수록 상대적으로 제조공정기간이 길다.

② 정(+)의 구조가 심할수록 상대적으로 매출채권회수기간이 길다.

③ 매출채권회수기간과 제조공정기간의 합이 매입채무결제기간보다 길다.

4) 업종

일반제조업, 건설업, 조선업, 엔지니어링업, 페인트제조업, 철강제조업, 제약업, 도매업, 전산업, (법률, 회계) 등은 대부분 정(+)의 운전자본구조를 나타낸다.

5) 흐름분석

① 매출증가 → NWC증가 → 현금유출* → 차입금증가 → 이자증가 → 수익성악화*→ 유동비율의 상승요인

② 매출감소 → NWC감소 →현금유입* → 차입금감소 → 이자감소 → 수익성향상 → 유동비율의 하락요인

* 현금유출: 현금흐름표의 '영업활동으로인한자산부채변동'에 (-)요인이다.
* 현금유입: 현금흐름표의 '영업활동으로인한자산부채변동'에 (+)요인이다.
* 수익성악화: 이자증가로 인한 수익성악화요인

정(+)의 운전자본구조 특성을 가진 기업은 대부분이 제조업체이며 특히 조선업, 건설업, 제약업에 속한 기업들이며, ① 매출이 증가하면 매출의 증가와 동반하여 순운전자본 또는 영업운전자본(영구유동자산 영역에 해당함)이 증가하게 된다. 따라서 영업운전자본(영구유동자산영역)의 지원을 위하여 단기회전대출로 지원하거나 2~3년만기 자금(회사채발행)

으로 지원한다.

그러나 ② 매출이 감소하면 매출감소와 동반하여 순운전자본도 감소하므로 오히려 그 감소분에 해당하는 현금이 유입된다. 따라서 기업의 매출이 감소하는 회계연도에는 이론적으로는 운전자금의 지원을 위한 단기대출은 필요가 없다.

6) 대출은행의 금융위험

정(+)의 순운전자본구조 특성을 고려하면 기업이 ① 매출이 증가하는 상황에서 '운전자금용도' 단기대출을 신청해 오면 이는 당연한 현상이다. 또한 정(+)의 운전자본구조 기업에서 '시설자금용도'에 적당한 때는 매출이 증가하는 경우에 해당한다.

② 매출이 감소하는 상황에서 기업이 대출용도를 '운전자본의 지원'으로 단기대출을 신청해 오는 사례가 많다. 만약 이 경우에 은행이 이 기업에 대출을 실행하게 되면 그 자금은 첫째 다른 금융기관의 금융채무 상환, 둘째 예상했거나 예상하지 못한 영업손실 또는 비용지급을 지원, 셋째 투자자산 및 유형자산의 취득에 사용된다고 판단되므로 차입기업에 대한 신용분석을 신중히 해야 한다.

2. 부(−)의 운전자본구조와 단기대출

부(−)의 운전자본구조의 개념, 현상, 특성, 업종 및 현금흐름분석을 정리하면 다음과 같다.

1) 개념

① 순운전자본 = 재고자산 + 매출채권 − 매입채무 〈 0

혹은

② 영업운전자본= (재고자산+매출채권+미수금 등)−(매입채무+미지급금 등) 〈 0

2) 현상

① 매출과 순운전자본(NWC)은 부(−)의 비례관계에 있다.

② 부(−)의 구조가 심할수록 매출이 증가하면 NWC는 상대적으로 더 많이 감소한다. (즉, 현금유입이 더 많이 발생한다.)

③ 부(−)의 구조가 심할수록 유동비율이 낮은 경향을 갖는다. (순운전자본의 감소는 유동비율의 하락요인으로 작용하기 때문)

3) 특성

① 부(−)의 구조가 심할수록 상대적으로 제조공정기간이 짧다.

② 부(−)의 구조가 심할수록 상대적으로 매출채권회수기간이 짧다.

③ 매출채권회수기간과 제조공정기간의 합이 매입채무결제기간보다 짧다.

4) 업종

숙박업, 백화점, 소매업, 약국, 병원, 여객운수, 항공운수, 과자제조업 등에서 부(−)의 운전자본구조가 주로 나타난다.

5) 흐름분석

① 매출증가 → NWC감소 → 현금유입 → 차입금감소 → 이자감소 → 수익성향상 → 유동비율의 하락요인

② 매출감소 → NWC증가 → 현금유출 → 차입금증가 → 이자증가 → 수익성악화 → 유동비율의 상승요인

부(−)의 순운전자본구조의 특성을 가진 기업은 대부분이 현금판매를 위주로 하는 업종, 즉 백화점, 호텔, 대형마트, 음식업, 일반소매업 등에 속한 기업들이다. 매출이 증가하면 매출증가와 동반하여 순운전자본 또는 영업운전자본이 감소하게 되고, 그 감소분에 해당하는 현금이 유입된다.

따라서 ① 매출이 증가하는 경우에는 매출증가로 인한 판매마진에서 유입되는 현금흐름과 운전자본의 감소에서 유입되는 현금흐름으로 기업의 자금사정은 매우 여유 있는 상황이 되고, 이론적으로는 금융기관의 운전자본지원이 필요가 없다.

그러나 ② 매출이 감소하게 되면 오히려 순운전자본이 증가하는 현상이 나타나게 되고 이로 인하여 운전자본을 지원하기 위한 자금이 필요하게 된다. 그러므로 부(−)의 운전자본구조인 기업의 매출이 감소하게 되면 신용위험(특히 유동성위험)이 매우 높아지게 된다. 왜냐하면 매출감소로 인한 판매대금의 유입이 감소하게 되고 게다가 운전자본이 증가하는 현상이 나타나는데, 이는 영업현금흐름을 급격히 감소시키는 요인이기 때문이다.

6) 대출은행의 금융위험

부(−)의 운전자본구조를 가진 기업이 ① 매출이 증가하는 상황에서 '운전자금용도'의 단기대출을 신청하게 되면 그 자금은 첫째 다른 금융기관의 차입금상환, 둘째 영업손실 또는 비용지급, 셋째 투자자산 및 유형자산의 취득에 사용된다. 또한 부(−)의 운전자본구조 기업에서 '시설자금용도'에 적당한 때는 정(+)의 구조기업과 마찬가지로 매출이 증가하는 경우에 해당한다.

부(−)의 운전자본구조를 가진 기업의 매출이 계속적으로 증가하면 정(+)의 운전자본구조인 기업에 비하여 상대적으로 영업활동에서 유입되는 현금이 많으므로 이를 재투자에 사용하면 사업장을 상대적으로 쉽게 늘려 갈 수 있다. 그러므로 경우에 따라 부(−)의 운전자본구조인 기업은 은행의 차입금에 의존하지 않고 그들의 사업을 상대적으로 쉽게 확장할 수도 있다.

② 매출이 감소하게 되면 오히려 운전자본이 증가하는 현상이 나타나므로 유동성 문제를 발생시킬 위험이 상대적으로 높다. 따라서 기업의 자금사정은 어려워지고 차입기업에 대한 신용위험은 높아진다. 그러므로 적정한 현금성자산을 보유하거나 여유 있는 당좌차월한도 등을 보유하고 있어야 한다.

달리 표현하면, 부(-)의 운전자본구조 기업은 정(+)의 운전자본구조 기업에 비하여 상대적으로 현금성자산의 보유 비중이 높아야 한다. 이는 매출이 감소하는 경우에 발생하는 상대적으로 심한 현금유출을 대비하기 위함이다.

연습문제

제 3 장

1. 대출은행의 금융위험을 설명하시오.

2. 대출금의 용도를 세 가지로 구분하고 설명하시오.

3. 자산지원대출을 실행할 수 있는 네 가지 대출방식을 설명하시오.

4. 매출채권금융을 지원한 대출은행의 금융위험과 일반대출을 지원한 대출은행의 금융위험을 비교하시오.

5. 정(+)의 순운전자본구조기업과 대출은행의 금융위험을 설명하시오.

6. 부(−)의 순운전자본구조기업과 대출은행의 금융위험을 설명하시오.

02편

수입금융과 수출금융

Import & Export Finance

"수출입금융의 종류, 특성 및 위험분석을 중심으로"

4장

수입금융과 위험분석
Import Finance & Risk Analysis

핵 심 용 어

수입금융 Import Financing
사전송금방식 Advance Payment
서류인도결제방식 CAD
사후송금방식 Open Account
지급인도결제방식 D/P
인수인도결제방식 D/A
해외은행인수신용장 Overseas Banker's Usance L/C
국내은행인수신용장 Domestic Banker's Usance L/C
수입팩토링금융 Import Factoring
유산스인수금융 Usance Finance
송금결제방식 Remittance Basis
상품인도결제방식 COD
신용장 Letter of Credit: L/C
일람지급신용장 Sight L/C

제1절

수입금융과 수입대금 결제방식

Import Finance & Settlement

수입금융(import finance)은 수입상 또는 수입기업이 해외로부터 물품을 구입하는 과정에서 발생하는 운전자금을 지원하기 위하여 수입상의 거래은행이 수입상에게 제공하는 여러 가지 금융을 말한다. 금융기관이 수입상에게 수입금융을 제공하기 위해서는 수입상의 수입거래내용, 1년 수입액 중에서 해당금융기관이 1년 동안 지원할 수입액의 규모, 수입업무의 성수기와 비수기 각각의 규모, 기업의 신용상태, 제공할 수입금융의 종류와 위험 등을 고려한다.

수입금융은 수입상의 신용위험을 고려하여 여신(대출 및 지급보증)을 지원하는 것이고, 수입상의 대금결제방식에 따라 제공할 수입금융의 종류와 그 위험은 각각 다르다. 따라서 수입금융은 수입상의 거래은행이 ① 수입상에 대한 신용위험과 ② 수입방식에 따른 금융위험 등을 고려하여 한도를 설정하고, 대체로 한도금융으로 운용된다.

한편 수입상의 수입대금결제방식을 정리해 보면 ① 송금방식, ② 추심방식, ③ 신용장방식, ④ 국제팩토링방식으로 구분할 수 있다. 이를 정리하면 다음과 같다.

● 그림 4-1 _ 수입대금 결제방식의 종류

제2절

송금방식과 위험분석

Remittance Basis & Risk Analysis

송금방식이라도 대금결제방식에 따라 거래당사자에게 발생하는 위험은 각각 다르게 나타난다. 예를 들어 수출상 입장에서 보면 수출대금회수위험이 되고, 수입상 입장에서는 수입거래위험에 해당한다. 송금방식(remittance basis)은 ① 사전송금방식, ② 동시결제방식, ③ 사후송금방식으로 구분된다.

1. 사전송금방식과 위험분석 (Advance Payment & Risk Analysis)

1) 사전송금방식의 내용과 특성

사전송금방식(advance paymen 또는 advance remittance)은 단순송금방식이라고도 한다. 이 방식은 수입상이 수입계약을 하고 상품을 인도받기 이전에 미리 수입대금 전액을 수출상에게 송금하는 방식이다. 반면에 수출상 입장에서 보면 수출대금을 먼저 받고 계약기간 이내에 상품을 인도하는 방식이 된다.

그러므로 수입상 입장에서는 수출상에 대한 신뢰도가 아주 높은 경우에만 이러한 거래방식을 택할 수 있다. 예를 들면 수입상은 본사이고, 해외수출상은 주로 원자재 생산국에 소재하는 해외지사인 경우로 주로 본·지사 간에 거래하는 방식이다.

또한 수입국 본사 입장에서 해외지사의 자본금을 증액시키기가 여의치 않은 경우에 하는 방식이다. 간혹 해외시장에서 수입품의 품귀현상 또는 독점판매로 수입대금을 미리 송금해야 하는 경우가 발생하는데, 이와 함께 수출상에 대한 대외신뢰도가 높은 경우에 사용하는 방식이다.

2) 수입상과 수출상 위험분석

사전송금방식(advance payment)은 수입상 입장에서는 수입대금은 미리 전액 송금하였지만 계약기간 이내에 수입상품의 인도에 대한 안전장치가 없는 수입방식이다. 따라서 수입대금 결제방식 중에서 수입상에게 가장 위험하고 불리한 수입거래방식이다. 반면에 수출상 입장에서 볼 때 수출거래상 수출채권 회수위험이 없는 가장 안전하고 유리한 수출대금 결제방식이다.

2. 동시결제방식과 위험분석 (CAD, COD & Risk Analysis)

동시결제방식은 현금판매방식과 같다. 송금방식 중 동시결제방식에는 ① 서류인도방식(CAD)과 ② 상품인도방식(COD)이 있다.

1) 서류인도방식(Cash Against Documents: CAD)과 위험분석

(1) 서류인도방식의 내용과 특성

서류인도방식(CAD)은 수출상이 상품을 선적하고 그 관련서류를 수출국에 소재하는 수입상의 대리인에게 인도하고, 수입상의 대리인으로부터 판매대금을 받는 방식이다. 수입상은 수입상의 대리인을 통하여 선적 전에 상품을 미리 검사하고, 대금결제와 동시에 상품을 인도받는 방식으로 동시결제방식이다. 이때 수입상의 대리인(수입상의 해외지점 또는 해외지사)은 수출국에 소재하며 수입상(본사)의 수입거래를 돕는다.

예를 들어 과거에 스포츠용품을 제조 및 판매하는 미국 기업(수입상)이 생산국이자 수출국인 우리나라에 해외지사를 두고, 수입상의 대리인(한국에 소재한 수입상의 해외지사)을 통하여 그 생산품을 수입한 경우가 있다.

최근의 예로는 우리나라에서 의류를 제조 및 판매하는 기업(수입상)이 생산국이자 수출국인 중국 또는 베트남에 해외지사를 두고, 수입상의 대리인(해외지사)을 통하여 그 생산품을 수입하는 경우에 해당한다.

(2) 수입상과 수출상 위험분석

서류인도방식(CAD)에서는 수출국에 소재하는 수입상의 대리인은 수출상의 생산시설에 검사역을 파견하여 상품을 선적하기 전에 해당생산과정을 지도하고 생산제품의 품질을 사전에 검사한다.

수출상은 물품을 선적하고 수출국에 소재하는 수입상의 대리인으로부터 수출대금을 결제받기 때문에 현금판매와 같고, 수출국에서 대금결제와 동시에 상품을 인도받는 동시결제방식이다.

2) 상품인도방식(Cash on Delivery: COD)과 위험분석

(1) 상품인도방식의 내용과 특성

상품인도방식(COD)은 수출상(본사)이 상품을 선적하고 그 관련서류를 수입국에 소재하는 수출상의 대리인(예; 해외지점 혹은 지사)에게 보낸다. 수출상의 대리인은 상품의 도착을 수입상에게 통지하고, 수입상이 도착상품의 품질을 검사한다. 수입국에 소재하는 수출상의 대리인이 수입상에게 상품을 인도하고 대금을 수취하는 방식이므로 현금판매와 같다. 수입상은 도착상품을 검사하고, 대금결제와 동시에 상품을 인도받는 방식이므로 동시결제방식에 해당한다.

예를 들어 우리나라의 수출상이 수입국에 소재하는 수출상의 대리인을 통하여 해외에 수출하는 방식이다. 수출상의 대리인은 수입국에 소재하며, 상품의 판촉 및 상품인도 등의 역할을 담당하며 수출상의 수출을 도와주는 수출창구역할의 업무를 수행한다.

(2) 수입상과 수출상 위험분석

상품인도방식(COD)은 수입상은 도착상품을 검사하고, 수입국에서 대금결제와 동시에 상품을 인도받는 동시결제방식이다. 따라서 수입상 입장에서 보면 수입거래위험이 없고, 서류인도방식(CAD)에 비하여 상대적으로 수입거래위험이 낮다고 볼 수 있다.

수출상 입장에서 보면 상품이 이미 수입국에 도착한 상태이므로, 만약 수입상이 상품인수를 거절하게 되면 큰 손실을 입을 수 있기 때문에 상품인도방식(COD)이 서류인도방식(CAD)보다 상대적으로 수출채권회수위험이 높다.

3. 사후송금방식과 위험분석 (Later Remittance & Risk Analysis)

1) 사후송금방식의 내용

사후송금방식은 수입상이 수입상품을 인수하고 대금결제를 일정기간(예; 1~3개월)이 경과한 후에 수출상에게 송금하는 방식이므로 외상거래에 해당한다. 즉 수입상 입장에서는 외상수입이고, 수출상 입장에서는 외상수출에 해당한다. 그러므로 거래당사자는 일반적으로 본·지사(수출상과 해외에 소재하는 수출상의 자회사)인 경우가 많다.

이때 일정기간은 ① 수출상의 선적일 기준과 ② 수입상의 인수일 기준으로 구분되는데 대표적인 사후송금방식은 OA(open account)방식으로 수출상의 선적일을 기준으로 한다.

2) OA(Open Account)방식과 위험분석

(1) OA(Open Account)방식의 내용과 특성

OA방식에서는 수출상이 수입상과 체결한 계약에 따라 상품을 선적하고, 수출상은 수입상에 선적일을 통보하고, 그 관련서류를 수출상의 거래은행을 통하지 않고 수입상에게 직접 보낸다.

수입상품을 인수한 수입상은 수출상과 사전 계약에 따라 수출상의 선적일을 기준으로 약정기간(즉 외상기간, 1~3개월)이 경과한 후에 수입대금을 결제하는 방식이다. 유럽 지역에서는 보편화된 결제방식이고, 수출상 입장에서는 외상수출방식이기 때문에 본·지사 간에 주로 거래된다.

예를 들어 우리나라의 수출상(본사 혹은 종합상사)이 유럽에 소재하는 수입상(예; 수출상의 해외지사)에게 상품을 외상으로 수출하고, 수입상은 수입상품을 판매하고 수취한 대금으로 외상수입대금을 결제하는 방식이다.

이때 수입상은 수출상의 해외 판매법인으로서 상품의 수입, 판촉 및 판매 등의 역할을 담당하며 수출상(본사)의 수출창구역할 업무를 한다.

● **그림 4-2 _ 사후송금방식(open account)의 거래구조와 현금흐름**

〈거래구조와 현금흐름〉

① 한국의 수입상은 유럽의 수출상과 상품수입 계약을 체결한다.

② 유럽의 수출상은 상품을 선적하고 그 관련서류를 수입상에게 발송한다.

③ 수입상은 상품을 받고 결제기간 이내에 수입대금 결제를 위하여 수입상의 거래은행(B)에 송금을 의뢰한다.

④ 수입상의 거래은행(B)은 수입대금을 수출상의 거래은행(A)으로 송금한다.

⑤ 수출상의 거래은행(A)은 받은 대금을 수출상에게 지급한다.

(2) 수입상과 수출상 위험분석

수출상 입장에서 보면 송금방식 중에서 OA방식이 수출채권회수위험이 가장 높다. 반면에 수입상 입장에서는 송금방식 중에서 OA방식이 수입거래위험이 가장 낮다.

4. 송금방식과 거래당사자의 위험분석

1) 수입상의 위험분석

송금방식(remittance basis)에서 수입상의 수입거래위험은 ① OA(open account)방식, ② 상품인도(COD)방식, ③ 서류인도(CAD)방식, ④ 사전송금방식(advance payment) 순으로 높아진다.

2) 수출상의 위험분석

송금방식(remittance basis)에서 수출상의 수출채권회수위험은 ① 사전송금방식(advance payment), ② 서류인도(CAD)방식, ③ 상품인도(COD)방식, ④ OA(open account)방식 순으로 높아진다.

3) 수입상의 거래은행 위험분석

송금방식에는 중요한 두 가지 특징이 있다. 첫째, 운송서류를 포함한 관련서류의 인수 및 인도를 위해 은행이 개입하지 않는다. 즉 수출상이 수출상의 거래은행(A)을 경유하지 않고 관련서류를 수입상에게 직접 전달하는 것이다. 둘째, 수출상이 환어음을 반드시 발행해야 할 의무는 없다. 그 이유는 은행이 개입하지 않는 당사자 간의 거래이고, 당사자 간의 합의에 따라 거래조건이 결정되기 때문이다.

따라서 송금결제방식에는 대체로 환어음이 사용되지 않는다. 왜냐하면 독일과 프랑스 같은 유럽 국가에서는 환어음을 발행하면 인지세가 부과되기 때문이다. 그러므로 수입상의 거래은행은 수입상에게 여신을 제공한 사실이 없기 때문에 수입상의 채무불이행(default risk)으로 인한 금융위험은 없다.

제3절

추심방식과 위험분석

Documents Collection Basis & Risk Analysis

추심방식(documents collection)은 환어음의 지급조건에 따라 ① 지급인도방식(Documents against payment: D/P)과 ② 인수인도방식(Documents against acceptance: D/A)으로 나눈다.

1. 지급인도방식과 위험분석 (Documents against Payment: DP & Risk Analysis)

그림 4-3 _ 지급인도방식(D/P)의 거래구조와 현금흐름

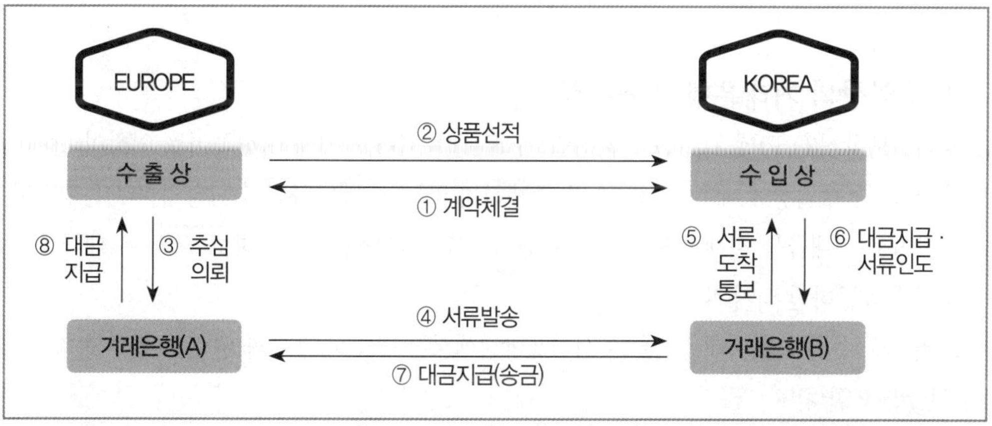

〈거래구조와 현금흐름〉

① 한국의 수입상은 유럽의 수출상과 상품수입 계약을 체결한다.
② 유럽의 수출상은 계약기간 이내에 상품을 선적한다.
③ 수출상은 수입상을 지급인으로 일람지급환어음(sight bill)과 관련서류를 수출상의 거래은행(A)에 제시하고 수출대금의 추심을 의뢰한다.
④ 수출상의 거래은행(A)은 수입상의 거래은행(B)으로 관련서류를 발송한다.
⑤ 수입상의 거래은행(B)은 관련서류의 도착을 수입상에게 통보한다.
⑥ 수입상은 거래은행(B)에 수입대금을 지급하고 관련서류를 인수한다.
⑦ 수입상의 거래은행(B)은 수출상의 거래은행(A)으로 결제대금을 송금한다.
⑧ 수출상의 거래은행(A)은 받은 결제대금을 수출상에게 지급한다.

1) 수출상과 수입상 위험분석

지급인도(D/P)방식은 수출상 입장에서 보면 수입상이 수입대금을 결제하고 수입상의 거래은행(B)으로부터 서류를 인도받기 때문에, 현실적으로 수출대금이 결제되기 이전에 상품이 수입상에게 인도될 위험은 없다.

그러나 수입상이 상품가격의 하락 등을 이유로 서류를 인수하지 않으면 수출상은 예상하지 못한 손실을 입을 수 있다. 반면에 수입상 입장에서 보면 수입대금을 결제하고 관련서류를 받아 화물을 인수한다. 그러므로 상품의 품질이 좋지 않은 경우, 즉 상품품질에 대한 위험이 발생할 수 있다.

2) 수입상의 거래은행 위험분석

지급인도방식(D/P)에 관련된 수입상의 거래은행은 수입상에게 여신공여로 인하여 발생할 금융위험, 즉 수입상에 대한 신용위험은 존재하지 않는다. 왜냐하면 수입상의 거래은행(B)은 수입상이 수입대금을 결제하면 도착된 관련서류를 수입상에게 인도하고 그 받은 대금을 수출상에게 송금하면 되기 때문이다.

그러므로 수입상의 거래은행은 추심결제방식에서는 단순히 추심과 관련된 편의를 제공하는 역할만을 한다.

2. 인수인도방식과 위험분석 (Documents against Acceptance: DA & Risk Analysis)

인수인도(D/A)방식은 사후송금(OA)방식과 마찬가지로 수입상이 수입상품을 인수하고 대금결제를 일정기간(예; 1~3개월)이 경과한 후에 수출상에게 송금하는 방식이므로 외상거래에 해당한다. 즉 수입상 입장에서는 외상수입이고, 수출상 입장에서는 외상수출이다. 그러므로 거래당사자는 일반적으로 본 · 지사(수출상과 해외에 소재하는 수출상의 자회사)인 경우가 많다.

● **그림 4-4** _ 인수인도방식(D/A)의 거래구조와 현금흐름

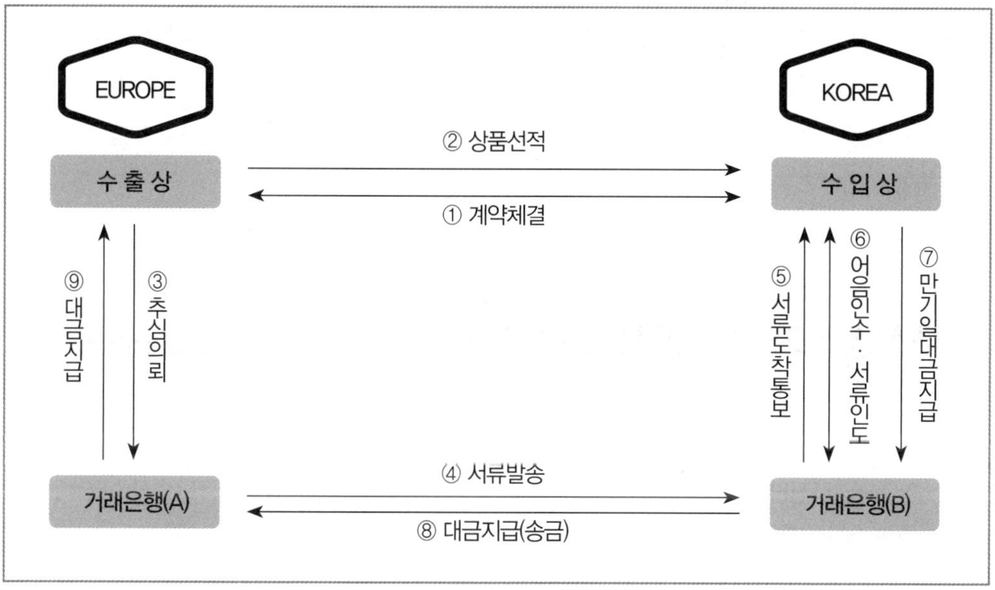

〈거래구조와 현금흐름〉

지급인도방식(D/P)이 거래구조와 동일하나 다음 사항에서 차이가 있다.

①~⑤ 지급인도방식(D/P)의 거래내용과 같다.

⑥ 수입상의 거래은행(B)은 제시된 기한부환어음(usance bill)에 수입상의 인수(환어음에 대한 배서행위와 만기결정)를 받고 관련서류를 수입상에게 인도한다.

⑦ 수입상은 기한부환어음 만기일에 수입상의 거래은행(B)에 수입대금을 결제한다.

⑧ 수입상의 거래은행(B)은 받은 결제대금을 수출상의 거래은행(A)으로 송금한다.

1) 수입상과 수출상 위험분석

수입상 입장에서 D/A방식은 외상수입에 해당하므로 D/A방식이 D/P방식에 비하여 상대적으로 수입거래위험이 낮다.

수출상 입장에서 D/A방식은 외상수출에 해당하므로 D/A방식이 D/P방식에 비하여 상대적으로 수출채권회수위험이 더 높다.

2) 수입상의 거래은행 위험분석

D/A방식과 관련하여 수입상의 거래은행(B)은 수입상에게 금융을 제공한 사실이 없기 때문에 수입상의 채무불이행으로 인한 금융위험은 없다. 왜냐하면 수입상의 거래은행(B)은 수입상이 환어음만기일에 수입대금을 결제하면 이를 받아서 수출상의 거래은행(A)으로 송금하면 되기 때문이다.

3. 추심방식과 송금방식의 비교 (Remittance vs Documents Collection)

추심방식(documents collection)은 ICC에서 제정한 추심에 관한 통일규칙(Uniform Rules for Collections Publication No. 522)의 적용을 받는다. 은행의 거래개입을 중심으로 송금방식과 추심방식을 비교해 보면 다음과 같다.

송금방식과 추심방식의 차이점을 보면, 송금방식은 거래당사자가 관련서류를 직접 인수·인도하는 방식이다. 반면, 추심방식은 반드시 관련서류를 수출상의 거래은행이 수입상의 거래은행을 통하여 수입상에게 인도하는 점이 서로 다르다. 또한 대금회수도 반드시 수입상의 거래은행을 통하여 추심된다.

송금방식과 추심방식의 공통점은 수입상의 대금결제에 대하여 수입상의 거래은행이 수입상을 위하여 지급확약이나 지급보증을 제공한 사실이 없다는 것이다.

제4절

신용장방식과 위험분석

L/C Basis & Risk Analysis

1. 신용장개설은행의 의무와 금융위험 (L/C Opening Bank & Risk)

1) 신용장(Letter of Credit: L/C)의 개념과 특성

신용장(L/C)은 무역거래에서 수출상은 수출대금 결제에 대한 안정성을 확보하고 수출을 촉진시키기 위하여 신용장을 원하게 되고, 수입상은 수출상의 요구에 따라 신용장 발행을 수입상의 거래은행에 의뢰한다. 신용장개설은행은 수출상을 신용장의 수익자(beneficiary)로 하여 신용장을 발행한다.

신용장(L/C)이란 그 명칭에 관계없이 ① 개설신청인(수입상)의 의뢰를 받아 신용장을 발행한 개설은행은, ② 수익자(수출상) 또는 그의 지시를 받은 은행이 신용장에 명기된 조건과 일치하는 소정의 서류를 제시하면, ③ 수익자에게 즉시 결제대금을 지급하거나 수출상이 수입상을 지급인으로 발행한 환어음을 인수한다. 그렇지 않으면 신용장 개설은행의 지시에 따라 ④ 타 은행으로 하여금 지급하거나 인수하도록 확약하는 증서이다.

2) 신용장과 지급보증서의 차이[1]

● **그림 4-5** _ 지급보증의 거래구조

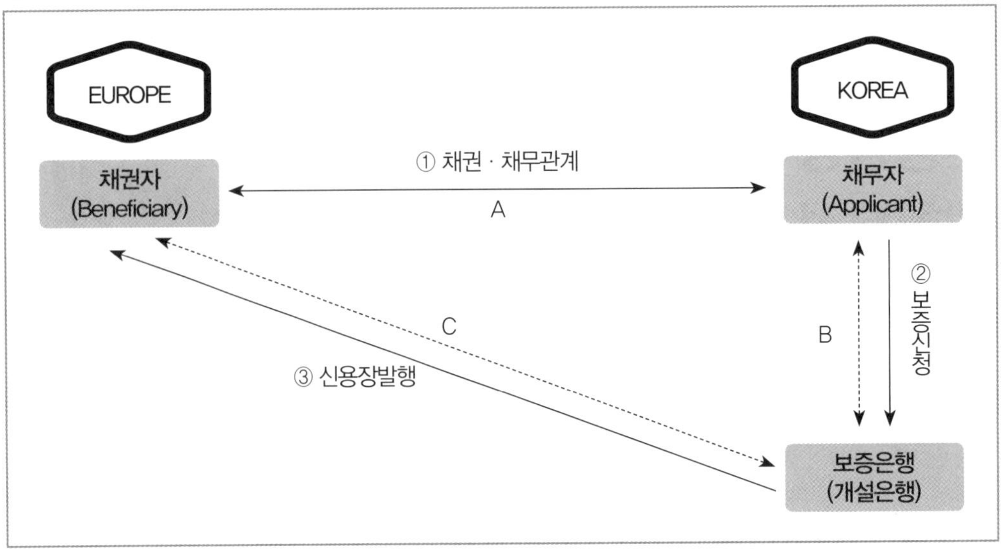

① 지급보증서(C)는 일반적으로 지급조건에 대하여 특정 제한을 두지 않는 경우가 많은 반면에, 신용장(C)은 개설은행이 수출상이 보낸 환어음과 관련서류가 신용장 내용에 명시된 조건과 일치한 경우에만 지급을 확약한다.

② 지급보증서(C)는 주계약(A)의 종속적인 채무이므로 주계약의 1차적인 채무자가 지급을 하지 않을 경우에 보증은행이 2차적으로 지급하겠다는 종속적인 의무이다. 그러나 신용장(C)은 주계약과는 독립된 개설은행의 주채무이므로 신용장조건과 일치한 서류가 제시되면 신용장개설은행이 1차적으로 지급해야 하는 의무이다.

③ 지급보증서(C)는 주계약(A)에 종속되어 있으므로 주계약이 무효 또는 취소되면 보증의무(C)도 자동적으로 무효 또는 취소된다. 그러나 신용장(C)은 수입상과 수출상과의 매매계약과는 독립된 주계약이므로 그 매매계약이 무효 또는 취소가 되어도 이와는 무관하게 신용장개설은행의 지급의무(C)는 존재한다.

1) 홍종덕, 「신용장과 언페이드」, 두남, p. 34에서 인용.

④ 채권자와 보증은행 간의 권리와 의무에 관한 분쟁이 발생하면 지급보증서의 보증 의무(C)는 채무자와 채권자 간의 계약조건인 주계약조건(A)에서도 해결될 수 있다. 그러나 신용장(A)은 개설은행과 수익자 간에 분쟁이 발생하면 신용장상의 조건(C)만으로 해결된다.

3) 신용장거래의 유용성

(1) 수출상의 유용성

① 수출상의 수출채권 회수위험이 수입상의 신용위험에서 개설은행의 신용위험으로 전환되어 수출대금 회수가 보다 확실해진다.

② 수출상은 상품을 선적한 즉시 관련서류와 환어음을 매입약정이 되어 있는 수출상의 거래은행(매입은행)에 제시하면 수출대금을 회수할 수 있다.

③ 상품선적 즉시 수출대금을 회수할 수 있기 때문에 현금판매의 효과를 갖는다.

④ 수출상의 거래은행으로부터 신용장을 담보로 금융혜택을 볼 수 있다.

⑤ 일반적으로 취소불능신용장이므로 신용장을 받으면 수출계약이 확실히 이행되기 때문에 안정적으로 상품을 제조하거나 구매할 수 있다.

⑥ 수입국이 갑자기 대외지급을 금지(moratorium)하더라도 발행된 신용장은 이미 수입국의 수입허가를 받은 사항이다. 그러므로 신용장의 대금결제는 대외지급의 규제대상에서 일반적으로 제외된다.

(2) 수입상의 유용성

① 수입상은 본인의 신용으로 상품을 구입하는 것이 아니라 신용장개설은행의 신용으로 상품을 구입하는 것이기 때문에 수출상과 가격, 인도조건 등의 협상이 보다 유리해진다.

② 서류상의 점검이지만 대금지급 이전에 신용장 조건과 관련서류 및 환어음 조건과의 일치를 신용장개설은행을 통하여 점검할 수 있다.

③ 기한부신용장을 개설한 경우에는 신용장개설은행으로부터 운전자금지원을 위한 금융(유산스금융)을 받게 된다.

④ 신용장에는 유효기일(expiry date)과 최종선적일(shipping date)을 명시하기 때문에 수입상은 원하는 일자에 상품을 받을 수 있다.

4) 신용장개설은행의 의무와 위험분석

신용장개설은행은 수입상의 요청으로 수입상에게 신용장개설을 위한 한도금융을 제공함으로써 수입거래에서 발생할 수 있는 외환거래의 수수료 등 여러 가지 수수료 수익 등을 통하여 수익성 향상에 기여할 수 있다.

(1) 지시사항 준수의무

수입상(개설신청인)의 수입조건에 관한 지시사항을 신용장에 정확히 반영시켜야 한다. 예를 들어 ① 수익자의 표시, ② 신용장금액, ③ 일람지급 또는 기한부지급의 표시, ④ 신용장의 종류, ⑤ 제시서류의 지정 등이다. 따라서 신용장개설은행은 수입상의 개설의뢰서와 불일치한 신용장을 발행하여 발생된 손실에 대한 배상책임을 진다.

(2) 신용장 통지의무

신용장개설은행은 수익자에게 신용장을 통지해야 할 의무를 진다. 따라서 타 은행을 통지은행으로 지정한 경우에 통지은행이 통지의무를 제대로 이행하지 못하면 신용장개설은행이 그 책임을 부담해야 한다.

(3) 서류심사의무

신용장개설은행은 신용장대금을 지급하기 이전에 관련서류와 환어음이 신용장조건과 일치하는가를 상당한 주의를 가지고 심사하여야 한다. 그러므로 수입상의 사전동의 없이 신용장조건과 일치하지 않은 서류에 대하여 대금을 지급한 경우에 발생한 손실에 대한 책임을 져야 한다.

따라서 신용장조건과 일치하지 않는 서류는 수입상과 상의하여 서류 접수한 다음 영업일로부터 5영업일[2] 이내에 수리 또는 거절을 통보해야 한다.

2) UCP500에서는 7영업일이었으나 UCP600에서는 5영업일로 단축됨.

(4) 신용장개설은행의 금융위험

신용장개설은행은 수입상을 대신하여 결제대금을 수익자에게 지급할 의무가 있고, 이 위험은 수입상에게 전가시킬 수 있다. 그러므로 수입상에게 신용장개설금융을 지원할 때는 수입상에 대한 신용분석이 매우 중요하다. 따라서 원칙적으로 신용장개설은행이 운송 중인 화물에 대한 소유권을 가진다.

2. 신용장거래의 당사자 (L/C Counter-Parties)

신용장거래의 당사자는 기본당사자와 기타당사자로 나눌 수 있다. 기본당사자는 신용장거래에 관련된 여러 당사자 가운데 수입화물의 대금결제에 대하여 직접적인 권리와 의무에 관련된 자들을 말한다. 예를 들어 ① 신용장개설은행(L/C issuing bank), ② 수익자(beneficiary), ③ 확인은행(confirming bank)들이 기본당사자에 해당한다.

1) 신용장개설신청인 (Applicant)

신용장의 발행을 의뢰하는 수입상으로서 환어음의 결제인이며 화물의 실질적인 수령인이다. 신용장개설신청인은 일반적으로 Importer, Buyer, Drawee(환어음지급인), Payer, Customer 등으로 호칭된다. 그러나 신용장개설신청인은 기본당사자가 아니므로 신용장의 취소 및 변경의 당사자가 아니다.

2) 개설은행 (Issuing Bank)

신용장개설신청인의 의뢰를 받아 수출상에게 신용장을 발행하는 은행으로서 신용장발행에 따른 대금지급 또는 환어음의 인수에 대한 직접적인 의무를 진다. 신용장거래의 기본당사자로서 일반적으로 Opening Bank, Establishing Bank, Guarantor 등으로 호칭한다.

3) 매입은행 (Negotiating Bank)

수출상이 상품을 선적하고 신용장조건과 일치하는 관련서류와 환어음을 매입하는 은행이다. 개설은행이 특별히 매입은행을 지정(restriction)하지 않았으면 모든 은행이 매입은행이 될 수 있다. 특히 수출환어음 매입한도가 없는 은행도 매입은행이 될 수 있다.

4) 수익자 (Beneficiary)

신용장을 수취하는 수출상으로서 신용장에서 요구하는 조건과 일치하는 관련서류를 제시함으로써 신용장개설은행에 대하여 대금지급에 대한 청구권을 갖게 되는 자이다. 따라서 신용장방식에 의한 대금회수의 수혜자이다. 수익자는 일반적으로 Exporter, Seller, Drawer(환어음발행인), Shipper(선적인) 등으로 호칭된다.

5) 통지은행 (Advising Bank)

신용장은 일반적으로 수출상의 소재지에 있는 신용장개설은행의 지점 또는 환거래은행(correspondent bank)에 의하여 수출상에게 통지된다. 따라서 통지은행은 신용장을 수출상에게 통지하는 은행이며 통지은행은 일반적으로 Notifying Bank 또는 Transmitting Bank 등으로 호칭된다.

6) 인수은행 (Accepting Bank)

인수은행은 신용장방식에 따라 개설은행의 해외지점(해외은행인수신용장) 또는 신용장개설은행(국내은행인수신용장)이 된다. 개설은행으로부터 수출상이 발행한 기한부환어음의 인수를 위임받은 은행을 말한다. 따라서 인수은행이 환어음을 인수하게 되면 수출상의 매입은행에 수입대금을 지급해야 하고, 인수은행은 일반적으로 해외에 소재한 지점이 된다.

7) 지급은행 (Paying Bank)

일람지급신용장(sight L/C)인 경우에는 신용장개설은행이 항상 지급은행이 된다. 그리고 타 은행이 지급은행이 되는 경우는 개설은행의 예치환거래은행(depositary correspondent bank)으로서 개설은행의 예금예정에서 개설은행을 대신하여 예금을 차감하고 대금을 지급하는 은행이다.

8) 상환은행 (Reimbursing Bank)

상환은행은 결제은행(settlement bank)이라고도 하며 제3국에 있는 개설은행의 본·지점 또는 예치환거래은행이 그 역할을 수행한다. 따라서 상환은행은 신용장조건과 일치하는 환어음의 대금에 대한 상환요청이 오면 개설은행을 대신하여 대금결제 업무를 수행하는 은행이다.

9) 양도은행 (Transferring Bank)

양도은행은 양도가능신용장(transferable L/C)인 경우에 수출상(원수익자)의 요청에 따라 제3자(제2수익자)에게 신용장을 양도하는 은행을 말한다.

10) 확인은행 (Confirming Bank)

신용장의 '확인(confirm)'이란 개설은행이 발행한 취소불능신용장에 대하여 타 은행이 추가로 수출상에게 환어음의 지급을 확약하는 것을 말한다. 이와 같이 수출상에게 지급을 추가로 확약하는 은행을 확인은행(confirming bank)이라 한다. 일반적으로 수출상의 요청에 의하여 확인은행이 결정된다. 왜냐하면 신용장개설은행의 국가신용도가 낮은 경우 수출상은 신용도가 높은 제3자인 별도의 은행으로부터 지급확약을 받기를 원하기 때문이다.

11) L/C 관련서류

신용장에서 요구하는 서류는 일반적으로 기본서류와 보충서류로 나누어진다. ① 운송서류(transport documents), ② 상업송장(commercial invoice), ③ 보험증권(insurance policy) 등의 기본서류와 ① 원산지증명서(certificate of origin), ② 포장명세서(packing list), ③ 영사송장(consular invoice), ④ 검사증명서(inspection certificate) 등의 보충서류로 구분한다. 운송서류에는 ① 선하증권(bill of lading), ② 항공운송장(air waybills) 등이 있다.

3. 신용장결제방식과 금융위험 (L/C Basis & Risk)

신용장의 종류는 그 기준에 따라 다양하게 구분할 수 있다. 한편 신용장거래와 관련하여 개설은행은 수입상에게 금융지원(지급보증과 대출)의 의무가 있다. 그러므로 신용장의 종류에 따라 신용장거래의 현금흐름이 달라지고 개설은행의 금융위험도 달라진다. 개설은행의 금융위험에 기준을 두고 신용장의 종류를 구분하면 다음과 같다.

90

● **그림 4-6** _ 개설은행의 금융위험에 따른 신용장의 구분

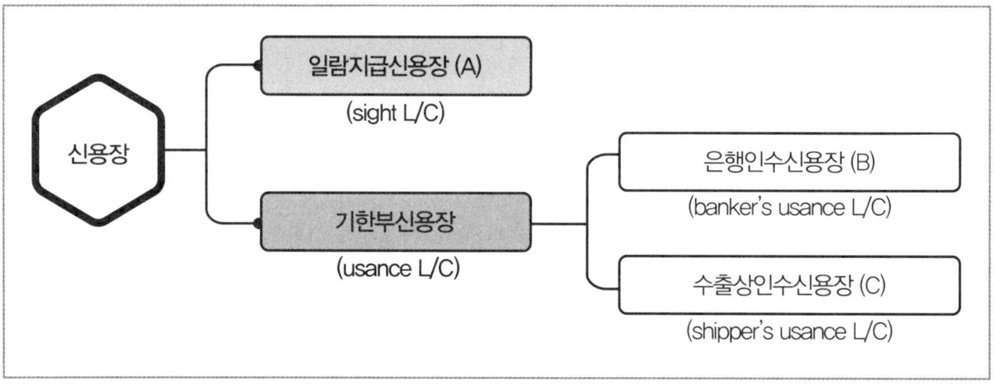

신용장은 일람지급신용장(sight L/C)과 기한부신용장(usance L/C)으로 크게 두 가지로 나눈다. 그리고 기한부신용장은 다시 수입상에게 유산스(usance)기간 신용을 공여하는 주체에 따라 은행인수신용장(banker's usance L/C)과 수출상인수신용장(shipper's usance L/C)으로 구분된다.

한편 개설은행의 역할과 금융위험에 따라 신용장의 종류를 크게 세 가지 형태, 즉 ① 일람지급신용장(A), ② 은행인수신용장(B), ③ 수출상인수신용장(C)으로 나눌 수 있다.

1) 일람지급신용장과 금융위험 (Sight L/C & Risk)

● **그림 4-7 _ 일람지급신용장의 거래구조와 현금흐름**

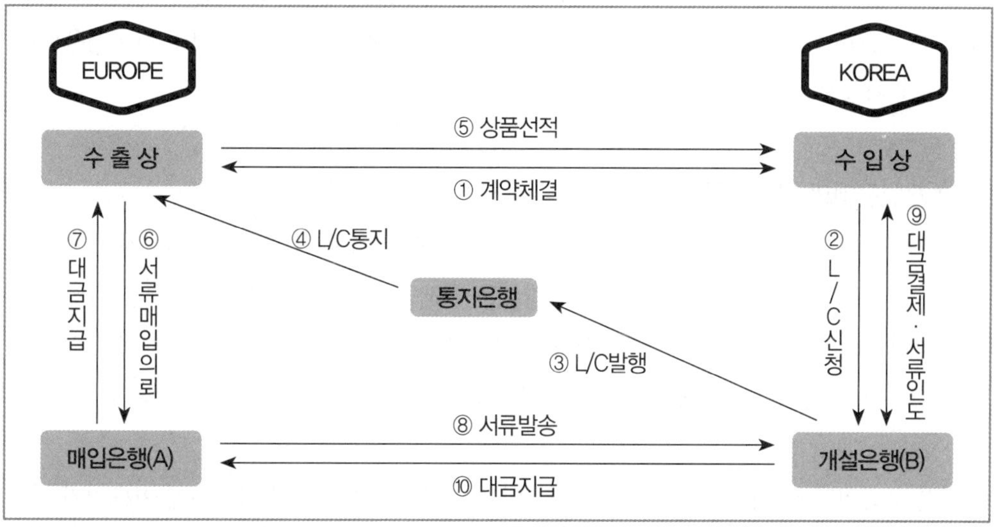

〈거래구조와 현금흐름〉

① 한국의 수입상은 유럽의 수출상과 상품수입 계약을 체결한다.

② 수입상은 L/C개설한도가 있는 수입상의 거래은행에 L/C발행을 신청한다.

③ 개설은행은 유럽에 소재하는 환거래은행에 L/C를 발행하고 통지를 요청한다.

④ 유럽의 통지은행은 수출상에게 L/C를 통지한다.

⑤ 수출상은 선적일 이내에 상품을 선적한다.

⑥ 수출상은 매입은행에 환어음과 관련서류의 매입을 의뢰한다.

⑦ 매입은행은 관련서류의 신용장조건과 일치 여부를 심사하고 일치하면 어음대금을 수출상에게 지급한다.

⑧ 매입은행은 관련서류를 개설은행으로 발송하고 대금지급을 청구한다.

⑨ 개설은행은 관련서류의 도착을 수입상에게 통보하고 수입상으로부터 수입대금을 받고 운송서류를 포함한 관련서류를 수입상에게 인도한다.

⑩ 개설은행은 지급은행으로서 수입대금을 매입은행에 지급한다.

(1) 일람지급신용장(Sight L/C)의 특징

일람지급신용장은 수익자(beneficiary)가 일람지급환어음을 발행하거나 환어음을 발행하지 않더라도 거래은행을 통하여 운송서류를 개설은행에 제시하면 개설은행이 서류에 하자가 없으면 수입대금을 지급하고 운송서류를 인수하는 신용장이다.

일람지급신용장 중에서 수익자가 환어음을 발행하지 않는 신용장을 지급신용장이라 한다. 일반적으로 환어음을 발행하는 경우가 대부분이고 환어음의 매입에 대하여 특정은행을 매입은행으로 지정할 수도 있다.

(2) 개설은행의 금융위험

환어음과 관련서류에 하자가 없음에도 불구하고 수입상이 수입대금을 결제하지 않으면 개설은행은 반드시 수입상을 대신하여 수입대금을 결제해야 하는 지급의무가 있다. 따라서 서류에 하자가 없다면 수입상이 대금결제를 지연하더라도 개설은행은 관련서류가 접수된 다음 영업일로부터 5영업일 이내에 개설은행의 자금으로 우선 지급해야 한다.

한편 수화인(consignee)이 개설은행으로 되어 있고 선적서류가 수입상에게 인도되기 이전이면 개설은행이 화물의 수화인으로서 화물에 대한 소유권을 갖는다. 수화인이 수입상으로 되어 있는 경우에도 선적서류가 수입상에게 인도되기 이전이면 개설은행은 수입화물을 수입대금지급에 대한 담보로서 처분할 수 있다. 그러므로 개설은행 입장에서는 화물이 수입상에게 인도되기 이전이면 화물의 수화인이 수입상이든 개설은행이든 간에 화물을 처분하고 수입대금의 일부 혹은 전부를 회수할 수 있다.

이론적으로는 수입상에게 인도되기 이전인 화물을 처분하면 대체로 20% 정도의 손실을 예상한다. 따라서 신용장개설은행의 일람지급신용장에 대한 위험가중자산은 20%로 관리된다. 그러나 화물의 소유자(consignee)가 누구냐에 따라 이론상의 위험가중자산은 달라진다. 위험가중자산의 관리 측면에서 수화인이 개설은행이면 위험가중자산을 20%로 관리하고, 수화인이 수입상이면 위험가중자산을 50%로 관리한다.

2) 은행인수신용장과 금융위험 (Overseas Banker's Usance L/C & Risk)

은행인수신용장은 해외은행인수신용장(overseas banker's usance L/C)과 국내은행인수신용장(domestic banker's usance L/C)으로 구분한다. 해외은행인수신용장의 인수은행은 대체로 해외에 소재하는 신용장개설은행의 본·지점이 되고, 국내은행인수신용장은 대체로 개설은행이 인수은행이 된다. 일반적으로 은행인수신용장이라고 하면 해외은행인수신용장을 의미하고, 본 절에서도 은행인수신용장의 구조는 해외은행인수신용장의 구조를 가지고 설명하도록 한다.

그림 4-8 _ 해외은행인수신용장의 거래구조와 현금흐름

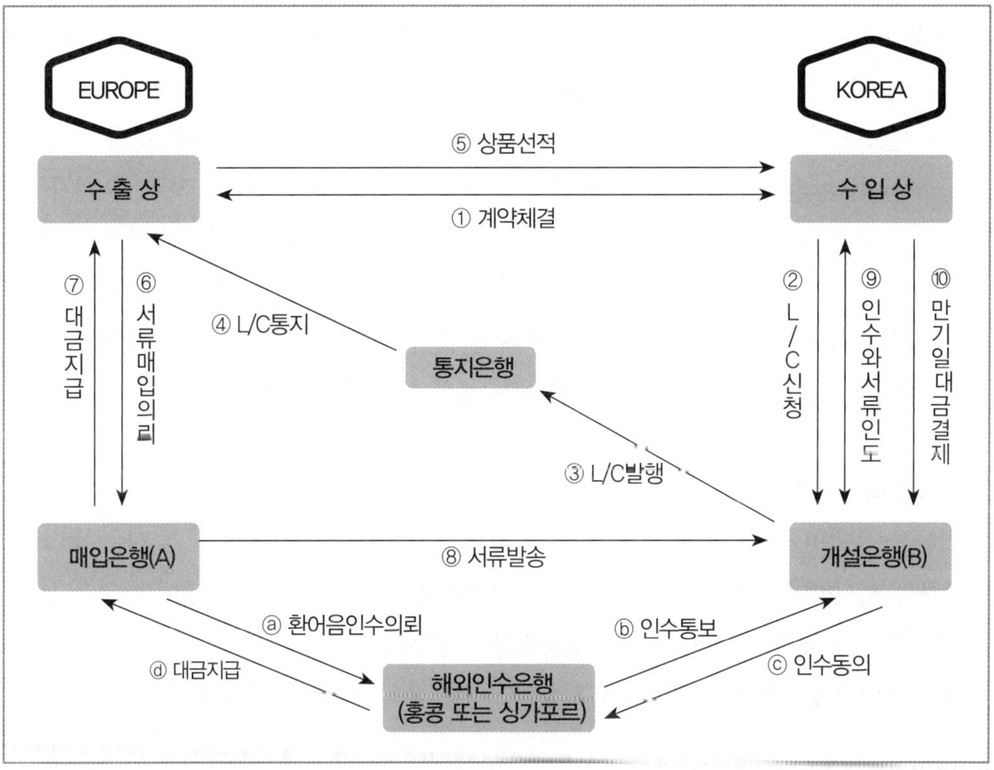

〈거래구조와 현금흐름〉

①~⑦: 일람지급신용장의 거래구조와 같다.

⑧ 매입은행은 환어음을 제외한 관련서류를 개설은행으로 발송한다.

⑨ 개설은행은 도착서류를 심사하고 관련서류가 신용장조건과 일치하고 수입상이 인수에 동의하면 수입상에게 관련서류를 인도한다.

⑧과 ⑨ 사이에 다음의 사항들이 진행된다.

ⓐ 매입은행은 개설은행이 지정한 인수은행(결제은행)으로서 일반적으로 개설은행의 해외지점에 환어음을 보내 환어음의 인수를 의뢰한다.

ⓑ 홍콩 또는 싱가포르에 소재하는 인수은행은 개설은행에 인수의사를 통보하고 개설은행을 통하여 수입상으로부터 인수동의를 받거나 지급확약서를 받는다.

ⓒ 개설은행은 관련서류에 하자가 없으면 수입상의 동의를 받아 환어음만기일을 결정하고 인수은행에 인수동의를 통보한다. 인수은행은 환어음을 인수하고 개설은행으로부터 인수수수료를 받는다.

ⓓ 해외인수은행은 결제은행으로서 수출상에게 대금을 지급한다.

⑩ 수입상은 환어음만기일에 수입대금을 결제한다. 일반적으로 유산스(usance)기간 이자에 해당하는 인수수수료와 할인료(acceptance commission & discount charge[3])는 환어음인수일, 즉 관련서류 인도일에 선급으로 지급한다. 그러나 개설은행과 협의하여 만기일에 수입대금과 함께 후급으로 지급할 수도 있다. 예를 들어 인수은행이 조달한 외화자금의 이자를 선급으로 지급하는 B/A(bill acceptance)시장에서 자금을 조달하면 인수은행은 개설은행에 환어음 인수일에 인수수수료를 선급조건으로 청구하게 되고, 반면에 인수은행이 조달한 외화자금의 이자를 후급으로 지급하는 SOFR시장에서 자금을 조달하면 인수은행은 개설은행에 환어음 만기일에 인수수수료와 할인료를 청구하게 된다.

(1) 기한부신용장의 특징

기한부신용장(usance L/C)은 수출상이 운송서류와 기한부환어음을 거래은행을 통하여 인수은행에 제시하면 해당은행이 이 환어음을 인수하고 수입상은 환어음의 만기일에 수입대금을 결제하는 방식이다. 따라서 기한부신용장은 기한부환어음을 수출상이 발행하고 일반적으로 환어음의 인수은행과 그 만기일을 지정한다. 환어음의 만기일은 다음과 같이 나타낸다.

① 일람 후 정기출급 (at xxx days after sight of draft)

② 확정일자 후 정기출급 (at xxx days after B/L date)

③ 확정일 출급 (at March 25, 20xx)

3) 인수수수료와 할인료는 은행별로 수취하는 방법이 다른 경우도 있음.

(2) 개설은행의 금융위험

개설은행의 금융위험은 운송서류를 포함한 관련서류가 수입상에게 인도되었는가 아니면 인도되기 이전인가에 따라 위험가중자산이 다르게 평가된다. 예를 들어 관련서류가 ① 수입상에게 인도되기 이전이면 위험가중자산은 20%로 평가되고, ② 수입상에게 인도된 이후이면 위험가중자산은 100%로 평가된다.

바꾸어 말하면 수입상품이 수입상에게 인도되었는가 혹은 인도되기 이전인가를 기준으로 평가하는 것이다. ① 개설은행이 관련서류를 수입상에게 인도한 이후부터 수입대금을 결제할 때까지, 즉 환어음 인수일로부터 환어음 만기일까지(유산스기간)는 개설은행의 금융위험은 100%가 된다. 그리고 ② 수입상품이 수입상에게 인도되기 이전인 경우에도 신용장에서 화물에 대한 수하인(consignee)이 누구인가에 따라 위험가중자산이 다르게 평가된다. 예를 들어 신용장의 수하인이 개설은행이면 위험가중자산이 20%로 평가되고, 수하인이 수입상이면 위험가중자산이 50%로 평가된다.

결론적으로 기한부신용장의 개설한도 범위 내에서는 일람지급신용장을 혼합하여 개설할 수 있다. 그러나 일람지급신용장의 개설한도와 기한부신용장의 개설한도는 구분해야 한다. 왜냐하면 기한부신용장에 대한 금융위험이 일람지급신용장에 대한 금융위험보다 더 높기 때문이다.

■ 국내은행인수신용장(domestic banker's usance L/C)

내국수입유산스신용장(domestic import usance L/C)이라고도 하며, 이는 국내에 소재하는 은행이 은행인수신용장의 개설은행이 되는 동시에 인수은행이 되는 방식이다. 국내은행인수신용장은 국내에 소재하는 외국은행이 주로 사용하는 은행인수신용장방식이다. 그 이유는 수입상이 유산스기간에 해외인수은행에 지급하는 이자부분에 해당하는 인수수수료와 할인료(acceptance commission & discount charge)를 모두 수취할 수 있기 때문이다. 따라서 홍콩, 싱가포르에서 영업하는 우리나라 은행의 해외지점들도 인수수수료와 할인료를 모두 수취하기 위해서는 해외에서 개설은행인 동시에 인수은행이 될 수 있다.

3) 수출상인수신용장과 금융위험 (Shipper's Usance L/C & Risk)

● **그림 4-9** _ 수출상인수신용장의 거래구조와 현금흐름

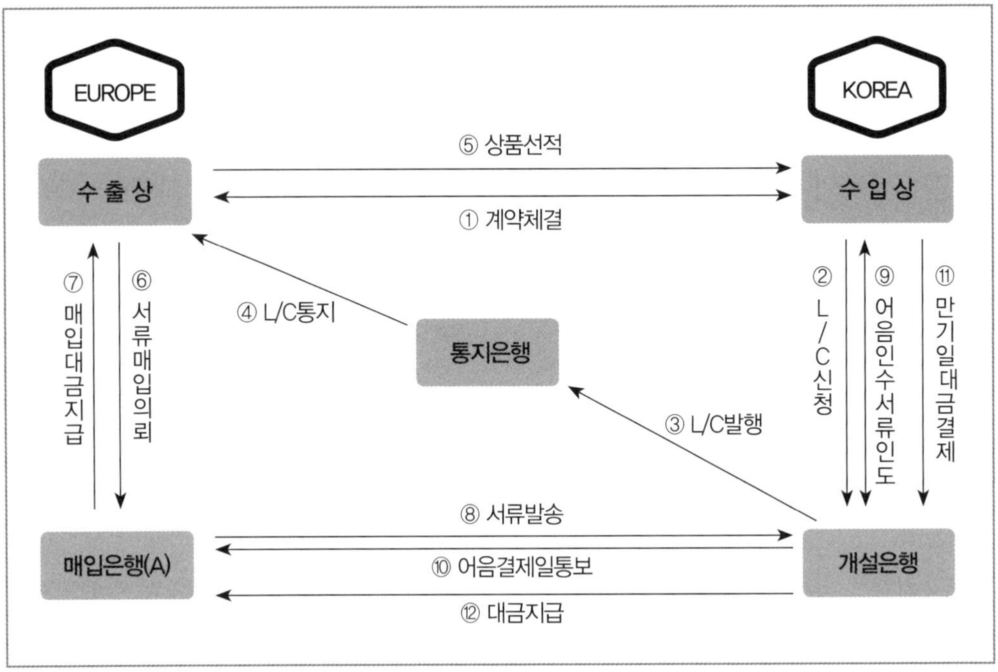

〈거래구조와 현금흐름〉

①~⑥: 해외인수신용장의 거래구조와 같다.

⑦ 일반적으로 매입은행은 수출상의 요청으로 서류 매입 시에 수출대금을 먼저 지급한다. 수출상은 공식적으로 연지급기간에 발생된 이자비용을 부담한다.

⑧ 매입은행은 관련서류를 개설은행으로 발송하고 대금지급을 청구한다.

⑨ 개설은행은 수입상으로부터 환어음에 인수(어음배서와 어음만기일 결정)를 받고 서류를 인도한다.

⑩ 개설은행이 매입은행에 어음결제일을 통보한다.

⑪ 수입상은 환어음만기일에 개설은행에 수입대금을 결제한다. 이때 수출상에게 발생된 연지급기간 이자비용이 수입가격(신용장금액)에 이미 포함되는 경우도 있다.

⑫ 개설은행은 환어음만기일에 수입대금을 매입은행에 지급한다.

(1) 은행인수신용장과 수출상인수신용장의 차이점

은행인수신용장방식에서는 수입상을 위하여 유산스(usance)기간에 공여하는 금융제공에 대한 의무는 개설은행에 있고, 그 유산스금융은 개설은행이 지정한 인수은행이 실행한다. 그러나 수출상인수신용장방식에서는 개설은행은 수입상을 위하여 유산스금융을 제공할 의무가 없다. 반면에 유산스기간에 인수은행을 대신하여 수출상이 신용을 공여하여야 한다.

(2) 개설은행의 금융위험

수출상인수신용장방식에서 개설은행의 금융위험은 은행인수신용장방식과는 달리 유산스기간에 금융제공의무는 없지만 신용장발행일로부터 환어음만기일까지 수입상을 대신하여 수출상에게 지급보증의무는 존재한다. 그러므로 환어음만기일에 수입상이 수입대금을 결제하지 않으면 개설은행이 수출상에게 수입대금을 지급해야 한다.

수출상인수신용장방식에서 개설은행의 금융위험은 은행인수신용장방식에서 개설은행의 금융위험과 같다. 즉 ① 수입상에게 관련서류가 인도되기 이전인 경우에 위험가중자산(개설은행의 금융위험)은 20%이고, ② 서류인도일로부터 환어음만기일까지는 위험가중자산(금융위험)이 100%가 된다.

4. 신용장개설은행(L/C Opening Bank)의 한도관리와 위험분석

1) 일람지급신용장의 한도관리와 금융위험

개설은행이 A기업에 공여한 일람지급신용장(sight L/C)의 개설한도가 10억 원이고 8건의 신용장이 개설되었으며 현재시점에서 잔액(outstanding)은 6억 원이다. 그중에서 4억 원은 개설은행이 수하인으로 되어 있고, 2억 원은 수입상이 수하인으로 되어 있다고 하자.

그러면 개설은행이 현재 A기업에 10억 원의 조건부지급보증 한도를 공여하고 있고, 잔액 6억 원에 대한 위험가중자산을 계산해 보면 1억 8천만 원(=4억 원×20% + 2억 원×50%)이 된다.

2) 기한부신용장의 한도관리와 금융위험

개설은행이 A기업에 공여한 기한부신용장의 개설한도가 10억 원이고 12건의 신용장이 개설되었으며 현재시점에서 잔액은 8억 원이다. 이때 개설된 신용장에 수하인은 모두 개설은행의 이름으로 되어 있고, 그중에서 3억 원은 수출환어음이 인수 전인 상태이고 나머지 5억 원의 수출환어음은 이미 인수되었고 관련서류는 수입상에 이미 인도된 상태이다.

이때, 잔액 8억 원의 위험가중자산을 계산해 보면 5억 6천만 원(= 5억 원×100% + 3억 원×20%)이 된다.

5. 신용장의 종류 (Types of L/Cs)

1) Irrevocable L/C와 Revocable L/C

신용장에 Revocable이라는 문구가 있으면 취소가능신용장이 되나, 아무 표시가 없거나 Irrevocable이라는 문구가 적혀 있으면 취소불능신용장으로 취급한다. 그리고 취소불능신용장인 경우에는 관련당사자 전원의 서면합의가 없으면 조건변경 및 취소를 할 수 없으며, 취소가능신용장인 경우 취소권의 행사는 매입은행의 매입통지가 개설은행에 도착할 때까지만 가능하다.

2) Confirmed L/C와 Unconfirmed L/C

수익자가 개설은행의 대외신용을 의심하거나 수입자 소재국의 정치, 경제 상태가 불안정한 경우 등에 '신용장의 확인'을 요구하게 되며 개설은행의 요청에 따라 통지은행이 확인을 더하여 통지하는 경우도 있다. 그리고 확인은행은 개설은행과 동일한 지급의무를 진다.

3) Restricted L/C와 Open L/C

Restricted L/C는 개설은행이 최종 매입(Negotiation)해야 할 은행을 지정하고 있는 신용장이며, Open L/C는 수익자가 매입은행(negotiating bank)을 자유롭게 선택할 수 있는 신용장이다.

4) Transferable L/C와 Non-Transferable L/C

신용장상에 'transferable'이라는 문구가 있는 경우에 한하여 신용장의 전부 또는 일부에 대하여 양도가 가능하고 양도는 1회에 한한다. 그리고 분할선적(partial shipment) 또는 분할청구(partial drawing)가 가능한 경우에만 분할양도가 가능하다.

5) 회전신용장 (Revolving L/C)

동일 거래당사자 간에 동일 품목을 반복적으로 거래할 때, 매번 거래할 때마다 신용장을 개설하는 불편을 피하기 위하여 사용하는 신용장이다. 또한 처음 개설한 신용장이 이행되고 일정 기간이 경과하면 자동적으로 같은 금액의 신용장이 갱신되는 신용장이다. 회전신용장은 신용장에 의하여 결제되는 총금액(overall amount)을 명시하여야 하고, 총금액의 결정은 거래당사자 간 계약에 의하여 결정되고, 개설은행의 동의가 필요하다.

6) Back to Back L/C

주로 수입과 수출이 연계된 구상무역에서 사용된 신용장이고, 신용장 조건 중에 "이 신용장 수령 후 수일 이내에 Beneficiary가 Applicant 앞으로 동액의 신용장을 개설하는 경우에 한하여 이 신용장이 유효하다."는 조건 등이 있다. 또한 중계무역에서 해외에서 온 수출신용장 혹은 원신용장(master L/C)을 담보로 제2의 신용장(Sub-L/C)을 개설할 것을 전제한 신용장이고, 이를 Baby L/C라고도 한다.

7) 기탁신용장 (Escrow L/C)

매입은행이 신용장 조건에 따라 환어음의 매입대금을 수익자(수출상)에게 지급하지 않고 매입은행의 기탁계좌(Escrow A/C)에 입금해 두었다가, 그 수익자가 수입상을 상대로 L/C(Counter L/C)를 개설하고, 수입상품의 대금결제용으로만 인출할 수 있도록 하는 기탁계좌의 인출용도를 제한하는 신용장이다.

8) 선대신용장 (Red-Clause L/C or Packing Credit)

신용장개설의뢰인의 요청에 따라 개설은행이 통지은행에 수출업자의 제조, 가공, 집하자금 조달을 용이하게 하기 위하여, 일정조건하에서 수출업자에게 수출대금의 일부 또는 전부를 운송서류제시 이전에 지급하도록 권리를 부여하는 조건의 신용장이다.

제5절

수입팩토링방식과 위험분석

Import Factoring & Risk Analysis

1. 수입팩토링방식의 구조와 현금흐름 (Import Factoring & Cash Flow)

현실적으로 무신용장방식을 통한 수입거래는 D/A거래에서 살펴본 것과 같이 본·지사 간에 수입거래가 아니면 수출상 입장에서는 수출채권회수위험이 높아서 수출거래를 적극적으로 할 수 없다. 이때 수입상을 대신하여 은행은 아니지만 대외적으로 명성이 있는 금융기관이 수입대금지급을 수출상에게 보증하면 수입상의 수입거래가 원활해질 수 있다.

그러므로 수입팩토링은 수입상과 수입팩토링계약을 체결한 은행이 아닌 금융기관인 수입팩터가 수입상을 대신하여 수입대금지급을 보증함으로써 수입상의 수입거래를 원활하게 하는 방식이다.

● **그림 4-10 _ 수입팩토링의 구조와 현금흐름**

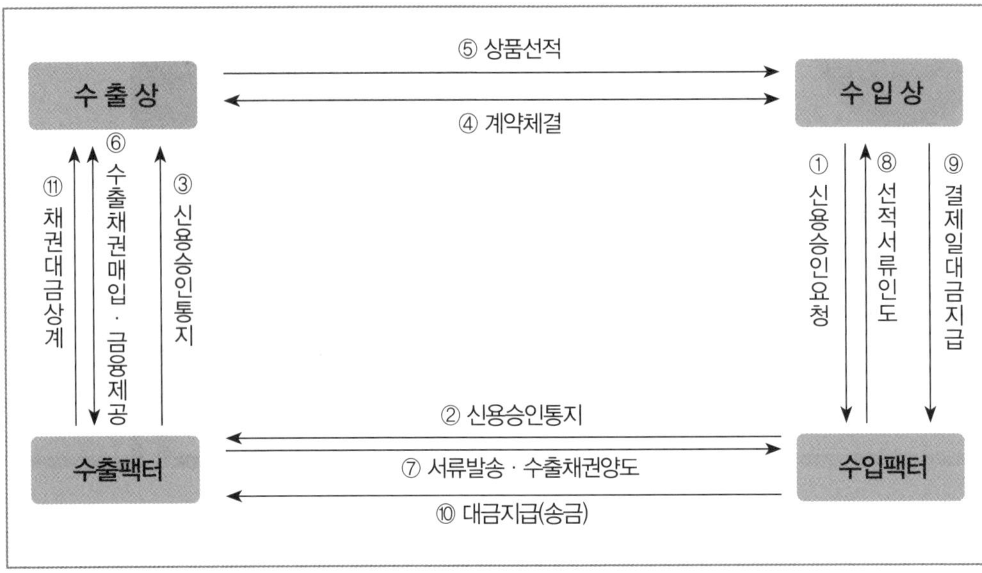

〈거래구조와 현금흐름〉

① 수입상은 수입팩터에 수입상품 결제에 대한 신용승인(건별 또는 한도별)을 신청한다.

② 수입팩터는 수출팩터에 수입상에 대한 신용승인을 통지한다.

③ 수출팩터는 수출상에게 수입팩터의 신용승인을 통지한다.

④ 수입상은 수출상과 상품수입계약을 체결한다.

⑤ 수출상은 상품을 선적한다.

⑥ 수출상은 수출팩터에 수출채권 매입을 의뢰하고 수출팩터는 금융을 제공한다.

⑦ 수출팩터는 관련서류와 수출채권을 수출상이 수출팩터에 양도하는 내용의 양도서를 수입팩터에 발송한다.

⑧ 수입팩터는 관련서류를 수입상에게 인도한다.

⑨ 수입상은 채권만기일에 수입대금을 수입팩터에 지급한다.

⑩ 수입팩터는 수입대금을 수출팩터에 송금한다.

⑪ 수출팩터는 받은 결제대금으로 이미 수출상에게 제공한 금융과 상계한다.

2. 수입상과 수출상의 유용성(Import Factoring & Counter-Parties)

1) 수입상의 유용성과 한계

① 외상으로 수입거래를 활발하게 할 수 있다.

② 수입팩터로부터 대금결제를 위한 금융을 제공받을 수 있다.

③ 신용장방식을 통한 수입거래와 비교하여 거래가 제한적이다.

2) 수출상의 유용성과 한계

① 수출대금회수에 대한 위험을 수입상의 신용위험에서 수입팩터의 신용위험으로 대체함으로써 수출채권회수에 대한 위험을 줄일 수 있다.

② 외상수출거래를 촉진시켜 수출상의 매출을 증대시킬 수 있다.

③ 팩토링거래는 해당국가의 수출팩터와 수입팩터의 존재 및 그 팩터의 신용도에 따라 제한을 받는다.

3. 수입팩터와 수출팩터의 위험분석(International Factoring & Risk Analysis)

1) 수입팩터(Import Factor)의 금융위험

① 수입팩터의 금융위험은 수입상의 신용위험에 의존한다.

② 수입팩터는 수입대금의 지급에 대한 의무를 진다. 예를 들어 수입상품의 품질, 수량, 선적시기 등 수출상의 계약불이행에 대한 수입상의 지급거절과 같은 이유 이외에 수입상의 지급불능상태로 인한 지급불이행이 발생하면 수입팩터는 수입상을 대신하여 수입대금지급을 해야 한다.

2) 수출팩터(Export Factor)의 금융위험

① 수출팩터가 수출상에게 대하여 구상권을 갖지 않는 조건(without recourse)으로 수출채권을 매입했다면 수출팩터의 금융위험은 수입팩터의 신용위험에 의존한다.

② 수출상에 대하여 구상권을 가지는 조건(with recourse)으로 수출채권을 매입했다면 수출팩터는 수입팩터의 신용위험 외에 수출상의 신용위험에도 의존한다.

제6절

기타 수입금융과 위험분석

Other Import Finance & Risk Analysis

1. 수입화물선취보증 (Shipping Letter of Guarantee: SLG)

1) 수입화물선취보증(SLG) 의 내용과 특성

수입화물선취보증(SLG)은 수입상품은 이미 국·내에 도착했으나 운송서류가 우송의 지연 등의 이유로 신용장개설은행에 도착하지 않은 경우에 신용장개설은행이 운송회사에 대하여 향후 운송서류가 도착하면 이를 운송회사에 제출할 것을 확약하는 증서로서 신용장개설은행이 운송회사에 제공하는 보증서를 말한다.

그러므로 수입화물선취보증은 추심(D/P, D/A)방식, 일람지급신용장, 기한부신용장 결제 방식에서 모두 발생할 수 있다. 추심(D/P, D/A)방식인 경우에 수입화물선취보증(SLG)을 하려면 우선 수입상에게 지급보증을 제공할 수 있는 별도의 지급보증한도가 있어야 한다.

2) 신용장개설은행의 위험분석

신용장개설은행이 수입화물선취보증서를 발행하면 수입상은 그 보증서를 운송회사에 제시하고 운송회사로부터 수입상품을 인수하게 된다. 만약 수입상이 수입상품을 인수한 이후에 지급불능상태가 되고, 그 수입상품이 판매 등을 통하여 수입상의 자산에서 소멸됐다면 신용장개설은행 입장에서는 담보대상이 사라지게 된다. 수입화물선취보증에 대한 위험가중자산은 수입거래에 대한 보증으로서 50%로 관리된다.

2. 화물대도 (Trust Receipt: T/R)

1) 화물대도(T/R)의 내용과 특성

신용장개설은행은 수입상을 대신하여 수출상을 수익자로 하는 지급보증의무를 부담하기 때문에 일반적으로 신용장상의 수하인(consignee)을 수입상이 아닌 개설은행으로 하고 신용장을 개설한다. 이와 같이 신용장개설 시에 화물의 수하인을 개설은행으로 하면 개설은행은 일람지급신용장, 은행인수신용장, 수출상인수신용장 등을 발행한 경우에 모두 신용장개설은행이 수입화물에 대한 소유권을 갖는다.

따라서 화물대도(T/R)는 개설은행이 수입화물에 대한 소유자로서 그 소유권만 보유하고 수입상으로 하여금 수입국에 도착한 수입화물을 통관하여 가공하거나 판매할 수 있도록 한 제도이다.

화물대도(T/R)는 추심(D/P, D/A)방식, 일람지급신용장, 기한부신용장 결제방식에서 모두 발생할 수 있다. 그러므로 개설은행이 수입상에게 운송서류를 인도한 동시에 개설은행이 신탁자(truster)가 되고, 수입상이 신탁수혜자(trustee)가 되는 신탁계약을 체결하게 된다.

2) 개설은행의 위험분석

개설은행 입장에서는 화물대도(T/R)가 발생한 이후부터 결제일(화물대도기간)까지는 현실적으로 화물을 처분할 수 없는 무형의 화물만 소유하게 된다. 그러므로 개설은행의 금융위험은 화물대도기간에 있고 일람지급신용장인 경우에는 수입화물선취보증(SLG)을 발행한 경우와 같이 보증의무가 존재하는 상태이고, 인수신용장인 경우에는 수입화물을 인수한 유산스기간에 해당된다.

3. 일람지급결제금융 (T/R Loan)

1) 일람지급결제금융(T/R Loan)의 내용과 특성

일람지급결제금융(T/R loan)은 수입대금 결제를 목적으로 실행하는 대출로서 T/R facility 또는 CIL(clean import loan)이라고 한다. 일람지급결제금융은 일람지급신용장(sight L/C) 결제방식 또는 지급인도(D/P) 결제방식으로 수입거래를 하는 경우에 이용된다.

운송서류를 포함한 관련서류가 도착하면 수입상의 거래은행 또는 일람지급신용장 개설은행은 수입상의 대출신청에 따라 그 대출금으로 수입대금을 지급하고 운송서류를 수입상에게 인도한다. 그리고 수입상은 운송서류를 인도받아 수입상품을 가공 또는 판매하고 대출일(운송서류 인수일)로부터 30~90일 후에 수입대금을 결제하는 방식이다.

2) 유산스인수금융과 일람지급결제금융의 차이

① 기업 입장에서 유산스인수금융(Usance Finance)은 외화차입금이지만 일람지급결제금융(T/R Loan)은 원화차입금이다.

② 유산스인수금융에는 외화변동금리(예; B/A rate 또는 SOFR)가 적용된다. 일람지급결제금융은 단기대출로서 원화고정금리가 적용된다.

③ 기업 입장에서 유산스인수금융은 차입금리가 상대적으로 저렴한 반면에, 일람지급결제금융은 차입금리가 상대적으로 비싸다.

④ 기업 입장에서 유산스인수금융은 환위험이 발생한다. 그러나 일람지급결제금융은 원화차입금이므로 환위험이 발생하지 않는다.

참 고

신용장과 환위험관리

환위험관리 측면에서 볼 때 향후에 환율상승이 예측되고 그 폭이 클 것으로 예상된다고 가정하자. 이러한 상황에서는 수입상은 기한부신용장(usance L/C)을 발행하지 않고 일람지급신용장(sight L/C)을 발행하고, 수입대금을 결제할 때 일람지급결제금융을 사용함으로써 환위험을 회피할 수 있다.

3) 수입상의 거래은행 위험분석

일람지급결제금융은 수입대금의 결제를 위해서만 그 사용이 제한되는 단기원화대출로서 운전자금을 지원하는 대출에 해당한다. 그러나 일람지급결제금융은 수입거래와는 관련되어 있지만 독립된 대출거래로서 금융위험에 대한 위험가중자산은 100%로 관리된다.

연습문제

제 4 장

1. 수입대금 결제방식을 네 가지로 구분하고 이를 각각 설명하시오.

2. 송금결제방식(remittance basis)을 크게 세 가지로 구분하고 이를 각각 설명하시오.

3. 추심결제방식(documents collection)을 두 가지로 구분하고 이를 각각 설명하시오.

4. 신용장(L/C)과 지급보증서(letter of guarantee)의 차이를 설명하시오.

5. 신용장이 종류를 일람지급신용장과 기한부신용장으로 구분하고,
기한부신용장을 신용장개설은행의 금융위험에 따라 다시 구분하시오.

6. 수입팩터와 수출팩터의 금융위험을 각각 설명하시오.

7. 유산스인수금융(Usance Finance)과 일람지급결제금융(T/R Loan)을 비교하시오.

5장

수출금융과 위험분석

Export Finance & Risk Analysis

핵심용어

수출금융 Export Finance

내국신용장 Local L/C

포페이팅 Forfaiting

수출어음매입금융 Note Purchase Facility

수출신용장 Master L/C

환어음재매입은행 Renegotiating Bank

수출팩토링 Export Factoring

수출환어음매입 Negotiation

제1절

수출금융의 종류

Types of Export Finance

수출금융(export finance)은 수출상 또는 수출기업의 수출활동에 필요한 운전자금을 지원하기 위하여 수출상의 거래은행이 수출상에 제공하는 여러 가지 금융을 말한다. 금융기관이 수출상에게 수출금융을 제공하기 위해서는 수출상의 수출거래내용, 1년 수출액 중에서 해당금융기관이 1년 동안 지원할 수출액의 규모, 수출업무의 성수기와 비수기 각각의 규모, 기업의 신용상태, 제공할 수출금융의 종류와 위험 등을 고려한다.

수출금융(export finance)은 수출상의 신용위험을 고려하여 여신(대출 및 지급보증)을 지원하는 것이고, 수출상의 수출방식에 따라 제공할 수출금융의 종류와 그 위험은 각각 다르다. 따라서 수출금융은 수출상의 거래은행이 ① 수출상에 대한 신용위험과 ② 수출방식에 따른 금융위험 등을 고려하여 한도를 설정하고, 대체로 한도금융으로 운용된다.

한편 수출금융의 종류를 구분하면 다음과 같다.

● 그림 5-1 _ 수출금융의 종류

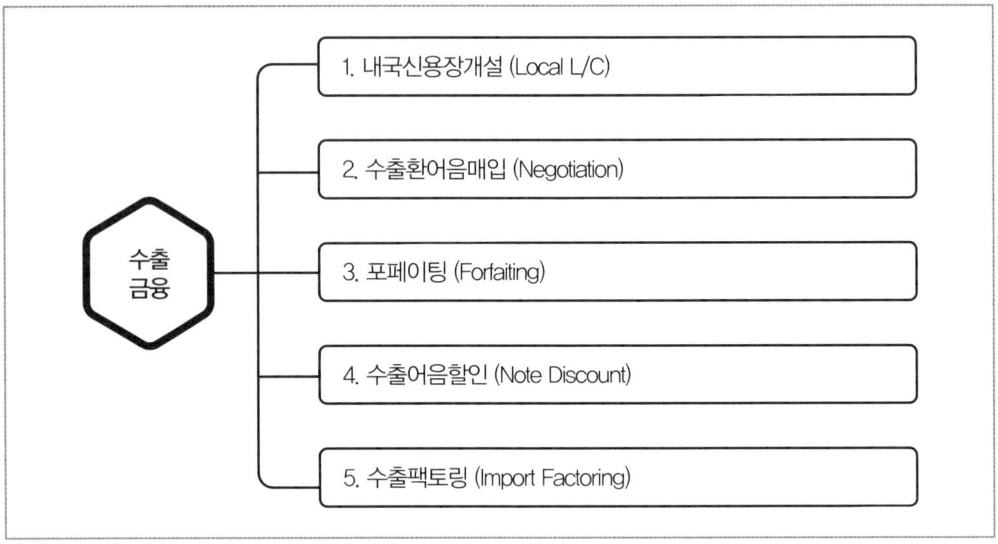

제2절

내국신용장과 위험분석

Local L/C & Risk Analysis

1. 내국신용장의 내용과 수혜자 (Local L/C & Beneficiary)

내국신용장(local L/C)은 수출상이 융자대상이 되는 수출실적이 있는 경우 또는 해외로부터 수출신용장(master L/C) 등을 받은 경우에 이를 근거로 하여 수출상품을 제조하거나 가공하는 데 필요한 원자재 또는 완제품의 구입을 위하여 발행하는 신용장이다.

따라서 내국신용장은 수출용원자재 또는 수출용완제품을 수출상에게 공급하는 국내의 원자재공급자 또는 완제품공급자를 신용장의 수익자(beneficiary)로 하여 수출상의 거래은행이 발행하는 신용장을 말한다.

내국신용장은 국내의 물품공급자가 판매대금을 안전하게 회수할 수 있도록 한 것으로, 이는 국가가 수출을 촉진시키기 위하여 실시하는 제도 중의 하나이다. 내국신용장의 개설은행은 수출상에게 신용장발행이라는 조건부지급보증의 금융을 제공함으로써 수출상의 영업활동(구매활동과 제조활동)을 지원한다.

한편 대금결제는 물품공급자(신용장의 수익자)가 수출상(신용장개설신청인)을 지급인으로 하는 일람지급환어음을 발행하여 물품공급자의 거래은행에 매각하거나 추심을 통하여 이루어지며, 물품공급자는 신용장을 결제수단으로 하여 물품대금을 신속하고 안전하게 회수할 수 있다.

2. 내국신용장의 구조와 현금흐름분석 (Local L/C Structure & Cash Flow Analysis)

그림 5-2 _ 내국신용장의 구조와 현금흐름

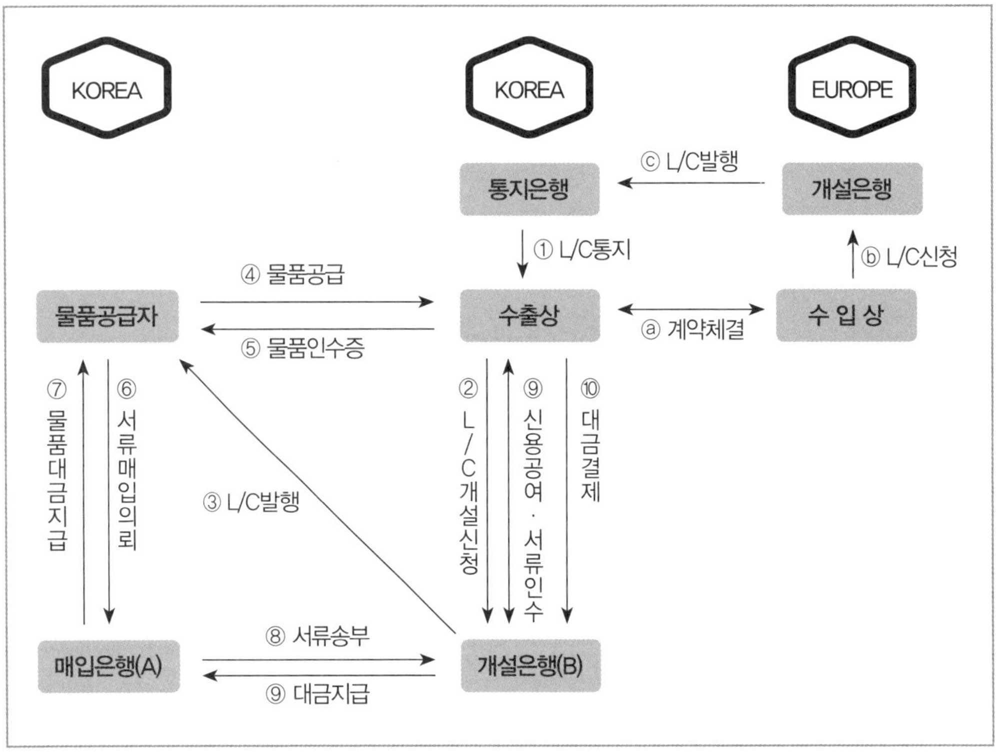

〈거래구조와 현금흐름〉

① 한국의 수출상은 유럽의 수입상과 수출계약을 체결하고 한국에 소재하는 은행으로부터 수출신용장(master L/C)의 통지를 받는다.

② 수출상은 거래은행(B)에 내국신용장개설을 신청한다.

③ 수출상의 거래은행(B)은 국내의 물품공급자를 신용장의 수익자로 하여 신용장을 개설하

고 통지한다.

④ 국내의 물품공급자는 수출상에게 물품을 공급한다.

⑤ 물품공급자는 수출상에게 물품을 공급하고 물품인수증을 받는다.

⑥ 물품공급자는 거래은행(A)에 수출상을 지급인으로 발행한 일람지급환어음과 관련서류의 매입을 의뢰한다.

⑦ 매입은행(A)은 물품공급자에게 물품대금을 지급한다.

⑧ 매입은행(A)은 환어음과 관련서류를 신용장개설은행(B)에 송부한다.

⑨ 개설은행은 수출상에게 신용을 공여하고 매입은행(A)에 대금을 지급한다.

⑩ 수출상은 환어음만기일에 개설은행(B)에 물품대금을 결제한다.

3. 개설은행의 금융위험 (L/C Opening Bank & Risk)

수출신용장개설은행이 수출상의 매입은행이 되는 경우 매입은행의 금융위험은 해외에 소재하며 수출신용장을 발행한 수출신용장개설은행에 있다.

한편 (물품공급자 매입은행의 부탁 혹은 요청에 의하여) 물품공급자의 매입은행과 내국신용장개설은행이 같은 은행이면 물품공급자 매입은행의 금융위험은 없다. 즉 물품공급자 매입은행의 위험가중자산은 제로(0)가 된다. 그 이유는 물품공급자의 매입은행과 내국신용장개설은행이 같은 은행(예; 동일은행이고 동일지점인 경우 또는 동일은행이면서 서로 다른 지점인 경우)이기 때문이다.

또한 물품공급자의 매입은행과 내국신용장개설은행이 같으면 매입은행 입장에서는 위험이 없는 거래이고, 동시에 같은 은행 입장에서 보면 1개의 위험(수출신용장개설은행이 위험)으로 다양한 거래수익을 창출하는 기회를 갖게 된다.

제3절

수출환어음매입금융과 위험분석

Negotiation & Risk Analysis

1. 수출환어음매입금융 (Negotiation & Risk)

1) 수출환어음매입금융의 내용과 특성

신용장(L/C)방식 또는 추심결제(D/P, D/A)방식의 수출계약에 따라 수출상은 수출상품의 선적을 완료하고 수출대금 회수를 위하여 개설은행 또는 인수은행을 지급인으로 수출환어음을 발행한다. 그리고 수출상은 거래은행(매입은행)에 관련서류와 수출환어음을 제시하고 매입을 의뢰한다.

수출환어음매입금융(negotiation)은 수출상의 거래은행이 수출상으로부터 수출환어음과 관련서류를 매입하는 것을 말한다. 이때, 수출환어음매입금융을 제공하는 은행은 매입은행(negotiating bank)이 된다. 매입은행은 수출환어음의 매입자금을 원칙적으로 외화로 지급해야 하고, 수출상이 원화지급을 원하면 환전 혹은 별도의 현물환거래를 통하여 원화로 지급할 수 있다.

2) 매입서류(수출서류)

주요 매입서류는 수출상이 발행한 환어음(bill of exchange)과 수출서류이다. 신용장방식의 수출서류는 일반적으로 기본서류와 보충서류로 나누어진다. ① 운송서류(transport documents), ② 상업송장(commercial invoice), ③ 보험증권(insurance policy) 등의 기본서류와 ① 원산지증명서(certificate of origin), ② 포장명세서(packing list), ③ 영사송장(consular invoice), ④ 검사증명서(inspection certificate) 등의 보충서류로 구분한다. 운송서류에는 ① 선하증권(bill of lading), ② 항공운송장(air waybills) 등이 있다.

2. 매입은행의 금융위험 (Negotiating Bank & Risk)

1) D/A방식 매입은행의 금융위험

D/A방식 수출인 경우에 매입은행은 수출서류를 매입하기 전에 수출상에 대한 수출환어음 매입(negotiation) 한도를 반드시 필요로 한다. 매입은행의 금융위험은 전적으로 ① 수출상의 신용위험(credit risk)과 ② 수입상의 결제위험(settlement risk)에 의존한다. D/A방식 수출거래는 수입상이 환어음의 대금을 결제하지 못하면 매입은행이 수출상에게 소구권(recourse)을 행사하여 환어음의 매입금액을 청구할 수 있기 때문이다.

그러나 D/A방식은 일반적으로 본·지사 간 거래가 대부분이므로 수입상이 수입대금을 결제하지 못하는 상황이 되면, 수출상도 수출서류 매각대금(매입은행 입장에서 매입대금)을 상환하지 못하는 상황이 될 확률이 높다.

물론 D/A방식의 수출거래이지만 수입상이 본·지사가 아닌 제3자(third party)인 경우에는 수입상이 수입대금 결제능력을 상실하더라도 매입은행은 환어음 만기일에 수출상으로부터 매입대금을 회수할 수 있다.

한편 매입은행의 수출환어음매입금융에 대한 위험가중자산은 100%로 평가되고, 매입은행의 장부(on-balance sheet)에 〈매입외환〉으로 관리된다. 그러나 수출상은 환어음과 수출서류를 매입은행에 매각하고 그 매각대금을 받게 되면, 수출상의 장부에 수출채권을 현금으로 전환하고 장부외계정(off-balance sheet)에서 〈우발채무〉로 관리한다.

2) 신용장(L/C)방식 매입은행의 금융위험

L/C방식 수출인 경우에 매입은행은 수출서류를 매입하기 전에 수출상에 대한 수출환어음매입(negotiation) 한도가 없어도 가능하다. 매입은행은 수출상이 제시한 수출서류가 신용장의 조건과 일치하는지 검토해야 한다. 서류를 검토한 결과 수출서류와 신용장조건의 불일치, 즉 서류상에 하자(discrepancies)가 발견되는 경우가 있다.

이때 매입은행은 수출상의 신용위험이 낮다고 평가하거나 채권회수에 걱정이 없으면 매입은행은 수출상으로부터 하자에 대한 확인을 받고 관련서류를 매입할 수도 있다.

만약 매입은행이 개설은행의 사전 동의 없이 실수로 하자 있는 관련서류를 매입하고 그 서류를 신용장개설은행에게 제시했을 때 그 하자에 대하여 개설은행이 동의하지 않으면 매입은행은 신용장개설은행으로부터 매입대금을 회수하지 못할 수도 있다. 이러한 경우에는 매입은행이 수출상에게 소구권을 행사하여 대금을 회수할 수 있다.

따라서 신용장방식의 매입은행 금융위험은 우선적으로 신용장개설은행의 신용위험에 의존한다. 그러므로 D/A방식 수출환어음 매입금융에 대한 위험가중자산이 100%인 반면에, 신용장방식 수출환어음매입금융에 대한 위험가중자산은 20%가 된다.

결론적으로 신용장방식 매입은행의 금융위험은 ① 신용장개설은행, ② 수출상의 신용위험에 의존된다. 일반적으로 신용장개설은행의 신용위험이 수출상의 신용위험보다 상대적으로 낮다.

3) 환어음재매입은행(Re-Negotiating bank)의 금융위험

환어음매입은행(negotiating bank)으로부터 수출환어음을 재매입한 환어음재매입은행(re-negotiating bank)은 환어음매입은행에 대하여 소구권(recourse to negotiating bank)을 갖는다.

왜냐하면 환어음매입은행이 환어음재매입은행에 대하여 환어음매입을 의뢰하는 신청인이기 때문이다. 참고로, 환어음매입은행은 수출상에 대하여 소구권(recourse to beneficiary)을 갖는다. 따라서 환어음재매입은행의 금융위험은 환어음재매입을 신청하는 은행의 신용위험에 의존한다.

제4절

포페이팅금융과 위험분석

Forfaiting & Risk Analysis

1. 포페이팅의 내용과 대상 (Forfaiting & Underlying Asset)

포페이팅(forfaiting)은 국제 무역거래에서 대금결제를 위하여 통용되는 환어음 및 기타 양도 가능한 금융채무증서(instruments)를 금융기관이 수출상으로부터 매입할 때 해당증서의 만기일에 증서의 지급인이 대금지급을 하지 않더라도 수출상에게 상환청구권을 행사하지 않는 조건(without recourse)으로 환어음 또는 증서를 매입하는 것을 말한다.

어음 또는 증서를 매입할 때는 금융채무 지급인의 신용위험을 고려하여 지급금액에서 적정한 할인율(고정금리)을 적용하여 할인가격으로 매입한다. 이때 어음을 매입하는 금융기관을 포페이터(forfaiter)라고 한다. 포페이팅은 불어의 'a forfait'에서 유래된 말로서 '현금을 대가로 채권을 포기 또는 양도' 한다는 뜻이다.[1)]

포페이팅의 대상으로는 ① 수출상이 신용장개설은행을 지급인으로 발행한 수출환어음(bill

1) 한국수출입은행, 「포페이팅의 이론과 실체」, p. 3에서 참고.

of exchange), ② 국제 건설 · 용역거래에서 해외채무자가 채권자(수출상)를 수혜자로 하여 발행하는 약속어음(promissory note), ③ 수출환어음이 없는 신용장과 관련서류(L/C & documents), ④ 수출상의 외상매출채권(accounts receivable), ⑤ (국가 또는 시의) 정부가 발행한 채권(bond) 등이 해당한다.

일반적으로는 수출환어음과 약속어음이 주요대상이 된다. 그리고 이들 어음에 은행보증이 첨부되는 경우도 많다.

2. 포페이팅금융의 특성 (Forfaiting & Risk)

1) 상환청구권 포기조건부(without recourse)매입

포페이터(금융기관)는 수출상으로부터 매입한 수출환어음 또는 채무자가 발행한 약속어음의 만기일에 어음지급인이 대금결제를 하지 않더라도 수출상에게 대금청구를 할 수 없다.

왜냐하면 어음매입 시에 수출상에게 소구권(상환청구권)을 행사하지 않는 조건부(without recourse)로 수출환어음 또는 약속어음을 매입했기 때문이다. 따라서 수출상은 포페이팅 거래를 통하여 수출대금회수위험을 완전히 제거할 수 있다.

2) 거래금액과 거래기간의 제한

포페이팅은 건별금융(one-off facility)이므로 ① 1회의 거래금액과 ② 거래기간에 제한을 받는다. 일반적으로 포페이팅 거래를 위하여 필요한 최소 거래단위는 미화 100만 불 이상, 어음기간은 90일 이상이다.

왜냐하면 포페이터 입장에서는 거래금액이 크고, 거래기간이 길어야 1회의 거래(즉, 건별금융)로 상대적으로 높은 거래수익을 창출하기 때문에 포페이터는 금융금액이 크고, 금융기간이 긴 거래를 선호한다. 따라서 수출상 입장에서는 금융금액이 작거나 금융기간이 짧을수록 상대적으로 할인율이 높아져 금융비용이 높아지게 된다.

3) 어음지급인의 제한

포페이팅은 비소구금융이기 때문에 포페이팅의 대상인 수출환어음 또는 약속어음의 지급인에 대한 신용도가 낮으면 성사되기 어렵다.

한편 전문포페이터는 일반적으로 매입한 어음에 소정의 마진(margin)을 붙여서 투자자에게 되판다고 볼 수 있다. 전문포페이터는 국제적으로 수입거래를 크게 하는 어음지급인(수입상)에 대한 신용정보를 많이 파악하고 관리한다.

4) 거래표시통화의 제한

거래표시통화는 국제외환시장에서 거래되고 통용되는 통화표시이면 된다. 예를 들어 USD, EURO, JPY, POUND 등이다.

5) 어음의 보증유무

포페이팅의 대상인 수출환어음 또는 약속어음의 지급인의 대외신용도가 낮으면 포페이팅이 성사되기 어렵다. 포페이팅이 성사되기 위해서는 L/C방식의 수출환어음이거나 은행의 지급보증(letter of guarantee)이 첨부된 어음이어야 한다.

6) 고정금리의 적용

포페이터는 수출환어음 또는 약속어음을 매입할 때 할인율을 어음만기까지 적용하여 할인한 가격으로 어음을 매입하게 된다. 따라서 할인율은 고정금리가 되고 금리는 만기까지 확정된다. 따라서 수출상 입장에서는 포페이팅을 사용하면 어음만기까지 거래비용을 사전에 확정할 수 있고, 이를 판매대금에 전가할 수도 있다.

참 고

포페이팅과 Aval

포페이팅에서 어음에 대한 보증에는 ① 신용장(L/C), ② 지급보증서(letter of guarantee), ③ 어음보증에 사용하는 Aval이 있다. 어음보증에서 보증인이 채무자의 자격으로 어음만기일에 조건없이 어음금액을 지급하겠다는 의사표시로서 'Per Aval' 이란 문구를 약속어음이나 환어음상에 기재하고 보증인이 서명하는 방식도 있다.

Per Aval for account of Issuer / Drawer
For and behalf of [ ]
Authorised Signatory   Authorised Signatory

※ 자료: Margrith Lutschg- Emmengger, 「A Guide to Forfaiting」, Euromoney Books(2002), p. 20에서 인용.

7) 포페이팅의 주요서류

① 수출환어음 또는 약속어음
② 신용장, 지급보증서 또는 Aval
③ 수출계약서 사본(conformed copy)
④ 상업송장 사본
⑤ 선하증권 사본
⑥ 포장명세서
⑦ 서명확인서
⑧ (필요시) 외환거래승인서, 구상권포기증서 등

8) 지급보증서와 Aval의 비교

● **표 5-1** _ 지급보증서와 Aval의 비교

지급보증서(letter of guarantee)	Aval
1. 실제 상품거래와는 별도로 무조건적으로 취소 불가능한 조건으로 대금지급을 보증함.	1. 거래어음과 분리할 수 없고 보증형식이 간단 · 명료하여 유통이 용이함.
2. 어음의 총금액에 대한 지급보증이므로 어음의 분할양도가 불가능함.	2. 국가에 따라서는 Aval의 효력을 인정하지 않기도 하므로 문제발생의소지가 있음.
3. 모든 국가에서 통용되므로 법적시비의 소지가 없음.	

※ 한국수출입은행, 「포페이팅의 이론과 실체」, p. 22에서 인용.

3. 수출상의 장단점 (Forfaiting & Exporter)

1) 수출상의 장점

① 수출채권 회수위험에서 벗어날 수 있다.

② 환율변동위험과 금리변동위험에서 벗어날 수 있다.

③ 수출대금을 신속히 회수하므로 운전자금 부담을 경감시킬 수 있고 유동성 향상에 유용하다.

④ 고정금리로 어음이 할인되므로 만기까지의 거래비용을 사전에 확정할 수 있다.

⑤ 금융비용을 사전에 알 수 있어서 물품가격에 거래비용을 전가시킬 수 있다.

⑥ 금융절차가 상대적으로 간편하다.

2) 수출상의 단점

① 금융비용이 상대적으로 높을 수도 있다. 왜냐하면 포페이터가 수출상에게 상환청구권을 행사할 수 없고 환율변동과 금리변동 위험을 포페이터가 부담하기 때문이다.

② 거래금액과 기간에 제한을 받는다.

③ 거래표시통화에 제한을 받는다.

④ 어음지급인이 속한 국가의 신용도 또는 어음지급인의 신용에 제한을 받으며, 이를 해결하기 위해서는 추가적인 보증을 필요로 한다.

4. 포페이터의 위험분석 (Forfaiting Bank & Risk Analysis)

1) 포페이터의 금융위험

① 어음지급인 또는 보증인이 어음만기일에 대금지급을 이행하지 않더라도 포페이터는 어음매도인(수출상)에게 상환청구권을 행사할 수 없다.

② 포페이터의 위험은 어음보증인과 어음지급인의 신용위험에 의존한다.

③ 수출상에 대하여 상환청구권 포기조건부 거래이므로 수출서류의 하자유무를 면밀히 검토해야 한다.

④ 수출상과 수입상 소재국의 어음 및 보증에 관한 법률적 지식이 필요하다.

⑤ 매입한 어음을 만기까지 보유할 경우는 환율변동과 금리변동 위험을 부담하게 된다.

2) 포페이터의 유용성

① 매입한 어음을 유통시장에서 매각하는 경우에는 무위험수익을 얻을 수 있다.

② 일반적인 무역관련 거래에서 발생되는 수익보다 상대적으로 수익성이 높다.

③ 무위험수익 거래를 통하여 금융기관의 수익성을 향상시킬 수 있다.

제5절

수출어음매입금융과 위험분석

Note Purchase Facility & Risk Analysis

1. 수출어음매입금융(Note Purchase Facility)의 내용

1) 수출어음매입금융의 내용

해외에서 오랜 기간 실행하는 건설공사 또는 공장건설(플랜트수출) 등과 같은 연불수출의 경우에는 공사발주자(채무자)가 공사대금 지급을 약속하는 외화표시약속어음(promissory note)을 수출상(건설회사)을 수익자로 발행한다. 수출어음매입금융(note purchase facility)은 연불수출의 경우 수출상의 거래은행이 공사발주자(채무자)가 발행한 지급어음을 매입하는 형식으로 수출상(건설회사)에게 금융을 제공하는 방법을 말한다.

일반적으로 장기공사수출은 계약금액이 크고 공사기성에 따라서 공사대금이 지급되므로 공사발주자(채무자)는 공사 진행에 따라 어음의 만기를 각각 다르게 하고 어음을 여러 번 발행한다. 그러므로 매입은행 입장에서 연불수출어음매입금융은 공사발주자(채무자)가 발행한 어음을 담보로 수출상에게 중장기외화대출을 제공하는 것과 같고, 원칙적으로 수출상에 대하여 상환청구권을 갖는다.

2) 수출어음매입금융과 외화대출의 차이

수출어음매입금융이 외화대출과 다른 점은 매입은행 입장에서 외화대출은 차입자의 신용위험에만 의존하지만, 매입은행의 수출어음매입금융위험은 ① 차입자(수출상 혹은 건설회사) 외에 ② 어음지급인(공사발주자)의 신용에도 의존한다.

2. 수출어음매입금융의 특성 (Note Purchase Facility & Risk)

① 외화대출의 경우와 같이 어음매입계약(note purchase agreement)을 한다.
② 매입금액이 큰 경우는 신디케이션(syndication)방식으로 금융을 지원한다.
③ 수출상에게 소구권을 행사할 수 있는 조건부로 수출어음을 매입한다.
④ 외화대출의 경우와 같이 외화변동금리(예; SOFR + 1.2%)를 적용한다.
⑤ 매입은행은 이자를 후급조건으로 수취한다.
⑥ 일반적으로 금융제공기간은 중장기가 많다.
⑦ 이자 및 수수료의 적용은 외화대출과 그 체계가 비슷하고, 예를 들면 취급수수료(management fee) 등이 있다.

3. 수출어음매입금융의 위험분석 (Bank, Exporter & Risk Analysis)

1) 수출어음매입은행 위험분석

수출어음매입은행의 금융위험은 ① 수출상(혹은 건설회사)과 ② 어음지급인(공사발주자)의 신용위험에 의존한다.

2) 수출상의 거래위험

수출상의 거래위험은 어음지급인(공사발주자)의 신용위험에 전적으로 의존한다. 그리고 포페이팅의 경우와는 달리 수출상은 환율변동위험과 금리변동위험을 부담하게 된다.

제6절

수출팩토링방식과 위험분석

Export Factoring & Risk Analysis

1. 수출팩토링방식의 내용과 특성 (Export Factoring & Risk)

수출팩토링(export factoring)은 수입팩터(수입국의 금융기관)의 수출상품에 대한 대금지급의 승낙을 전제로 수출팩터(수출국의 금융기관)가 일정한도 범위 이내에서 수출상으로부터 수출채권을 매입하고 동시에 수출채권의 만기까지 금융을 제공하는 것을 말한다.

세계 각국에서 운영되고 있는 국제팩토링은 자국의 실정에 맞게 부분적으로 변형되어 나라마다 조금씩 차이가 있으나, 일반적인 국제팩토링(conventional factoring)의 주요 특징은 다음과 같다.

① 수출팩터는 수출상에게 상환청구권을 포기하는 조건부(without recourse)로 수출채권을 매입하는 거래이다.
② 수출팩터는 수입팩터의 신용으로 수출채권을 매입한다.
③ 수출팩토링거래를 위해서 수출상은 사전에 수출팩터로부터 거래한도를 승인받고 수출팩터와 수출팩토링계약을 체결한다.
④ 수출팩터는 수출상의 채권관리, 회계처리 및 경영관리에 대한 포괄적인 서비스를 제공한다.

> **참고** 국내금융기관이 수출상에게 제공하는 팩토링에서는 수출팩터(국내금융기관)가 수출상(또는 국내판매자)에게 소구권을 갖는(with recourse) 조건부로 매출채권을 매입하는 경우가 있는데, 이 경우 수출팩터의 금융위험은 상업어음을 할인하는 경우의 위험과 같다.

2. 수출팩토링방식의 구조와 현금흐름분석
(Factoring Structure & Cash Flow Analysis)

● **그림 5-3** _ 수출팩토링금융의 구조와 현금흐름

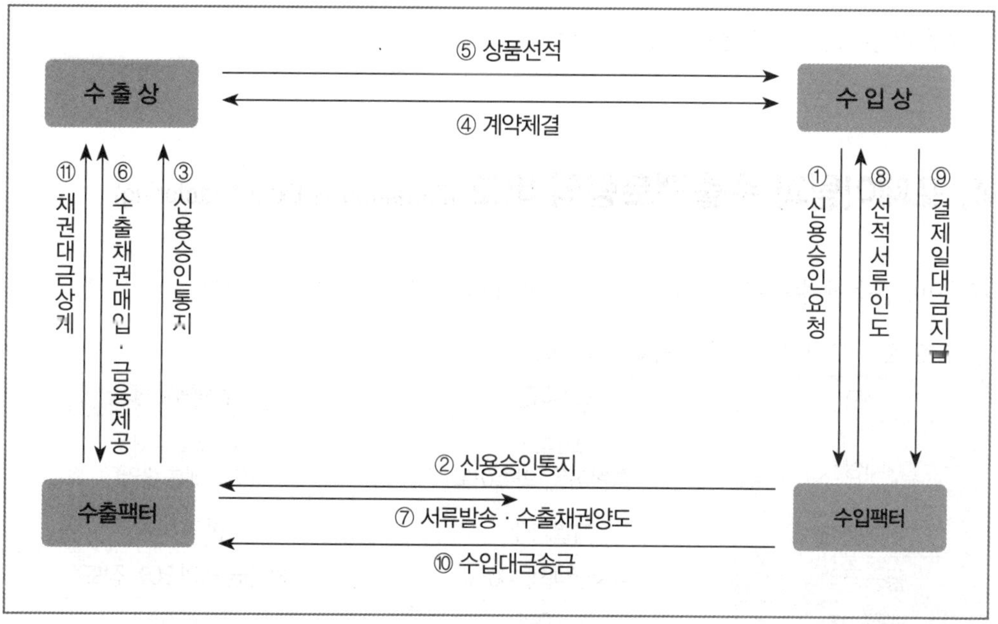

〈거래내용과 현금흐름〉

※ 4장 5절 수입팩토링방식 참조.

3. 수출팩터의 금융위험 (Export Factor & Risk)

수출팩토링은 수출채권의 만기일에 수입상이 수입대금을 지급하지 않더라도 수출팩터가 수출상에 대하여 상환청구를 할 수 없는 거래이다. 그러므로 수출팩터는 수입팩터가 승인한 신용한도범위 이내에서만 수출상에게 팩토링금융을 제공하게 된다. 수출팩터의 금융위험은 다음과 같다.

① 수출상에게 상환청구권을 행사할 수 없다.
② 수입국에 소재하는 수입팩터의 신용위험에 의존한다.
③ 수출상에 대하여 상환청구권 포기조건부 거래이므로 수출서류의 하자유무를 면밀히 검토해야 한다.
④ 환율변동위험과 금리변동위험을 부담한다.

4. 포페이팅과 수출팩토링의 비교 (Forfaiting vs Export Factoring)

포페이팅금융과 수출팩토링금융의 특성을 비교하여 정리하면 다음과 같다.

● 표 5-2 _ 포페이팅과 수출팩토링의 비교

구분	포페이팅	수출팩토링
대상	유통증서 (수출환어음, 약속어음)	비유통증서 (외상매출채권)
거래형태	개별거래	한도거래
금융금액	증서금액의 100%	채권금액의 80% 정도
금융기간	1~10년	6개월 이내
지원범위	채권의 매입	채권매입 및 관련서비스제공
거래위험	어음지급인 또는 보증인	수입팩터 또는 수입상
지급금리	고정금리	변동금리

연습문제

제 5 장

1. 수출금융의 종류 다섯 가지를 구분하시오.

2. 내국신용장(local L/C)의 개념과 신용장개설은행의 금융위험을 설명하시오.

3. D/A방식과 신용장방식에 대한 매입은행(negotiating bank)의 금융위험을 서로 비교하시오.

4. 수출환어음을 재매입한 은행(renegotiating bank)의 금융위험을 설명하시오.

5. 포페이팅금융의 개념과 그 특성을 설명하시오.

6. 수출어음매입금융(Note Purchase Facility)의 개념과 그 특성을 설명하시오.

7. 수출팩토링(Export Factoring)의 개념과 수출팩터의 금융위험을 설명하시오.

03편

파생금융상품과 환위험관리

Financial Derivatives
& FX Risk Management

“

환위험관리, 현물환, 통화선도,
스왑, 옵션 금융분석을 중심으로

”

6장

외환금융의 운용과 환위험관리

FX Transaction & Risk Management

핵 심 용 어

국제수지 Balance of Payment
외환포지션 Foreign Exchange Position
매입초과포지션 Over-Bought Position
균형포지션 Square Position
현물환포지션 Spot Position
종합포지션 Overall Position
외환익스포져 Foreign Exchange Exposure
상계 Netting
리딩 Leading
재송장방법 Reinvoicing
NDF Non Deliverable Forward
매도초과포지션 Over-Sold Position
현금포지션 Cash Position
통화선도포지션 Forward Position
외환거래금액 Notional Amount
매칭 Matching
래깅 Lagging
외환거래위험평가액 FX Risk Amount

제1절

환율변동의 주요요인

Foreign Exchange Rate

환율(FX rate)은 외국통화 1단위와 자국통화 1단위의 가치를 서로 비교하여 외환시장에서 두 통화가 서로 교환되는 비율이다. 환율이 가정을 전제로 일정한 규칙에 의하여 결정된다는 환율결정이론에는 여러 이론이 있지만 현재시점의 현물환율, 즉 균형환율은 현실적으로는 외환시장에서 수요와 공급에 의하여 결정되고 영향을 받는다.

이와 같이 외환의 수급에 의하여 결정된 환율에 직접 또는 간접적으로, 단기 또는 장기적으로 영향을 주는 주요 요인을 정리하면 다음과 같다.

● 그림 6-1 _ 환율변동의 주요요인

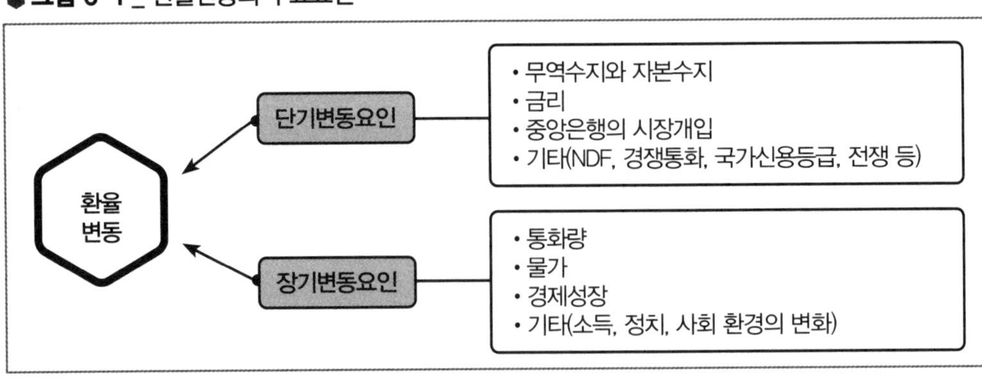

1. 환율변동의 단기요인 (FX Rate & Short-Term Factor)

환율의 변동에 영향을 미치는 요인들은 매우 많다. 그중에서도 환율에 단기적 혹은 일시적으로 영향을 미치는 요인을 정리해 보면 다음과 같다.

1) 국제수지 (Balance of Payments)

● 그림 6-2 _ 국제수지(balance of payments)의 구성

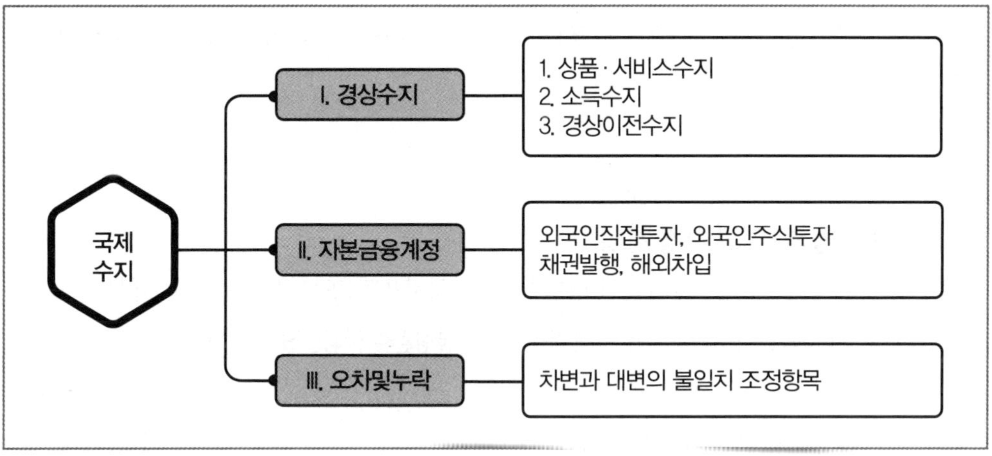

국제수지(balance of payments)는 경상수지, 자본수지, 오차 및 누락으로 구성된다. 이 구성요소 중에서도 환율변동에 영향을 미치는 중요한 수지는 경상수지와 자본수지이다. 만약 상품수출의 증가 또는 서비스수익의 증가로 인하여 경상수지의 흑자폭이 증가하면 국내외환시장은 외환공급의 증가로 환율이 하락한다. 반대로 경상수지에서 적자가 발생하면 국내외환시장은 외환공급의 감소로 환율이 상승한다.

아울러 국내의 주식 및 채권 투자를 위하여 외화자금의 국내유입이 증가하면 자본금융계정이 흑자를 기록하게 되고 외환시장은 외환공급의 증가로 환율이 하락한다. 반대로 외화자금의 국내유출이 증가하면 자본수지가 적자를 기록하게 되고 이는 환율상승의 요인이 된다.

2) 금리의 변동

원화가 외화에 비하여 고금리통화일 때 국내원화시장의 변화, 즉 원화자금에 대한 예금이자율이 상승하거나 원화채권의 수익률이 상승하여 다른 국가의 외화금리와 차이가 벌어지면, 외국투자자들은 높은 금리를 수취할 목적으로 국내원화표시채권에 대한 투자를 늘리게 된다. 이로 인하여 외환시장에 외환공급이 증가(외화약세)하고, 원화수요가 증가(원화강세)하게 된다.

그러므로 원화금리가 상승하면 원화채권의 매입을 위하여 국내외환시장에서 외환공급이 증가하므로 환율하락의 요인이 되고, 반대로 원화금리의 하락은 원화채권의 매도와 외화의 매입을 유발하여 환율상승의 요인이 된다. 바꾸어 말하면 원화금리의 상승은 자본수지의 흑자요인이 된다.

3) 중앙은행의 외환시장개입

정부의 환율정책에 대한 단기적인 방향설정 및 의지표명 또는 중앙은행의 외환시장개입은 경우에 따라 환율변동에 직접적이고 단기적인 큰 영향을 미치는 요인이 된다.

일반적으로 중앙은행은 시장에서 환율이 단기간에 과도하게 상승(원화가치의 하락)하고 있다고 판단되면 보유외환을 매각하여 환율을 안정(하락)시킨다. 이와 반대로, 정부가 수출촉진 등이 필요하여 환율상승을 유도할 때는 외환을 매입함으로써 환율상승을 가속화시키기도 한다.

4) 기타 주요요인

(1) 역외통화선도(Non Deliverable Forward: NDF)의 시세

역외통화선도거래는 해외에 있는 비거주자들이 원화에 대하여 통화선도거래를 하는 것이다. 이 거래는 해외에 소재하는 외국투자자가 향후 국내의 주식 및 채권 등에 투자를 계획하거나 국내의 주식 및 채권 등을 보유한 해외투자가가 향후 환율상승(원화가치의 하락)으로 인한 손실을 회피하려는 목적으로 사용되고 있다.

역외통화선도 환율상승은 국내 외환시장에서 환율상승의 요인이고 역외통화선도 환율하락은 국내 외환시장에서 환율하락의 요인이다(자세한 내용은 7장 5절 참고).

(2) 경쟁통화의 변동

달러/원 환율은 업종에 따라 경쟁관계에 있는 일본, 대만, 중국 등의 통화가치 변동에 영향을 받는다. 특히 달러/원 환율은 달러/엔 환율의 변동에 크게 영향을 받는다.

바꾸어 말하면 경쟁통화의 가치가 하락하면 대체로 달러/원 환율의 가치도 하락하고, 경쟁통화의 가치가 상승하면 대체로 달러/원 환율의 가치도 상승한다. 예를 들어 일본의 엔화(JPY) 가치가 상승하면 일반적으로 한국의 원화(KRW)도 같은 방향으로 움직인다.

(3) 국가신용등급

환율은 우리나라 국가신용등급의 변화에도 영향을 받는다. 국가신용등급이 하락하면 원화채권을 보유하고 있는 투자가는 국가신용위험의 증가에 따른 채권가격의 추가하락을 우려하게 된다. 또한 국가별로 채권투자를 운영하는 해외투자기관은 한국에 대한 채권투자한도를 축소하게 된다.

이러한 상황은 원화채권을 매도하고 달러를 매수하게 되는 달러수요를 증가시키며 결국 환율이 상승하게 된다. 따라서 우리나라 국가신용등급이 하락하게 되면 원화가치가 하락(환율상승)하고, 국가신용등급이 상승하게 되면 원화가치도 상승(환율하락)한다.

(4) 수입국의 전쟁 및 수입규제

우리나라 제품에 대한 최대수입국 또는 주요수입국에서 ①전쟁이 발생하거나 ② 이들 국가가 한국제품에 대한 수입을 규제하면, 우리나라의 수출은 크게 감소하게 된다. 그러면 한국의 외환시장에 외환의 공급이 감소하여 환율상승의 요인이 된다.

2. 환율변동의 중장기요인 (FX Rate & Medium-Term Factor)

1) 국내의 원화통화량

국내 원화통화량 변동도 환율변동의 요인이 된다. 원화통화량의 증가는 외환에 대하여 상대적인 원화가치의 하락을 유발할 뿐만 아니라 시간이 지날수록 시장의 금리를 하락시킨다. 따라서 외환에 비하여 상대적인 고금리통화(원화)에 대한 수요를 감소시켜, 원화자산의 처분 및 외환수요의 증가를 유발하게 되어 환율이 상승하게 된다.

반대로 원화통화량의 축소는 외환에 대하여 상대적인 원화가치의 상승을 유발하기 때문에 환율하락의 장기요인이 된다.

2) 물가

국내물가가 상승하면 국내상품의 구입에 대한 대체수요, 즉 수입수요가 증가하고, 이는 곧 외환수요를 증가시켜 환율이 상승하게 된다. 또한 국내 물가상승은 상품수출을 감소시켜 외환시장에 외환공급을 감소시키는 원인이 되므로, 환율상승의 요인이 된다.

환율결정이론인 구매력평가이론에 의하면 원화구매력의 하락(국내물가의 상승)은 수입수요를 유발하여 환율을 상승시키고, 환율상승은 다시 수입을 감소시키고 수출을 촉진하여 외환시장에 외환공급을 증가시킴으로써 환율을 하락시켜 결국은 균형환율을 찾게 된다는 것이다. 이와 같이 물가상승은 환율상승의 장기요인이 된다.

3) 경제성장

자국의 경제가 기대 이상으로 매년 성장하게 되면 성장에 필요한 자금수요가 증가하여 시간이 지날수록 금리가 상승하게 된다. 아울러 자국경제에 대한 대외신뢰도가 상승하여 해외투자가들의 자국투자를 위한 자국통화 수요도 증대하게 된다. 이러한 현상은 시차를 두고 점진적으로 나타난다.

그러므로 경제성장은 금리인상과 국내투자를 위한 원화수요를 증가시킴으로써 원화가치 상승(환율하락)의 장기요인이 된다.

4) 소득증대 및 정치 · 경제 · 사회의 변화

자국의 국민소득이 증가하게 되면 수입품에 대한 수요가 증가하고 해외여행에 대한 수요도 증가하여 시간이 지날수록 외환수요가 증가한다. 결국 국민소득의 증가는 환율상승의 장기요인이 된다.

3. 달러/원 환율변동의 계절요인 (FX Rate & Seasonal Factor)

① 1년 중에서 1~2월은 신규투자 및 신규사업과 관련하여 원재료 및 중간재의 수입이 증가하는 경향이 있다. 이는 외환의 수요를 증대시켜 환율상승의 현상으로 나타나기도 한다.

② 10~12월은 날씨가 추워지면서 원유수입이 증가하고 이는 환율상승의 요인이 된다. 국내 정유사의 원유수입 결제일이 우연히 같은 날에 집중되면 그날은 환율이 상승하는 경우가 발생한다.

③ 매년 말에는 기업들이 매출증대 혹은 수출실적 증대를 위하여 밀어내기식 수출을 하여 수출액이 증가한다. 이는 외환시장에서 외환공급을 증대시켜 환율하락의 요인이 된다.

④ 월 단위로 보면 매월 초는 수입결제가 많아서 환율상승 현상이 나타나고, 매월 말에는 수출네고(negotiation)가 많아서 환율하락 현상이 나타난다.

⑤ 구정, 추석과 같은 명절연휴 이전에는 보너스지급 등 증가하는 원화수요를 지원하기 위하여 수출네고(negotiation)금액이 증가하는 경향이 있다. 이러한 상황도 환율하락의 요인이 된다.

제2절

외환포지션의 구분과 종류

Foreign Exchange Position

1. 외환포지션(FX Position)의 구분

외환포지션(FX Position)은 외국환은행 또는 어떤 지점이 기업(고객) 혹은 다른 외국환은행과 외화매매를 한 결과 발생한 당일(또는 누적) 외환매입액과 외환매도액의 차이를 의미한다. 그러므로 환율변동은 해당기관의 외환포지션의 상태에 따라 그 기관의 손익에 큰 영향을 미칠 수 있다.

1) 매입초과포지션 (Over-Bought Position, Long Position)

외환매입액 〉 외환매도액

매입초과포지션은 외국환은행이 기업(고객) 혹은 다른 외국환은행과 외환거래를 실행한 결과 발생한 당일(또는 누적) 외환매입액이 외환매도액을 초과한 상태를 의미한다. 그 초과 매입액을 매입초과포지션이라 한다.

예를 들면 당일에 수출상의 수출네고(외화매도) 거래가 많이 일어난 은행 혹은 환율상승을 예측하고 외환을 매입한 은행에서 발생한다. 한편 은행이나 기업의 외환포지션이 매입초과포지션 상태에 있을 때 환율이 상승하면 이익이 발생한다.

2) 매도초과포지션 (Over-Sold Position, Short Position)

외환매입액 < 외환매도액

매도초과포지션은 외국환은행이 기업(고객) 혹은 다른 외국환은행과 외환거래를 실행한 결과 발생한 당일(또는 누적) 외환매도액이 외환매입액를 초과한 상태를 의미한다. 그 초과 매도액을 매도초과포지션이라 한다.

예를 들면 당일에 수입상의 수입결제(외환매입)가 많이 일어난 은행 혹은 환율하락을 예측하고 외환을 매도한 은행에서 발생한다. 한편 은행이나 기업의 외환포지션이 매도초과포지션 상태에 있을 때 환율이 상승하면 손실이 발생한다.

3) 균형포지션 (Square Position)

외환매입액 = 외환매도액

균형포지션은 외국환은행이 기업(고객) 혹은 다른 외국환은행과 외환매매를 실행한 결과 발생한 당일(또는 누적) 외환매도액과 외환매입액이 일치하는 상태를 의미한다. 이러한 포지션 상태를 균형포지션이라 한다. 한편 균형포지션 상태에서는 환율의 변동이 은행이나 기업의 손익에 영향을 미치지 않는다.

2. 외환포지션의 종류 (Types of FX Position)

1) 현금포지션 (Cash Position)

현금포지션은 특정일 현재 기업 입장에서 거래외국환은행의 외화당좌예금계정에 남아 있는 잔액을 의미한다. 이는 외환거래로 외화자금의 인수도가 완결된 이후에 예금계정에 남아 있는 외환으로서 사용이 가능한 포지션이다.

2) 현물환포지션 (Spot Position)

현물환포지션은 2영업일 이내에 결제하는 조건으로 거래한 현물환거래에서 외환매입액과 외환매도액의 차이를 말한다. 현물환포지션은 외환매매는 이루어졌으나 아직 인수 또는 인도되지 않은 외환까지도 포함하는 외환포지션을 말한다. 일반적으로 현물환포지션은 현금포지션을 포함한다.

3) 통화선도포지션 (Forward Position)

통화선도포지션은 미래의 특정일(3영업일 이후)에 외환을 매입 또는 매도하기를 약정하는 통화선도거래에서 외환매입액과 외환매도액의 차이를 말한다. 통화선도거래는 미래에 은행 또는 기업의 외화자산과 외화부채의 가치에 영향을 미친다.

4) 종합포지션 (Overall Position)

종합포지션은 현금포지션, 현물환포지션, 통화선도포지션을 모두 포함하여 산출한 외환매입액과 외환매도액의 차이를 말한다. 종합포지션은 금융기관이나 기업의 외환포지션에 대한 종합관리의 대상이 된다.

제3절

외환순익스포져와 환위험

FX Net Exposure & FX Risk

1. 외환익스포져(Foreign Exchange Exposure)의 개념

외환익스포져(FX exposure)는 특정시점에 금융기관이나 기업이 장부상으로 보유하고 있는 (외환포지션을 포함한) 외화자산과 외화부채를 점검했을 때 외화표시자산의 크기와 외화표시부채의 크기 정도를 각각 의미한다.

예를 들어, 금융기관이 보유하는 외화대출금과 외화유가증권 등은 외화자산익스포져에 포함되고, 외화차입금과 외화채무는 외화부채익스포져에 포함된다.

2. 외환순익스포져와 환위험 (FX Net Exposure & FX Risk)

외환순익스포져(FX net exposure)는 금융기관이나 기업의 장부상에 있는 외화자산익스포져와 외화부채익스포져의 차이를 의미한다. 만약 외화자산익스포져가 외화부채익스포져보다 크면 외환순익스포져는 외화자산초과익스포져 구조가 되고, 이때 환율이 하락하면 손실이 발생한다. 반대로 외화부채익스포져가 외화자산익스포져보다 크면 외환순익스포져는 외화부채초과익스포져 구조가 되고, 이때 환율이 상승하면 손실이 발생한다.

예를 들어, A기업의 외화자산과 외화부채의 상태가 다음과 같다고 하자.

표 6-1 _ 외환순익스포져(FX Net Exposure)

차변	대변
외화자산익스포져 USD2,600,000	외화부채익스포져 USD2,100,000
(외화자산 순익스포져 USD500,000)	

표에서 보는 A기업의 외화자산익스포져는 USD2,600,000이고 외화부채익스포져는 USD2,100,000이다. 그러므로 외환순익스포져는 외화자산 USD500,000이고, 외화자산초과 익스포져 구조에 해당한다.

한편 금융기관에 같은 금액의 외화대출금과 외화차입금의 금액이 동시에 발생하면 외환순익스포져는 변하지 않고, 외환순익스포져가 제로(0)이면 환위험이 발생하지 않는다. 결론적으로 특점시점에서 금융기관이나 기업의 환위험관리의 종합관리 대상은 외환순익스포져(FX Net Exposure)가 된다.

참 고

외환익스포져(FX Exposure)와 외환포지션(FX position)

외환익스포져(FX Exposure), 외환순익스포져(FX Net Exposure), 외환포지션(FX position)에 대한 개념을 구분하지 않고 잘못 사용하기도 한다.

제4절

외환거래와 한도관리

FX Transaction & Limit Management

1. 외환거래금액의 종류 (Notional Amount & Net Risk Amount)

1) 외환거래금액 (Notional Amount)

외환거래금액(FX notional amount)은 금융기관과 기업(고객)이 외환거래(매입, 매도)계약을 체결한 금액을 의미한다. 그러므로 결제일에 외환이 결제되는 금액이 외환거래금액이 된다.

예를 들어 은행이 고객과 USD1,000,000의 외환매도거래를 한다고 하자. 이 시점에 환율(USD/KRW)이 1,100원이면 은행은 KRW1,100,000,000을 받고 기업에 USD1,000,000을 인도하게 된다. 이때 인도되는 금액 USD1,000,000이 외환거래금액이다.

2) 외환거래위험평가액 (FX Net Risk Amount)

외환거래위험평가액(FX net risk amount)은 금융기관이 기업의 신용위험을 고려하여 외환거래 한도를 설정하고, 그 한도를 운용하고 관리하기 위해서 사용하는 개념이다. 외환거래위험평가액은 외환거래에 대한 거래별 위험을 고려하여 고객(기업)과 외환거래를 할 수 있는 거래한도를 설정하고 관리하기 위하여 만든 것이다.

● **표 6-2 _ 외환거래위험평가액(FX Net Risk Amount)의 예시**

거래종류	외환거래위험평가액(거래금액의 백분율)
현물환거래 (외환매매)	3%
통화선도거래	10% (2년 미만)
	20% (2년 이상)
이자율스왑거래	5% (2년 미만)
	20% (2년 이상)
통화스왑거래	10% (2년 미만)
	20% (2년 이상)

따라서 정상적인 시장상황을 가정하고 외환거래의 종류별 또는 기간별로, 이론적 또는 보수적으로 정한 것이 외환거래위험평가액이다. 이는 외환거래에 대한 위험가중자산을 계산할 때 적용하는 신용환산율(부록 참조)과는 다르다.

따라서 거래종류와 기간에 따라 해당거래에서 발생 가능한 위험이 각기 다르다. 예를 들어 2년 미만인 통화선도거래위험(10%)이 2년 미만인 이자율스왑위험(5%)보다 높게 평가된다. 그 이유는 일반적으로 2년 동안 환율변동에서 발생하는 원금변동위험이 이자율변동에서 발생하는 위험보다 크다는 것을 의미한다.

그리고 같은 거래라도 거래기간이 길수록 포지션 보유위험이 가중된다. 예를 들어 통화선도거래나 이자율스왑거래에서 기간이 길어질수록 위험이 증가하는 이유는 포지션 보유기간이 증가했기 때문이다.

앞의 표에서 보는 바와 같이 현물거래의 위험은 외환거래금액의 3%, 통화선도거래 중에서 거래기간에 따라 2년 미만인 거래의 외환위험은 외환거래금액의 10%를 적용하지만, 2년 이상인 거래의 위험은 외환거래금액의 20%를 적용한다.

이와 같이 거래위험의 특성과 기간에 따라 위험의 평가는 다르다. 예를 들어 2년 미만인 이자율스왑거래의 위험은 외환거래금액의 5%, 2년 이상인 통화이자율스왑거래의 위험은 20%로 각각 달리 적용한다.

예를 들어 금융기관이 A기업과 2년 미만인 통화선도거래를 하려고 한다. 그리고 외환거래의 최대금액(외환거래금액)은 USD20,000,000이라고 하자. 이때 2년 미만인 통화선도거래를 위하여 은행이 설정해야 할 한도금액은 USD2,000,000(=USD20,000,000×10%)이면 된다. 만약 2년 이상인 이자율스왑거래USD15,000,000(외환거래금액)를 위해서 필요한 거래한도는 USD3,000,000(=USD15,000,000×20%)가 된다.

3) 시장가치 (Mark-to-Market Value)

외환거래위험평가액을 기준으로 설정한 한도 이내에서 실행한 특정외환거래의 포지션에 대한 시장가치는 금융시장에서 환율과 이자율의 변동에 따라 시시각각으로 변하게 된다. 따라서 외환거래 이후에는 거래당사자가 서로 보유하는 외환포지션의 가치도 시시각각으로 변동하게 된다.

따라서 외환포지션가치의 변동에 따라 손실과 이익이 발생하므로 외환포지션에는 시장위험(market risk)이 존재한다. 만약 금융기관이 A기업에 1년 만기 통화선도 USD15,000,000를 매도하였다면 통화선도매도포지션의 시장가치는 통화선도매도거래 이후에 환율의 변동에 따라 변하게 된다.

2. 외환거래의 운용과 한도관리 (FX Transaction & Limit Management)

외환거래의 한도설정은 외환거래금액(FX notional amount)에 기준을 두는 것이 아니고 외환거래위험평가액(FX net risk amount) 에 기준을 두고 개별기업 각각에 대한 신용위험, 외환거래금액의 크기, 향후 거래에 대한 잠재가능성 등을 고려하여 외환거래 한도를 설정하게 된다. 따라서 한도를 설정하고 그 후에 개별거래가 발생함으로 인한 외환포지션은 개별거래의 시장가치(market-to-market value)로 평가된다.

외환거래위험평가액(Fx net risk amount)을 기준으로 설정한 한도와 운용을 살펴보자. 예를 들어 오늘 A기업에 2년 미만인 통화선도거래에 대한 한도가 USD2,000,000(외환거래위험평가액)일 때 현재시점에서 1년 만기인 통화선도 최대거래금액은 USD20,000,000 (=USD20,000,000×10%=USD2,000,000: 한도이내)이 된다.

가령 외환거래위험평가액을 기준으로 일정금액의 한도 이내에서 여러 번의 개별거래를 했다고 하자. 그 후 시장에서 환율과 이자율의 변동에 따라 어떤 거래의 시장가치는 다음 날부터 하락하고 기업 입장에서 보면 외환거래에서 손실이 발생한다.

따라서 거래만기일에는 거래일에 예상한 결제금액보다 발생한 손실금액만큼을 더 많이 결제해야 한다. 반면에 어떤 거래는 시장가치가 상승하여 외환거래에서 이익이 발생하고, 기업은 거래만기일에는 거래일에 예상한 결제금액보다 이익금액만큼을 더 적게 결제하게 된다.

따라서 기업이 금융기관과 외환거래를 실행한 이후에 거래포지션에 대한 시장가치의 하락분(시장위험)이 바로 금융기관의 거래위험, 즉 기업의 신용위험(결제위험)이 된다. 바꾸어 말하면 여러 건의 외환거래포지션에서 시장가치가 하락한 몇 개의 포지션에 대한 시장가치 하락분의 합은 곧 해당기업에 대한 포지션의 시장위험이 된다.

다음의 표는 금융기관이 수입상인 A기업과 거래한 통화선도매도거래(기업 입장: 통화선도매입거래) 현황을 나타낸 것이다. A기업에 대한 통화선도거래한도는 USD2,500,000이다.

● **표 6-3 _ A기업과 통화선도거래의 현황(금일환율: USD/KRW 1,200)**

거래일	거래액면금액	만기일	시장가치(MTM)	시장위험
A001	₩22,780,000,000	25/05/2016	₩22,000,000,000	USD650,000
A002	₩15,500,000,000	12/07/2016	₩15,800,000,000	–
A003	₩17,300,000,000	17/08/2016	₩15,500,000,000	USD1,500,000
시장위험합계 (B)				USD2,150,000
추가거래한도 (C = A – B)				USD350,000
거래한도 USD2,500,000 (A)				

A기업은 수입상으로서 은행과 주로 통화선도환율을 매입하는 거래를 해오고 있다. 거래번호 A001은 현재 시점에서 (통화선도환율의 하락으로 인한) 통화선도의 시장위험은 USD650,000{=(₩22,780,000,000−₩22,000,000,000)÷1,200}이 된다.

그리고 거래번호 A002는 거래일 이후에 통화선도환율의 상승으로 현재 시점에서 금융기관의 시장위험은 없다. 그리고 거래번호 A003은 시장위험이 USD1,500,000 {=(₩17,300,000,000−₩15,500,000,000)÷1,200}을 나타내고 있다.

이상의 거래결과를 종합해 보면 다음과 같다. A기업과 통화선도거래를 위하여 설정된 한도는 USD2,500,000이고, A기업의 시장위험 합계는 현재시점에서 USD2,150,000을 나타내고 있다. 따라서 A기업과 추가로 거래할 수 있는 한도(C=A−B)는 USD350,000 (=USD2,500,000−USD2,150,000)이 된다.

제5절

환위험관리기법

FX Risk Management

외환위험관리기법은 내부관리(internal FX risk management)기법과 외부관리(external FX risk management)기법으로 구분할 수 있다.

1. 내부관리기법 (Internal FX Risk Management)

1) 상계(Netting)와 매칭(Matching)

(1) 상계 (Netting)

상계(netting)는 해외에 지사 혹은 지점을 가지고 있는 기업이 본·지사 간 혹은 본·지점 간에 발생하는 채권·채무를 결제시점에 개별적으로 결제하지 않고, 정기적으로 약정한 결제일, 예를 들어 매월 말 또는 분기 말에 채권·채무의 차익을 서로 정산하는 방법이다.

상계에는 양자간상계(bilateral netting)와 다자간상계(multilateral netting)가 있다. 양자간상계는 본·지사 간에 혹은 두 당사자 간에 채권과 채무를 상계하고 그 차액만을 결제하는 방법이다. 다자간상계는 본사를 포함한 2개 이상의 회사 간에 상계하는 방법이다.

다자간상계에서는 본사 또는 해외지역본부에 금융센터, 즉 상계센터를 설립하고 3개 이상의 기업 간에 발생하는 채권·채무를 금융센터로 집결시키고 그 금융센터를 통하여 상계하고 그 차액만을 서로 결제한다. 이와 같이 금융센터를 통하여 외환을 관리하면 동일기업군 전체 입장에서 볼 때 외환관리비용을 절감하고 외환노출(FX exposure)을 효율적으로 관리할 수 있다는 장점이 있다.

(2) 매칭 (Matching)

매칭(Matching)은 외화자금의 유입(inflow)과 유출(outflow)을 서로 일치시키는 방법이다. 즉 외화자금흐름의 불일치(예를 들어 통화별 또는 만기별)에서 발생하는 외환노출(FX exposure)을 제거하는 방법이다.

매칭에는 자연매칭(natural matching)과 평행매칭(parallel matching)이 있다. 자연매칭은 기업이 특정통화의 채권이 발생하면 전략적으로 그 특정통화의 채무를 발생시킴으로써 특정통화의 현금흐름을 서로 일치시킴으로써 환위험을 원천적으로 봉쇄하는 방법이다.

평행매칭은 특정통화의 채권이 발생할 때 특정통화의 채무를 발생시키기가 여의치 않은 경우에 사용하는 방법으로, 과거 추세가 특정통화와 같은 방향으로 움직인 유사통화의 채무를 발생시킴으로써 환위험을 제거하는 방법이다. 그러나 이와 같이 평행매칭 방법을 사용하여 환위험을 제거했을 때, 만약 유사통화의 가치변동 추세가 갑자기 특정통화의 가치변동 추세와 반대방향으로 움직이면 외환손실이 발생하고, 평행매칭방법을 통한 환위험관리 전략이 실패할 수도 있다.

(3) 상계와 매칭의 차이

상계는 동일기업군 안에서 발생하는 현금흐름의 불일치를 상계를 통하여 일부분을 제거하는 것이다. 그리고 매칭은 기업이 동일기업군에 속하는 본·지사뿐만 아니라 동일기업군에 속하지 않은 서로 다른 기업 간 또는 금융기관 간에 발생하는 현금흐름의 불일치를 모두 제거하려는 환관리전략이다.

2) 리딩과 래깅 (Leading & Lagging)

(1) 리딩 (Leading)

리딩(leading)은 외화표시채권 또는 외화표시채무가 있는 기업이 환율변동의 추세를 고려하여 해당채권·채무의 발생을 전략적으로 재촉(leading)함으로써 현금흐름의 발생을 촉진하는 것을 말한다.

예를 들어 수출기업인 경우에 수출통화(USD)의 가치가 하락추세에 있으면 수출기업은 가능한 한 수출상품의 선적 또는 수출환어음의 매도를 재촉(leading)하여 외화현금유입을 앞당긴다. 이와 같은 방법으로 외환과 교환하는 대가로 수취할 원화금액을 증대시키거나 외환이익을 극대화시키는 전략에 사용하는 방법이다.

또한 수입기업인 경우에 수입통화(JPY)의 가치가 상승추세에 있으면 수입기업은 가능한 한 수입계약 또는 신용장개설을 재촉하여 원화결제비용을 절감시키거나 외환손실을 극소화하는 전략에 시용되는 방법이다.

(2) 래깅 (Lagging)

래깅(lagging)은 외화표시채권 또는 외화표시채무가 있는 기업이 환율변동의 추세를 고려하여 해당채권·채무의 발생을 전략적으로 지연(lagging)시킴으로써 현금흐름의 발생을 지연시키는 것을 말한다.

예를 들어 수출기업인 경우에는 환율이 상승추세에 있으면 가능한 한 수출상품의 선적을 늦추어 원화표시 매출액과 수출대금의 수취를 최대화하는 전략이다. 수입기업인 경우에 환율이 하락추세에 있으면 가능한 한 수입계약 또는 신용장개설을 지연시켜서 수입대금결제금액을 최소화하는 방법이다.

(3) 리딩과 래깅의 특징과 단점

리딩과 래깅은 기업이 특정통화의 추세를 고려하여 외환노출의 시점 또는 외환결제의 시점을 재촉(leading)하거나 지연(lagging)시킴으로써 기업의 외환손실을 극소화하거나 외환이익을 극대화하는 전략에 사용되는 방법이다. 따라서 특정통화의 변동이 예상했던 추세와 반대방향으로 움직이면 예상했던 결과를 얻을 수 없게 되는 단점이 있다.

또한 리딩과 래깅은 기업의 자금에 대한 유동성과 밀접한 관련이 있다. 왜냐하면 기업이 유동성에 어려움이 없을 때 수출기업인 경우에는 래깅(lagging)전략을 구사할 수 있고, 수입기업인 경우에도 리딩(leading)방법을 사용할 수 있기 때문이다.

3) 재송장(Re-invoicing)방법

해외지사를 여러 개 가진 기업에서는 본·지사 간 또는 해외지사 간에 발행하는 외환위험을 축소하기 위하여 재송장(reinvoicing)방법을 사용한다. 송장(invoice)은 수출업자가 상품을 선적하고 상품을 찾을 수 있는 서류로서 수입업자에게 보내는 서류를 말한다. 재송장방법은 해외에 별도로 금융센터를 설립하고 본·지사 간에 발생한 이중통화표시의 채권·채무를 이 금융센터와 단일통화거래로 단순화함으로써 외환을 관리하는 방법이다.

다시 말해 재송장(reinvoicing)은 제품을 생산하는 본사 또는 제품을 생산하거나 구매하는 해외의 자회사가 수입업자(관계기업)에게 송장을 직접 발송하지 않고 해외에 별도로 설립된 금융센터(재송장센터)에 우선 송장을 발송하고 금융센터는 그 송장을 수입업자(관계회사 및 해외판매기업)가 원하는 통화로 바꾸어 재발송하는 방법을 말한다.

금융센터는 수입업자가 요구하는 통화로 송장의 표시통화를 교체할 때 사전에 약정한 수수료를 추가하여 송장금액을 결정한다. 따라서 재송장방법을 통하여 수입업자(해외의 자회사 또는 관계회사)는 환위험을 제거할 수 있다. 그 대신 금융센터가 환위험을 부담하고 집중적으로 관리한다.

금융센터는 해당지역에서 금융이 발달하고 세율이 낮은 국가에 설립된다. 아시아 지역에서는 홍콩과 싱가포르에 다국적기업 및 국제금융기관들의 금융센터가 많이 활동하고 있다.

4) 외화자산과 외화부채의 관리 (FX Asset Liability Management)

환위험관리기법으로서 외화자산과 외화부채의 관리기법은 환율전망을 기초로 기업이 보유하고 있는 외화자산과 외화부채 각각의 익스포져(FX exposure)를 조정하여 외환순익스포져(FX net exposure)를 축소시킴으로써 환위험을 관리하는 방법이다.

그러므로 외화자산과 외화부채의 관리기법은 기업이 총자산과 총부채를 관리할 목적으로 운영하는 자산부채 종합관리(asset liability management: ALM)의 일부분이다.

외화자산과 외화부채를 관리하기 위해서는 상계(netting), 매칭(matching), 리딩(leading), 래깅(lagging) 등의 기법을 사용한다. 그리고 외화자산과 외화부채를 관리하는 방법으로는 소극적인 관리방법과 적극적인 관리방법이 있다.

소극적인 외화자산과 외화부채의 관리는 외화자산의 크기와 외화부채의 크기를 일치시킴으로써 기업의 환위험을 제거하는 방법이다. 관리통화의 약세 혹은 강세를 구분하지 않고 통화별 또는 기간별 외화자산과 외화부채를 일치시킴으로써, 통화별 현금의 유입금액과 유출금액을 일치시킨다. 따라서 소극적인 외화자산과 외화부채의 관리는 결과적으로 환손실 및 환이익의 축소에 목적이 있다.

적극적인 외화자산과 외화부채의 관리는 만약 관리통화의 강세가 예상되면 관리통화채권의 회수를 지연(lagging)시키고, 관리통화의 약세가 예상되면 관리통화채권의 회수를 촉진(leading)함으로써 외환이익을 극대화하는 데 목적이 있다.

결론적으로 소극적인 외화자산과 외화부채의 관리는 외환손실을 회피할 목적으로 실행하기 때문에 외환이익도 기대하지 않는다. 그러나 적극적인 외화자산과 외화부채의 관리는 외환이익의 극대화를 목표로 하지만, 그 전략이 실패하면 예상하지 못한 외환손실이 증가할 수 있는 투기적인 방법이다.

2. 외부관리기법 (External FX Risk Management)

외환위험의 관리기법으로서 외부관리기법은 기업이 금융기관과 ① 통화선도거래, ② 통화선물, ③ 통화스왑, ④ 통화옵션 등의 거래를 통하여 기업이 보유하는 외화자산과 외화부채에 대한 종합관리(ALM)를 할 수 있다(7장과 8장을 참고 바람).

3. 수출기업과 수입기업의 환위험 관리전략

수출기업과 수입기업은 다음과 같은 내부관리전략(기법)을 구사하면서 환위험을 회피할 수 있다.

1) 수출기업의 환위험 관리전략

외화자산 < 외화부채 ⇒ 외화부채보유전략

수출기업 입장에서는 외화부채보유전략이 환위험관리에 상대적으로 유리하다. 그 이유는 수출기업의 환위험은 환율이 하락하는 경우에 발생하기 때문이다. 수출기업은 환율이 하락하면 기업의 수출가격(판매가격)의 하락으로 인한 매출감소 현상이 발생하게 되고, 이는 판매마진을 축소시켜 매출총이익의 감소로 나타난다.

이때 수출기업이 외화차입금 조달비중을 높여 외화부채보유전략을 선택했다면 영업외수익에서는 외화차입금에서 외환이익(예; 외환차익 또는 외화환산이익)이 발생하여 매출총이익의 감소에 대한 헤지(hedge) 효과를 일부 얻을 수 있다.

반대로 수출기업은 환율이 상승하면 수출가격 상승으로 매출총이익이 증가한다. 이때 수출기업이 외화부채보유전략을 선택했다면 영업외비용에서 외환손실(예; 외환차손 또는 외화환산손실)이 발생하여 매출총이익의 증가를 잠식하게 되므로, 상대적인 기회손실이 발생한다.

2) 수입기업의 환위험 관리전략

외화자산 〉 외화부채 ⇒ 외화자산보유전략

수입기업 입장에서는 외화자산보유전략이 환위험관리에 상대적으로 유리하다. 그 이유는 수입기업의 환위험은 환율이 상승하는 경우에 발생하기 때문이다. 수입기업은 환율이 상승하면 수입원재료 혹은 수입상품의 가격상승으로 매출원가가 상승하게 되고, 이는 매출총이익의 감소로 나타난다.

이때 수입기업이 외화예금 및 외화금융상품에 대한 보유비중을 높여 외화자산보유전략을 선택했다면 영업외수익에서는 외화예금 및 외화금융상품에서 외환이익(예; 외환차익 또는 외화환산이익)이 발생하여 매출총이익의 감소에 대한 헤지(hedge) 효과를 일부 얻을 수 있다.

반대로 수입기업은 환율이 하락하면 수입원가의 하락으로 매출총이익이 증가하게 된다. 이때 수입기업이 외화자산보유전략을 선택했다면 영업외비용에서 외환손실(예; 외환차손 또는 외화환산손실)이 발생하여 매출총이익의 증가를 잠식하게 되므로, 상대적인 기회손실이 발생한다.

연습문제

제 6 장

1. 국제수지의 구조를 설명하시오.

2. 환율변동의 단기요인을 지적하고 설명하시오.

3. 환율변동의 장기요인을 지적하고 설명하시오.

4. 환위험관리기법 중에서 내부관리기법을 설명하시오.

5. 환위험관리기법 중에서 상계(Netting)와 매칭(Matching)을 서로 비교하시오.

6. 환위험관리기법 중에서 리딩(Leading)과 래깅(Lagging)을 서로 비교하시오.

7. 환위험관리기법 중에서 재송장(Re-invoicing)방법을 설명하시오.

8. 환위험관리기법 중에서 외부관리기법의 종류를 설명하시오.

7장

현물환과 통화선도 위험분석

FX Spot/Forward Transaction & Risk Analysis

핵 심 용 어

미국식표시법 American Terms
유럽식표시법 European Terms
당일물거래 Value Today
익익물거래 Value Tomorrow
익익일물거래 Value Spot
파생금융상품 Derivatives
현물환거래 Spot Exchange Transaction
선물거래 Future Transaction
선도거래 Forward Transaction
환투기 FX Speculation
역외통화선도 NDF
스왑포인트 Swap Point
통화선도거래 Forward Exchange Transaction
아웃라이트 통화선도환율 Outright Forward Rate

제1절

환율표시와 환율의 종류

Foreign Exchange Rate

1. 환율의 표시방법 (FX Rate Quotation)

환율(FX rate)은 외국통화 1단위와 자국통화 1단위의 가치를 서로 비교하여 외환시장에서 두 통화가 서로 교환되는 비율이다. 바꾸어 말하면 환율은 외국통화의 화폐가치를 자국통화로 표시한 것이므로 외국통화 1단위에 대한 자국통화의 상대적인 가치를 나타낸 것이다.

서로 다른 두 통화의 교환비율은 외환시장에서 두 통화에 대한 수요와 공급의 변화에 따라 변한다. 따라서 환율도 외환시장의 상황에 따라 변한다. 그리고 환율표시방법에는 유럽식표시법(European terms)과 미국식표시법(American terms)이 있는데, 우리나라는 유럽식표시법을 채택하고 있다.

유럽식표시법(자국통화표시방법 또는 직접표시법)은 미국을 제외한 다른 국가 입장에서 미국통화 1단위(미국달러가 기준통화)와 교환되는 자국통화의 교환비율(자국통화의 교환가치)을 나타낸 것이다.

즉 미국통화 1단위를 기준으로 하고 자국통화의 교환비율을 나타내는 방식으로 우리나라를 포함한 대부분의 국가에서 사용하는 일반적인 표시방법이다. 예를 들어 USD/KRW1,120(우리나라 입장에서 원화환율 1,120원), USD/JPY120(일본 입장에서 엔화환율 120엔)으로 나타낸다.

미국식표시법(외국통화표시법 또는 간접표시법)은 미국 입장에서 외국통화 1단위(외국통화가 기준통화)와 교환할 수 있는 미국달러의 교환단위(비율)를 나타내는 방식이다. 예를 들어 EUR/USD1.12(유로 1단위와 달러 1.12단위의 교환비율), GBP/USD1.23(미국 입장에서 파운드 1단위와 달러 1.23단위의 교환비율)으로 나타낸다.

● **표 7-1 _ 환율의 표시방법**

유럽식표시법 (자국통화표시법 / 직접표시법)	미국식표시법 (외국통화표시법 / 간접표시법)
USD1/KRW1,120, USD1/JPY120	EUR1/USD1.12 KRW1/USD0.0008928
대부분의 국가에서 사용	영국(파운드화), 유럽(유로화), 오스트레일리아(달러화), 뉴질랜드(달러화) 등에서 사용

2. 매입환율과 매도환율 (Bid Rate & Offer Rate)

외환시장에 참여하여 외환을 거래하는 당사자들은 은행과 은행 간의 거래도 있지만 가장 많이 발생하는 일반적인 거래는 은행과 기업(고객) 간의 거래이다. 그러므로 지금부터 진행하는 외환거래에 대한 설명은 은행과 기업 간의 거래에 기준을 두고 설명하고자 한다.

참 고

뉴욕의 외환시장 환율표시

뉴욕의 외환시장에서는 모든 국가의 환율을 미국식표시법(예: USD Equivalent 0.0008928: KRW/USD1,120에 해당)으로 표시하고, 유럽식표시법(예: Currency per USD 1,120: USD/KRW)으로 비교표시한다.

한편 외환시장 참여자는 외환을 매입하려는 자와 외환을 매도하려는 자로 나누어진다. 이에 따라 금융기관(은행) 입장에서 환율은 매입환율(bid rate)과 매도환율(offer rate)로 구분된다.

그 이유는 외환시장의 중심이 되는 금융기관(price maker, market maker)이 외환매도자로부터 싼 가격(bid rate)에 외환을 매입하고, 이를 다시 외환매입자에게 비싼 가격(offer rate)에 외환을 매도함으로써 외환매매를 통하여 외환거래이익을 얻기 때문이다. 이때 발생하는 외환거래이익을 스프레드(spread)라 한다. 즉 스프레드는 매도환율과 매입환율의 차이에서 발생한다.

예를 들어 외환시장에서는 'USD/KRW 1,120.6/1,121.4'라는 표시로 금융기관을 중심으로 표시되고 호칭된다. 이를 정리하면 다음과 같다.

● 표 7-2 _ 금융기관의 USD/KRW 매입환율과 매도환율의 고시

종류	은행매입환율	은행매도환율
호칭	bid rate	offer rate
시장환율	1,120.6	1,121.4
환율표시	낮다	높다
기준통화가치	싸다	비싸다

그러므로 외환시장에서 금융기관은 거래중개인으로서 거래이익(스프레드)을 유지하기 위해 항상 외환(달러)을 싸게 매입하고, 이를 비싸게 매도한다. 즉 금융기관은 외환을 매입환율(bid rate)에 매입하고 이를 매도환율(offer rate)에 매도한다.

반대로 기업 입장에서는 외환을 금융기관과 매매할 때 금융기관의 고시환율 중에서 offer rate(매도환율)에 외환을 비싸게 매입하고, bid rate(매입환율)에 외환을 싸게 매도한다.

제2절

현물환금융과 위험분석

Spot Exchange Transaction & Risk Analysis

1. 현물환거래의 내용 (Spot Exchange Transaction)

1) 현물환거래 (spot exchange transaction)

현물환거래는 현물환 매매계약을 체결한 이후 2영업일 이내에 현물환의 인도 및 결제가 이루어지는 거래를 의미한다. 이 거래는 외환시장에서 거래되는 모든 외환거래의 기본이 된다. 바꾸어 말하면 통화선도거래 등의 결제일을 결정할 때에도 현물환거래의 결제일이 기준이 된다.

2) 현물환거래의 동기 및 목적

일반적으로 기업은 외국으로부터 수입하는 수입물품(원재료 및 완제품)의 결제자금을 위하여 금융기관에서 현물환을 매입한다. 그리고 기업이 상품을 해외에 수출하고 받는 외환을 금융기관에 매각하는 데에도 사용하는 거래이다.

3) 현물환거래의 한도설정과 운용

일반적으로 기업이 금융기관과 현물환거래를 하기 위해서는 사전에 금융기관으로부터 현물환거래를 위한 한도를 취득해야 한다. 해당금융기관은 한도설정을 위하여 대상기업의 신용상태를 분석하고 그 신용등급의 정도(즉, 결제능력평가)와 향후 거래할 현물환거래의 규모, 외환거래위험평가액(6장 4절 참고) 등을 고려하여 한도금액을 설정하고, 이를 운용한다.

4) 현물환금융

현물환금융은 금융기관이 해당기업의 신용위험과 미래에 거래할 현물환거래의 규모를 고려하여 거래한도를 설정하고 해당기업이 자유롭게 현물환거래를 할 수 있도록 한도를 제공하고 운용하는 것을 말한다.

2. 현물환거래의 구조 (Spot Exchange Transaction Structure)

현물환거래(value spot 또는 spot transaction)는 계약일로부터 도래한 둘째 영업일에 현물환의 인도와 결제가 이루어지는 거래이다. 주로 은행 간 거래에서 많이 사용된다. 이때 고시되는 환율은 현물환거래(value spot)의 매입환율(bid rate)과 매도환율(offer rate)이 적용된다.

기업(고객) 입장에서는 은행의 매입환율(bid offer)은 반대로 기업의 매도환율이 되고, 은행의 매도환율(offer rate)은 기업의 매입환율이 된다. 그러므로 외환시장에서 표시되는 bid rate는 기업(고객)의 외환매도환율이 되고, offer rate는 기업(고객)의 외환매입환율이 된다.

● **그림 7-1** _ 현물환거래의 구조 및 현금흐름

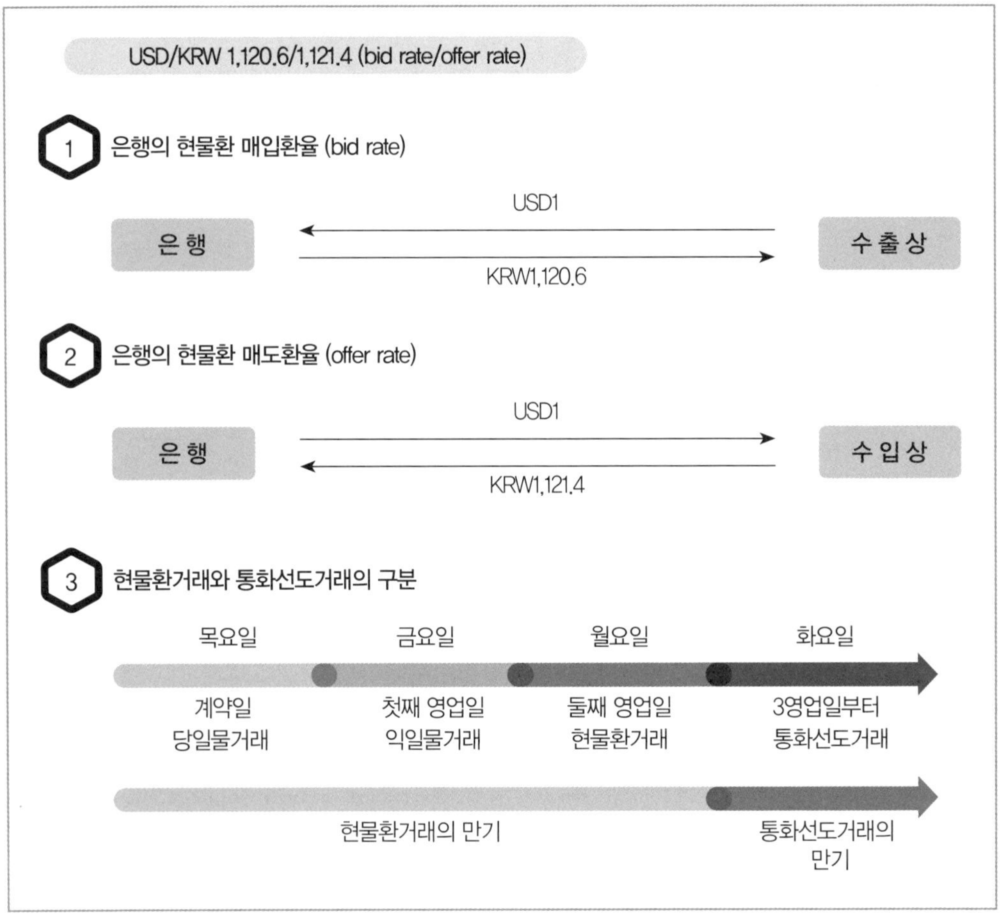

〈거래구조 및 현금흐름〉

위의 그림에서 보는 바와 같이 현물환거래를 위한 외환시장에는 동일통화에 대하여 2개의 현물환율(offer rate와 bid rate)이 고시된다. 은행은 수출상으로부터 매입환율(bid rate)로 달러를 싸게 매입하고, 수입상에게 매도환율(offer rate)로 달러를 비싸게 매도함으로써 현물환거래의 거래이익(스프레드)을 수취한다.

참 고

① **당일물거래 (value today)**

현물환계약을 체결한 **계약당일에 현물환의 인도와 결제**가 이루어지는 거래이다. 주로 은행과 기업 또는 은행과 개인 간 거래에서 많이 사용된다.

② **익일물거래 (value tomorrow)**

계약일로부터 도래한 **첫째 영업일에 현물환의 인도와 결제**가 이루어지는 거래이다. 이때 환율은 현물환율에서 계약당일부터 익일까지 날짜 수만큼 두 통화의 이자율 차이를 감안한 스왑포인트(swap point)를 더하거나 감하여 정해진다.

3. 현물환거래의 위험분석 (Spot Exchange Transaction & Risk Analysis)

1) 금융기관의 금융위험

금융기관이 기업과 환물환거래를 할 때 결제하기까지는 기업의 신용위험인 결제위험(settlement risk)이 존재한다. 그러나 현물환거래는 미결제기간이 계약일로부터 2영업일 이내이기 때문에 기업의 신용위험이 거의 없다고 볼 수 있다.

그러나 계약일에 약정환율을 결정한 이후 결제시점까지 환율변동에 대한 시장위험(market risk)은 존재한다. 그렇지만 현물환거래는 다른 외환거래(예; 통화선도, 통화스왑 및 옵션거래 등)에 비하여 신용위험이나 시장위험이 상대적으로 가장 낮다. 왜냐하면 계약에서 결제까지 미결제기간이 매우 짧기 때문에 환율의 변동폭이 상대적으로 적기 때문이다.

2) 기업의 거래위험

기업 입장에서는 결제일에 은행의 현물환에 대한 인도위험(delivery risk)이 존재한다. 이 위험은 금융기관의 운영위험(operational risk)에 속한다. 그러나 이 위험은 아주 낮다고 볼 수 있다.

제3절

파생금융상품의 종류

Types of Financial Derivatives

1. 파생금융상품의 내용 (Financial Derivatives)

파생금융상품(financial derivatives)은 그 가치가 금리, 환율, 주식, 상품 등 기초자산이나 지수로부터 파생되는 금융계약으로 선물, 선도, 옵션, 스왑계약 및 이들 간의 조합으로 구성된 계약을 말한다.[1)]

그러므로 파생금융상품은 금리, 통화, 채권, 주식, 신용 등을 기초자산(underlying asset)으로 하고 이들 기초자산에 대하여 시장금리, 환율, 가격, 지수, 신용상태 등의 변화를 거래조건으로 실시하는 계약, 즉 선물(futures), 선도(forward), 옵션(option) 및 스왑(swap)계약 등을 말한다.

1) 금융감독원, 「금융회사의 파생상품관련 자료집」, (2002.04), p. 6에서 인용.

2. 파생금융상품의 종류 (Types of Financial Derivatives)

파생금융상품의 종류를 ① 상품유형, ② 기초자산, ③ 거래시장에 따라 구분해 보면 다음과 같다.

그림 7-2 _ 파생금융상품의 구분

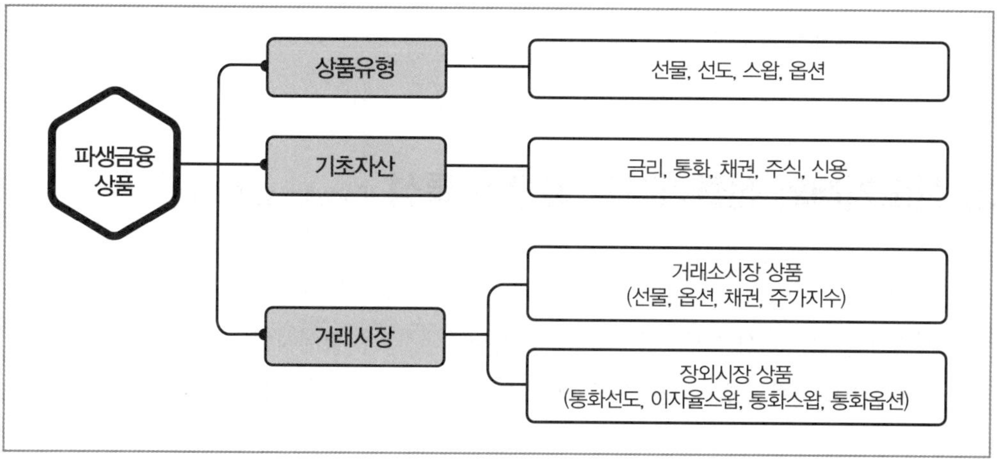

1) 상품유형에 따른 구분

상품유형에 따라 선물, 선도, 스왑, 옵션으로 구분할 수 있다. 이들 가운데 선물과 선도는 내용상으로 같은 상품이라 할 수 있다. 그러나 선물은 거래소시장에서 거래되고, 선도는 장외시장에서 거래되는 차이가 있다. 스왑은 미래에 현금이 교환된다는 점에서 일종의 선도계약으로 취급된다. 옵션은 기초자산의 가치변화와 관련한 특정권리를 사고 파는 상품이다.

2) 기초자산에 따른 구분

금리(interest rate), 상품(commodity), 통화(currency), 채권(bond), 주식(stocks), 신용(credit) 등을 기초자산으로 하는 파생금융상품이 거래되고 있다. 예를 들어, 주식을 기초자산으로 하는 주가지수선물이 거래되고, 거래상대방의 신용위험(credit risk)을 기초자산으로 하는 신용파생상품(예; credit default swap) 등이 거래된다.

3) 거래시장에 따른 구분

거래시장은 거래소시장과 장외(over-the-counter: OTC)시장으로 나누어진다. 거래소시장에서는 선물, 옵션, 채권, 주가지수 등이 거래량, 거래금액 등의 거래조건이 표준화되어 거래된다. 왜냐하면 거래소시장에는 불특정 다수의 거래참가자가 존재하기 때문이다.

장외시장에서는 소수의 특정인이 거래에 참여하므로 주로 선도거래가 이루어진다. 통화선도, 통화스왑, 이자율스왑, 외환스왑 등을 예로 들 수 있다. 그러나 통화옵션과 같이 두 시장에서 모두 거래되는 금융상품도 있다.

3. 선도거래와 선물거래의 일반적 특성 (Forward vs Future)

선도거래(forward transaction)와 선물거래(future transaction)의 일반적인 특성에 관하여 ① 거래의 표준화, ② 상품의 인수·인도, ③ 거래중개자, ④ 결제시점, ⑤ 유동성, ⑥ 규제유무, ⑦ 거래참여의 범위 등에 기준을 두고 두 거래의 차이점을 비교해 보면 다음과 같다.

표 7-3 _ 선물계약과 선도계약의 비교

구분	선물거래	선도거래
거래장소	장내(선물거래소)	장외 (직접 또는 브로커 경유)
거래방식	공개호가, 전산거래방식	거래당사자 간 협상
거래조건	표준화	거래당사자 간 협상
거래상대방 인지 여부	알 수 없음	알 수 있음
가격고시	선물거래소 회원	금융기관
참가자	불특정 다수	신용도가 우수한 거래자
일일정산	있음	없음
거래상대방에 대한 신용위험	없음	있음
증거금 납입 여부	있음	없음
실물인수도	대부분 만기 전에 청산, 일부 만기일 실물인수도	헤지목적 거래의 대부분은 만기일 실물인수도
거래비용	일정수수료	bid-offer spread
결제일	만기 월의 특정일	제한 없음

※ 김운섭, 「환리스크관리」, 한국금융연수원(2015. 03), p. 164 인용.

제4절

통화선도금융과 위험분석

Forward Exchange Transaction & Risk Analysis

1. 통화선도거래의 내용 (Forward Exchange Transaction)

1) 통화선도거래 (forward exchange transaction)

통화선도거래에서는 통화선도거래 계약일로부터 3영업일을 포함한 미래의 특정일을 결제일(만기일)로 하거나 특정 결제일을 명시하지 않고 미래의 특정기간을 결제기간으로 정한다. 그리고 결제일 또는 결제기간 중에는 계약일에 이미 약정한 결제환율(통화선도환율)로 외국통화를 매수하거나 매도하는 거래를 말한다.

2) 통화선도거래의 한도설정과 운용

기업이 금융기관과 통화선도거래를 하기 위해서는 사전에 금융기관으로부터 통화선도거래를 위한 한도를 취득해야 한다. 해당금융기관은 한도설정을 위하여 대상기업의 신용상태를 분석하고 그 신용등급의 정도(즉, 결제능력평가)와 향후 거래할 통화선도거래의 규모, 거래기간 및 외환거래위험평가액(6장 4절 참고) 등을 고려하여 한도금액을 설정하고, 이를 운용한다.

3) 통화선도금융

통화선도금융은 금융기관이 해당기업의 신용위험과 미래에 거래할 통화선도거래의 규모를 고려하여 거래한도를 설정하고, 해당기업이 자유롭게 통화선도거래를 할 수 있도록 한도를 제공하고 운용하는 것을 말한다.

> **참 고**
>
> **통화선도와 선물환**
>
> 통화선도거래는 외환의 선도(forward)거래임에도 불구하고 오랫동안 '선물환거래'로 호칭되어 선물(future)거래의 '선물'과 혼용되어 왔다. 따라서 1999년 선물거래소(KOFEX)가 개장되고 '외환의 선도거래'와 '선물거래'의 혼동을 피하기 위하여 금융감독원과 기업회계기준은 '선물환'을 '통화선도'란 용어로 변경하여 사용하게 되었다.

2. 통화선도거래의 구조와 현금흐름분석
(FX Forward Transaction & Cash Flow Analysis)

1) 확정일결제방법

확정일결제방법은 외화차입금의 만기일 혹은 수입대금의 지급일과 같이 외환을 필요로 하는 날짜가 사전에 결정된 경우에 미래의 특정일을 만기일로 하고 계약을 이행하는 거래이다. 이 거래에는 표준결제일(even date)방법과 비표준결제일(odd date)방법이 있다.

표준결제일방법에는 다음과 같이 여러 가지가 있다. SN(spot next)은 현물환결제일+1일, SW(spot week)는 현물환결제일(spot date)+1주일 등이 그 예이다. 이와 같이 표준결제일방법은 현물환거래의 결제일(value spot date)로부터 1개월, 3개월, 6개월, 9개월, 1년 등과 같이 결제일이 표준화되어 있는 결제방법이다. 비표준결제일방법은 표준결제일이 아닌 특정일을 결제일로 정하는 방법이다.

2) 일정기간결제방법

일정기간결제방법은 기업이 외환거래가 필요한 계약이행일(결제일)을 사전에 알 수 없거나 결정할 수 없는 경우에 미래의 특정기간을 결제기간으로 정하고 그 기간 중에 약정환율(통화선도환율)로 외환을 매수하거나 매도할 수 있는 거래방법이다.

이 거래방법은 계약당일에 ① 통화선도환율과 ② 계약이행기간을 결정하고, 향후 이 기간이 도래하면 그 기간 중에는 기업이 원하는 날짜에 언제든지 계약일에 약정한 통화선도환율로 결제하게 된다.

예를 들어 수출상이 USD20,000,000 통화선도 매도계약을 200×년 6월 25일에 하고 통화선도환율은 USD/KRW 1,200원, 계약이행기간은 10월 1일~30일로 정했다고 하자. 그러면 수출상은 통화선도환율 1,200원에 200×년 10월 1일부터 30일 사이에 수출상이 수출환어음과 관련서류를 매입은행에 매각하고 받은 외환을 일정기간결제방법으로 통화선도계약을 한 은행에 한 번에 전부 또는 분할매도할 수 있다.

그리고 수입상의 경우는 이 기간 동안에 통화선도환율로 분할매입이 가능한 방법이다. 그러나 수입상은 거래기간 동안에 약정금액의 매입을 반드시 이행해야 한다.

그림 7-3 _ 통화선도거래의 구조와 현금흐름

〈상황〉 수입상이 3개월 이후에 결제할 수입대금(USD10,000,000)을 미국달러 통화선도매입거래를 통하여 결제환율(통화선도환율)을 사전에 결정함으로써 환율상승으로 인한 외환위험을 회피하고자 한다.

- 현물환율　　　　　: USD/KRW 1,247.4/1,248.0(bid rate/offer rate)
- 3개월 통화선도환율: USD/KRW 1,255.1/1,256.2(bid rate/offer rate)

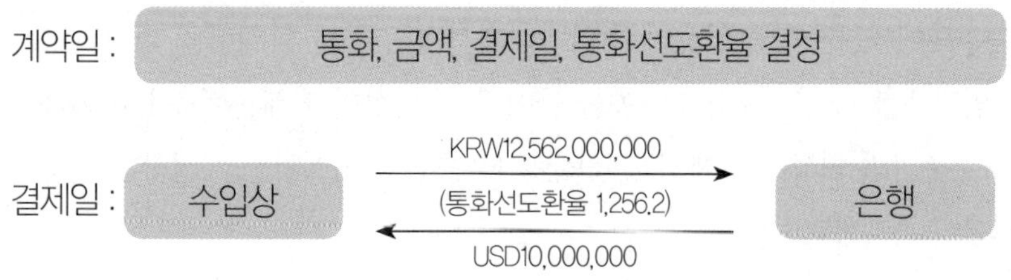

3. 통화선도거래의 목적(Purpose of FX Forward Transaction)

1) 수출상의 통화선도매도거래와 환위험관리

환율이 하락추세에 있을 때 수출상이 수출거래에서 발생하는 환위험을 회피(hedge)하려면 통화선도매도거래를 사용할 수 있다. 예를 들어 ① 수출상이 수출신용장을 수취하거나 ② 외상수출(예; D/A 또는 사후송금방식)계약을 체결하면 향후 예상되는 선적일까지 환위험이 존재한다.

따라서 수출금액에 대하여 통화선도매도거래를 통하여 미래에 수취할 외환을 미리 매각함으로써 미래에 수취할 원화표시금액을 사전에 확정하는 방법이다. 또한 조선업 및 해외건설업에서와 같이 향후 해외로부터 수취할 선수금 혹은 공사대금이 있다면, 마찬가지로 통화선도매도거래를 통하여 미래에 수취할 원화표시금액을 사전에 확정할 수 있다.

결론적으로 수출상은 통화선도매도거래를 통하여 환위험을 회피(hedge)하고, 원화표시수출금액을 사전에 확정지을 수 있다. 바꾸어 말하면 수출상은 통화선도매도거래를 통하여 원화표시수출금액(매출액)이 조금 축소되더라도, 즉 판매마진이 조금 축소되더라도 환위험으로부터 벗어날 수 있게 된다.

원화표시수출금액(매출액)이 조금 축소되는 이유는 환율이 하락추세에 있으면 현물환율(예; 1,000원)에 비하여 대체로 통화선도매도환율(예; 980원)이 더 낮기 때문이다.

2) 수입상의 통화선도매입거래와 환위험관리

환율이 상승추세에 있을 때 수입상이 수입거래에서 발생하는 환위험을 회피(hedge)하려면 통화선도매입거래를 사용할 수 있다. 예를 들어 ① 수입상이 거래은행을 통하여 신용장을 발행하거나 ② 수출상과 외상수입(예; D/A 또는 사후송금방식)계약을 체결하면 향후 대금결제일까지 환위험이 존재한다.

따라서 수입금액에 대하여 통화선도매입거래를 통하여 미래에 지급할 외환을 미리 매입함으로써 미래에 지급할 원화표시금액을 사전에 확정하는 방법이다.

결론적으로 수입상은 통화선도매입거래를 통하여 환위험을 회피(hedge)하고, 원화표시수입금액을 사전에 확정지을 수 있다. 바꾸어 말하면 수입상은 통화선도매입거래를 통하여 원화표시결제금액(매출원가)이 조금 증가하더라도, 즉 영업마진이 조금 축소되더라도 환위험으로부터 벗어날 수 있게 된다.

원화표시결제금액(매출원가)이 조금 증가하는 이유는 환율이 상승추세에 있으면 현물환율(예; 1,000원)에 비하여 대체로 통화선도매입환율(예; 1,030원)이 더 높기 때문이다.

3) 환투기거래 (FX Speculation)

환투기거래는 특정통화에 대한 강세 또는 약세가 예측되는 경우에 환차익을 목적으로 통화선도거래를 하는 것을 말한다. 그러나 그 예측이 빗나가는 경우에는 외환손실이 발생하고, 통화선도거래 비용도 발생한다.

이와 같이 환투기거래는 실물거래(수출입거래, 외화차입, 외화자산투자 등)를 수반하지 않고 단순히 외환이익을 얻을 목적으로 통화선도 매도포지션 또는 매입포지션 등과 같이 의도적으로 한쪽 방향으로 포지션을 갖는 형태를 말한다.

4. 통화선도환율의 디스카운트와 프리미엄
(Discount & Premium of FX Forward Rate)

기업이 원화를 결제통화로 하고 은행과 3개월 미국달러 통화선도매입거래를 계약하면 기업은 3개월 이후인 거래만기일에 은행으로부터 달러현물을 인도받게 된다. 그러므로 통화선도매입자는 통화선도매입거래를 통하여 3개월 이후에 미국달러에 대하여 안정적인 매입환율을 확보하는 동시에, 계약일로부터 만기일까지는 미국달러에 비하여 상대적으로 고금리통화인 원화자금을 운용함으로써 상대적으로 높은 운용수익(이자수익)을 얻게 된다.

그러므로 계약일로부터 향후 3개월간 고금리통화인 원화(KRW)를 운용할 미국달러 통화선도매입자에게는 현물환매입환율(현물환의 교환비율)보다 불리한 교환조건인 통화선도매입환율(미래현물환의 교환비율)을 적용해야 미국달러 통화선도매도자와 서로 공평해져 선도거래가 이루어지게 된다.

이를 바꾸어 말하면 고금리통화(KRW)의 미래교환가치가 저금리통화(USD)의 미래교환가치보다 상대적으로 낮은 것을 의미한다. 이러한 고금리통화의 미래교환가치가 상대적으로 불리해진 교환조건을 고금리통화의 디스카운트(discount)라 한다.

반대로 계약일로부터 향후 3개월간 저금리통화인 달러(USD)를 운용할 미국달러 통화선도매도자 입장에서는 매도계약일로부터 인도일까지는 저금리통화(USD)를 운용하고 상대적으로 낮은 운용수익(이자수익)을 얻게 된다. 그러므로 저금리통화(USD)를 운용하는 통화선도매도자에게는 현물환의 매도환율보다 유리한 통화선도매도환율(미래현물환의 교환비율)을 적용해야 미국달러 통화선도매입자와 서로 공평해진다.

따라서 이는 저금리통화의 미래교환가치가 고금리통화의 미래교환가치보다 상대적으로 높은 것을 의미한다. 이러한 저금리통화의 미래교환가치가 상대적으로 유리해진 교환조건을 저금리통화의 프리미엄(premium)이라 한다.

5. 통화선도의 표시방법 (Forward Exchange Rate)

1) 스왑포인트 이용방법

현물환율에 비하여 통화선도환율에서 디스카운트(discount)와 프리미엄(premium)이 발생하는 이유는 두 통화의 금리차이 때문이다. 이러한 디스카운트와 프리미엄을 일반적으로 스왑포인트(swap point), 스왑레이트(swap rate), 스왑마진(swap margin), 포워드마진(forward margin) 등으로 표현한다. 즉 스왑포인트(swap point)는 현물환율과 통화선도환율의 차이를 말한다.

● **표 7-4** _ USD/KRW 스왑포인트(swap point)의 고시

시장환율	은행매입률 (bid rate)	은행매도율 (offer rate)
현물환율(원)	1,247.4	1,248.0
통화선도환율	스왑포인트 (bid)	스왑포인트 (offer)
1개월 선도환율	2.8	3.0
2개월 선도환율	5.5	6.4
3개월 선도환율	7.7	8.2
6개월 선도환율	13.5	14.5

은행의 통화선도매도환율(forward offer rate)은 기업 입장에서는 통화선도매입환율이 된다. 그리고 앞의 표에서 스왑포인트(swap point) 표시를 보면 통화선도 거래기간이 길어질수록 스왑포인트가 증가하므로 통화선도환율이 현물환율보다 커진다.

이는 상대적으로 저금리통화인 미국달러가 원화에 비하여 미래교환가치가 프리미엄(premium) 상태에 있음을 의미한다. 기업이 미국달러 통화선도 매입계약을 체결하면 그 계약기간 동안에는 고금리통화인 원화를 운용하게 된다.

통화선도환율은 현물환율에 고시된 스왑포인트를 가산하여 다음과 같이 구할 수 있다.

(1) 수입상의 통화선도매입환율

수입상 입장에서 미국달러 통화선도매입환율을 구할 때는 현물환율(offer rate)에 스왑포인트(offer)를 가산하여 구할 수 있다. 예를 들어 1개월 미국달러 통화선도매입환율을 구하면 1,251.0원(1,248+3.0)이 된다.

(2) 수출상의 통화선도매도환율

수출상 입장에서 미국달러 통화선도매도환율을 구할 때는 현물환율(bid rate)에 스왑포인트(bid)를 가산하여 구할 수 있다. 예를 들어 3개월 미국달러 통화선도매도환율을 구하면 1,255.1원(1,247.4+7.7)이 된다.

표 7-5 _ USD/JPY 스왑포인트(swap point)의 고시

시장환율	은행매입률 (bid rate)	은행매도율 (offer rate)
현물환율(원)	108.02	108.07
통화선도환율	스왑포인트 (bid)	스왑포인트 (offer)
1개월 선도환율	−10.17	−9.57
2개월 선도환율	−22.70	−22.10
3개월 선도환율	−32.90	−32.40
6개월 선도환율	−67.08	−64.08

앞의 표에는 일본엔화의 미국달러 통화선도환율을 구하기 위한 스왑포인트가 고시되어 있다. 스왑포인트의 표시를 보면 통화선도 거래기간이 길수록 스왑포인트가 감소하므로 통화선도환율이 현물환율보다 작아진다. 이는 미국달러가 엔화에 비하여 교환가치가 하락하는, 즉 디스카운트(discount) 상태에 있음을 의미하고 미국달러가 엔화에 비하여 상대적으로 고금리통화임을 알 수 있다.

따라서 미국달러의 통화선도매입률과 통화선도매도율을 각각 구하려면 현물환율에 각각의 스왑포인트를 차감하면 된다. 예를 들면, 일본엔화의 미국달러 1개월 통화선도은행매입률은 107.9183엔(=108.02-0.1017)이 되고, 미국달러 6개월 통화선도은행매도율은 107.4292엔(=108.07-0.6408)이 된다.

결론적으로 두 통화의 교환에서 프리미엄(premium) 상태에 있는 저금리통화의 통화선도매입환율 또는 통화선도매도환율을 구할 때는 현물환율에서 스왑포인트를 가산한다. 만약 디스카운트상태에 있는 고금리통화의 통화선도환율을 구할 때는 현물환율에서 스왑포인트를 차감하면 된다.

2) 아웃라이트 통화선도환율 (Outright Forward Rate)

● **표 7-6 _ 아웃라이트 통화선도환율(Outright Forward Rate)의 고시**

시장환율	은행매입률 (bid rate)	은행매도율 (offer rate)	차이 (매도-매입)
현물환율(원)	1,247.4	1,248.0	0.6
1개월 선도환율	1,250.2	1,251.0	0.8
2개월 선도환율	1,252.9	1,254.4	1.5
3개월 선도환율	1,255.1	1,256.2	1.1
6개월 선도환율	1,260.9	1,262.5	1.6

앞의 표와 같은 현물환율에 스왑포인트를 가감한 통화선도환율을 아웃라이트 통화선도환율이라 하고, 통화선도 고시환율이다. 은행의 1개월 미국달러 통화선도매도환율과 기업의 1개월 미국달러 통화선도매입환율은 1,251.0원이 된다.

그리고 은행의 6개월 미국달러 통화선도매도환율과 기업의 6개월 미국달러 통화선도매입환율은 1,262.5원이 된다. 앞의 표를 보면 시장에서 거래되는 통화선도매입환율과 통화선도매도환율의 차이에 어떤 일정률이 존재하지 않음을 알 수 있다.

제5절

역외통화선도거래

Non Deliverable Forward(NDF) Transaction

1. 역외통화선도(NDF)거래의 내용과 특징

1) 역외통화선도(NDF)거래의 목적과 유용성

역외통화선도는 해외에 있는 비거주자가 해외 혹은 국내에 있는 은행과 하는 거래로서 한국의 원화표시 금융자산에 투자하고 투자만기일에 한국에 투자한 원화표시 금융자산을 다시 달러로 회수하려고 할 때 발생할 수 있는 환위험을 회피할 목적으로 통화선도매입거래를 하는 것을 말한다.

외국투자자가 한국의 원화표시 금융자산에 투자한 이후에 환율이 상승(원화가치의 하락)하면 투자만기일에 투자자산을 달러로 교환할 때 외환손실이 발생하기 때문이다.

따라서 이 외환손실은 원화금융자산의 투자이익을 잠식하게 된다. 그리고 원화환율이 급속히 상승하는 경우에는 투자만기일에 외환손실이 그동안의 투자이익을 완전히 잠식하고 오히려 투자손실을 발생시킬 수도 있기 때문이다.

원화 NDF시장은 우리나라 외환시장이 폐장한 이후에도 뉴욕, 홍콩 등에서 활발하게 거래된다. 그러므로 특정일에 NDF시장에서 거액의 통화선도거래가 이루어지면 그다음 영업일 한국의 외환시장 개장 시에 달러/원 환율에 영향이 미치기도 한다. 역외통화선도 환율상승은 국내 외환시장에서 환율상승의 요인이고 역외통화선도 환율하락은 국내 외환시장에서 환율 하락의 요인이다.

한편, 한국의 기업도 달러로 중국의 위안화, 필리핀의 페소화, 인도의 루피아화 등의 금융 자산에 투자한 후에 투자자금을 회수하려고 할 때 발생할 수 있는 환위험을 홍콩 등에서 형성되는 위안화, 페소화, 루피아화에 대한 역외통화선도거래를 통하여 회피할 수 있다.

2) 역외통화선도의 특징과 장점

역외통화선도거래는 비거주자가 해외 혹은 국내은행과 역외통화선도거래를 하고 만기에 발생하는 차액을 정산하는 경우에, 그 차액을 원화로 결제하지 않고 달러(USD)로 결제할 것을 전제로 비거주자가 달러에 대한 통화선도매입거래를 하는 것을 말한다.

따라서 원화의 현금흐름이 발생하지 않는 것이 역외통화선도거래의 특징이다. 이에 따라 비거주자가 해당국가의 통화를 취득하는 것에 대한 각종 규제를 피할 수 있는 장점이 있다.

2. 역외통화선도의 거래구조와 현금흐름분석

(NDF Trancsaction Structure & Cash flow Analysis)

● 그림 7-4 _ 역외통화선도(NDF)의 거래구조와 현금흐름

〈상황〉 비거주자는 USD1,000,000을 현물환율 1,130원에 원화로 교환하여 1년만기 원화표시 금융자산에 투자하고, 1년 후에 발생할 수도 있는 환위험을 회피하기 위하여 1년만기 역외통화선도환율 1,180원에 USD1,000,000를 재매입하기로 하였다. 적용환율은 영업일을 기준으로 정산일로부터 전일자 기준율이다. 이때 정산환율은 1,240원으로 결정되었다.

〈거래구조와 현금흐름〉

- 비거주자가 지급할 원화금액: USD1,000,000 × ₩1,180 = ₩1,180,000,000
- 비거주자가 받을 원화금액: USD1,000,000 × ₩1,240 = ₩1,240,000,000
- 비거주자가 받을 달러환산액: (₩1,240,000,000 − ₩1,180,000,000) / 1,240
  = USD48,387.09

비거주자가 거래은행으로부터 받을 원화금액이 거래은행에 지급할 원화금액보다 크다. 따라서 비거주자는 그 차액을 거래은행으로부터 결제환율로 환산한 USD48,387.09을 받음으로써 거래가 종료된다.

원화에 대한 달러 통화선도거래였지만 원화를 인도하지 않을 것을 전제로 한 거래였기 때문에 원화의 현금흐름은 전혀 발생하지 않는 특징이 있다.

제6절

통화선도환율의 결정원리

Forward Rate & Swap Point Formula

1. 통화선도환율의 결정공식 (Forward Rate Formula)

통화선도환율은 현물환율의 수준을 기초로 양 국가 간의 금리차이에 따라 결정된다. 즉 통화선도환율의 결정은 금리평가이론(interest rate parity theory)에 근거한다.

금리평가이론은 국가 간에 자본이동에 대한 규제가 없는 완전금융시장을 전제로 할 때 자본이동에 대한 세금과 같은 거래비용을 고려하지 않는다면, 양 국가 간의 금리차이는 통화선도프리미엄(또는 디스카운트)과 같다는 것이다. 달러/원 통화선도환율을 구하기 위하여 금리평가이론을 적용하여 설명하면 다음과 같다.

예를 들어, 1년 동안 여유자금을 보유한 미국의 자본가는 저금리통화인 미국달러를 고금리통화인 한국의 원화로 교환하여 한국의 자본시장에 1년 동안 투자하고 다시 그 원화자금을 1년 후에 미국달러로 교환하려고 한다.

이를 위해 미국 자본가는 한국의 원화금융자산에 대한 투자를 위하여 달러를 지급하고 원화를 매입하였다. 동시에 1년 후인 원화금융자산의 만기일에 다시 원화를 달러로 재교환하려고 할 때 발생할 수 있는 환위험을 회피하기 위하여 1년만기 미국달러 통화선도매입거래를 하였다.

1달러로 1년 동안 달러운용합계액 (달러원금 + 달러이자) : $1\times(1+i_{US})$ (1)

※ i_{US}: 달러금리

1달러로 매입한 원화금액 : $1\times S$ (2)

※ S는 USD/KRW 현물환율

1달러로 1년 동안 원화운용합계액 : $S\times(1+i_K)$ (3)

※ i_K: 원화금리

그러므로 1달러로 원화를 매입하고 한국의 자본시장에 1년 동안 투자한 후에 수령할 원화운용합계액(원금+이자수익)을 미국달러 통화선도매입거래를 통하여 다시 달러로 교환할 때의 달러금액은 다음 식으로 표시된다.

1년 동안 원화운용합계액의 달러환산액 : $S\times(1+i_K)/F$ (4)

※ F: 1년만기 USD/KRW 통화선도환율

그러면 미국에서 1년 동안 달러운용합계액을 나타내는 식(1)과 한국에서 1년 동안 원화운용합계액을 달러로 환산한 금액을 나타내는 식(4)을 서로 비교하면 다음과 같다.

$$(1+i_{US}) \quad \text{vs} \quad S\times(1+i_K)/F \qquad (5)$$

※ F: 1년만기 USD/KRW 통화선도환율

식(5)에서 보는 바와 같이 미국의 자본시장에서 1년 동안 운영한 달러합계액과 한국의 자본시장에서 1년 동안 운영한 원화합계액의 달러환산액을 비교해 보면 다음과 같은 결론을 얻을 수 있다.

'$(1 + i_{us}) < S \times (1 + i_K)/F$' 이면 미국의 자본이 한국의 자본시장으로 이동하게 될 것이고, 반대이면 한국의 자본이 미국의 자본시장으로 이동하게 될 것이다. 식(1) =식(4)가 되면 양 국가 간의 자본이동은 중지하게 될 것이다.

$$(1 + i_{us}) = S \times (1 + i_K)/F \tag{6}$$

이때, 앞의 식(6)에서 양변을 $(1 + i_{us})$로 나누고, 다시 양변에 F를 곱하면 통화선도 결정공식 (7)을 구할 수 있다.

$$\therefore F = \frac{S \times (1 + i_K)}{(1 + i_{us})} \tag{7}$$

만약, (1) '$i_K = i_{us}$'이면(달러금리와 원화금리가 같으면) 통화선도환율과 현물환율은 일치하게 된다. (2) '$i_K > i_{us}$'이면(원화금리가 달러금리보다 높으면) '$F>S$'가 된다. 즉 미국달러의 통화선도환율이 현물환율보다 높게 되어 달러의 미래교환가치가 유리해지는 프리미엄(premium)이 되고, 원화는 미래교환가치가 불리해지는 디스카운트(discount)가 된다. (3) '$i_K < i_{us}$'이면 그 반대가 된다.

위의 식(7)에 통화선도기간(T)을 반영하여 통화선도결정공식을 나타내면 식(8)과 같다.

$$\therefore F = \frac{S \times (1 + i_K \times T)}{(1 + i_{us} \times T)} \tag{8}$$

※ T. 통화선도거래기간

$$\therefore F = \frac{S \times (1 + i_K \times D/365)^*}{(1 + i_{us} \times D/360)} \tag{9}$$

※ D: 통화선도거래일수

■ 차입기간의 계산

한국의 원화를 포함하여 영국의 파운드화, 홍콩달러는 단기자금시장에서 차입기간을 계산할 때 365일을 기준으로 한다. 그러나 미국달러화를 포함하여 일본의 엔화, 유로화 등 대부분의 통화는 360일을 기준으로 계산한다.

2. 스왑포인트의 결정공식 (Swap Point Formula)

스왑포인트(swap point)를 구하는 공식은 통화선도환율의 공식을 구하는 앞의 식(6)으로부터 도출할 수 있다.

$$(1 + ius) = S \times (1 + i\kappa)/F \qquad (6)$$

식(6)의 양변에 F를 곱하면 다음과 같다.

$$F \times (1 + ius) = S \times (1 + i\kappa) \qquad (7)$$

식(7)의 양변에서 S×(1 + ius)를 각각 차감하면 다음과 같다.

$$F \times (1 + ius) - S \times (1 + ius) = S \times (1 + i\kappa) - S \times (1 + ius) \qquad (8)$$

$$(F - S) + (F - S)ius = S \times (i\kappa - ius) \qquad (9)$$

식(9)를 다시 정리하면 다음과 같다.

$$(F - S) \mathrm{X} (1 + ius) = S \times (i\kappa - ius) \qquad (10)$$

식(10)의 양변을 (1 + ius)로 나누면 스왑포인트공식을 구할 수 있다.

그리고 이를 식으로 나타내면 다음과 같다.

$$\therefore F - S = \frac{S \times (i_K - i_{US})}{(1 + i_{US})} \quad (11)$$

그리고 식(11)에 거래일수(D)를 반영하면 식(12)로 나타낼수 있다.

$$\therefore F - S = \frac{S \times (i_K \times D/365 - i_{US} \times D/360)}{(1 + i_{US} \times D/360)} \quad (12)$$

식(12)를 보면 F − S = 스왑포인트(swap point)가 된다. 그러므로 F = S + 스왑포인트가 됨을 알 수 있다. 이와 같이 통화선도환율은 현물환율에 스왑포인트를 가산하여 구할 수 있다.

3. 이론통화선도환율과 스왑포인트 (Forward Rate & Swap Point Formula)

1) 이론통화선도환율의 계산

오늘 외환시장에서 환율과 금리가 다음과 같이 고시되었다.

- 달러/원 현물환율: 1,119.6 / 1,120.0
- 원화 3개월(90일) 금리: 5.0% (연)
- 달러 3개월(90일) 금리: 3.7% (연)
- 통화선도매입환율: (A)
- 스왑포인트: (B)

〈예제 7-1〉 K기업은 3개월 후에 수입물품 결제를 위하여 3개월 미국달러 통화선도환율을 매입하려고 한다. 앞의 자료를 참고로 K기업의 3개월 미국달러 통화선도매입환율(A)을 구하라.

〈풀이〉

$$\therefore F = \frac{S \times (1 + i\kappa \times D/365)}{(1 + ius \times D/360)}$$

$$\frac{1,120 \times (1 + 0.05 \times 90/365)}{(1 + 0.037 \times 90/360)} = 1,123.4$$

2) 스왑포인트의 계산

> **〈예제 7-2〉** 위의 예제를 참고로 스왑포인트(B)를 구하라.

〈풀이〉

$$\therefore F - S = \frac{S \times (i\kappa \times D/365 - ius \times D/360)}{(1 + ius \times D/360)}$$

$$\frac{1,120 \times (0.05 \times 90/365 - 0.037 \times 90/360)}{(1 + 0.037 \times 90/360)} = 3.4$$

3) 이론통화선도환율과 스왑포인트의 점검

달러(저금리통화)를 원화(고금리통화)와 비교하면 달러의 현물환율보다 달러의 통화선도환율이 프리미엄 상태이므로 달러의 통화선도환율은 달러의 현물환율에 스왑포인트를 가산하여 다음과 같이 구할 수 있다.

$$\therefore F = S + \text{스왑포인트} = 1,120 + 3.4 = 1,123.4$$

연습문제

제 7 장

1. 환율의 표시방법 중에서 유럽식표시법(European terms)과 미국식표시법(American terms)의 차이를 설명하시오.

2. 현물환거래의 구조 세 가지를 각각 설명하시오.

3. 선도거래와 선물거래의 특성과 차이점을 설명하시오.

4. 통화선도거래의 목적을 수입상과 수출상의 입장에서 각각 설명하시오.

5. 통화선도환율에서 고금리통화의 디스카운트(discount)와 저금리통화의 프리미엄(premium)을 각각 설명하시오.

6. 스왑포인트(swap point)의 개념과 유용성을 설명하시오.

7. 역외통화선도(NDF)거래의 내용과 특성을 설명하시오.

8. 통화선도환율의 결정공식을 금리평가이론을 사용하여 구하시오.

8장

스왑금융과 통화옵션 위험분석

Swap Finance / Currency Option & Risk Analysis

핵 심 용 어

스왑거래 Swap Transaction
이자율스왑 Interest Rate Swap
외환스왑 FX Swap
통화스왑 Currency Swap
옵션매도자 Option Seller
옵션매입자 Option Buyer
풋옵션 Put Option
콜옵션 Call Option
아메리칸옵션 American Option
유로피언옵션 European Option
내가격옵션 In-the-Money Option
외가격옵션 Out-of-Money Option

제1절

스왑금융과 위험분석

Swap Finance & Risk Analysis

1. 스왑(SWAP)의 개념과 유용성

1) 스왑(SWAP)의 개념과 내용

스왑거래(swap transaction)는 거래에 참여하는 양당사자 간에 상품 또는 서로 다른 통화를 현물시장에서 교환하고, 동시에 만기일에 서로 약정한 조건으로 상품 또는 서로 다른 통화를 재교환하는 거래를 말한다. 그러므로 스왑거래는 미래에 현금흐름이 교환된다는 점에서 일종의 선도계약에 해당한다.

한편, 스왑거래에는 자산연계스왑과 부채연계스왑이 있다. 자산연계스왑이란 보유하고 있는 자산을 기초자산으로 하고 특정기간에 필요한 다른 자산과 스왑하는 거래를 말한다. 예를 들어, A국(미국)통화를 수취할 목적으로 보유하고 있는 B국(유로)통화를 현물환시장에서 매각하고, 동시에 만기일에 다시 B국(유로)통화를 재매입하고 A국(미국)통화를 지급하는 거래를 한 경우이다.

이렇게 하면 보유하고 있는 유로자산을 이용하여 미국달러에 투자하면서도 유로자금을 보유하고 있는 것과 같은 효과를 누리게 된다. 채무연계스왑은 보유채무를 다른 통화와 스왑하는 거래를 말한다. 이러한 부채연계스왑을 통하여 차입비용을 절감할 수 있다.

2) 스왑거래의 유용성

스왑거래의 유용성을 정리해 보면 다음과 같다.

① 환위험의 회피 및 관리

② 금리변동위험의 회피 및 관리

③ 신규차입 시 통화선택을 통한 차입비용의 절감

④ 기존차입금에 대한 비용절감(예; 고정금리→변동금리, 변동금리→고정금리)

⑤ 자금수지의 관리수단

⑥ 통화의 유동성관리수단

⑦ 외환시장의 사정에 따라 발생할 수 있는 무위험차익거래의 수단 등

2. 스왑금융의 원리와 금융기관의 역할 (SWAP Finance & Bank's Role)

1) 통화스왑의 원리와 현금흐름

외국의 A기업은 고정금리(연 5.3%)로 3년만기 자금을 조달할 수 있고 변동금리(SOFR[1] + 0.5%)로 역시 3년만기 자금을 조달할 수 있다. 반면에 B기업은 고정금리(연 5.9%)로 3년만기 자금을 조달할 수 있고 변동금리(SOFR + 0.8%)로 역시 3년만기 자금을 조달할 수 있다. 두 기업의 자금조달 조건을 정리해 보면 다음과 같다.

표 8-1 _ 기업별 조달금리의 차이

조달금리 / 기업	고정금리	변동금리	비교우위
A기업	5.3%	S+0.5%	5.3%
B기업	5.9%	S+0.8%	S+0.8%
금리차이	0.6%	0.3%	

1) 2023년 7월부터 전세계 금융기관들은 LIBOR금리 대신 SOFR금리를 사용함.

A기업과 B기업의 3년만기 자금조달 조건이 각각 위와 같은 상황일 때, A기업은 상대적으로 비교우위(B기업에 비하여 연 0.6% 싼 금리)가 있는 고정금리자금(연 5.3%)을 조달하고, 반면에 B기업은 변동금리자금(SOFR + 0.8%)을 조달하고 다음과 같이 스왑거래를 실시하면 두 기업 모두 자금조달 비용을 절약할 수 있다.

● 그림 8-1 _ 통화스왑의 원리와 현금흐름

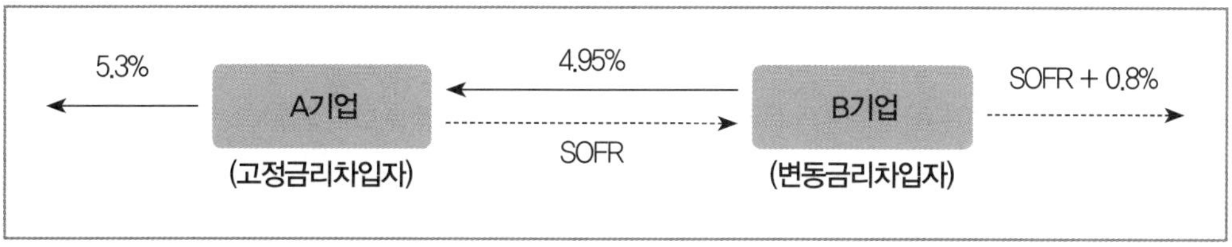

〈거래구조와 현금흐름〉

A기업은 연 5.3%(고정금리)로 3년만기 자금을 조달하였고, B기업은 SOFR + 0.8%(변동금리)로 3년만기 자금을 각각 조달하였다. A, B 두 기업은 스왑거래를 하기로 계약하고 A기업은 거래만기일까지 B기업으로부터 연 4.95%를 받기로 하고 그 대가로 B기업에 SOFR를 지급하기로 하였다. 반면에 B기업은 A기업으로부터 SOFR를 받는 대신에 만기일까지 A기업에 연 4.95%를 지급하기로 하였다.

(1) A기업의 현금흐름

- 고정금리: −5.3% + 4.95% = −0.35%
- 변동금리: −SOFR

결과: −(SOFR + 0.35%) (이자비용)

∴ A기업의 변동금리 조달비용은 (연)SOFR + 0.5%였으나 스왑거래를 통하여 변동금리 조달비용이 (연)SOFR + 0.35%가 되었다. 그 결과 A기업은 자금조달비용을 연 0.15% 절약하게 되었다.

(2) B기업의 현금흐름

• 고정금리: −4.95%

• 변동금리: +SOFR − (SOFR + 0.8%)

결과: −(4.95% + 0.8%) = −5.75% (이자비용)

∴ B기업의 고정금리 조달비용은 연 5.9%였으나 스왑거래를 통하여 고정금리 조달비용이 연 5.75%가 되었다. 그 결과 B기업은 자금조달 비용을 연 0.15% 절약하게 되었다.

(3) 스왑거래의 발생동기

B기업과 A기업을 서로 비교해 보면, 두 기업 간에 고정금리 조달비용의 차이가 연 0.6%였고 변동금리 조달비용의 차이가 연 0.3%였다. 결국 고정금리 조달비용과 변동금리 조달비용의 차이 연 0.3%(= 0.6% − 0.3%)가 스왑거래의 발생동기이며 발생원천이다.

2) 금융기관의 역할과 현금흐름분석

그림 8-2 _ 금융기관의 역할과 현금흐름

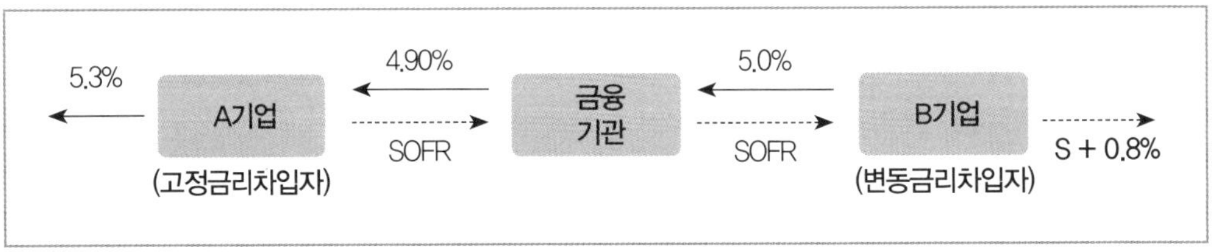

〈거래구조와 현금흐름분석〉

(1) A기업의 현금흐름

• 고정금리: −5.3% + 4.9% = −0.4%

• 변동금리: −SOFR

결과 : −(SOFR + 0.4%) (이자비용)

∴ A기업의 변동금리 조달비용은 SOFR + 0.5%였으므로 금융기관과 스왑거래를 통하여 연 0.1% 자금조달비용을 절약하게 되었다.

(2) B기업의 현금흐름

- 고정금리: −5.0%
- 변동금리: +SOFR − (SOFR + 0.8%) = −0.8%

결과: −5.8% (이자비용)

∴ B기업의 고정금리 조달비용은 5.9%였으므로 금융기관과 스왑거래를 통하여 연 0.1% 자금조달비용을 절약하게 되었다.

(3) 금융기관의 현금흐름

- 고정금리: −4.9% + 5.0% = +0.1%
- 변동금리: +SOFR −SOFR= 0

결과: +0.1% (거래이익)

∴ 스왑거래를 통하여 연 0.1% 거래이익이 발생하였다.

3) 스왑금융

스왑금융은 금융기관이 해당기업의 신용위험과 스왑의 종류별(예; 통화스왑, 이자율스왑) 거래위험을 고려하여 거래한도를 설정하고, 해당기업이 자유롭게 스왑거래를 할 수 있도록 한도를 제공하고 운용하는 것을 말한다.

3. 이자율스왑과 위험분석 (Interest Rate SAWP & Risk Analysis)

1) 이자율스왑(IRS)의 개념 및 내용

이자율스왑(interest rate swap: IRS)거래는 스왑거래기간에 이자지급에 대한 현금흐름을 서로 교환하는 거래이다. 예를 들어 스왑거래기간에 원금에 대하여 A거래자는 B거래자에게 고정금리의 이자를 지급하고, 그 대신에 B거래자는 A거래자에게 변동금리의 이자를 지급하는 거래를 말한다. 즉, 서로 다른 금리체계를 서로 교환하는 거래이다.

2) 이자율스왑(IRS)의 유용성

① 시장상황에 따라 자금조달비용을 절약할 수 있다.

② 고정금리채권(예 회사채)에 투자한 금융기관 또는 기업이 향후 금리가 상승할 것으로 예측되는 경우 고정금리의 수취를 변동금리의 수취로 전환할 수 있다.

③ 고정금리원화차입금(예 회사채) 비중이 높은 기업이 향후 금리가 하락할 것으로 예측하는 경우 고정금리의 차입금을 변동금리의 차입금으로 전환할 수 있다.

④ 변동금리부 원화차입금 비중이 높은 기업이 향후 금리가 상승할 것으로 예측하는 경우 변동금리의 차입금을 고정금리의 차입금으로 전환할 수 있다.

3) 이자율스왑(IRS)의 사례

(1) 고정금리채권(회사채) 보유 비중이 높은 투자가

고정금리채권(회사채) 보유비중이 높은 투자자(금융기관 또는 기업)는 향후 이자율 상승을 예상하고 이자율스왑(IRS)을 이용하여 고정금리채권(자산)을 변동금리채권(자산)으로 전환하려고 한다.

● 그림 8-3 _ 이자율스왑의 거래구조와 현금흐름

A기업은 투자채권 포트폴리오를 분석한 결과 3년만기 고정수익채권(회사채)에 대한 비중이 높다고 판단되어 보유 회사채의 일부에 대하여 고정금리(연 5.77%)를 스왑거래를 통하여 변동금리로 교환하여 수취하려고 한다. 이를 위해 A기업은 B은행에 계약만기일까지 고정금리(연 4.77%)를 지급하고 그 대신에 B은행으로부터 변동금리(3개월 CD금리)를 수취하기로 약정하였다.

거래일: **원금의 가치가 동일하므로 원금 및 이자의 현금흐름은 없음**

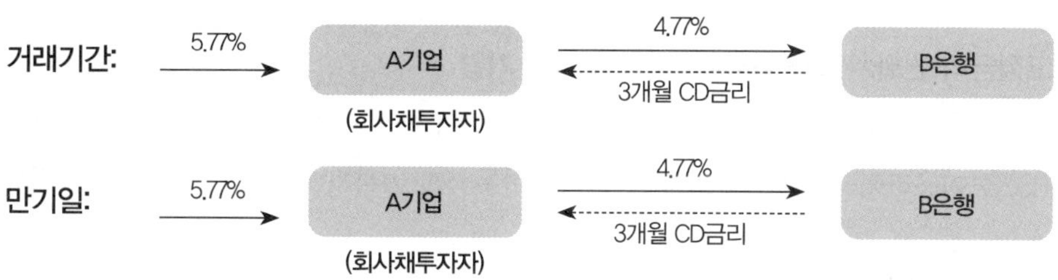

〈거래구조와 현금흐름〉

A기업은 이자율스왑기간 동안에 B은행에 연 4.77% 고정금리를 지급하고 그 대기로 B은행으로부터 3개월 CD금리를 수취하기로 약정하였다. 이자율스왑거래는 거래당일에는 원금 및 이자의 교환이 발생하지 않는다. 거래당사자의 보유원금 현재가치와 시장위험을 고려한 미래가치가 각각 같기 때문이다. 즉, 통화표시도 같고 표시금액도 같기 때문이다.

이자교환의 시작은 3개월 이후부터 만기일까지 발생하고, 만기일에 스왑기간에 지급하던 3개월 금리를 마지막으로 각각 지급하면 거래가 종료된다. 만기일에도 원금의 교환이 발생하지 않는다.

■ **A기업의 현금흐름**

- 고정금리: +5.77% − 4.77% = +1.0%
- 변동금리: +3개월 CD금리

결과: +(3개월 CD금리 + 1.0%)

결론적으로 A기업은 3년만기 회사채에 투자하고 연 5.77%의 고정금리를 받기로 되었으나, 이자율스왑거래를 통하여 연 3개월 CD금리+1.0%를 받는 변동금리에 대한 투자(이자 수취)로 전환시켰다.

(2) 고정금리 원화차입금(회사채) 비중이 높은 기업

총차입금 중에서 고정금리 회사채비중이 높은 기업이 향후 이자율 하락을 예상하고 이자율스왑(IRS)을 이용하여 고정금리 회사채 일부를 변동금리 원화차입금으로 전환하려고 한다.

그림 8-4 _ 이자율스왑의 거래구조와 현금흐름

〈상황〉 A기업은 대부분의 자금조달을 회사채발행에 의존하여 고정금리부(예; 고정금리 5.5%) 원화차입금 비중이 높아 이자율하락을 대비하여 B은행과 이자율스왑을 통하여 일부를 변동금리부(예; 3개월 CD + 0.9%) 원화차입금으로 전환하고자 한다.

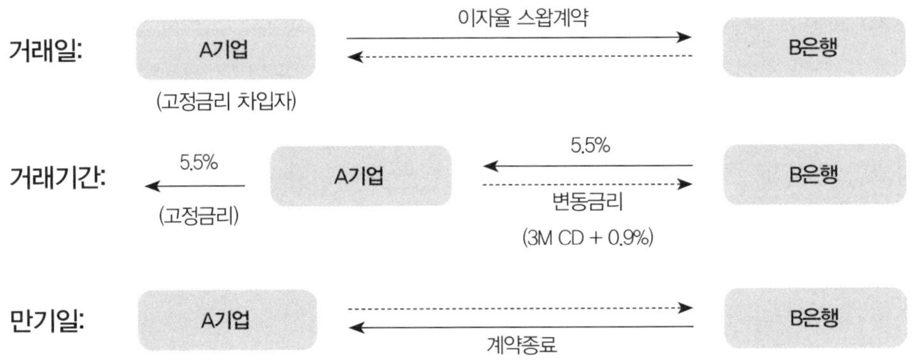

〈거래구조와 현금흐름〉

스왑기간에 기업은 은행으로부터 고정금리(연 5.5%)를 받아서 회사채투자자에게 지급하고, 그 대신 변동금리(3M CD +0.9%)를 스왑은행인 B은행에 지급한다. 이 거래로 회사채 일부가 변동금리부(예; 3개월 CD + 0.9%) 원화차입금으로 전환되었다.

(3) 변동금리부 원화차입금 비중이 높은 기업

총차입금 중에서 변동금리 원화차입금 비중이 높은 기업이 향후 이자율상승을 예상하고 이자율스왑(IRS)를 이용하여 변동금리 원화차입금 일부를 고정금리 원화차입금으로 전환하려고 한다.

● **그림 8-5** _ 이자율스왑의 거래구조와 현금흐름

〈상황〉 A기업은 변동금리부(예; 3개월 CD + 0.9%) 원화차입금 비중이 높은 기업으로서 이자율상승을 대비하여 B은행과 이자율스왑을 통하여 변동금리부 원화차입금 일부를 고정금리부(예; 고정금리 5.8%) 원화차입금으로 전환하고자 한다.

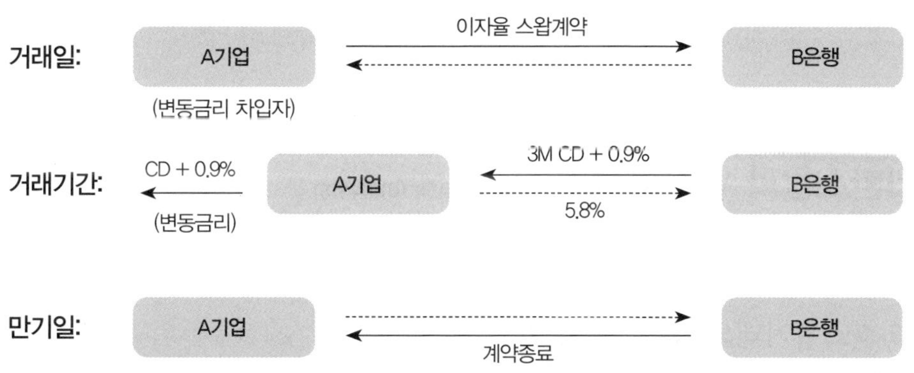

〈거래구조와 현금흐름〉

스왑기간에 기업은 은행으로부터 변동금리(3M CD + 0.9%)를 받아서 기존대출은행에 지급하고, 그 대신 고정금리(연 5.8%)를 스왑은행인 B은행에 지급한다. 이 거래로 변동금리부 원화차입금 일부가 고정금리부 원화차입금(연 5.8%)으로 전환되었다.

4) 이자율스왑의 위험분석 (IRS & Risk Analysis)

(1) 기업의 거래위험

고정금리투자자(예; 회사채투자자)가 금리상승을 예측하고 이자율스왑거래를 통하여 고정금리의 수취를 변동금리의 수취로 전환하였다고 하자. 그런데 향후에 금리가 예상과는 달리 반대로 하락하게 되면, 투자자에게 거래비용의 발생과 금리하락으로 상대적인 기회손실이 동시에 발생할 수 있다.

(2) 스왑은행의 위험분석

금융기관의 이자율스왑위험은 거래기업의 신용위험(결제위험)과 계약금액(포지션)의 변동에서 발생하는 시장위험에 있다. 그리고 시장위험 관점에서 보면 이자율스왑의 금융위험은 통화스왑의 금융위험에 비하여 상대적으로 낮다. 왜냐하면 통화스왑은 미래에 원금의 변동위험이 발생하지만 이자율스왑은 이자금액의 변동위험만 발생하기 때문이다.

이론적으로도 이자율스왑의 포지션에 대한 위험을 통화스왑의 포지션에 대한 위험보다 낮게 평가한다. 물론 거래기간이 길수록 포지션에 대한 위험은 높게 평가된다.

4. 외환스왑과 위험분석 (FX Swap & Risk Analysis)

1) 외환스왑거래의 내용

외환스왑거래는 이종통화를 각각 보유하고 있는 거래당사자가 스왑거래기간에 보유통화를 서로 교환하여 사용하고, 만기일에는 원래통화로 서로 재교환하는 거래를 말한다.

이와 같이 외환스왑거래는 현물환의 매입과 동시에 통화선도의 매도거래(spot buy & forward sell), 또는 현물환의 매도와 동시에 통화선도의 매입거래(spot sell & forward buy)가 각각 일어나는 이중거래 형태다. 그러므로 이 거래를 spot-forward swap이라고도 한다. 외환스왑거래는 외환포지션을 커버하는 거래를 위하여 금융기관 간에 많이 사용된다.

2) 외환스왑거래의 특징

외환스왑거래의 특징은 두 가지가 있다. 첫째, 처음 두 통화를 교환할 때 적용하는 환율과 만기일에 재교환할 때 적용하는 환율이 서로 다르다는 점이다. 둘째, 스왑거래기간 동안에 교환한 통화에서 발생하는 이자를 서로 교환하지 않는다는 것이다.

따라서 외환스왑의 거래내용은 거래당사자 간의 자금거래와 같다고 하겠다. 그러므로 통화스왑(currency swap)과 구별하기 위하여 이와 같은 스왑거래를 외환스왑(FX swap)이라 한다.

3) 외환스왑거래의 구조와 현금흐름분석

● 그림 8-6 _ 외환스왑거래의 구조와 현금흐름

〈상황〉 A기업은 오늘 플랜트 수출대금 USD5,000,000을 받았다. 그런데 3개월 후에는 다른 플랜트 수출준비를 위한 설비수입의 결제에 USD3,000,0000이 필요하다. 따라서 A기업은 USD2,000,000을 현물시장에서 환율 1,150원에 원화와 교환하였다. 그리고 나머지 USD3,000,000은 3개월 후에 환율 1,180원에 USD3,000,000을 재매입하는 외환스왑거래를 하고 3개월 동안에는 원화를 운용하기로 하였다.

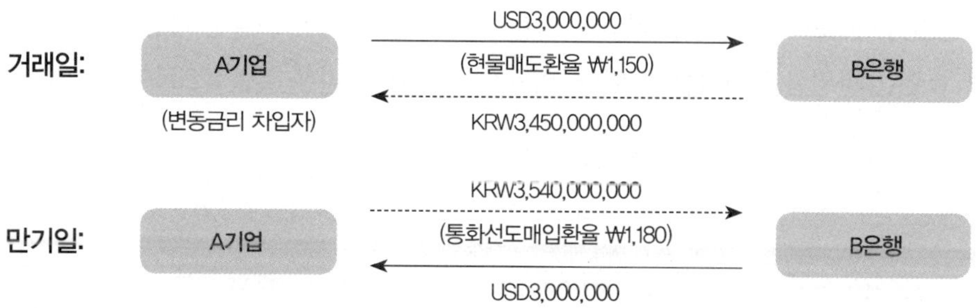

〈거래구조와 현금흐름〉

A기업은 현물환율 1,150원을 교환조건으로 B은행에 USD3,000,000을 매도하고 KRW3,450,000,000(=USD3,000,000×₩1,150)을 받는다. 거래일로부터 3개월이 지난 만기일에는 통화선도환율 1,180원을 재교환조건으로 B은행에 KRW3,540,000,000(=USD3,000,000×₩1,180)을 지급하고 USD3,000,0000을 다시 받는다. A기업은 받은 외화자금을 설비수입의 결제에 사용한다.

앞의 그림이 나타내는 외환스왑거래는 기업 입장에서 미국달러 현물환매도거래와 미국달러 3개월 통화선도매입(USD spot sell & 3 month USD forward buy)거래이다. 거래일과 만기일에 각각 원금의 현금흐름은 발생하지만 스왑거래기간에는 거래당사자 간에 이자지급에 대한 현금흐름은 발생하지 않는다.

4) 외환스왑거래의 동기 및 운용

일반적으로 금융기관 또는 기업이 보유통화(예; 유로화)의 사용일까지는 여유가 있는 상황이고 다른 통화(예; 미국달러)에 대한 일시적인 자금이 필요할 때 외환스왑거래가 사용된다.

현물환의 매입(매도)거래와 통화선도의 매도(매입)거래를 함께 하기 때문에 환위험을 회피할 수 있다. 예를 들어 USD buy & sell swap거래는 USD현물을 매입하고 동시에 통화선도 만기에 USD를 매도하는 것이다. 따라서 외환스왑거래를 통하여 조달한 자금은 운용기간에 발생할 수 있는 환위험을 회피할 수 있다. 외환스왑의 계약기간은 일반적으로 1년 이내이다.

5) 스왑은행의 금융위험

거래일에는 기업에 대한 신용위험은 거의 없으나 만기일에는 신용위험(결제위험)과 시장위험이 존재한다. 그러나 원금 전체에 대한 결제위험이 아니라 거래일의 현물매도환율과 만기일의 통화선도매입환율의 차이에 대한 신용위험(즉 결제위험)과 시장위험이 존재한다. 반면에 현물환의 매입(매도)거래와 통화선도의 매도(매입)거래를 함께 하기 때문에 외환포지션에는 변동이 없는 거래이다.

외환스왑기간에 B은행은 저금리통화(USD)를 운용해야 하므로 이자운용수익에서 발생하는 상대적으로 불리한 거래에 대한 보상은 만기일에 적용하는 교환환율(거래일의 교환환율보다 높은 환율)로서 교환손실을 보상받게 된다. 그리고 만기일의 교환환율(₩1,180)에는 은행의 거래이익(spread)이 포함되어 있다.

5. 통화스왑과 위험분석 (Currency Swap & Risk Analysis)

1) 통화스왑(currency swap)의 내용

통화스왑거래는 서로 다른 두 통화를 보유하고 있는 양 당사자 간에 거래일에 두 통화를 서로 교환하고, 만기일에 서로 재교환하는 거래를 말한다. 그리고 통화교환 후에 보유하는 통화에서 발생하는 이자를 상대방과 서로 교환하는 거래이다.

통화스왑은 세 가지로 구분할 수 있다. 통화교환 이후 스왑기간에 두 통화에서 발생하는 ① 각각의 고정금리를 서로 교환하는 고정금리 통화스왑, ② 각각의 변동금리를 서로 교환하는 변동금리 통화스왑, ③ 각각의 변동금리와 고정금리를 서로 교환하는 변동금리와 고정금리 통화스왑거래이다.

2) 통화스왑(currency swap)의 특징

통화스왑의 특징은 거래일에 두 통화를 교환할 때에 적용하는 환율과 만기일에 재교환할 때에 적용하는 환율이 모두 같다는 것이다. 이와 같이 교환환율과 재교환환율이 같으면 스왑기간에 상대적으로 저금리통화(예; USD)를 운용하는 거래당사자가 불리하게 된다.

이와 같이 불공평한 거래를 공평하게 하기 위하여 스왑기간에 거래당사자는 두 통화를 교환한 후에 각각의 통화에서 발생하는 이자를 상대방과 서로 교환하는 특징을 갖고 있다.

3) 통화스왑의 구조와 현금흐름분석

A기업은 3년만기 원화자금이 필요한 상태이다. 이때 A기업이 외환시장의 상황을 점검해 보니 원화자금을 직접 조달하는 것보다 외화대출을 통하여 조달한 달러를 원화로 스왑하는 것이 상대적으로 원화자금의 조달비용을 절감할 수 있을 것으로 판단되었다.

● 그림 8-7 _ 통화스왑의 거래구조와 현금흐름

〈상황〉 A기업은 3년만기 외화대출을 통하여 외화자금을 연 SOFR + 1.4%에 조달하고 조달한 외화자금을 B은행과 원화에 대하여 교환환율 1,120원에 통화스왑을 통하여 두 통화를 교환하고자 한다. 이때 적용되는 환율 1,120원은 현물환율이다.

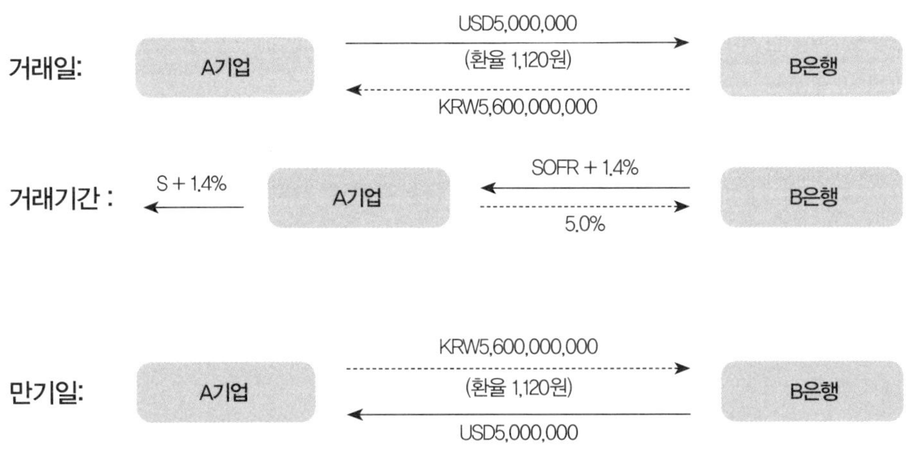

〈거래구조와 현금흐름〉

A기업은 외화를 차입하고 변동금리(연 SOFR + 1.4%)를 지급하는 상태에 있다. 이때 A기업과 B은행은 통화스왑거래를 통하여 스왑기간에 원금과 이자의 현금흐름을 교환하기로 하였다. 거래일에 A기업은 USD5,000,000을 B은행에 주고, 그 대가로 교환환율 1,120원을 적용하여 KRW5,600,000,000을 받았다.

스왑기간 동안에는 A기업은 B은행으로부터 변동금리(SOFR + 1.4%)를 받아서 투자자에게 지급하고, 그 대신 약정한 대로 고정금리(연 5.0%)를 B은행에 지급한다. 반대로 B은행은 고정금리(연 5.0%)를 A기업으로부터 받고 그 대신 변동금리(SOFR + 1.4%)를 A기업에 지급한다. 그리고 만기일에도 거래일의 교환환율 1,120원을 적용하여 원금을 서로 재교환함으로써 거래가 종료된다.

4) 통화스왑의 동기 및 운용

① 원화차입금을 외화차입금으로 변경 또는 외화차입금을 원화차입금으로 변경시키는 데 사용된다.

② 차입금에 대한 지급이자를 필요에 따라 변경하길 원하는 경우, 즉 고정금리를 변동금리로 또는 변동금리를 고정금리로 전환시킬 수 있다.

③ 외화시장의 상황에 따라 자금조달비용을 절약할 수 있다.

④ 차입금에 대한 포트폴리오를 재구성할 때 사용한다.

제2절

통화옵션과 위험분석

Currency Option & Risk Analysis

1. 옵션의 내용 및 용어 (Option Transaction)

옵션(option)은 특정의 기초자산(underlying asset)을 미래의 특정일 또는 일정기간에 사전에 약정한 가격으로 그 기초자산을 사거나 팔 수 있는 권리를 말한다. 옵션거래는 이러한 권리를 매도하거나 매입하는 거래를 말한다.

1) 옵션매입자 또는 옵션보유자 (option buyer or option holder)

옵션보유자는 특정권리(옵션)를 보유하고 있지만 그 권리행사에 대한 의무는 없다. 따라서 옵션보유자는 그 권리(옵션)행사의 효과가 본인에게 유리하다고 판단하면 행사하면 되고, 반대로 불리하다고 판단하면 그 권리행사를 포기하면 된다. 그 대신 옵션매입자는 미래의 위험회피 목적을 달성하는 대가로 옵션매도자에게 수수료(프리미엄)를 지급한다.

2) 옵션매도자 또는 옵션발행자 (option seller or option writer)

옵션매도자는 옵션매입자로부터 수수료(옵션 프리미엄)를 받는 대신에 옵션매입자(옵션보유자)가 옵션계약에 의거하여 그 권리를 행사하면, 반드시 그에 따른 의무를 이행해야 한다.

3) 콜옵션 (call option)

옵션매입자(보유자)가 거래대상인 기초자산을 계약일에 약정한 행사가격(매입가격)으로 미래에 기초자산을 매입할 수 있는 권리(콜옵션)를 말한다.

4) 풋옵션 (put option)

옵션매입자(보유자)가 거래대상인 기초자산을 계약일에 약정한 행사가격(매도가격)으로 미래에 팔 수 있는 권리(풋옵션)를 말한다.

5) 행사가격 (exercise price 또는 strike price)

옵션행사가격은 약정가격으로서 콜옵션매입자(보유자)에게는 매입가격이 되고, 풋옵션매입자(보유자)에게는 매도가격이 된다.

6) 유로피언옵션 (European option)

유로피언옵션은 옵션의 만기일에만 옵션매입자가 그 권리를 행사할 수 있는 거래이고, 주로 장외거래(OTC market)에서 사용된다.

7) 아메리칸옵션 (American option)

아메리칸옵션은 거래기간에는 언제든지 옵션매입자가 그 권리를 행사할 수 있는 거래이고, 주로 거래소시장에서 사용된다.

8) 매입포지션 (long position) / 매도포지션 (short position)

매입포지션은 옵션매입자의 옵션매입상태를 의미하고, 매도포지션은 옵션매도자의 옵션매도상태를 의미한다.

9) 내가격옵션 (in-the-money option)

옵션매입자가 보유하고 있는 옵션을 행사하는 것이 옵션매입자에게 유리한 상태에 있는 경우를 말한다. 예를 들어 콜옵션은 행사가격(매입가격: E)이 시장가격(S)보다 낮은 상태에 있는 경우이고, 풋옵션은 행사가격(매도가격: E)이 시장가격(S)보다 높은 상태에 있는 경우이다. 따라서 이러한 경우는 옵션 각각의 내재가치(+)가 존재하는 상태이다.

10) 외가격옵션 (out-of-money option)

옵션매입자가 보유하고 있는 옵션을 행사하지 않는 것이 자신에게 유리한 상태에 있는 경우를 말한다. 예를 들어 콜옵션은 행사가격(매입가격: E)이 시장가격(S)보다 높은 상태에 있는 경우이고, 풋옵션은 행사가격(매도가격: E)이 시장가격보다 낮은 상태에 있는 경우이다. 따라서 이러한 경우는 옵션 각각의 내재가치(−)가 존재하지 않는 상태이다.

11) 등가격옵션 (at-the-money option)

기초자산의 행사가격(E)과 시장가격(S)이 일치하는 경우를 말한다.

12) 옵션의 유형

옵션거래는 네 가지 유형으로 구분된다. 즉, ① 콜옵션의 매입, ② 콜옵션의 매도, ③ 풋옵션의 매입, ④ 풋옵션의 매도 거래로 구분된다.

2. 콜옵션거래의 손익구조와 위험분석

(Call Option Structure & Risk Analysis)

1) 콜옵션거래의 손익구조

콜옵션거래의 손익을 분석해 보면 다음과 같다.

- P(Premium) : 프리미엄
- E(Exercise Price) : 행사가격
- S(Spot Price) : 기초자산의 현물가격(시장가격)

● **그림 8-8** _ 콜옵션거래의 손익구조

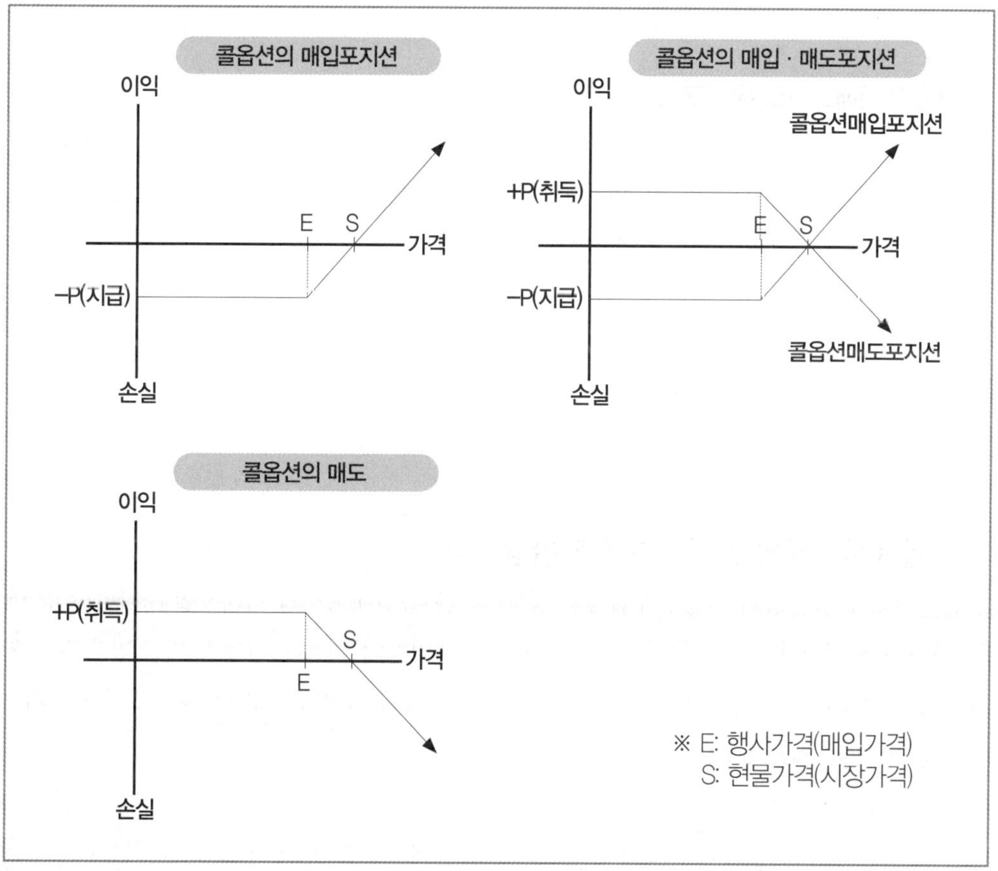

(1) 콜옵션매입자의 손익구조

프리미엄(P)을 지급하고 콜옵션을 구입한 콜옵션매입자는 만기일에 약정된 기초자산의 매입가격(E: 행사가격)이 시장가격(S: 현물가격)보다 낮으면, 콜옵션을 행사하고 기초자산을 시장가격보다 낮은 가격으로 구입함으로써 행사이익을 얻는다.

예를 들어, 콜옵션매입자가 특정자산을 행사가격(E) ₩1,000,000에 구입할 권리를 보유하고 있다고 하자. 만약, 계약만기일에 그 자산의 시장가격이 ₩1,200,000으로 상승하면 콜옵션매입자는 옵션을 행사하여 그 자산을 시장가격(S)보다 ₩200,000원 낮은 행사가격(E)에 구입할 수 있다.

반면에 만약 행사가격(E)이 시장가격(S)보다 높으면 옵션매입자는 그 권리를 포기하게 되므로 프리미엄(P)만큼의 거래손실이 발생한다.

(2) 콜옵션매도자의 손익구조

프리미엄(P)을 받고 콜옵션을 판매한 콜옵션매도자 입장을 보자. 만약, 만기일에 행사가격(E: 매입가격)이 현물가격(S: 시장가격)보다 낮으면 옵션매입자가 콜옵션을 행사할 것이므로 콜옵션매도자에게 거래손실이 발생한다.

반면에 매입가격(E)이 시장가격(S)보다 높으면 옵션매입자는 콜옵션행사를 포기하게 되므로 콜옵션매도자에게 프리미엄(P)만큼의 거래이익이 발생한다.

2) 콜옵션거래의 손익분기점과 위험분석

옵션기레에서 발생되는 옵션매입자의 행사이익은 옵션매도자의 거래손실로 나타난나. 예를 들어 옵션매입자가 옵션행사를 포기하면 옵션매입자의 비용(프리미엄 지급)발생은 옵션매도자의 거래이익(프리미엄 취득)으로 나타난다. 따라서 옵션매입자와 매도자의 손익관계는 제로섬게임(zero-sum game)과 같다.

(1) 콜옵션매입자의 손익분기점과 위험분석

■ **손익분기점분석**

콜옵션매입자는 'E(행사가격)+P(프리미엄)=S(시장가격)'가 콜옵션매입거래의 손익분기점(BEP)이 된다. ① E 〈 S (행사가격 〈 시장가격)일 때 콜옵션매입자가 콜옵션을 행사하면 행사이익이 발생하고, ② E 〉 S (행사가격 〉 시장가격)일 때는 콜옵션매입자가 그 권리를 행사하지 않으므로 행사이익이 발생하지 않는다.

콜옵션매입자는 이미 프리미엄(P)을 지급했기 때문에 E 〈 S일 때는 옵션을 행사하면 행사이익이 발생할 수 있다. 그러나 그 행사이익이 거래비용(프리미엄지급)을 초과하지 않으면 콜옵션매입자가 옵션을 행사하더라도 콜옵션매입거래에서 거래이익은 발생하지 않는다. 따라서 콜옵션거래의 손익구조는 다음과 같이 정리된다.

① E 〈 S일 때: ⓐ (S−E) 〉 P이면 프리미엄을 차감한 (S−E−P 〉 0)에 해당하는 거래이익이 콜옵션매입자에게 발생한다.
ⓑ 0 〈 (S−E) 〈 P 이면 프리미엄 미만의 거래손실이 발생한다.

② E 〉 S일 때: 옵션행사의 포기로 프리미엄만큼 거래손실이 발생한다.

■ **거래위험분석**

콜옵션매입자의 최대거래이익은 이론적으로는 무제한(open)이다. 왜냐하면 행사가격(매입가격)은 이미 결정되어 있는데, 만약 시장가격이 무제한 상승하면 (S−E−P)가 되어 거래이익이 무제한(open)이 되기 때문이다. 그리고 콜옵션매입자의 최대거래손실은 프리미엄(P)의 지급에 제한된다.

(2) 콜옵션매도자의 손익분기점과 위험분석

■ **손익분기점분석**

① E 〈 S일 때: ⓐ (S−E) 〉 P이면 프리미엄을 차감한 (S−E−P 〈 0)에 해당하는 거래손실이 콜옵션매도자에게 발생한다.

ⓑ 0 〈 (S−E) 〈 P이면 프리미엄 미만의 거래이익이 발생한다.

② E 〉 S일 때: 옵션행사의 포기로 프리미엄만큼 거래이익이 발생한다.

■ **거래위험분석**

콜옵션매도자의 최대거래이익은 프리미엄(P)의 취득에 제한된다. 그러나 콜옵션매도자의 최대거래손실은 이론적으로 무제한(open)이다. 왜냐하면 행사가격(매도가격)은 이미 결정되어 있는데, 만약 시장가격이 무제한 상승하면 콜옵션매도자의 최대거래손실은 (S−E+P)가 되어 무제한(open)이 되기 때문이다.

3. 콜옵션매입을 이용한 외화채무의 환위험회피

(FX Call Option Transaction & FX Risk Hedge)

1) 수입상의 콜옵션매입거래

A기업은 유럽의 기업으로부터 기계부품을 수입하기로 매매계약을 체결하고, 계약에 따라 거래은행에서 6개월 기한부신용장을 발행하였다. A기업은 오늘 신용장발행은행으로부터 수출환어음과 선적서류가 도착했다는 통지를 받고, 환어음과 선적서류를 인수한 후에, 도착항구에서 기계부품을 수취하였다.

한편, 신용장개설은행은 A기업에 6개월 유산스(usance)기간 금융을 제공하였고, 수입대금 결제일은 인수일로부터 6개월 후로 결정되었다. 이때 인수일의 달러/원 현물환율은 1,100원이었고, A기업은 대금결제일 환율을 1,100원에 확정하려고 한다.

2) 현물포지션과 콜옵션매입포지션의 손익구조

<콜옵션매입 거래내용>

- 거래종류: 달러 콜옵션매입
- 거래금액: USD1,000,000
- 행사가격: ₩1,100(달러/원 환율)
- 프리미엄: ₩40지급(1달러당)
- 행사일: 수출환어음의 인수일로부터 6개월 지난 결제일

● 그림 8-9 _ 외환콜옵션매입거래의 손익구조

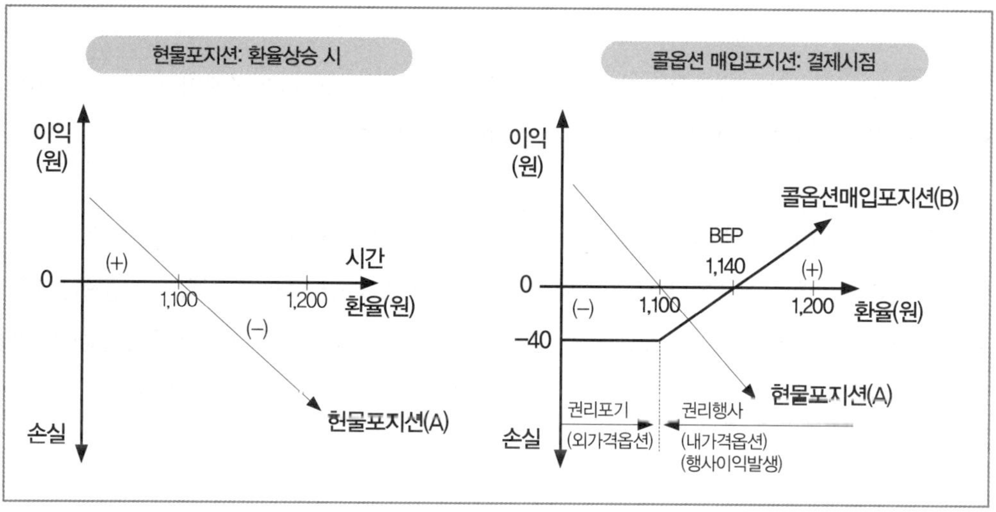

(1) 현물포지션의 손익분석

수입상 입장에서 대금결제일에 시장환율이 1,100원 이하로 하락(외화가치의 하락)하면 인수금융의 원화상환금액이 감소하기 때문에 외환이익이 발생하게 된다. 반면에 결제일에 시장환율이 1,100원 이상으로 상승(외화가치의 상승)하면 인수금융의 원화상환금액이 증가하기 때문에 외환손실이 발생하게 된다.

(2) 외환콜옵션매입포지션의 손익분석

① 시장환율이 행사환율(₩1,100) 이하로 하락하면 수입상은 콜옵션의 권리를 포기하게 되고, 프리미엄비용 ₩40,000,000(=₩40×USD1,000,000)만 발생하게 된다.

② 시장환율이 1,130원으로 상승하면 콜옵션을 행사하게 되고, 프리미엄비용이 ₩10,000,000[={₩40−(₩1,130−₩1,100)}×USD1,000,000]으로 감소한다.

③ 시장환율이 1,160원으로 상승하면 콜옵션을 행사하게 되고, 콜옵션매입비용을 차감하고 콜옵션매입거래의 순이익 ₩20,000,000[={(₩1,160−₩1,100)−₩40}×USD1,000,000]이 발생한다.

결론적으로 시장환율이 1,140원보다 상승하면 수입상은 달러 콜옵션매입거래에서 프리미엄비용을 차감하고도 콜옵션매입거래에서 순이익을 얻을 수 있다.

콜옵션매입자 입장에서 보면 환율 1,140원은 통화선도매입환율에 콜옵션이 추가(즉, 1,140원=통화선도매입환율+콜옵션)된 가치와 같다. 바꾸어 말하면 수입상 입장에서 콜옵션매입환율에 해당하는 1,140원은 통화선도매입환율(예; 1,130원)에 추가로 콜옵션프리미엄(예; 10원)을 지급해야 하므로 상대적으로 그만큼 비싸게 매입하는 것이고, 이는 상대적으로 높은 환율로 나타난다.

3) 수입상의 종합손익분석

● **그림 8-10** _ 수입상의 외환콜옵션매입거래와 종합손익분석

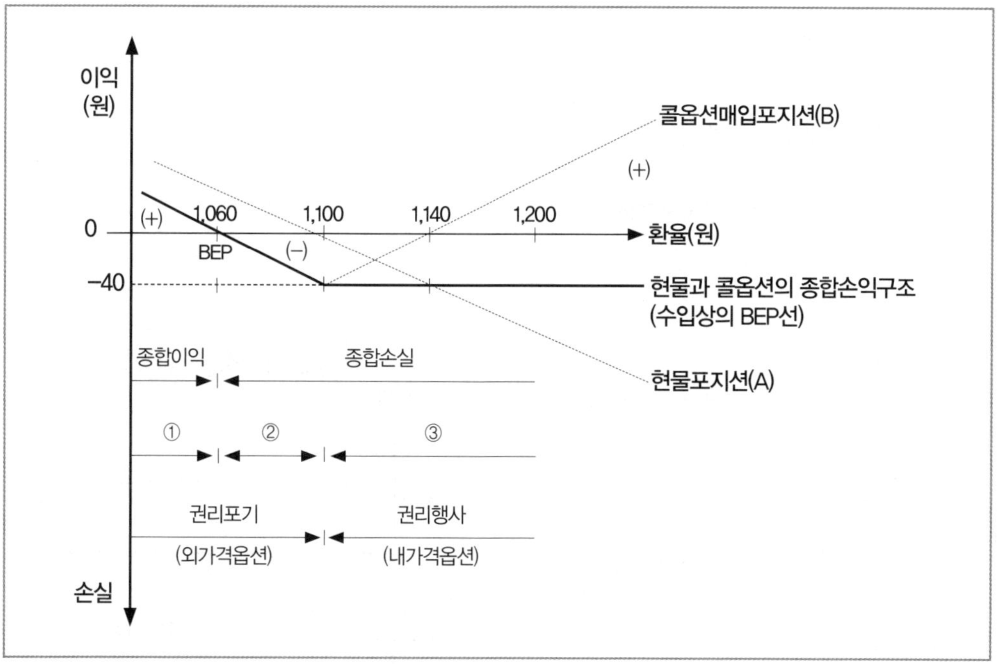

① 시장환율 〈 1,060원이면 수입상은 환율하락으로 인한 외환이익이 발생하여 콜옵션매입비용 W40,000,000을 차감하고도 종합이익이 발생한다.

② 1,060원 〈 시장환율 〈 1,100원이면 환율하락으로 인한 외환이익이 ₩40,000,000 미만이 되고, 옵션매입비용(₩40,000,000)을 차감하면 ₩40,000,000 미만의 종합손실이 발생한다.

③ 시장환율 〉 1,100원이면 옵션을 행사함으로써 환율상승으로 발생할 손실을 막을 수 있는 반면에, 콜옵션매입비용 ₩40,000,000이 발생한다.

결론적으로 환율변동이 수입대금 결제금액에 미치는 영향과 콜옵션매입비용을 고려하여 수입상(콜옵션매입자)의 종합손익을 분석하면 시장환율 ₩1,060은 수입상의 종합손익 손익분기점(BEP)환율이 된다.

4. 풋옵션거래의 손익구조와 위험분석 (Put Option Structure & Risk Analysis)

1) 풋옵션거래의 손익구조

● **그림 8-11** _ 풋옵션거래의 손익구조

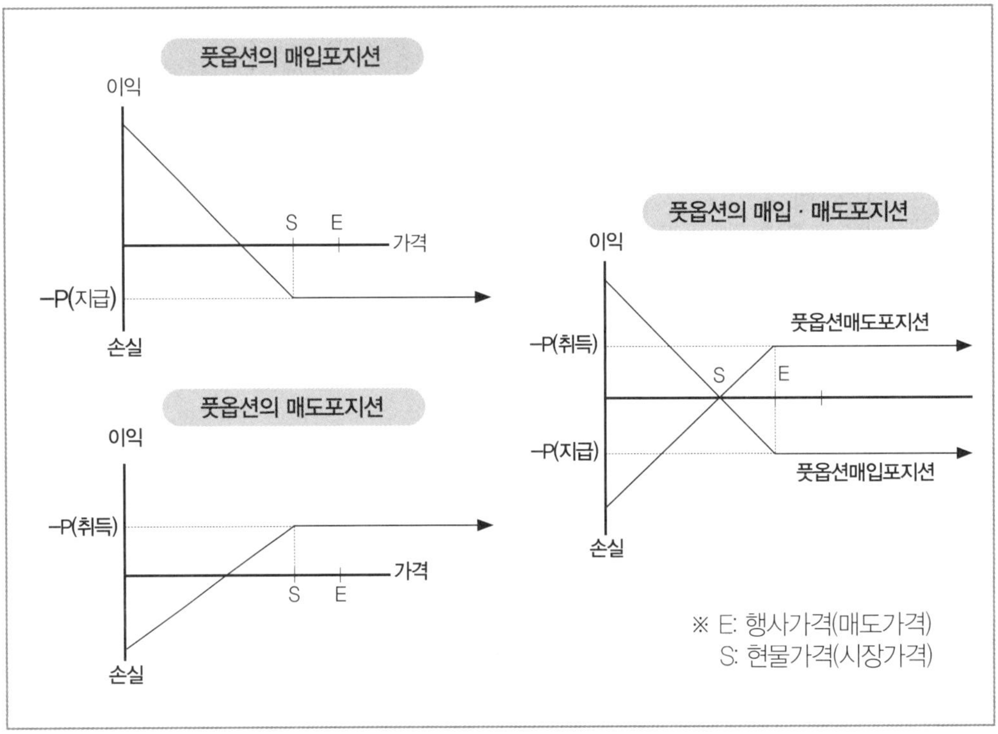

(1) 풋옵션매입자의 손익구조

프리미엄(P)을 지급하고 풋옵션을 구입하는 풋옵션보유자는 만기일에 약정된 기초자산의 행사가격(E: 매도가격)이 현물가격(S: 시장가격)보다 높으면, 풋옵션을 행사한다. 따라시 기초자산을 시장가격보다 높은 가격으로 판매함으로써 시장가격을 초과한 판매이윤(행사이익)을 취득할 수 있다.

예를 들어, 풋옵션매입자가 특정자산을 행사가격(E) ₩1,200,000에 판매할 수 있는 권리를 보유하고 있을 때, 만약 만기일에 그 자산의 시장가격(S)이 ₩900,000이면 옵션을 행사하여 그 자산을 시장가격보다 ₩300,000 높은 가격으로 판매할 수 있다. 반면에 약정한 매도가격(E: ₩1,200,000)이 시장가격(S: ₩1,300,000)보다 낮으면 풋옵션매입자가 옵션행사를 포기하게 되므로 프리미엄(P)만큼 손실이 발생한다.

(2) 풋옵션매도자의 손익구조

프리미엄(P)을 받고 풋옵션을 판매한 풋옵션매도자는 만기일에 행사가격(E: 매도가격)이 현물가격(S: 시장가격)보다 높으면, 풋옵션매입자가 풋옵션을 행사할 것이므로 풋옵션매도자에게 손실이 발생한다.

반면에 매도가격(E: 행사가격)이 시장가격(S)보다 낮으면, 풋옵션매입자가 풋옵션행사를 포기하게 되므로 프리미엄(P)만큼 거래이익이 발생하게 된다.

2) 풋옵션거래의 손익분기점과 위험분석

(1) 풋옵션매입자의 손익분기점과 위험분석

■ **손익분기점**

풋옵션매입자는 S(시장가격) + P(프리미엄) = E(행사가격)가 풋옵션매입거래의 손익분기점(BEP)이 된다. ① S 〈 E (시장가격 〈 행사가격)일 때 풋옵션매입자가 풋옵션을 행사하면 행사이익이 발생하고, ② S 〉 E (시장가격 〉 행사가격)이면 풋옵션매입자가 그 권리를 행사하지 않으므로 행사이익이 발생하지 않는다. 프리미엄을 고려하여 손익구조를 분석하면 다음과 같이 정리된다.

① S 〈 E일 때: ⓐ (E−S) 〉 P이면 프리미엄비용을 차감한 (E−S−P 〉 0)에 해당하는 거래이익이 풋옵션매입자에게 발생한다.
ⓑ 0 〈 (E−S) 〈 P 이면 프리미엄 미만의 거래손실이 발생한다.

② S 〉 E 일 때: (E−S) 〈 0 이면 P(프리미엄)만큼의 거래손실이 발생한다.

■ **위험분석**

풋옵션매입자의 최대거래이익은 이론적으로 (E−P)에 제한된다. 만약 시장가격(S)이 Zero가 되면 거래최대이익은 (E−S−P)에서 (E−P)로 극대가 된다. 그러나 풋옵션매입자의 최대거래손실은 프리미엄(P)에 제한된다.

(2) 풋옵션매도자의 손익분기점과 위험분석

■ **손익분기점분석**

① S 〈 E 일 때: ⓐ (E−S) 〉 P이면 프리미엄을 차감한 (S−E−P 〈 0)에 해당하는 손실이 풋옵션매도자에게 발생한다.

ⓑ 0 〈 (E−S) 〈 P이면 프리미엄 미만의 거래이익이 발생한다.

② S 〉 E 일 때: 프리미엄만큼의 거래이익이 발생한다.

■ **위험분석**

풋옵션매도자의 최대거래이익은 프리미엄(P)에 제한된다. 그러나 풋옵션매도자의 최대거래손실은 이론적으로는 (E−P)에 제한된다.

5. 풋옵션매입을 이용한 외화채권의 환위험회피

(FX Put Option Transaction & FX Risk Hedge)

1) 수출상의 풋옵션매입거래

A기업은 수출업체로서 유럽에 전자제품 USD1,000,000을 수출하기로 계약을 체결하였다. 유럽의 기업은 A기업을 수혜자로 하여 신용장을 발행하였다. 그리고 생산기간을 고려하여 신용장 접수일로부터 6개월 이내에 상품을 선적하기로 되었다. A기업은 유럽의 수입상으로부터 받은 신용장이 취소불능신용장이기 때문에 상품생산에 착수하기로 하였다.

신용장접수일 달러/원 환율은 900원이었다. 그리고 A기업은 6개월 이후에 상품을 선적하고 거래은행에 수출서류를 매각할 때, 만약 환율이 900원이 유지되어 수출대금 ₩900,000,000을 수취하면, 수출대금에는 20% 판매마진이 보장되어 있는 거래였다. 이에 A기업은 통화옵션거래의 풋옵션매입거래를 통하여 풋옵션 매입비용을 지급하더라도 안정적인 판매마진을 보장받고자 한다.

2) 현물포지션과 풋옵션매입포지션의 손익구조

〈풋옵션매입 거래내용〉

- 거래종류: 달러 풋옵션매입
- 거래금액: USD1,000,000
- 행사가격: ₩900(달러/원 환율)
- 프리미엄: ₩50지급(1달러당)
- 행사일: 수출신용장 접수일로부터 6개월 지난 결제일

● **그림 8-12** _ 외환풋옵션매입거래의 손익구조

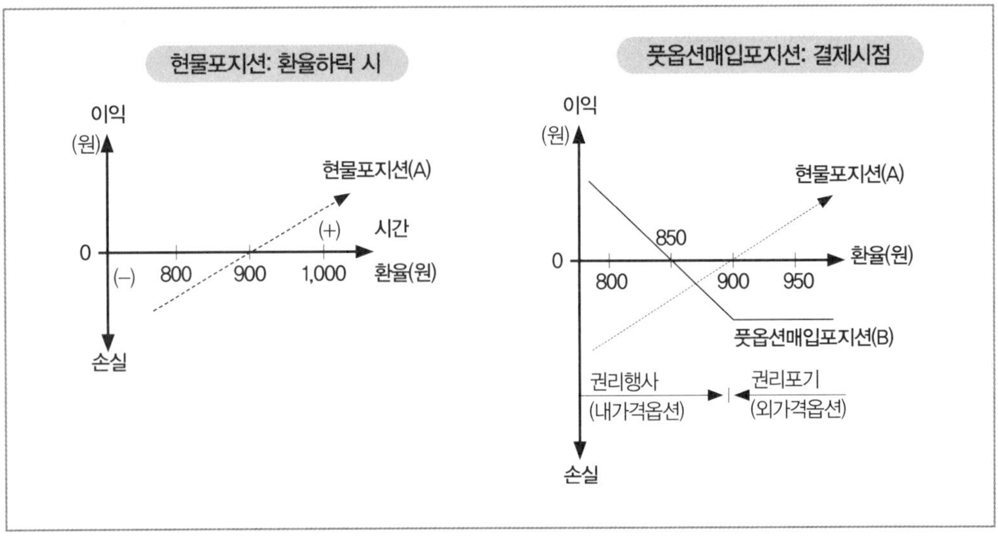

(1) 현물포지션의 손익분석

수출상 입장에서 신용장 접수일로부터 6개월 이후에 수출서류를 거래은행에 매각할 때 시장환율이 900원 이상으로 상승(외화가치의 상승)하면, 상품을 선적하고 수출서류는 거래은행에 매각하면 신용장 접수일에 예상한 수출금액보다 더 많은 원화를 받게 되고 외환이익이 발생하게 된다. 반면에 수출서류 매각일에 시장환율이 900원 이하로 하락(외화가치의 하락)하면 외환손실이 발생한다.

(2) 풋옵션매입포지션의 손익분석

① 시장환율이 행사환율(₩900) 이상으로 상승하면 수출상은 옵션의 권리를 포기하게 되고, 프리미엄비용 ₩50,000,000(=₩50×USD1,000,000)만 발생하게 된다.

② 만약 시장환율이 870원으로 하락하면 풋옵션을 행사하게 되고, 프리미엄비용이 ₩20,000,000[={₩50−(₩900−₩870)}×USD1,000,000]으로 감소하게 된다.

③ 시장환율이 820원으로 하락하면 풋옵션을 행사하게 되고 풋옵션매입비용을 차감하고 풋옵션매입거래의 순이익 ₩30,000,000[={(₩900−₩820)−₩50}×USD1,000,000]이 발생한다.

결론적으로 시장환율이 850원 이하로 하락하면 수출상은 달러풋옵션매입거래에서 프리미엄 지급비용을 차감하고도 순이익을 얻을 수 있다.

풋옵션매입자 입장에서 보면 환율 850원은 통화선도매도환율에 풋옵션이 추가(즉, 850원=통화선도매도환율+풋옵션)된 가치와 같다. 즉 수출상 입장에서 보면 풋옵션매입환율에 해당하는 850원은 통화선도매도환율(예; 860원)에 추가로 풋옵션프리미엄(예; 10원)을 지급해야 하는데, 수출상은 프리미엄지급 대신 그만큼 상대적으로 싸게 매도하는 것이고, 이는 상대적으로 낮은 환율로 나타난다.

3) 수출상의 종합손익분석

● **그림 8-13** _ 수출상의 외환풋옵션매입거래와 종합손익분석

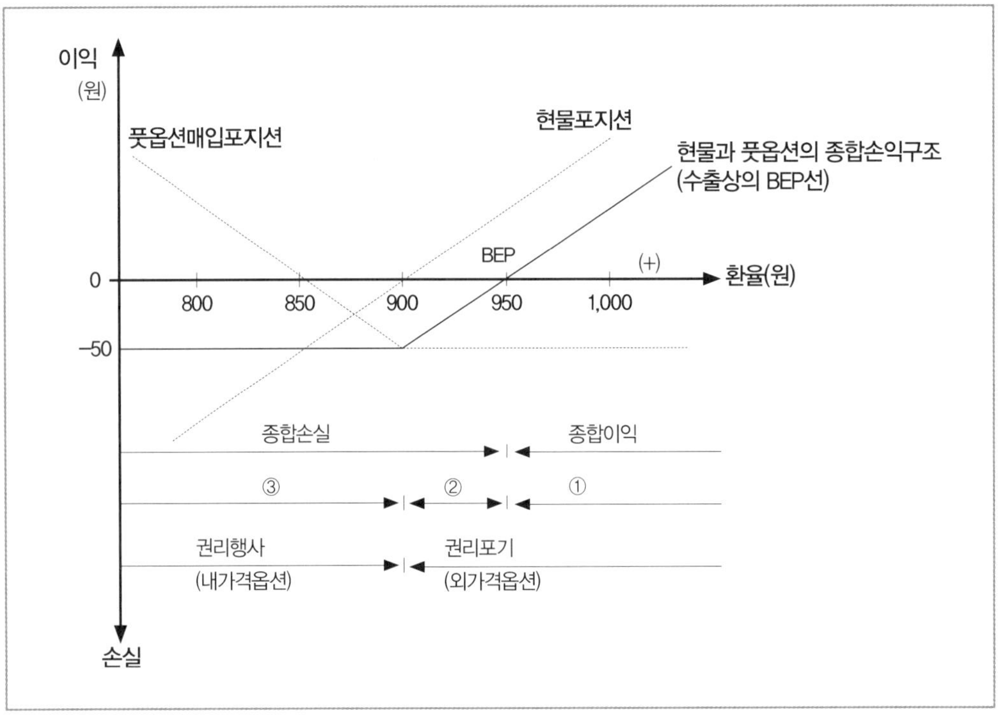

환율변동이 수출대금에 미치는 영향과 풋옵션매입비용을 고려하여 수출상(풋옵션매입자)의 종합손익을 분석하면 환율 950원은 종합손익 손익분기점(BEP)환율이 되고 이를 분석한 결과는 다음과 같다.

① 시장환율 〉 950원이면 수출상은 환율상승으로 인한 외환이익이 발생하여 풋옵션매입비용 ₩50,000,000을 차감하고도 종합이익이 발생한다.

② 900원 〈 시장환율 〈 950원이면 환율상승으로 인한 외환이익이 ₩50,000,000 미만이 되고 옵션매입비용 ₩50,000,000을 차감하면 ₩50,000,000 미만의 종합손실이 발생하게 된다.

③ 시장환율 〈 900원이면 환율인하로 인한 손실이 발생하므로 수출상은 풋옵션을 행사하여 환율인하로 발생할 위험을 막을 수 있는 반면에, 풋옵션매입비용 ₩50,000,000이 발생하게 된다.

결론적으로 풋옵션매입거래를 이용하여 수출상은 USD1,000,000 수출에 대한 최저판매마진 ₩130,000,000(=USD1,000,000×₩900×20%−₩50,000,000)을 확보하고 상품을 판매할 수 있게 되었다.

제3절

레인지포워드거래

Range Forward Transaction

1. 레인지포워드거래의 내용 (Range Forward Transaction)

레인지포워드거래(Range forward transaction)는 '환율범위통화선도거래'라고도 하고, 외환옵션거래 중에서 가장 많이 하는 거래이다. 레인지포워드거래는 통화선도계약을 할 때에 만기일에 적용할 통화선도환율을 결정하는 것이 아니고 통화선도환율의 범위, 즉 상한환율과 하한환율을 사전에 결정하는 방식이다.

만약 ① 만기일에 현물환율이 통화선도환율의 범위 이내면 만기일의 현물환율을 적용하고, ② 만기일에 현물환율이 통화선도환율의 상한환율보다 상승하면 통화선도환율의 상한환율을 적용한다. ③ 만기일에 현물환율이 통화선도환율의 하한환율보다 하락하면 선도환율의 하한환율을 적용한다.

2. 레인지포워드거래(Range Forward Transaction)와 환위험관리

● **그림 8-14 _ 레인지포워드거래(range forward transaction)의 구조**

〈상황〉 K기업은 3개월 이내에 수출상품을 선적할 조건으로 USD1,000,000 수출계약을 체결하였다. 그러므로 3개월 이후에 수출환어음과 관련서류를 거래은행에 매각하면 USD1,000,000의 유입이 예상된다. 현재 3개월 통화선도환율은 1,110원이고, 향후 환율이 하락할 요인도 있지만 상승할 요인도 있다고 판단이 되어 수출기업은 일반적인 3개월 통화선도매도거래 대신에 은행과 3개월 레인지포워드거래(Range Forward Transaction)를 체결하였다. • **거래일** : 만기일과 환율범위(±10원)를 결정 (1,100원~1,120원) • **만기일 적용환율:** ① 1,100원 < 현물환율 < 1,120원 일 때: 현물환율 적용 ② 현물환율 > 1,120원일 때 : 1,120원 적용 ③ 현물환율 < 1,100원일 때 : 1,100원 적용

〈거래구조〉

거래 후 3개월이 지나고 만기일에 현물환율(원화환율)이 ① 1,100원 〈 현물환율 〈 1,120원이면 만기일의 현물환율을 적용하고, ② 현물환율 〉 1,120원이면 상한환율 1,120원을 적용하고, ③ 현물환율 〈 1,120원이면 하한환율 1,100원을 적용한다.

1) 수출기업의 환위험관리

만약 수출기업이 은행과 3개월 통화선도매도환율 1,110원에 외환을 사전에 매도했다면, 3개월 전에 수출금액을 1,110원에 확정함으로써 환위험을 회피할 수 있었다.

이에 비해 수출상은 은행과 3개월 레인지포워드거래를 함으로써 더 유리한 상황을 만들었다. 즉 3개월 후 ① 환율이 하락하는 경우에 발생할 환위험을 회피(hedge)하기 위한 최소환율(1,100원)을 확보하고, ② 동시에 환율이 상승하면 유리해지는 경우에 예상할 수 있는 최대환율(1,120원)을 기대할 수 있게 되었다.

2) 수입기업의 환위험관리

만약 수입기업이 은행과 3개월 통화선도매입환율 1,120원에 외환을 사전에 매입했다면, 3개월 전에 수입금액을 1,120원에 확정함으로써 환위험을 회피할 수 있었다.

이에 비해 수입상은 은행과 3개월 레인지포워드거래를 함으로써 더 유리한 상황을 만들었다. 즉 3개월 후 ① 환율이 상승하는 경우에 발생할 환위험을 회피(hedge)하기 위한 최대환율(1,120원)을 확보하고, ② 동시에 환율이 하락하면 유리해지는 경우에 예상할 수 있는 최소환율(1,100원)을 기대할 수 있게 되었다.

3. 레인지포워드거래의 특성과 위험분석

(Range Forward Transaction & Risk Analysis)

1) 기업의 레인지포워드 거래동기

레인지포워드거래는 외환손실을 회피하기 위한 비용을 사전에 확정함과 동시에 향후 발생할 수도 있는 외환이익을 기대하는 경우에 실행하는 거래이다. 이와 같이 거래형태가 단순하면서도 환위험관리에 유용하여 기업들이 실수요거래에 대한 환위험관리기법으로 많이 사용한다.

그러므로 레인지포워드거래는 일반적인 통화선도거래에서 상대적인 기회이익이 상실될 수 있는 단점을 보완하고, 통화선도거래에 대한 선택의 폭과 유용성을 높인다는 장점이 있다. 반면에 일반적인 통화선도거래보다 거래비용이 상대적으로 조금 높다는 단점이 있다.

2) 금융기관의 금융위험과 리스크관리

(1) 금융기관의 금융위험

금융기관의 금융위험은 다른 파생금융상품에서와 마찬가지로 거래일에는 기업에 대한 신용위험은 거의 없으나, 거래일로부터 만기일까지 기업이 보유한 파생금융상품의 가치변동으로 기업에 대한 신용위험(결제위험)과 파생상품에 대한 시장위험이 존재한다는 것이다.

(2) 금융기관의 리스크관리

금융기관이 기업(고객)과 실행하는 모든 파생상품거래는 원칙적으로 금융기관에는 금융위험(즉 시장위험)이 거의 없다. 금융기관이 기업과 거래하는 모든 파생상품거래가 원칙적으로 시장에 존재하는 반대거래를 연결해 주고 수수료(즉 마진)를 수취하는 것이기 때문이다.

예를 들어 금융기관이 기업에 통화선도거래를 제공할 때는 거의 모두 시장에 존재하는 반대거래를 연결해 주고 수수료(즉 마진)를 수취한다. 마찬가지로 레인지포워드거래를 기업에 제공하는 금융기관도 시장에서 원칙적으로 반대거래를 하기 때문에 금융기관에는 금융위험이 거의 없다.

그러나 레인지포워드거래는 기업이 원하는 상한환율과 하한환율의 범위에 따라 간혹 시장에서 동일한 반대거래를 찾지 못하는 경우가 발생할 수 있다. 그러나 이 경우에도 거래 대부분은 레인지포워드거래를 구성하고 있는 옵션거래를 분리하여 시장에서 반대거래를 하기 때문에 금융기관에는 금융위험(즉 시장위험)이 거의 없다고 볼 수 있다.

연습문제

제 8 장

1. 스왑거래의 유용성을 설명하시오.

2. 스왑거래의 구조와 스왑은행의 역할을 설명하시오.

3. 이자율스왑의 내용과 스왑은행의 금융위험을 설명하시오.

4. 외환스왑의 내용과 스왑은행의 금융위험을 설명하시오.

5. 통화스왑의 내용과 스왑은행의 금융위험을 설명하시오.

6. 스왑은행의 일반적인 금융위험을 설명하시오.

7. 콜옵션거래의 내용과 손익구조를 설명하시오.

8. 풋옵션거래의 내용과 손익구조를 설명하시오.

04편

채권의 종류와 위험분석

Type of Bonds & Risk Analysis

“채권의 특성, 수익률, 회사채, 옵션부사채, 전환사채,
신주인수권부사채 위험분석을 중심으로”

9장

채권의 특성과 채권수익률

Bond Risk & Profitability

채권의 특성과 채권수익률 분석을 중심으로

핵 심 용 어

지분증권 Equity Securities
이표채
단리채
액면발행채
할증발행채
신종사채 Hybrid Bonds
채무증권 Debt Securities
할인채
복리채
할인발행채
듀레이션 Duration
만기보장수익률
직접수익률
만기수익률
인수수익률

제1절

채권의 특성과 종류

Types of Corporate Bonds

1. 유가증권과 채권 (Securities & Bond)

유가증권(securities)이란 재산권을 나타내는 증권을 말하는데 상법의 유가증권과 회계상 유가증권의 개념에는 차이가 있다. 상법의 유가증권에는 지분증권과 채무증권 이외의 어음·수표, 선하증권, 화물상환증, 보험증권 등이 포함되지만, 회계상의 유가증권은 증권거래법상의 유가증권으로서 자본시장에서 거래되는 지분증권과 채무증권을 의미한다. 유가증권은 실물이 발행되는 경우도 있고 명부에 등록만 되어 있을 수도 있는데 적절한 액면금액 단위로 분할되고 시장에서 거래되거나 투자의 대상이 되며 지분증권과 채무증권으로 분류된다.

채무증권(debt securities)은 발행자에 대하여 금전을 청구할 수 있는 권리를 표시하는 유가증권 및 이와 유사한 유가증권을 말하며 채무증권에는 국채, 공채, 사채(전환사채 포함), 자산유동화채권 등을 포함한다.

지분증권(equity securities)은 회사, 조합 또는 기금 등의 순자산에 대한 소유지분을 나타내는 유가증권(예; 보통주, 우선주, 수익증권 또는 자산유동화출자증권)과 일정금액으로 소유지분을 취득할 수 있는 권리(예; 신주인수권 또는 콜옵션) 또는 소유지분을 처분할 수 있는

권리(예; 풋옵션)를 나타내는 유가증권 및 이와 유사한 유가증권을 나타낸다.[1)]

2. 채권(Bond)의 특성과 분류

채권(bond)은 고정금리부 유가증권(fixed income securities)으로서 일시에 비교적 거액의 장기자금을 조달하기 위하여 발행하는 일종의 차용증서이다. 채권을 발행할수 있는 기관은 법률로써 정해지며 정부, 공공기관, 특수법인 및 상법상의 주식회사가 그 대상이 되고 인수 대상은 일반투자자와 기관투자가들이다.

따라서 채권발행자는 채무자가 되고 채권보유자는 채권자이며 채권은 차용증서에 해당한다. 이 증서에는 원금과 이자의 청구권이 기재되고 규격화된 유가증권이므로 유동성이 높아서 매매가 용이하고, 그 매매를 통하여 채권에 대한 권리가 최종보유자에게 이전된다.

1) 채권의 본질

(1) 확정이자부증권

채권은 발행 시에 이자지급금액과 지급일이 확정되어 있다. 이자지급은 채권발행 시에 확정되고 일반적으로는 고정금리를 지급한다. 그러나 채권에 따라 CD유통수익률에 연동하여 지급하는 변동금리부채권도 있다.

(2) 기한부증권

채권의 원금상환에 관하여는 발행 시에 상환일이 정해지므로 채권발행자는 상환일까지 기한의 이익을 향유할 수 있다.

1) 이용호 · 심충진 공저, 「기업회계기준」, 한국금융연수원(2003.04), p. 195에서 인용.

(3) 장기증권

채권은 다른 고정금리부 증권과는 달리 장기증권을 대상으로 한다. 그리고 채권이 발행되기 위해서는 유통시장의 존재가 필수적이다. 왜냐하면 채권의 장기성으로 인하여 채권유통에 대한 보장이 없으면 장기채권의 발행이 어렵기 때문이다.

2) 채권의 특성

(1) 수익성 (Profitability)

채권의 수익성은 투자가가 채권을 보유함으로써 얻을 수 있는 수익을 말하며 그 수익은 이자소득과 자본소득으로 구분할 수 있다. 이자소득은 채권발행 시에 지급을 명시한 표면금리를 수취함으로써 발생되는 수익을 의미한다. 자본소득은 채권을 보유하는 기간에 채권의 유통가격이 변함으로 인한 채권의 시세차이에서 발생하는 손익을 의미한다.

(2) 안정성 (Safety)

채권의 안정성은 채권보유기간 및 만기에 발생할 수 있는 위험으로서 크게 두 가지 측면, 즉 채무불이행위험과 가격변동위험으로 나눌 수 있다. 채무불이행위험은 채권의 만기에 발생할 수 있는 위험으로서 채권투자에 가장 중요하게 고려되는 위험이고, 이는 채권발행자의 신용위험(credit risk)에서 발생한다. 그러므로 발행주체가 정부, 지방자치단체, 은행 등이면 그 채권의 안정성은 높게 평가되는 반면에 그 수익률은 상대적으로 낮다.

회사채인 경우는 금융기관이 그 채권의 원금상환을 보증하는 보증회사채는 시장에서 무보증회사채보다 안정성이 높게 평가되는 반면에 수익률은 상대적으로 낮다. 가격변동위험은 채권보유기간에 발생될 수 있는 위험으로서 이는 시장위험(market risk)에 해당한다.

(3) 유동성 (Liquidity)

채권의 유동성은 채권의 현금전환에 대한 용이성을 말한다. 일반적으로 채권은 다른 유가증권과 비교하여 유동성이 높다. 왜냐하면 유통시장이 존재하기 때문이며 이 유통시장에서 채권을 매각하면 거의 당일에 현금으로 전환할 수 있다. 그러므로 특정채권은 주식보다 유동성이 더 높게 평가되기도 한다.

3. 채권의 종류 (Types of Bonds)

1) 발행주체에 의한 구분

채권의 구분은 발행주체에 따라, ① 국가가 발행한 국채(양곡기금증권, 재정증권, 국고채권 등), ② 지방공공기관인 특별시·도, 시, 군 등이 발행한 지방채(지하철공채, 도로공채, 상수도공채 등), ③ 특별법에 의하여 설립된 한국전력공사, 한국도로공사 등이 발행한 특수채(서울지하철공사채권, 한국전력공사채권, 중소기업진흥공단채권 등), ④ 한국산업은행, 한국은행 등 금융기관이 발행한 금융채(산업금융채권, 통화안정증권 등), ⑤ 상법상의 주식회사가 발행한 회사채로 구분할 수 있다.

2) 이자지급방법에 의한 분류

(1) 이표채 (coupon bond)

이표채는 채권발행 시에 결정된 표면금리를 이자지급일에 지급하는 채권이다. 일반적으로 이표채는 채권의 실물에 이표(coupon)가 붙어 있어서 이자지급일에 그 이표를 떼어주고 이자를 받는다. 통상적으로 채권이라 하면 이표채를 의미한다. 회사채는 대표적인 이표채로서 3개월마다 이자를 지급하는 채권이다. 이표채는 표면금리와 만기수익률이 서로 다른 특징을 갖고 있다.

(2) 무이표채 (zero coupon bond)

무이표채는 액면이자율이 제로(0)%이므로 이자를 지급하지 않고 만기일에 액면금액을 지급하는 채권으로서 우리나라에서는 할인채라고 한다. 무이표채의 가격은 액면금액을 시장이자율로 할인하여 결정된다. 투자자의 수익률은 발행가격과 만기에 받을 액면가격과의 차이로부터 얻어진다. 대부분의 금융채가 이에 해당한다.

(3) 단리채

단리채의 이자지급은 후급조건으로 채권만기일까지 표면금리를 단리로 계산하고, 채권의 만기일에 원금과 함께 지급하는 채권이다.

(4) 복리채

복리채의 이자지급은 후급조건으로 채권만기일까지 표면금리를 복리로 계산하고, 채권의 만기일에 원금과 함께 지급하는 채권이다.

3) 발행가격에 의한 분류

(1) 액면발행채

회사채의 발행가격을 액면가격과 일치시켜 발행하는 방법이다. 발행시점에 채권의 액면이자율과 투자자의 기대수익률(예; 동일한 위험과 만기에 대한 유통수익률)이 거의 일치하는 경우에 할 수 있다. 따라서 액면발행을 위해서는 유통수익률을 액면이자율에 반영하면 된다.

(2) 할인발행채

회사채의 발행가격을 액면가격 이하로 발행하는 방법이다. 회사채 발행시점에 회사채의 액면이자율이 투자자의 기대수익률보다 낮을 때, 회사채의 원활한 매각을 위하여 회사채의 만기일까지 투자자의 기대수익률과 사채의 액면이자율의 차이에서 발생하는 지급이자 합계액을 사채액면금액에서 차감하여 발행한다. 일반적으로 회사채발행시점에 시중이자율이 상승하는 경우에 할인발행을 하게 된다.

(3) 할증발행채

회사채의 발행가격을 액면가격 이상으로 발행하는 방법이다. 회사채 발행시점에 회사채의 액면이자율이 투자자의 기대수익률보다 높아서 발행할 사채에 대한 초과수요가 예상될 때, 회사채의 액면이자율과 투자자의 기대수익률의 차이에서 발생하는 지급이자 합계액을 사채액면금액에 더하여 발행한다. 일반적으로 사채발행시점에 시중이자율이 하락하는 경우에 할증발행을 하게 된다.

참 고

표면이자율과 할인율[2)]

표면이자율 〈 할인율 ⇒ 액면가액 〉 시장가격: 할인부 채권

표면이자율 = 할인율 ⇒ 액면가액 = 시장가격: 액면부 채권

표면이자율 〉 할인율 ⇒ 액면가액 〈 시장가격: 할증부 채권

4) 기타의 분류

상기 분류 외에 ① 원금상환방법에 의한 분류(만기상환채와 분할상환채), ② 보증유무에 의한 분류(보증채와 무보증채), ③ 모집방법에 의한 분류(사모채와 공모채), ④ 상환기간에 의한 분류(단기채, 중기채, 장기채), ⑤ 표시통화에 의한 분류(원화채와 외화채) 등으로 구분할 수 있다.

4. 채권투자자의 위험 (Bond Investor's Risk)

채권투자자의 위험은 발행된 채권을 만기까지 보유함으로써 발생하는 위험을 의미한다. 채권보유로 인한 가장 큰 위험은 크게 세 가지 위험으로 요약된다.

① 채권발행자의 신용위험(credit risk), 즉 채무불이행위험(default risk)
② 이자율, 환율, 주식가격 등의 변동으로 발생하는 채권의 가격변동위험(price fluctuation risk), 즉 시장위험(market risk)
③ 채권을 매각하길 원할 때 시장에서 해당채권에 대한 거래가 원활하지 못함으로써 발생하는 유동성위험(market liquidity risk)

2) 김지수 · 정기웅,「리스크관리(통신연수)」, 한국금융연수원(2001), p. 97에서 인용.

제2절

채권가격과 채권수익률

Bond Price & Profitability

1. 채권가격의 변동요인 (Bond Price & Major Factor)

1) 채권가치와 채권가격

일반채권은 채권발행자가 채권만기일에 미리 정한 이자지급일에 액면이자율을 지급하고 만기일에는 원금과 마지막 1회 이자를 함께 지급하는 채권을 말한다. 예를 들어, 3년만기 회사채도 일반채권에 속한다. 그리고 채권의 가치는 채권의 가격으로 나타난다. 그러므로 채권가치의 변화에 따라 채권가격도 변하게 된다.

그리고 채권의 가치는 해당채권이 지급하는 이자율의 수준에 따라 결정된다. 예를 들어 동일조건(예; 동일신용등급)인 A, B 두 기업이 비슷한 시기에 회사채를 발행하였고 이자율은 후급조건이며 A채권의 액면이자율은 6%이고, B채권의 액면이자율은 7%라고 하자. 다른 모든 조건이 동일하다면 B채권의 가치가 A채권의 가치보다 높다. 왜냐하면 B채권에서 발생하는 이자지급액(현금창출능력)이 더 크기 때문이다. 따라서 시장에서 B채권의 가격은 A채권의 가격보다 높게 거래된다.

만약 현재시점에서 A채권의 유통수익률이 4%라고 하자. 이는 A채권을 발행한 기업이 같은 만기의 A'채권을 현재시점에서 신규발행하면 액면이자율이 4%가 된다는 의미이다. 이러한 상황이 도래하면 기존 A채권의 가치는 상대적으로 상승하게 되고 이는 A채권의 가격상승으로 나타난다. 반대로 현재시점에서 A채권의 유통수익률이 8%로 상승하면 A채권의 가치는 상대적으로 하락하게 되고 이는 A채권의 가격하락으로 나타난다.

2) 채권가격과 시장이자율

채권의 시장가격은 시장이자율(채권수익률)과 반비례 관계에 있다. X축은 시장이자율(채권수익률)을 나타내고, Y축은 채권의 시장가격을 나타낸다. 이때 시장이자율이 상승하면 채권할인율이 상승하게 되어 채권의 시장가격은 하락한다. 반면에 시장이자율이 하락하면 채권할인율이 하락하게 되어 채권의 시장가격은 상승한다.

● 그림 9-1 _ 채권가격과 시장이자율의 관계

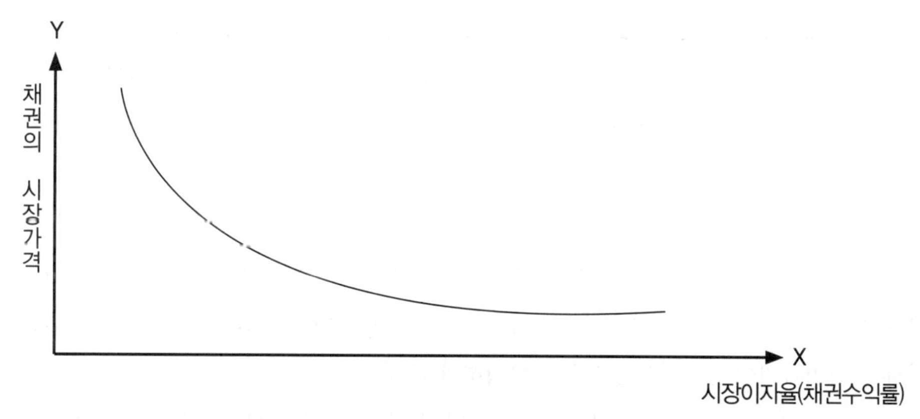

3) 채권가격과 채권만기

채권의 만기가 상대적으로 길수록 시장이자율의 변화에 대한 채권가격의 변화율이 더 크다.

● **그림 9-2** _ 채권가격과 채권만기의 관계

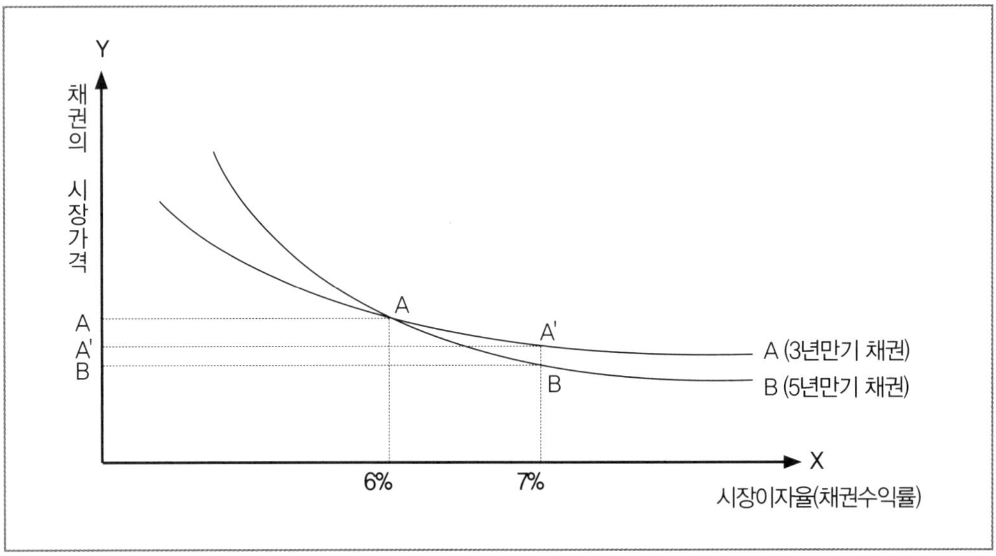

A선은 만기가 3년인 채권의 시장가격과 시장이자율을 나타내는 곡선이고, B선은 만기가 5년인 채권을 나타내는 곡선이다. 이때 시장이자율이 6%에서 7%로 상승하면 채권만기가 3년인 A선에서는 채권가격이 A점에서 A'점으로 하락하게 된다. 그러나 채권만기가 5년인 B선에서는 채권가격이 A점에서 B점으로 하락하게 된다.

그러므로 시장이자율이 6%에서 7%로 상승함에 따라 채권의 시장가격을 나타내는 Y축을 보면 만기가 3년인 채권은 AA'만큼 가격이 하락하고, 만기가 5년인 채권은 AB만큼 가격이 하락하게 된다. 그 이유는 만기가 상대적으로 긴 B곡선이 A곡선에 비하여 시장이자율에 대한 채권의 시장가격에 대하여 기울기가 더 가파르기 때문이다. 바꾸어 말하면 시장이자율에 대한 채권의 가격탄력성이 더 높기 때문이다.

결론적으로 채권의 시장가격과 채권만기의 관계는 시장이자율이 상승하면 상대적으로 만기가 긴 채권의 가격하락폭이 더 크다. 그리고 시장이자율이 하락하면 상대적으로 만기가 긴 채권의 가격상승폭이 더 크다는 것을 의미한다.

4) 채권가격과 액면이자율

액면이자율이 상대적으로 낮을수록 시장이자율의 변화에 대한 채권가격의 변화율이 더 크다. 예를 들어 채권만기가 같은 경우에 시장이자율이 상승하면 액면이자율이 연 4%인 채권의 가격하락(상승)폭이 액면이자율이 연 6%인 채권의 가격하락(상승)폭보다 더 크다는 것을 의미한다.

5) 시장이자율과 채권가격의 변동률

시장이자율의 하락에 대한 채권가격의 상승률이 시장이자율의 상승에 대한 채권가격의 하락률보다 크다. 이는 앞의 그림에서 보는 바와 같이 채권을 나타내는 곡선은 원점에 대하여 볼록(convex)하기 때문이다. 예를 들어, 채권만기와 표면이자율이 같은 동일한 채권을 나타내는 곡선에서 시장이자율이 8%에서 6%로 하락할 때 채권가격의 상승폭은 시장이자율이 6%에서 8%로 상승할 때 채권가격의 하락폭보다 더 크다는 것을 의미한다.

6) 액면가치와 채권만기가치

채권보유기간 동안에는 시장이자율의 변화가 채권의 시장가격과 액면가격의 차이로 나타난다. 그러나 채권발행자의 신용위험에 변화가 없다고 가정하면 채권만기일에는 채권의 시장가격이 액면가격과 일치하게 된다.

2. 채권분석과 듀레이션 (Bond Analysis & Duration)

1) 듀레이션의 내용

듀레이션은 채권투자자가 시장에서 채권을 매입하고 그 채권을 만기까지 보유함으로써 발생하는 이자유입과 원금유입을 합계한 현금유입합계액을 현재가치로 전환하고, 이 금액을 기준으로 채권매입금액을 회수하는 데 소요되는 기간을 말한다.

예를 들어 3년만기 채권(매년 3회 이자지급, 액면이자율 8%)의 액면금액이 ₩10,000,000이고, 이 채권의 구입가격이 ₩9,502,440일 때 듀레이션을 계산해보면 2.78년이다. 이때 듀레이션의 의미는 채권투자자가 채권투자금액 ₩9,502,440을 회수하는 데 2.78년이 소요된다는 의미이다.

2) 듀레이션의 계산방법[3)]

듀레이션을 구하기 위해서는 일반적으로 멕콜레이(F. Macaulay)의 계산방법이 널리 사용된다. 그 공식은 다음과 같다.

$$D = \frac{\sum_{t=1}^{T} PV(Ct) \times t}{\sum_{t=1}^{T} PV(Ct)}$$

※ D: 듀레이션,
PV(Ct): 현금흐름의 현재가치
$\sum_{t=1}^{T}$ PV(Ct) : 각 시점별 현금흐름의 현재가치 합계
T: 만기 (예; 3년만기에 매년 2회 이자를 지급하면 T=6이 됨)
t: 현금흐름이 발생하는 기간

3) 윤평식, 「고정수익증권론」, 탐진(2001.12), pp. 109-115에서 참고.

〈예제 9-1〉 이표채권의 액면가격 ₩10,000,000, 액면이자율 연 8%, 만기 3년, 이자지급 매년 1회 후급조건, 시장수익률 10%일 때 이 채권의 듀레이션을 구하시오.

〈풀이〉

듀레이션의 계산은 다음과 같은 엑셀표를 사용하면 쉽게 구할 수 있다.

(단위: 원)

시점(t)	현금흐름(1)	1원의 현재가치(2)	현금흐름의 현재가치(3)	(3)×t
1	800,000	0.9091	727,280	727,280
2	800,000	0.8264	661,120	1,322,240
3	10,800,000	0.7513	8,114,040	24,342,120
합계	12,400,000		(A) 9,502,440	(B)26,391,640
듀레이션	2.78년 (B/A)			

※ (1) = 현금흐름(Ct): 액면금액(₩10,000,000)×액면이자율(연 8%)

(2) = 시장수익률(연 10%)의 현재가치: 1원/(1+r)t = 1/(1+0.1)t

$1/(1+0.1) = 0.9091$, $1/(1+0.1)^2 = 0.8264$, $1/(1+0.1)^3 = 0.7513$

(3) = (1)×(2) : 800,000×0.9091 = 727,280

800,000×0.8264 = 661,120

10,800,000×0.7513 = 8,114,040

(3)×t = 727,280×1 = 727,280, W661,120×2= 1,322,240,

8,114,040×3 = 24,342,120

3. 채권수익률의 계산 (Bond Profitability Analysis)

1) 예금의 미래가치 (단리계산과 복리계산)

현재 보유하고 있는 일정금액이 특정기간을 경과한 후에는 얼마가 될 것인가 하는 계산을 통하여 예금의 미래가치를 현재시점에서 알 수 있다. 예금의 미래가치를 평가하는 데 사용되는 계산으로는 단리계산과 복리계산이 있다.

(1) 단리계산

단리계산은 원리금을 계산할 때에 약정된 이자율을 원금에 곱하여 계산한 이자금액과 원금을 합산하는 방법이다.

단리계산공식: $S = P \times (1 + i \times T)$

※ S: 원리금(원금과 이자수령액), P: 원금, i: 이자율(연), T: 만기(또는 연수)

> **〈예제 9-2〉** 원금 ₩10,000,000, 이자율 연 8%, 3년 만기, 이자지급 연 1회 후급조건, 단리계산방법을 적용했을 때 3년 후의 원리금을 구하시오.

〈풀이〉

$S= 10,000,000 \times (1+0.08 \times 3)= 12,400,000$

∴원리금: ₩12,400,000

(2) 복리계산

복리계산은 발생된 이자금액을 특정기간 동안에 재투자한 개념이다.

복리계산공식: $S = P \times (1 + \frac{i}{n})^{T \times n}$

※ S: 원리금, P: 원금, i: 이자율(연), T: 만기(예: 5년) n: 1년 동안 이자지급 횟수

> **〈예제 9-3〉** 원금 ₩10,000,000, 이자율 연 8%, 3년만기, 이자지급 연 4회 후급조건, 복리계산방법을 적용했을 때 3년 후의 원리금과 이자합계액을 구하시오.

〈풀이〉

이자지급이 연 4회이므로 3개월 이자율은 2.0%(=8%/4회)가 되고, 이자지급 횟수는 모두 12회(=3년×4회)가 된다.

$S= 10,000,000 \times (1+0.08/4)^{3 \times 4} = 12,682,418$

∴원리금: ₩12,682,418

(3) 단리계산과 복리계산의 차이

단리계산과 복리계산의 결과는 투자자 입장에서 수령하는 개별이자가 재투자되느냐 재투자되지 않느냐에서 차이가 발생한다. 그리고 복리계산에 대한 미래가치(금액)는 이자율이 높을수록, 이자지급 횟수가 많을수록 가치(금액)가 증가하게 된다.

> **참 고**
>
> 미래에 수령할 예금의 현재가치는 시장이자율로 예금의 미래가치를 할인하여 현재가치로 환산함으로써 평가할 수 있다.

2) 채권의 미래가치와 현재가치

(1) 채권의 미래가치

채권의 미래가치는 예금의 미래가치를 구하는 계산방법 중에서 복리계산방법을 사용하여 구할 수 있다. 왜냐하면 채권의 미래가치도 만기에 받을 원금과 보유기간 동안에 발생하는 이자합계액을 합산한 원리금에 해당하기 때문이다.

$$F = P \times (1 + i)^{T}$$

※ F: 미래가치(원리금), P: 원금, i: 이자율(연), T: 만기(또는 연수)

(2) 채권의 현재가치(시장가격)

채권의 현재가치는 만기에 수령할 액면금액과 보유기간에 액면금액에 액면이자율을 곱하고 수령할 이자합계액을 합산한 원리금을 할인율(discount rate)로 할인한 금액으로 나타낼 수 있다. 따라서 채권의 현재가치는 할인율에 좌우된다. 예를 들어 할인율이 상승하면 채권의 현재가치는 하락하고, 할인율이 하락하면 채권의 현재가치는 상승하는 특성을 갖는다.

$$F = P \times (1+i)^T \rightarrow P = F / (1+i)^T$$

※ F: 미래가치, P: 현재가치, i: 이자율(연), T: 만기(또는 연수)

〈예제 9-4〉 채권액면금액 ₩10,000,000, 시장이자율 연 8%, 만기 3년인 이 채권의 현재가치를 구하시오.

〈풀이〉

P(채권의 현재가치) = 10,000,000 / $(1+0.08)^3$ = ₩7,938,322

할인금액: ₩10,000,000 – ₩7,938,322 = ₩2,061,678

참 고

예금의 미래가치와 채권의 현재가치 비교 (I)

- 예금의 미래가치 이자금액: ₩2,400,000 (〈예제 9-2〉 참고)
- 채권의 미래가치 할인금액: ₩2,061,678 (〈예제 9-4〉 참고)
- 차이금액: ₩338,322 (= ₩2,400,000 – ₩2,061,678)

∴예금의 미래가치 이자금액이 채권의 현재가치 할인금액보다 크다.

〈예제 9-5〉 채권액면금액 ₩10,000,000, 시장이자율 연 8%, 만기 3년, 이자지급 연 4회 후급조건인 이 채권의 현재가치를 구하시오.

〈풀이〉

P= 10,000,000 / $(1+0.08/4)^{3\times4}$ = ₩7,884,932

할인금액: ₩10,000,000 – ₩7,884,932 = ₩2,115,068

참 고

예금의 미래가치와 채권의 현재가치 비교 (II)

- 예금의 미래가치 이자금액: ₩2,682,418 (〈예제 9-3〉 참고)
- 채권의 미래가치 할인금액: ₩2,115,068 (〈예제 9-5〉 참고)
- 차이금액: ₩567,350 (= ₩2,682,418 – ₩2,115,068)

∴ 이자지급의 횟수가 많을수록 상대적으로 예금의 미래가치 이자금액과 채권의 현재가치 할인금액의 차이가 더 커진다.
즉, 차이금액: ₩338,322 (비교 I) 〈 ₩567,350 (비교 II)

3) 이표채권의 가격결정

이표채권은 채권발행자가 채권만기일까지 정해진 이자지급일에 액면이자율을 지급하고 만기일에는 원금과 마지막 1회 이자를 함께 지급하는 채권을 말한다. 예를 들어 3년만기 회사채도 이표채권에 속한다. 1년에 이자를 2회 지급하는 이표채권의 가격결정 공식은 다음과 같다.

$$P = \frac{I}{(1+r)} + \frac{I}{(1+r)^2} + \frac{I}{(1+r)^3} + \cdots + \frac{(I+F)}{(1+r)^T} = \sum_{k=1}^{T} \frac{I}{(1+r)^T} + \frac{F}{(1+r)^T}$$

※ P: 채권할인가격(현재가치), F: 채권액면금액(미래가치), i: 액면이자율
I: 1회 이자지급금액(= 액면금액 × 액면이자율, F×i)
r: 시장수익률(채권수익률), T: 만기(또는 연수)

$$P = \sum_{k=1}^{T} \frac{I}{(1+r)} + \frac{F}{(1+r)^T} = I \times \left[\frac{\{1 - \frac{1}{(1+r)^T}\}}{r} \right] + \frac{F}{(1+r)^T}$$

※ P: 채권할인가격(현재가치), F: 채권액면금액(미래가치), i: 액면이자율
I: 1회 이자지급금액(= 액면금액 × 액면이자율, F×i)
r: 시장수익률(채권수익률), T: 만기(또는 연수)

〈예제 9-6〉 이표채권의 액면금액 ₩10,000,000, 액면이자율 연 8%, 만기 5년, 이자지급 연 1회 후급조건, 시장수익률 8%일 때, 채권의 할인가격을 구하시오.

〈풀이〉

$P = (10,000,000 \times 0.08) \times [\{1-1/(1+0.08)^5\}/0.08\ ] + 10,000,000/(1+0.08)^5$

$= ₩3,194,168 + ₩6,805,832 = ₩10,000,000$

참 고

액면이자율이 시장수익률과 일치하게 발행된 이표채권은 채권의 현재가격과 액면가격이 동일하게 나타난다. 왜냐하면 채권투자자 입장에서 액면이자율은 이자수익금액을 나타내고 시장수익률은 채권할인금액을 나타내므로 이자수익금액과 할인금액이 서로 일치하기 때문이다.

〈예제 9-7〉 이표채권의 액면금액 ₩10,000,000, 액면이자율 연 8%, 만기 5년, 이자후급, 시장수익률 10%일 때, 채권의 할인가격을 구하시오.

〈풀이〉

$P = (10,000,000 \times 0.08) \times [\{1-1/(1+0.1)^5\}/0.1\ ] + 10,000,000/(1+0.1)^5$

$= ₩3,032,629 + ₩6,209,213 = ₩9,241,842$

참 고

액면이자율(8%)보다 시장수익률(10%)이 높으면 이표채권의 액면가격보다 시장가격이 낮아져 할인채권이 된다. 왜냐하면 이자수익금액보다 할인금액이 크기 때문이다.

〈예제 9-8〉 이표채권의 액면금액 ₩10,000,000, 액면이자율 연 8%, 만기 5년, 이자지급 연 1회 후급조건, 시장수익률 6%일 때, 채권의 할인가격을 구하시오.

〈풀이〉

$P = (10,000,000 \times 0.08) \times [\{1-1/(1+0.06)^5\}/0.06] + 10,000,000/(1+0.06)^5$

= ₩3,369,891 + ₩7,472,582 = ₩10,842,473

참 고

액면이자율(8%)이 시장수익률(6%)보다 높으면 이표채권의 액면가격보다 시장가격이 높아져 할증채권이 된다. 왜냐하면 이자수익금액이 할인금액보다 크기 때문이다.

한편, 1년 동안에 이자 n회 지급하는 이표채권의 가격결정공식은 다음과 같다.

$$P = (I / n) \times \left[\left\{1 - \frac{1}{(1 + r/n)^{T \times n}} \right\} \Big/ (r/n) \right] + \frac{F}{(1 + r/n)^{T \times n}}$$

※ P: 채권할인가격(현재가치), F: 채권액면금액(미래가치), i: 액면이자율
I: 1회 이자지급금액(= 액면금액 × 액면이자율, F×i)
r: 시장수익률(채권수익률), T: 만기(또는 연수), n: 1년 동안 이자지급횟수

〈예제 9-9〉 이표채권의 액면금액 ₩10,000,000, 액면이자율 연 8%, 만기 5년, 이자지급 3개월마다 후급조건, 시장수익률 10%일 때, 채권의 할인가격을 구하시오.

〈풀이〉

$P = (800,000 \div 4) \times [\{1-1/(1+0.025)^{20}\}/0.025\ ] + 10,000,000/(1+0.025)^{20}$

$= ₩3,117,832 + ₩6,102,709 = ₩9,220,541$

참 고

이표채가치의 결정[4)]

① 다른 모든 조건이 동일할 때, 액면이자율이 커짐에 따라 이표채의 가치는 상승한다.

② 다른 모든 조건이 동일할 때, 액면가가 커짐에 따라 이표채의 가치는 상승한다.

③ 다른 모든 조건이 동일할 때, 시장이자율이 높아짐에 따라 이표채의 가치는 하락한다.

④ 다른 모든 조건이 동일할 때, 연속복리계산 횟수가 증가함에 따라 이표채의 가치는 하락한다.

4) 채권수익률의 종류

(1) 이자율과 수익률

이자율은 예금을 기초자산으로 하고 1년을 기준으로 예금기간에 지급된 이자합계액을 예금의 원금으로 나눈 비율을 말한다. 수익률은 채권을 기초자산으로 하고 1년을 기준으로 보유기간에 지급된 이자합계액과 채권가격의 변화금액을 합한 금액을 채권의 매입가격으로 나눈 비율을 말한다. 따라서 채권수익률의 계산에는 채권가격의 변화가 반영되므로 채권수익률과 이자율은 다르다.

채권수익률 = 액면이자율 ± 채권가격변화율

4) 유진, 「채권과 이자율파생상품」, 경문사(2003.3), p. 54에서 인용.

예를 들어 액면금액 ₩10,000,000, 만기 5년, 액면이자율 8%인 이표채권을 유통시장에서 ₩10,000,000에 구입하여 1년 후에 ₩10,500,000에 다시 판매했다고 하자. 이때 채권의 수익률은 13%[=8%+5%{=(10,500,000−10,000,000)/10,000,000×100}]가 된다.

(2) 직접수익률

직접수익률(current yield)은 1년을 기준으로 지급되는 이자합계액을 채권의 매입가격으로 나눈 비율이다. 1년 미만 단기채권의 수익률을 계산할 때 많이 사용하며 단순수익률이라고도 한다.

$$Y = I / P \times 100$$

Y: 수익률, I: 1년 이자지급액(=액면금액 × 액면이자율), P: 채권매입가격

〈예제 9-10〉 이표채권의 액면금액 ₩10,000,000, 액면이자율 연 8%, 매수가격 ₩9,750,000일 때 직접수익률을 구하시오.

〈풀이〉

Y- (10,000,000×8%)/9,750,000= 8.2%(연)

(3) 발행수익률

발행수익률(nominal yield)은 채권이 액면금액에 판매된 경우에 채권을 구입한 투자자의 수익률을 말한다. 발행수익률은 복리계산을 이용하면 공식을 구할 수 있다.

$$S = P \times (1 + i)^T \quad (1)$$

S: 원리금, P: 채권가격(원금), i: 이자율(연), T: 만기

위의 (1)식의 양변을 P로 나누면 다음 식이 된다.

$$\frac{S}{P} = (1+i)^T \quad (2)$$

(2)식의 양변에 $\sqrt[T]{}$ 를 씌우면 다음 식이 된다.

$$\sqrt[T]{\frac{S}{P}} = (1+i) \quad (3)$$

위의 (3)식을 정리하면 다음 식이 된다.

$$i = \sqrt[T]{\frac{S}{P}} - 1 \quad (4)$$

그러므로 발행수익률(Y)은 다음과 같이 (5)식으로 나타낼 수 있다.

$$\therefore Y = \left(\sqrt[T]{\frac{S}{P}} - 1\right) \times 100 \quad (5)$$

Y: 발행수익률, S: 만기원리금, P: 채권가격, T: 채권잔존기간

〈예제 9-11〉 발행가격 ₩10,000,000, 액면이자율 연 8%, 만기 3년, 이자지급 3개월마다 후급조건일 때, ① 채권발행자가 채권만기일까지 지급하는 원리금을 구하고, ② 채권의 발행수익률을 구하시오.

〈풀이〉

① $S = P \times (1+i)^{T} = P \times (1+i/n)^{T \times n} = 10,000,000 \times (1+0.08/4)^{3 \times 4} =$ ₩12,682,418

② $Y = \left(\sqrt[T]{\frac{S}{P}} - 1\right) \times 100 = \left(\sqrt[3]{\frac{12,682,418}{10,000,000}} - 1\right) \times 100 = 8.24\%$(연)

(4) 인수수익률

인수수익률은 인수가격을 기준으로 계산하고 만기수익률에 해당한다. 그리고 인수가격은 채권의 발행가격에서 인수수수료금액을 차감함으로써 구할 수 있다. 일반적으로 인수수수료는 채권발행시점에 채권의 액면이자율과 채권의 시장수익률의 차이를 보상해 주는 역할을 한다.

채권인수가격 = 발행가격 × (1 − 인수수수료)

예를 들어 발행가격이 ₩10,000,000이고 인수수수료가 0.3%이면 채권투자자의 실질적인 채권매입가격은 ₩9,700,000{=10,000,000 × (1−0.03)}이 된다.

〈예제 9-12〉 발행금액 ₩10,000,000, 액면이자율 연 8%, 만기 3년, 이자지급 3개월마다 후급조건, 인수수수료가 발행금액의 0.7%일 때 ① 채권의 인수가격, ② 원리금, ③ 채권의 인수수익률을 각각 구하시오.

〈풀이〉

① 채권의 인수가격 : 10,000,000 × (1−0.007) = ₩9,930,000

② 원리금 : $S= 10{,}000{,}000\times(1+0.08/4)^{3\times4}$ = ₩12,682,418

③ 채권의 인수수익률:

$$\therefore Y = \left(\sqrt[T]{\frac{S}{P}} - 1\right) \times 100 = \left(\sqrt[3]{\frac{12{,}682{,}418}{9{,}930{,}000}} - 1\right)\times 100 = 8.50\%(\text{연})$$

(5) 만기수익률

만기수익률은 유통수익률 또는 시장수익률이라고 한다. 만기수익률은 채권수익률을 대표하는 수익률로서 채권을 구입하여 만기일까지 보유하는 경우에 보유기간에 지급되는 이자합계액과 채권가격의 변동금액을 합한 금액을 채권의 매입가격으로 나눈 비율을 말한다. 바꾸어 말하면 투자원금에 대한 만기까지 예상수익률을 말한다.

〈예제 9-13〉 발행금액 ₩10,000,000, 액면이자율 연 8%, 만기 3년, 이자지급 3개월마다 후급조건, 채권매입가격 ₩9,700,000, 원리금 ₩12,682,418일 때 채권의 만기수익률을 구하시오.

〈풀이〉

$$Y= \left(\sqrt[3]{\frac{12{,}682{,}418}{9{,}700{,}000}} - 1\right) \times 100 = 9.35\%(\text{연})$$

※ 원리금 ₩12,682,418 (〈예제 9-12〉 참고).

연습문제

제 9 장

1. 채권의 특성인 수익성, 안정성, 유동성에 관하여 설명하시오.

2. 채권투자자(금융기관)의 금융위험에 관하여 설명하시오.

3. 채권의 듀레이션(Duration)에 관하여 설명하시오.

4. 할인발행채에 관하여 설명하시오.

5. 할증발행채에 관하여 설명하시오.

6. 채무증권에 관하여 설명하시오.

7. 지분증권에 관하여 설명하시오.

10장

채권의 종류와 위험분석

Corporate Bonds & Risk Analysis

채권의 종류, 구조, 특성 및 위험분석을 중심으로

핵 심 용 어

옵션부사채 Bond with Option
콜옵션부사채 Callable Bond
전환사채 Convertible Bond
전환가격 Conversion Price
전환비율 Conversion Ratio
전환패리티가격 Conversion Parity Price
신주인수권부사채 Bond with Warrant
풋옵션부사채 Puttable Bond
교환사채 Exchangeable Bond
전환가치 Conversion Value
패리티 Parity

제1절

회사채의 특성과 위험분석

Corporate Bond & Risk Analysis

1. 회사채(Corporate Bond)의 내용과 발행목적

회사채(corporate bond)는 상법상의 주식회사가 일시에 거액의 장기자금을 조달하기 위하여 기관투자가 또는 일반투자가를 대상으로 채무증서 형식으로 발행하는 유가증권이다. 그리고 기업의 회사채발행은 상법의 제한을 받는다.

기업의 회사채 발행목적은 일반적으로 ① 시설투자를 위한 자금조달, ② 기존사채의 상환을 위한 차환발행, ③ 특수목적(프로젝트)을 위한 거액의 운영자금 등으로 요약할 수 있다. 그리고 다음과 같은 상황인 경우에도 회사채발행을 선호하게 된다. 즉, ④ 주주가 유상증자에 참여할 자금이 없거나 유상증자에 참여하지 않을 시에 보유지분율의 희석화를 우려하는 경우, ⑤ 주식시장의 침체로 유상증자 시에 주가하락이 우려되는 경우 등을 예로 들 수 있다.

2. 회사채발행의 장단점 (Corporate Bond Issuer)

1) 회사채발행의 장점

기업 입장에서 회사채발행의 장점은 다음과 같다.

① 발행자 입장에서 일시에 거액의 장기자금을 조달할 수 있다.
② 일정기간 안정적으로 자금을 사용할 수 있어서 자금의 관리가 용이하다.
③ 회사채발행으로 인한 경영권의 침해를 받지 않는다.
④ 회사채발행으로 인한 주주의 권리가 축소되지는 않는다.
⑤ 배당부담이 없으며 조달비용이 사전에 확정된다.
⑥ 이자비용지급에 따른 절세효과가 있다.

2) 회사채발행의 단점

기업 입장에서 회사채발행의 단점은 다음과 같다.

① 회사채를 발행하면 재무구조가 악화된다.
② 회사채 만기일에 원금상환에 대한 부담이 크다.
③ 회사의 영업수익과는 무관하게 조달비용은 예정대로 지급되어야 한다.
④ 자기자본조달 또는 단기자금조달에 비하여 자금조달 비용이 상대적으로 높다.
⑤ 회사의 자금사정이 호전되거나 시중이자율이 하락하는 경우에는 채권의 회수(중도상환)가 어렵다.

3. 주식과 회사채의 차이점 (Stock vs Corporate Bond)

주식과 회사채의 차이점은 ① 각 증권발행자의 의무, ② 각 증권보유자의 권리와 투자위험, ③ 자금의 특성과 재무제표에 미치는 영향 등에 따라 각각 차이가 있다.
이와 같이 여러 가지 관점에서 주식과 회사채의 차이점을 정리하면 다음과 같다.

● 표 10-1 _ 주식과 회사채 비교

	구분	주식	회사채(3년)
증권발행자	발행주체	주식회사	주식회사
	자금의 성격	자기자본	타인자본
	재무제표변동	현금증가/자본금증가	현금증가/부채증가
	재무구조영향	재무구조개선	재무구조악화
	조달비용성격	배당금지급	매 3개월 이자지급
	비용지급의무	없음	있음
	조달비용	낮음	높음
	대주주자금부담	있음	없음
	주당순이익	하락	영향 없음
	조달비용과 세금	배당금지급 손비인정 안 됨	이자비용 손비인정됨
증권보유자	지위	주주	채권자
	증권의 만기	없음	있음
	원금청구우선권	없음	있음
	증권의 가치	수시변동	수시변동
	주요권리	경영참가권, 재산분배청구권, 신주참가권, 배당청구권	원금상환청구권, 이자지급청구권

4. 회사채의 종류 (Types of Corporate Bonds)

기업의 경영자는 회사채발행을 통하여 일시에 거액의 장기자금을 조달하여 사업확장에 필요한 시설자금 및 운영자금 등에 지원한다. 회사채발행을 통한 차입금융(debt financing)이 성공하면 기업의 이익이 증가하고 주당순이익도 증가하여 주주를 만족시키게 된다.
이와 같이 회사채발행에 대한 중요성이 높아져 왔다. 그러나 경영인 입장에서는 전통적인 회사채가 갖고 있는 단점을 보완할 수 있는 새로운 회사채에 대한 필요성이 증가하게 되었고, 이와 더불어 국가경제의 규모가 매년 증가함에 따라 타인자본을 조달할 수 있는 조달시장과 조달방법에 대한 다양화가 필요해졌다.

이에 부응하여 1984년 개정상법에서는 사채발행한도를 확대하고 주주총회의 승인사항인 전환사채의 발행을 이사회의 승인사항으로 변경하고, 신종사채로서 신주인수권부사채를 신설하였다. 1987년 11월에 개정된 「자본시장육성에 관한 법률」에서는 상장법인에 이익참가부사채, 교환사채, 기타 대통령령이 정하는 신종사채를 발행할 수 있게 하였다.

1997년 11월 외환위기를 겪은 이후에는 자금조달방법을 보다 다양하게 하고 기업의 재무구조를 개선시키기 위하여 1998년 9월에 「자산유동화에 관한 법률」을 제정하고 자산유동화증권의 발행을 허가하고 있다.

이와 같이 회사채는 다양하게 발전하였고 이를 정리하면 다음과 같다.

1) 무보증사채

무보증사채는 사채의 원금과 이자에 대한 지급을 제3자의 지급보증 없이 발행자의 신용에만 의존하여 발행되는 사채이다.

2) 보증사채 (Guaranteed Bond)

보증사채는 발행자와 독립된 금융기관(제3자)이 사채의 원금과 이자에 대한 지급을 보증하는 사채이다. 보증기관은 은행(농협, 축협, 수협 포함), 신용보증기관(신용보증기금, 기술신용보증기금), 보증보험 등이 된다.

3) 신종사채 (Hybrid Bonds)

전통적인 보증사채와 무보증사채의 단점을 보완하면서 자금조달의 다양한 수단으로서 ① 전환사채, ② 신주인수권부사채, ③ 담보부사채, ④ 교환사채, ⑤ 이익참가부사채, ⑥ 변동금리부사채, ⑦ 옵션부사채, ⑧ 자산유동화증권 등이 있다.

제2절

옵션부채권과 위험분석

Bond with Option & Risk Analysis

1. 옵션부채권(Bond with Option)의 내용과 필요성

1) 옵션부사채의 내용

옵션부사채(bond with option)는 채권발행 이후에 사전에 서로 약정한 조건이 충족되면 채권발행자(기업)에게 채권만기일 이전에라도 채권투자자로부터 채권을 회수(상환)할 수 있는 옵션(권리)이 부여된 채권, 또는 채권투자자(금융기관)에게 채권만기일 이전이라도 채권의 상환(회수)을 채권발행자(기업)에게 청구할 수 있는 권리가 부여된 채권을 말한다.

2) 옵션부사채의 필요성

채권투자 시에 채권만기까지 채권보유자에게 발생할 여러 가지 위험 중에서 가장 큰 위험은 ① 채권발행기업의 신용위험(채무불이행위험)과 ② 채권가격의 변동위험(시장위험)이다. 그러므로 채권투자자(금융기관)는 채권발행기업에 대하여 신용위험을 느끼거나 시장이자율이 상승함으로써 채권가격의 하락이 예측되는 경우에는, 채권만기 이전이라도 채권발행기업에 채권의 상환(회수)을 요구하길 원하게 된다.

채권발행자(기업)는 채권발행 시에 시장이자율이 높았거나 일시에 거액의 자금을 마련하기 위하여 액면이자율(발행수익률)을 상대적으로 높게 책정하고 발행한다. 그러나 그 후에 시장이자율이 하락하는 경우가 발생하면 채권발행자는 채권만기일 이전에 채권을 회수(상환)하기를 원하게 된다.

이와 같이 채권투자자(금융기관)의 채권조기상환에 대한 욕구와 채권발행자(기업)의 채권조기회수에 대한 욕구를 만족시키기 위해서 옵션부사채의 필요성이 나타나게 되었다.

2. 콜옵션부채권과 위험분석 (Callable Bond & Risk Analysis)

1) 콜옵션부사채(callable bond)의 내용

콜옵션부사채는 채권발행 이후에 사전에 서로 약정한 조건이 충족되면 채권발행자(기업 혹은 차주)에게 채권만기일 이전이라도 채권투자자(금융기관)로부터 콜옵션행사가격(call option price)으로 채권을 회수(상환)할 수 있는 콜옵션(조기상환권)이 부여된 채권을 말한다.

따라서 채권발행자는 채권발행 시에 콜옵션을 매입한 대가로 투자자에게 콜옵션프리미엄을 지급해야 하고, 이는 매년 이자율에 가산된다. 즉 3년만기 회사채의 이자율(예; 연 8%)에 비하여 3년만기 1년 콜옵션부사채의 이자율(예; 연 9%)이 상대적으로 높다는 것을 의미한다. 또한 콜옵션의 행사를 위해서는 약정기간의 경과를 조건으로 한다.

예를 들어, 3년 만기에 1년 콜옵션이 부여된 채권은 채권발행일로부터 1년을 경과하면 채권발행자는 채권투자자의 의사와는 상관없이 채권만기일 이전에 언제든지 채권을 조기에 회수(상환)할 수 있다. 콜옵션부채권을 수의상환채권이라고도 하는데 채권발행자 입장에서 보면 조기상환권부채권이라고 할 수 있다.

2) 콜옵션부사채(callable bond)의 특성

① 채권발행자(기업)는 채권의 매도와 더불어 채권투자자(금융기관)로부터 콜옵션(조기상환권)을 매입한 것과 같고 채권투자자는 채권발행자에게 콜옵션을 매도한 것과 같다.

② 채권발행자는 콜옵션(조기상환권)의 가치를 매입하기 위하여 채권투자자로부터 별도의 비용을 지급하고, 그 비용이 액면이자율에 가산되기 때문에 콜옵션부사채의 액면이자율(발행수익률)은 일반사채의 표면이자율에 비하여 상대적으로 높게 책정된다.

③ 채권발행자 입장에서 콜옵션가치는 채권발행 시에 액면이자율이 과거 수준에 비하여 상대적으로 높으면 높을수록 그 가치가 높아진다. 왜냐하면 액면이자율이 상대적으로 높게 발행될수록 콜옵션을 사용할 확률이 높기 때문이다.

④ 채권발행자(콜옵션매입자)의 콜옵션가치는 시장이자율(채권수익률)이 낮아질수록 높아진다.

⑤ 채권발행자(콜옵션매입자)의 콜옵션가치는 콜옵션을 행사할 시점이 가까워질수록 높아진다.

⑥ 채권발행자가 콜옵션을 행사하면 채권발행자는 채권을 회수하고 상대적으로 낮은 조달비용으로 자금을 재조달할 수 있는 기회이익이 발생하지만, 채권투자자는 채권만기까지 높은 이자를 받을 수 있는 기회손실, 즉 재투자위험이 발생하게 된다.

3) 콜옵션부사채의 가치

사채투자자 입장에서 사채의 가치는 이자율 수준에 따라 결정되므로 콜옵션매입부사채의 가치는 일반사채의 가치보다 높다. 왜냐하면 콜옵션매입부사채의 투자로부터 유입되는 투자수익(이자수령액)이 일반사채의 투자수익보다 크기 때문이다.

콜옵션매입부사채의 가치 = 사채가치 + 콜옵션가치(조기상환권)

또한 사채발행자(A기업) 입장에서 콜옵션매입부사채의 가치는 만기까지 고정금리로 자금을 조달할 수 있는 일반사채의 가치와 만기일 이전에 사채를 회수(상환)할 수 있는 권리(조기상환권)를 동시에 소유한다. 그러므로 사채발행자 입장에서도 콜옵션매입부사채의 가치(예; 연 9.0%)는 일반사채의 가치(예; 연 8.0%)보다 높기 때문에 일반사채의 가치에 콜옵션프리미엄(연 1.0%)을 지급한 것과 같다.

4) 사채발행자(콜옵션매입자)의 손익분석

● **그림 10-1** _ 3년만기 1년콜옵션매입부사채의 가치

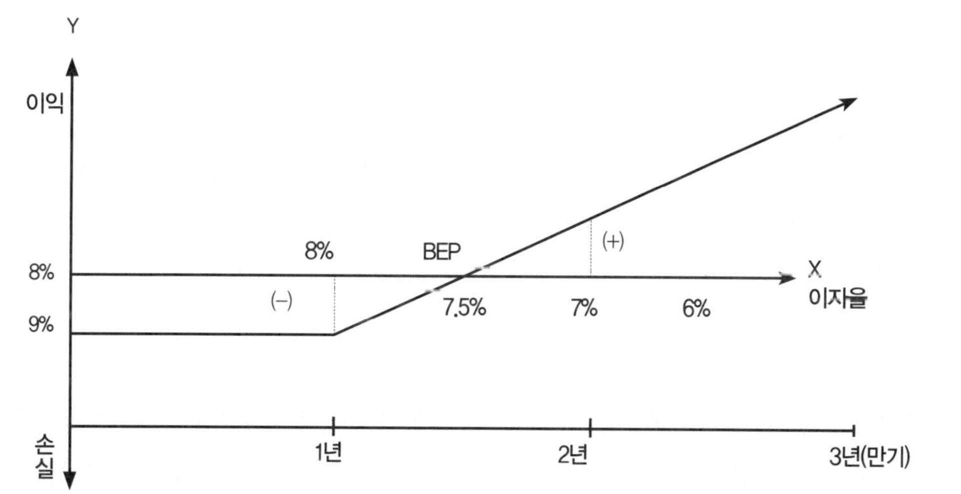

※콜옵션매입비용: 매년 1%씩 상대적으로 더 지급함(프리미엄 매입비용).

X축은 자금조달 비용인 이자율을 나타내고, Y축은 3년만기 일반회사채의 자금조달비용과 비교한 3년만기 1년콜옵션부사채의 자금조달비용에 대한 상대적인 손익을 나타낸다. A기업이 3년만기 1년콜옵션부사채의 발행을 검토하는 시점에 A기업이 3년만기 일반사채를 발행하면 그 조달비용(액면이자율)이 연 8%이라고 하자. 이때 A기업은 1년 이후에는 시장이자율이 6~7% 수준으로 하락할 것으로 전망하였다.

A기업(사채발행자)은 액면가 ₩10,000,000 3년만기 회사채에 1년콜옵션이 첨부된 사채(즉, 3년만기 1년콜옵션부사채)를 발행하기로 하였다. 따라서 A기업은 3년만기 회사채에 1년콜옵션을 첨부(매입)한 대가로 사채투자자들에게 시장수익률에 연 1.0%프리미엄을 더하여 액면이자율(발행수익률)을 9%로 발행하였다.

■ **사채발행자(콜옵션매입자)의 손익분석**

① 3년만기 일반회사채와 비교할 때 1년간 상대적인 손익은 −1.0%가 된다.

② 1년 후에 A기업이 발행한 2년만기 일반회사채의 수익률이 7.5%로 하락한 경우(재발행비용은 무시)에 A기업이 콜옵션을 행사하고 7.5%에 2년만기 회사채를 재발행했을 때 나머지 2년간의 상대적인 손익은 +1.0%{=(8.0%−7.5%)×2}가 된다. 따라서 사채의 재발행비용을 무시하면 재발행이자율 7.5%는 3년만기 1년콜옵션매입의 손익분기점(BEP)이 된다.

③ 1년 후에 2년만기 회사채의 수익율이 6.0%로 하락하면 나머지 2년간 상대적인 손익은 +4.0%{=(8.0%−6.0%)×2}가 된다. 따라서 A기업은 3년만기 1년콜옵션부채권을 일반회사채의 채권수익률보다 연 1% 더 비싸게 연 9.0%로 발행하고, 1년 후에 2년만기 회사채를 6.0%에 재발행함으로써 자금조달비용을 3년 동안 3.0%(매년 1.0%씩) 절약할 수 있다.

결론적으로 A기업(콜옵션매입자) 입장에서는 콜옵션을 행사할 수 있는 상황이 발생하면 일반사채에 비하여 상대적인 이익(비용절감)이 발생하게 된다. 반면 1년 후에 시장이자율이 예상과는 달리 상승한다면 A기업은 콜옵션을 행사할 필요가 없게 되고, A기업의 최대거래손실은 3년 동안 3.0%(매년 1.0%씩)에 제한된다.

5) 채권투자자(콜옵션매도자)의 손익분석

● **그림 10-2** _ 3년만기 1년콜옵션매도부사채의 가치

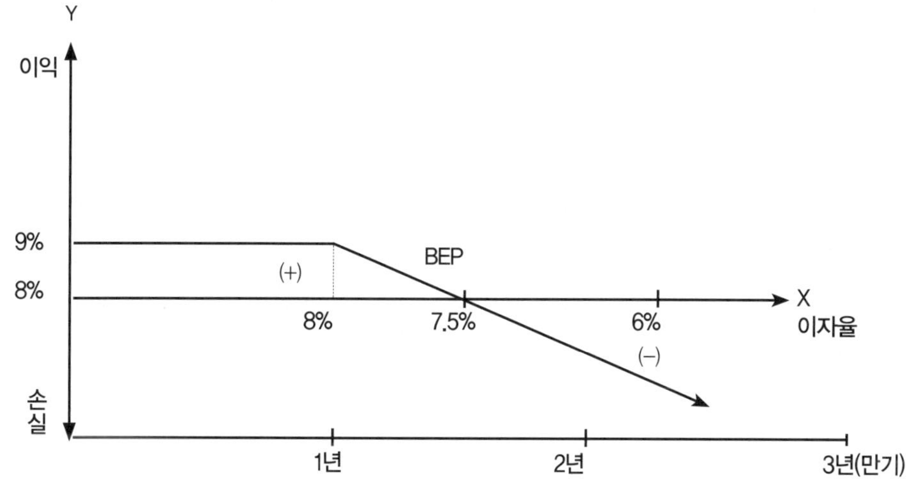

※콜옵션매도이익: 3년 동안 3.0%(매년 1%씩) 상대적으로 이자를 더 취득함.

3년만기 1년콜옵션부사채의 발행을 검토하는 시점에 3년만기 일반회사채의 채권수익률(액면이자율)이 연 8.0%라고 하자. 이때 채권투자자는 액면이자율을 연 1.0% 더 받기로, 즉 액면이자율을 연 9.0%로 하고 그 대가로 사채발행자(A기업)에게 사체발행일로부터 1년이 경과한 이후에는 채권소유자의 의사와는 상관없이 언제든지 회사채를 회수(상환)할 수 있는 권리, 즉 조기상환권리(콜옵션)를 채권발행자에게 주기(매도하기)로 하였다.

■ **채권투자자(콜옵션매도자)의 손익분석**

① 3년만기 일반사채와 비교할 때 1년간 상대적인 손익은 +1.0%가 된다.

② 1년 후에 2년만기 채권수익률이 7.5%로 하락한 경우 사채발행자(A기업)가 콜옵션을 행사하고 다시 7.5%에 2년만기 채권을 재발행하고 사채권자가 이 채권을 재매입하면 나머지 2년간 상대적인 손익은 −1.0%{=(7.5%−8.0%)×2}가 된다. 따라서 채권투자자 입장에서는 1년 후에 채권수익률 7.5%가 손익분기점(BEP)이 된다.

③ 1년 후에 2년만기 채권수익률이 6.0%로 하락했을 때 나머지 2년간 상대적인 손익은 −4.0%{=(6.0%−8.0%)×2}가 된다. 따라서 채권투자자가 3년 동안 입게 되는 상대적인 손실을 계산해 보면 액면이자율 연 8.0%인 3년만기 일반사채에 비하여 콜옵션매도부사채의 매입이 3년 동안 3.0%(매년 1.0%씩) 이자를 적게 수취하게 되었다.

결론적으로 채권투자자(콜옵션매도자) 입장에서는 채권보유기간에 옵션이 행사되지 않으면 일반사채와 비교할 때 3년 동안 매년 1.0%의 추가이익(옵션매도이익)을 얻을 수 있게 된다. 그러나 옵션이 행사되는 상황이 발생하면 사채권자에게는 상대적인 손실이 발생하며 그 손실크기는 이론적으로는 재발행채권의 시장수익률에 제한된다. 예를 들어 사채권자 입장에서 볼 때 콜옵션매도부사채를 매입한 이후에 시장수익률이 크게 하락하면 채권발행자(A기업)가 옵션을 행사하게 되어 상대적인 손실(재투자위험)이 커질 수 있다.

3. 풋옵션부채권과 위험분석 (Puttable Bond & Risk Analysis)

1) 풋옵션부사채(puttable bond)의 개념

풋옵션부사채는 채권발행 이후 사전에 서로 약정한 조건이 충족되면 채권투자자(채권소유자)에게 채권만기일 이전에라도 채권발행자(기업)에게 풋옵션 행사가격(put option price)에 채권의 상환(회수)을 청구할 수 있는 풋옵션(조기상환청구권)이 부여된 채권을 말한다. 그러므로 풋옵션부사채는 조기상환청구권부사채라 할 수 있다.

일반적으로 행사가격은 채권액면금액에 액면이자율을 더한 금액으로 정할 수 있다. 그리고 풋옵션의 행사를 위한 조건은 일반적으로 일정기간의 경과를 조건으로 한다. 예를 들어 3년만기에 1년 풋옵션이 부여된 채권은 채권발행일로부터 1년을 경과하면 채권투자자는 채권발행자(기업)의 의사와는 상관없이 채권만기일 이전에 언제든지 채권발행자에게 채권의 상환(회수)을 청구할 수 있다.

2) 풋옵션부사채의 특성

① 채권투자자(금융기관)는 채권발행자(기업)로부터 풋옵션(조기상환청구권)을 매입한 것과 같고, 채권발행자는 채권투자자에게 풋옵션을 매도한 것과 같다.

② 채권투자자(금융기관)는 풋옵션(조기상환청구권)의 가치를 채권발행자(기업)로부터 별도로 매입하였기 때문에 채권발행 시에 풋옵션매입에 대한 별도의 비용을 지급하는 대신에 일반회사채의 액면이자율에 비하여 풋옵션부사채의 액면이자율(발행수익률)을 상대적으로 낮게 하고 이를 인수한다.

③ 풋옵션의 가치는 채권발행 시에 액면이자율(발행수익률)이 과거 수준에 비하여 상대적으로 낮으면 낮을수록 그 가치는 높아진다. 왜냐하면 액면이자율이 낮게 발행될수록 풋옵션을 사용할 확률이 높기 때문이다.

④ 채권투자자(풋옵션매입자)의 풋옵션가치는 시장이자율(채권수익률)이 높아질수록 높아진다.

⑤ 채권투자자(풋옵션매입자)의 풋옵션가치는 풋옵션을 행사할 시점이 가까워질수록 높아진다.

⑥ 채권투자자가 풋옵션을 행사하면 회수한 자금으로 상대적으로 높은 수익률을 얻을 수 있는 채권에 재투자하면 추가이익을 발생시킬 수 있다. 풋옵션이 행사되면 채권발행자(기업)는 낮은 조달비용으로 채권만기까지 자금을 사용할 수 있는 기한의 이익을 상실하게 된다.

3) 풋옵션부사채의 가치

채권투자자 입장에서는 투자수익을 기준으로 보면 풋옵션매입부사채의 가치가 일반사채의 가치보다는 낮다. 왜냐하면 풋옵션매입부사채가 지급하는 이자금액이 일반사채가 지급하는 이자금액보다 적기 때문이다. 그러므로 풋옵션매입부사채의 가치(예; 연 7.0%)에 풋옵션가치(연 1.0%)를 더하면 일반사채의 가치(예; 연 8.0%)가 된다.

풋옵션매입부사채의 가치 + 풋옵션가치 = 일반사채의 가치

4) 채권투자자(풋옵션매입자)의 손익분석

● **그림 10-3** _ 3년만기 1년풋옵션매입부사채의 가치

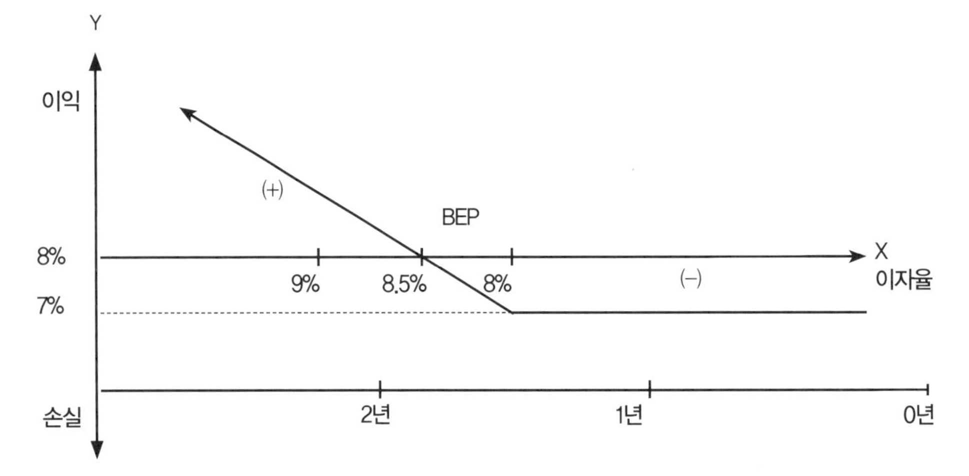

※풋옵션매입비용: 3년 동안 3.0%(매년 1%씩) 상대적으로 적게 받음.

3년만기 일반회사채의 액면이자율(채권수익률)이 연 8.0%라고 하자. 이때 채권투자자(금융기관)는 1년 후에는 채권수익률이 9~10% 정도로 상승할 것으로 전망하였다. 따라서 채권투자자는 A기업에 3년만기 채권에 풋옵션(조기상환청구권)을 첨부시켜 줄 것을 요구하고, 그 대가로 3년만기 일반회사채에 비하여 이자를 연 1.0%씩 적게 받기로 하고 액면이자율(발

행수익률) 연 7%에 회사채를 발행하였다. 따라서 채권투자자(금융기관) 입장에서는 풋옵션(조기상환청구권)의 구입비용으로 연 1.0%를 지급한 것과 같다.

■ **채권투자자(풋옵션매입자)의 손익분석**

① 3년만기 일반사채와 비교한 1년간 상대적인 손익은 −1.0%가 된다.

② 1년 후에 2년만기 채권수익률이 8.5%로 상승한 경우(재매입비용을 무시)에 풋옵션을 행사하고 받은 자금으로 연 8.5%에 2년만기 채권을 재매입했을 때 2년간 상대적인 손익 +1.0%{=(8.5%−8.0%)×2}이다. 채권투자자 입장에서는 1년 후에 채권수익률 8.5%가 손익분기점(BEP)이 된다.

③ 1년 후에 2년만기 채권수익률이 9.0%로 상승하면 나머지 2년간 상대적인 손익은 +2.0%{=(9.0%−8.0%)×2}가 된다.

채권투자자 입장에서 3년만기 일반사채의 액면이자율이 연 8.0%일 때 채권투자자는 액면이자율이 연 7.0%인 3년만기 1년풋옵션부채권에 투자하였다. 그 당시 발행이자율은 7.0%였지만 1년 후에 시장수익률이 9.0%로 상승했을 때 풋옵션을 행사하고 그 회수된 자금을 9.0%에 재투자한 결과를 분석해 보면, 3년 동안 1.0%(매년 1/3%씩) 이자를 더 받을 수 있게 되었다.

결론적으로 채권투자자(풋옵션매입자)의 손실은 옵션이 행사되지 않은 경우에 발생하고 그 손실금액은 3년 동안 3.0%(매년 1.0%씩)에 제한된다. 그러나 거래이익은 옵션행사 시에 발생되며 거래이익의 최대금액은 이론적으로 재발행시점의 시장수익률에 제한된다. 예를 들어 채권투자자 입장에서 풋옵션매입부사채를 매입한 이후에 시장수익률이 크게 상승하면 풋옵션을 행사하고 그 회수한 자금으로 수익률이 높은 채권에 재투자하면 상대적인 거래이익을 증가시킬 수 있다.

5) 사채발행자(풋옵션매도자)의 손익분석

그림 10-4 _ 3년 만기1년풋옵션매도부사채의 가치

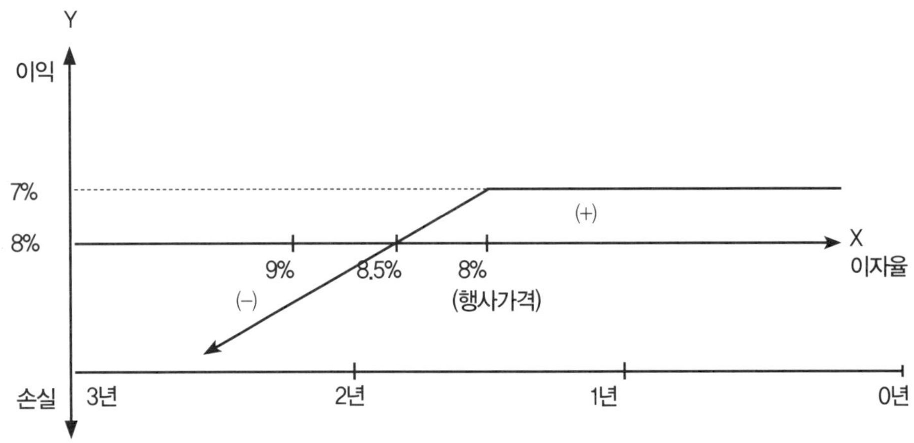

※풋옵션매도이익: 3년 동안 3.0%(매년 1%씩) 상대적으로 이자를 적게 지급함.

3년만기 일반사채의 액면이자율(채권수익률)이 연 8.0%라고 하자. 사채발행자(A기업) 입장에서는 채권투자자에게 만기일 이전에 상환을 청구할 수 있는 권리(풋옵션)를 주기(매도하기)로 하고, 그 대가로 지급이자를 매년 1.0%씩 3년 동안 적게 주기로 하고 액면이자율 연 7.0%에 풋옵션매도부사채를 발행하였다.

■ **사채발행자(풋옵션매도자)의 손익분석**

① 3년만기 일반사채와 비교할 때 1년간 상대적인 손익은 +1.0%가 된다.

② 1년 후에 2년만기 채권수익률이 연 8.5%로 상승한 경우에 채권투자자가 풋옵션을 행사하면 사채발행자는 사채를 상환하고 다시 연 8.5%에 2년만기 채권을 새로 발행(재발행비용은 무시함)했을 때 2년간 상대적인 손익은 −1.0%{=(8.5%−8.0%)×2}가 된다. 따라서 사채발행자 입장에서는 1년 후에 채권수익률 8.5%가 손익분기점(BEP)이 된다.

③ 1년 후에 2년만기 채권수익률이 9.0%로 상승했을 때 나머지 2년간 상대적인 손익은 −2.0%{=(9.0%−8.0%)×2}가 된다.

사채발행자(기업) 입장에서 3년만기 일반회사채의 발행이자율이 연 8.0%일 때 3년만기 1년풋옵션부사채를 연 7.0%에 발행하였다. 1년 후에 시장수익률이 연 9.0%로 상승했을 때 채권투자자가 풋옵션을 행사하고 사채발행자는 회사채를 상환하고, 다시 시장수익률 연 9.0%로 2년만기 회사채를 새로 발행한 결과를 보면 3년 동안 1.0%(매년 1/3% 씩)를 더 지급하게 되었다.

결론적으로 사채발행자(풋옵션매도자) 입장에서는 옵션이 행사되지 않으면 일반사채와 비교할 때 3년 동안 매년 1.0%씩 자금조달비용을 절약할 수 있게 된다. 그러나 옵션이 행사되는 상황이 발생하면 사채발행자는 상대적인 손실이 발생하며 이론적으로 거래손실은 재발행시점의 시장수익률에 제한된다. 예를 들어 재발행시점의 시장수익률이 높을수록 거래손실은 증가하게 된다.

제3절

전환사채와 위험분석

Convertible Bond & Risk Analysis

1. 전환사채(Convertible Bond)의 개념과 특성

1) 전환사채(convertible bond; CB)의 개념

전환사채는 사채발행자(기업)가 채권투자자(금융기관)에게 전환청구기간에 사채발행 시에 서로 합의한 전환조건이 충족되면 보유하고 있는 사채를 주식으로 전환할 수 있는 권리를 부여한 채권이다.

2) 전환사채(CB)의 특성

전환사채는 법률적으로는 사채에 속하지만 경제적으로는 잠재적 주식으로서 채권과 주식의 이중적 성격을 갖고 있다. 즉 사채와 주식의 중간적인 특성을 내재한 유가증권이다. 그리고 전환청구기간에 사채와 주식에 대한 선택은 채권투자자(전환사채권자)의 권리이다.

그러므로 전환사채투자자는 전환청구기간 동안에는 원금과 약정된 이자를 수취할 수 있는 일반사채가치와 주식으로의 전환을 청구할 수 있는 권리(옵션가치)를 동시에 보유하게 된다. 그러나 전환사채를 주식으로 전환한 이후에는 사채가치가 소멸되고, 주식으로 전환되면 원금에 대한 상환청구권도 자동적으로 소멸된다.

2. 전환사채의 주요용어 (Convertible Bond & Major Concept)

전환사채를 발행할 때는 다음과 같은 조건이 사전에 결정된다.

1) 액면이자율 (Coupon Rate)

액면이자율은 발행이자율이라고도 하며 이자지급의 기준이 되고 전환사채의 사채가치를 나타낸다. 회사채의 이자지급은 3개월마다 후급조건인 반면에 전환사채의 이자지급은 자율결정이 원칙이지만 일반적으로 연 1회 회계연도 말에 지급한다.

대체로 전환사채의 액면이자율(예; 연 3.0%)은 일반적으로 일반회사채의 액면이자율(예; 연 8.0%)보다 낮은데 이는 전환사채에 주식으로 전환할 수 있는 권리가 부여되어 있기 때문이다. 채권투자자(사채소유자) 입장에서는 주식전환가치(옵션가치)만큼의 이자를 상대적으로 적게 수취하게 된다.

2) 만기보장수익률

보통주의 시장가격이 전환청구기간에 사전에 약정된 전환가격보다 낮으면 전환사채투자자는 주식전환청구권을 행사할 수 없게 된다. 그러므로 기업이 전환사채를 발행해도 주식시장이 현재시점에서 침체되었거나 향후 침체가 예측되면 투자자는 전환사채의 매입을 기피하게 된다.

이러한 이유로 채권발행자는 전환사채발행을 통한 자금조달이 실패할 수도 있기 때문에 이를 방지하기 위하여 전환사채발행 시에 시장수익률을 고려하여 전환사채의 액면이자율(연 3.0%)보다 높은 만기보장수익률(예; 연 5.0-6.0%)을 미리 약속한다.

그러므로 전환사채투자자가 전환사채의 만기까지 주식시장의 침체로 전환청구기간에 전환권을 행사할 수 없는 상황이 발생하면 전환사채의 만기일에 액면이자율과 만기보장수익률의 차이를 매년 복리로 계산하고 이를 만기일에 원금과 함께 채권투자자에게 지급한다.

3) 전환가격 (Conversion Price)

전환가격은 전환사채투자자가 전환청구기간에 보통주로의 전환을 청구할 때 적용되는 보통주의 매수가격을 의미한다. 그러므로 전환가격은 콜옵션의 행사가격에 해당한다. 따라서 전환가격(예; 1주당 ₩50,000)은 전환사채 발행시점의 주식가격(예; 1주당 ₩40,000)보다 높게 결정된다.

4) 전환비율 (Conversion Ratio)

전환비율은 전환사채의 액면권 1장을 보통주로 전환할 수 있는 비율, 즉 보통주로의 전환가능주식수를 말한다. 따라서 전환비율(전환가능주식수)은 전환사채의 액면금액을 전환가격으로 나누어 구할 수 있다.

전환비율(전환가능주식수) = 전환사채의 액면금액 / 전환가격

예를 들어 전환사채의 액면금액이 ₩100,000,000이고 전환가격이 1주당 ₩50,000일 때, 전환비율은 2,000(=₩100,000,000 / ₩50,000, 전환가능주식수)이 된다. 그리고 전환사채의 액면금액이 ₩10,000,000이면 전환비율은 200이 된다.

5) 전환가치 (Conversion Value)

전환가치는 전환사채액면권 1장의 주식전환가치를 말한다. 따라서 전환사채액면권 1장의 주식전환가치는 현재주가에 전환비율을 곱하여 구할 수 있다.

(전환사채액면권 1장의) 주식전환가치 = 현재주가 × 전환비율

예를 들어 전환사채의 액면금액이 ₩10,000,000이고 전환시점에서 1주당 보통주의 시장가격이 ₩46,000이고 전환비율이 200주이면, 전환가치는 ₩9,200,000(=₩46,000×200주)이 된다. 그리고 보통주의 시장가격이 ₩57,000이면 전환사채액면권 ₩10,000,000의 전환가치는 ₩11,400,000(=₩57,000×200주)이 된다.

6) 전환사채의 시장가격

전환사채의 시장가격은 ① 주식가격이 전환가격에 접근할수록 혹은 ② 주식가격이 전환가격을 초과할수록 상승하게 된다. 왜냐하면 전환가격(₩50,000)에 주식으로 전환하여 현재주가(₩57,000)에 주식을 매각하면 전환이익을 얻을 수 있기 때문이다.

7) 패리티 (Parity)

패리티는 전환사채의 잠재주식에 대한 이론가치이다. 바꾸어 말하면 패리티는 현재주식가격이 전환가격을 얼마나 초과하고 있는가를 나타낸다.

패리티(Parity) = 주식가격 / 전환가격 × 100

예를 들어 현재 1주당 시장가격 ₩57,000이고 전환가격이 ₩50,000이면 패리티는 114%(=₩57,000/₩50,000×100)가 된다. 따라서 주식가격이 시장에서 상승하면 패리티는 상승하게 되고, 주식가격이 하락하면 패리티는 하락하게 된다. 패리티가 100%를 초과하면 전환사채의 시장가격이 더욱 상승하게 된다.

8) 전환패리티가격 (Conversion Parity Price)

전환패리티가격은 투자자가 발행기업의 보통주를 주식시장에서 매입하지 않고 채권시장에서 유통되고 있는 전환사채를 매입하고 이를 주식으로 전환했을 때 보통주 1주의 가격을 말한다.

전환패리티가격 = 전환사채의 시장가격 / 전환비율

예를 들어 액면가(액면권 1장당)가 ₩10,000,000인 전환사채를 유통시장에서 ₩9,400,000에 매입하고 이를 전환비율에 따라 보통주 200주로 전환했을 때 이 보통주의 전환패리티가격은 ₩47,000(=₩9,400,000/200주)이 된다. 그러므로 전환패리티가격과 보통주의 시장가격 차이에 따라 전환사채의 시장가격이 변동한다.

따라서 ① 전환패리티가격(₩47,000) 〈 보통주의 시장가격(₩50,000)이면 전환사채의 시장가격이 상승하게 되고, ② 전환패리티가격(₩54,000) 〉 보통주의 시장가격(₩50,000)이면 전환사채의 시장가격이 하락하게 된다.

9) 전환가격의 조정사유

기업이 전환사채를 발행한 이후에 추가로 주식을 발행하면 전환사채투자자의 전환권행사를 통하여 추가로 발행될 주식의 가치가 하락하게 된다. 그러므로 기업이 유상증자, 주식배당, 준비금의 자본전입(무상증자) 등을 실시할 때는 일반적으로 기존전환사채의 전환가격을 조정하는 조항을 둔다.

3. 전환사채의 가치 (Convertible Bond Value)

전환사채의 가치는 전환사채투자자가 전환청구기간에 ① 사채가치와 주식가치를 동시에 보유하는 가치와 ② 두 가치 중에서 더 높은 가치를 선택할 수 있는 권리를 함께 보유한 권리이다. 그러므로 전환사채의 가치는 다음과 같이 나타낼 수 있다.

전환사채의 가치 = max(사채가치, 주식가치)

전환사채의 가치는 사채가치와 주식가치 중에서 상대적으로 높은 가치를 선택할 수 있다. 그러나 만약 한쪽의 가치를 선택하면 다른 한쪽의 가치를 포기해야 한다. 일반적으로 전환사채를 발행하는 시점에는 전환사채의 이자율(예; 연 3.0%)이 일반사채의 이자율(예; 연 8.0%)보다 낮다. 왜냐하면 전환사채의 가치 속에는 일반사채의 가치 외에 주식전환권가치가 포함되기 때문이다.

아울러 전환사채의 발행시점에서 전환사채의 잠재주식가격(예; ₩50,000)은 주식가격(예; ₩40,000)보다 높게 결정된다. 왜냐하면 만약 전환가격이 주식가격보다 낮게 발행되면, 주식투자자가 전환사채를 매입하고 이를 주식으로 전환한 후에 주식을 매도함으로써 무위험거래를 통한 이익을 볼 수 있기 때문이다.

그러므로 투자자가 전환사채를 구입했다면 ① 만기까지 약정된 이자와 원금을 청구할 수 있는 사채가치와 ② 주식으로 전환할 수 있는 권리, 즉 콜옵션가치를 동시에 매입한 것과 같다. 따라서 전환사채의 가치는 일반사채에 비하여 이자수익이 낮은 사채가치와 주식전환가치(콜옵션가치)의 합으로 나타낼 수 있다.

전환사채의 가치 = 전환사채의 사채가치 + 주식전환권가치(콜옵션가치)

전환사채는 일종의 옵션부사채이고, 이론적으로는 전환사채의 가치는 일반사채의 가치와 같다. 투자자 입장에서 보면 이자를 많이 받는 일반사채에 투자하든지, 이자를 적게 받는 대신에 주식전환권리가 부여된 사채에 투자하든지 그 투자가치는 같다.

따라서 투자자가 같은 금액으로 일반사채에 투자할 것인가 혹은 전환사채에 투자할 것인가 하는 것은 일반사채와 전환사채의 가치평가의 문제가 아니고 투자자의 선택의 문제이다. 그리고 이자율 수준에 따라 그 가치가 결정되는 사채가치를 기준으로 보면 전환사채의 사채가치(예; 연 3.0%)에 콜옵션가치(예; 연 5.0%)를 가산할 때 일반사채의 가치(예; 연 8%)가 된다.

전환사채의 사채가치 + 콜옵션가치 ⇒ 일반사채의 가치

그림 10-5 _ 전환사채의 가치

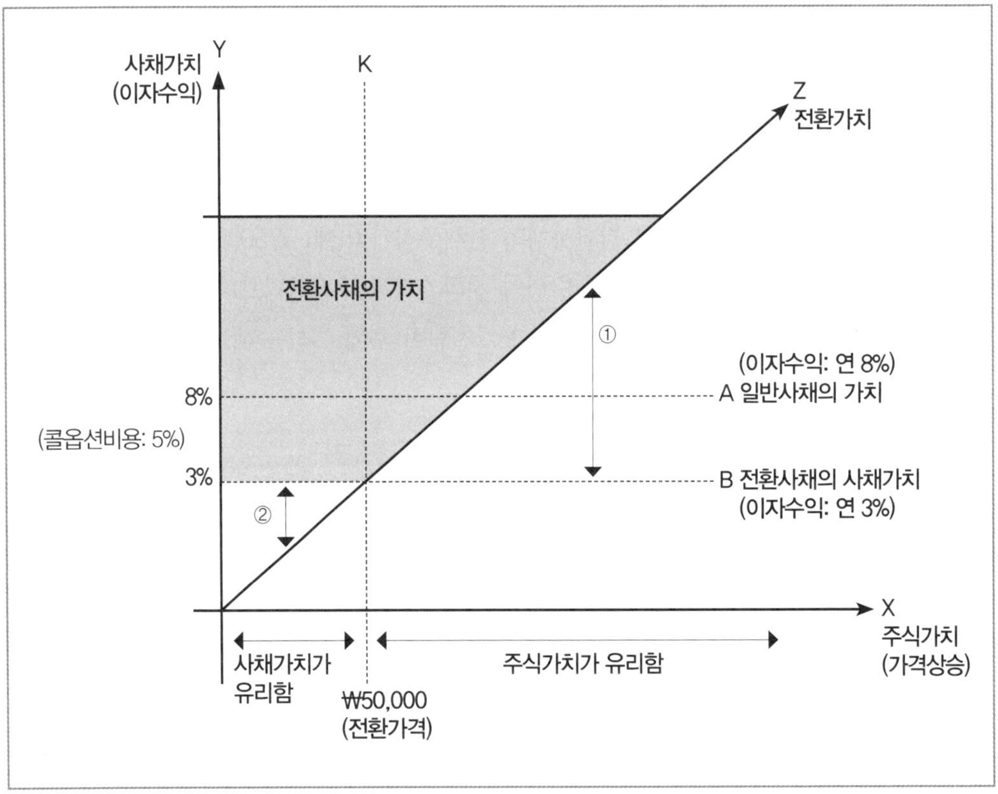

X축은 주식가치를 나타내고 주식가격이 상승할수록 그 가치는 높게 평가된다. Y축은 사채가치를 나타내며 발행이자율(액면이자율)이 높을수록 그 가치는 높게 평가된다. X축과 Y축의 사이를 가로지르는 Z선은 사채를 주식으로 전환시킬 수 있는 전환가치를 나타낸다. A선은 발행이자율이 연 8%인 일반사채의 가치를 나타내는 선이고, B선은 발행이자율이 연 3%인 전환사채의 사채가치를 나타내는 선이다.

콜옵션(주식전환권) 매입비용은 이자율 연 5.0%로 나타낼 수 있다. 왜냐하면 전환사채투자자는 주식전환권 매입을 위하여 이자를 연 5.0%씩 적게 받기 때문이다. 전환사채의 가치는 사채가치와 주식전환권가치의 합이므로 전환사채투자자의 콜옵션매입비용은 이자율 연 5.0%(A선과 B선의 차이)에 해당한다.

따라서 전환사채투자자는 주식가격이 전환사채의 전환가격(₩50,000)을 상회하면 투자자는 주식전환권을 행사하고 전환사채의 주식가치(K선의 오른쪽 부분)를 선택할 것이다. 만약 주식가격이 전환가격(₩50,000)에 미치지 못하면 전환사채의 사채가치(K선의 왼쪽부분)를 그대로 유지해야 만기보장수익률을 가진 사채가치를 선택한 것에 해당된다.

결론적으로 전환사채의 가치는 ① 전환사채의 사채가치가 유리할 때는 시장이자율의 변화에 따라 전환사채의 가치가 변하게 되고, ② 전환사채의 주식가치가 유리할 때는 주식가격의 변화에 따라 전환사채의 가치가 변하게 된다. 그리고 주식가격이 전환가격에 가까워질수록 전환사채의 가치는 주식가치의 변화에 영향을 더 받는다. 따라서 주식가격이 상승하면 주식전환권(옵션)의 가치가 상승하게 되어 전환사채의 가치가 시장에서 상승하는 것으로 나타난다.

4. 전환사채 투자자의 위험분석 (CB Investor & Risk Analysis)

전환사채투자자는 전환사채권자를 의미하고 일반적으로 금융기관과 일반투자자가 전환사채의 투자자가 된다. 전환사채투자자의 위험은 크게 두 가지, ① 전환사채발행자의 채무불이행위험(default risk)과 ② 전환사채의 만기일까지 존재하는 가격변동위험(price fluctuation risk)으로 구분된다. 전환사채에서 가격변동위험은 전환사채의 가치로부터 찾을 수 있다.

전환사채의 가치 = 주식가격이 전환가격 이상인 경우: 주식가치(선택)
= 주식가격이 전환가격 미만인 경우: 사채가치(선택)

한편 전환사채투자자 입장에서 전환사채의 가격변동위험은 ① 주식가격이 전환가격 미만일 때 전환사채의 가치는 사채가치에 해당하므로 시장이자율의 변동에 따른 가격변동위험이 발생한다. 그리고 ② 주식가격이 전환가격을 초과하면 주식가치가 더 크므로 주식가격의 변동에 따라 가격변동위험이 발생한다.

제4절

신주인수권부사채와 위험분석

Bond with Warrant & Risk Analysis

1. 신주인수권부사채의 내용과 특성 (Bond with Warrant & Risk)

1) 신주인수권부사채(BW)의 내용

신주인수권부사채는 채권투자자(사채소유자)에게 사채발행 이후 특정기간(옵션행사기간)에는 사채발행 시에 약정한 주식가격(행사가격)으로 신주발행을 청구할 수 있는 권리(신주인수청구권)가 부여된 사채를 의미한다. 채권투자자 입장에서는 신주를 사전에 약정한 가격으로 매입할 수 있는 콜옵션(call option)을 매입한 것과 같다.

그러나 신주인수권부사채는 전환사채와는 달리 채권투자자(사채소유자)가 신주인수청구권을 행사하고 신주가 발행되어도 채권발행자(기업) 입장에서 보면 기존의 사채는 그대로 남는다. 즉, 신주인수청권의 행사에 대한 결과를 부채비율의 변화로 살펴보면 기업이 유상증자를 한 것과 같다.

2) 신주인수권부사채(BW)의 특성

채권투자자는 사채만기일까지 보유채권에 대한 이자수익을 받게 되고 신주인수권은 사채권과는 별도로 사채발행자(기업)에게 그 권리를 행사할 수 있다. 따라서 채권투자자가 신주인수권을 행사하려면 신주인수를 위한 별도의 자금을 사채발행자(기업)에게 납입해야 한다.

따라서 신주인수권부사채는 사채투자자가 신주인수청구권을 행사하면 사채발행자(기업)에게 신규자금이 추가로 유입되는데, 이는 전환사채와 다른 점이다. 한편 투자자 입장에서 보면 신주인수권부사채에 내재되어 있는 신주인수권은 일반적으로 분리형으로 사채권과는 독립적으로 행사할 수 있다.

2. 신주인수권부사채 발행회사의 장단점 (Bond with Warrant & Issuer)

1) 사채발행기업의 장점

① 일반사채에 비하여 신주인수권을 사채에 부여함으로써 채권발행이 용이하다.

② 일반사채에 비하여 자금조달비용이 상대적으로 낮다.

③ 사채발행 시의 자금유입과 채권투자자의 신주인수권 행사에 따른 별도의 자금유입으로 사채만기일 이내에 자금이 이중으로 유입될 수 있다.

④ 유상증자 참여에 따른 대주주의 자금부담이 없이 유상증자를 대체할 수 있다.

⑤ 상법상의 사채발행한도에서 제외된다.

⑥ 신주인수권부사채가 발행된 이후에 주식시장이 호전되면 신주인수권의 행사로 인한 자본금증가와 주식발행초과금의 발생으로 재무구조를 개선시킬 수 있다.

2) 사채발행기업의 단점

① 신주인수권이 행사되어도 사채의 원금과 이자에 대한 상환 및 지급의무는 신주인수권부사채의 만기일까지 여전히 존재한다.

② 향후 주가의 변동에 따라 신주인수권의 행사가 이루어지기 때문에 현실적으로 이를 통한 재무구조를 개선하려는 계획은 불확실하다.

③ 기존주주 입장에서는 신주인수권이 행사되면 추가자금납입의 부담은 없지만 지분율이 하락하기 때문에 지배력이 약화된다.

④ 채권투자자가 신주인수권을 개별적으로 행사하므로 그 업무가 유상증자에 비하여 번거롭다.

⑤ 주식의 변동과 채권투자자의 신주인수권행사에 대한 시기의 예측이 어렵다.

3. 신주인수권부사채와 전환사채의 비교 (BW vs CB)

1) 신주인수권부사채(BW)와 전환사채(CB)의 차이

표 10-2 _ 신주인수권부사채와 전환사채의 차이

구분	신주인수권부사채	전환사채
권리내용(옵션권리)	신주를 인수할 수 있는 권리	신주로 전환할 수 있는 권리
권리행사와 사채권	독립적	비독립적
옵션행사와 사채권	사채권 존속	사채권 소멸
권리행사와 현금흐름	신주인수대금 별도납입	사채금액과 대체
주식납입금	현금유입 발생	현금유입 없음
권리행사와 재무구조	자산(현금)증가, 자본금/자본잉여금증가	부채감소, 자본금/자본잉여금증가
액면이자율	일반사채보다 낮음	일반사채보다 낮음
신주발행금액	사채발행금액의 범위	사채발행금액과 동일

2) 신주인수권부사채(BW)와 전환사채(CB)의 유사점

① 채권발행자 입장에서 발행되는 채권에 콜옵션이 첨부되어 있다.

② 채권투자자가 옵션을 행사하면 자본금이 증가하고 발행주식의 수가 증가한다.

③ 사채에 첨부된 옵션가치로 인하여 일반사채에 비하여 액면이자율이 낮다.

④ 옵션이 행사되면 기존주주의 지분율이 감소된다.

⑤ 옵션이 행사되면 재무구조가 개선된다.

4. 신주인수권부사채(BW)의 가치

1) 신주인수권(BW)의 행사

신주인수권부사채에 내재되어 있는 신주인수권은 일반적으로 분리형으로 사채권과는 독립적으로 행사할 수 있다. 즉 투자자 입장에서 보면 사채권은 그대로 존재하면서 신주인수권은 독립적으로 행사가 가능하다.

그 이유는 일반적으로 사채권발행 시에 사채권과는 독립적으로 별도의 신주인수청구증서가 발행되기 때문이다. 그러므로 신주인수권부사채의 가치는 주식의 시장가격과 신주인수권의 행사가격의 차이에 좌우된다.

2) 신주인수권부사채의 가치

BW의 가치 = BW의 사채가치 + 신주인수권가치(콜옵션가치)

BW의 사채가치 + 콜옵션가치 ⇒ 일반사채가치

신주인수권부사채의 가치는 일반사채에 비하여 이자수익이 낮은 사채가치와 신주인수권가치(콜옵션가치)의 합으로 나타낼 수 있다. 이론적으로는 신주인수권부사채의 가치는 일반사채의 가치와 같다.

신주인수권부사채의 가치는 주식의 시장가격과 신주인수권의 행사가격에 영향을 받는다. 주식의 시장가격이 상승하면 신주인수권부사채의 가치가 상승하게 된다. 왜냐하면 신주인수권의 행사가능성이 높아져 신주인수권부사채의 시장가격도 상승하기 때문이다.

그러나 주식의 시장가격이 하락하면 신주인수권부사채의 주식가치는 소멸하고 사채가치만 남게 된다. 따라서 주식의 시장가격이 하락하면 신주인수권부사채의 시장가격은 시장이자율에 영향을 받게 된다. 즉, 신주인수권부사채도 일반사채와 마찬가지로 시장이자율이 상승하면 신주인수권부사채의 가격은 하락하게 되고, 시장이자율이 하락하면 신주인수권부사채의 가격은 상승하게 된다.

제5절

교환사채와 위험분석

Exchangeable Bond & Risk Analysis

1. 교환사채의 내용과 특성 (Exchangeable Bond & Risk)

1) 교환사채(EB)의 내용

교환사채는 채권투자자에게 사채발행 시에 약정한 조건으로 교환권행사기간에 소유하고 있는 교환사채를 사채발행기업이 보유하고 있는 제3의 상장주식으로 교환을 청구할 수 있는 권리, 즉 교환청구권이 부여된 사채를 말한다. 그러므로 교환사채권투자자(교환사채권자)는 사채가치에 콜옵션(교환청구권)을 추가로 매입한 것과 같다.

2) 교환사채(EB)의 특성

투자자가 교환청구권(옵션)을 행사하여도 사채발행기업 입장에서는 신규자금의 유입이 발생하지 않는다는 점은 전환사채와 같고, 신주인수권부사채와는 다르다. 옵션(교환청구권)행사로 인하여 자본금이 증가하지 않는다는 점에서는 교환사채가 전환사채 및 신주인수권부사채와 각각 다르다.

따라서 교환청구권(옵션)을 행사하면 사채투자자는 사채권자의 지위를 상실하는 반면에 다른 법인의 주주지위를 획득하게 되는 특징이 있다. 그러므로 교환사채 발행 시에 발행기업은 보유주식의 교환가격을 시장가격보다 일반적으로 높게 책정함으로써 보유주식을 현재의 시가보다 높은 가격으로 매각할 수 있는 수단으로 유용하다.

3) 교환사채(EB)의 주요 용어

(1) 액면이자율

사채권에 교환청구권(옵션)을 부여함으로써 일반사채의 액면이자율보다 낮게 발행할 수 있기 때문에 자금조달비용이 일반사채에 비하여 상대적으로 낮다. 그러나 교환사채의 액면이자율은 일반적으로 교환대상 주식의 배당수익률보다 높다.

(2) 보장수익률

주식시장의 침체로 인하여 채권투자자(사채소유자)가 교환권을 행사하지 않으면 일반사채권자에 비하여 채권투자자(교환사채권자)의 수익은 낮아진다. 따라서 보장수익률은 전환사채 및 신주인수권부사채와 마찬가지로 일반회사채에 비하여 낮은 수익률을 보장해 주기 위하여 만기일에 원금 이외에 일정의 이자를 추가로 지급함으로써 채권투자자의 낮은 수익률을 보상하는 수익률을 말한다.

(3) 교환권내용(사채원부 기재사항)

① 상장유가증권과 교환을 청구할 수 있는 권리가 부여된 내용
② 교환할 상장유가증권의 내용
③ 교환의 조건
④ 교환을 청구할 수 있는 기간

2. 교환사채 발행기업의 장단점 (Exchangeable Bond & Issuer)

1) 사채발행기업의 장점

① 보유주식을 처분하지 않고 자금화할 수 있다.

② 보유주식의 직접 매각 시 우려되는 주가하락을 분산시킬 수 있다.

2) 사채발행기업의 단점

① 교환권을 행사하면 업무가 번거롭다.

② 청구시기에 대한 예측이 불확실하다.

③ 보유유가증권을 예탁기관에 예탁하기 때문에 현금화가 불가능하다.

3. 교환사채 투자자의 위험분석 (EB Investor & Risk Analysis)

1) EB투자자의 유용성

① 보장수익률에 의한 안정성이 있다.

② 교환대상의 주가가 상승하면 주식매매차익을 기대할 수 있다.

2) EB투자자의 위험분석

① 기업의 신용위험(채무불이행위험)

② 채권의 가격변동위험

③ 주식시장이 침체되면 교환권행사가 어렵다.

④ 교환권행사를 할 수 없게 되면 시장수익률과 보장수익률의 차이만큼 기회손실이 발생한다.

연습문제

제 10 장

1. 회사채발행의 장점과 단점을 발행기업 입장에서 설명하시오.

2. 회사채와 주식의 차이점을 설명하시오.

3. 콜옵션부사채의 개념과 특성을 설명하시오.

4. 전환사채의 장점을 설명하시오.

5. 신주인수권부사채의 장점을 설명하시오.

6. 교환사채의 장점을 설명하시오.

05편

부동산금융과 프로젝트파이낸스

Real Estate Finance & Project Finance

부동산금융의 종류, 금융구조, PF의 특성 및
위험분석을 중심으로

11 장

부동산금융과 위험분석

Real Estate Finance & Risk Analysis

핵 심 용 어

- 부동산담보대출
- 부동산금융
- 부동산개발금융
- 부동산신탁회사
- 부동산펀드
- 부동산투자회사 REITs
- 프로젝트파이낸스
- 부동산 PF
- 부동산증권화
- 토지확보위험
- 인허가위험
- 건설위험
- 분양위험
- 분양가산정

제1절

부동산금융의 개념과 종류

Concept & Types of Real Estate Finance

1. 부동산금융의 개념 (Real Estate Finance)

부동산금융은 부동산(토지, 주택, 아파트, 상업건물, 오피스텔, 사무용건물, 골프장 등)을 매입하거나 건설에 필요한 자금 및 완공된 부동산을 운영 · 관리하는 등에 필요한 자금을 대출금, 자산유동화(ABS), 펀드(fund), 프로젝트파이낸스(project finance), 부동산리츠 등의 금융방식으로 부동산 매입자 혹은 개발사업 시행사에 금융을 제공하는 것을 말한다.

이때 금융기관은 은행을 포함하여 저축은행, 증권회사, 부동산신탁회사, 부동산투자회사(REIT's) 등이 된다. 사업시행자 입장에서 보면 부동산금융은 부동산 매입 및 개발을 위하여 어떤 금융기관으로부터 어떠한 유형의 자금을 제공받는가 하는 것이다.

한편 부동산금융상품은 부동산개발에 지원하는 자금을 조달하기 위하여 관련부동산과 미래사업성을 담보로 설계한 유동화(ABS) 혹은 펀드(fund)화한 금융상품을 판매회사를 통하여 일반 개인에게 판매하는 방식으로 자금을 조달하는 금융상품을 말하다. 그러므로 투자자 입장에서 보면 부동산금융상품은 부동산투자를 위하여 자금을 조달하는 방식에서 파생된 투자대상으로서 금융상품이다.

또한 완공된 부동산을 담보로 하는 부동산담보대출은 대출기간이 장기이지만 금리가 상대적으로 낮은 편이다. 그러나 미래 사업성을 담보로 하는 부동산개발금융과 관련한 대출금 및 부동산금융상품은 기간이 상대적으로 장기이고 투자실패에 따른 위험으로 인하여 금리가 상대적으로 높은 경향이 있다. 이 문제를 해결하기 위하여 금융기관은 기간이 단기인 유동화기업어음(ABCP)을 발행하여 자금조달을 용이하게 하기도 한다.

2. 부동산금융의 종류 (Types of Real Estate Finance)

부동산금융의 종류로 ① 부동산담보대출, ② 부동산개발금융, ③ 부동산 프로젝트파이낸스(project finance), ④ 자산유동화를 통한 부동산증권화(ABS) 등으로 구분할 수 있다. 이를 그림으로 정리하면 다음과 같다.

● 그림 11-1 _ 부동산금융의 종류

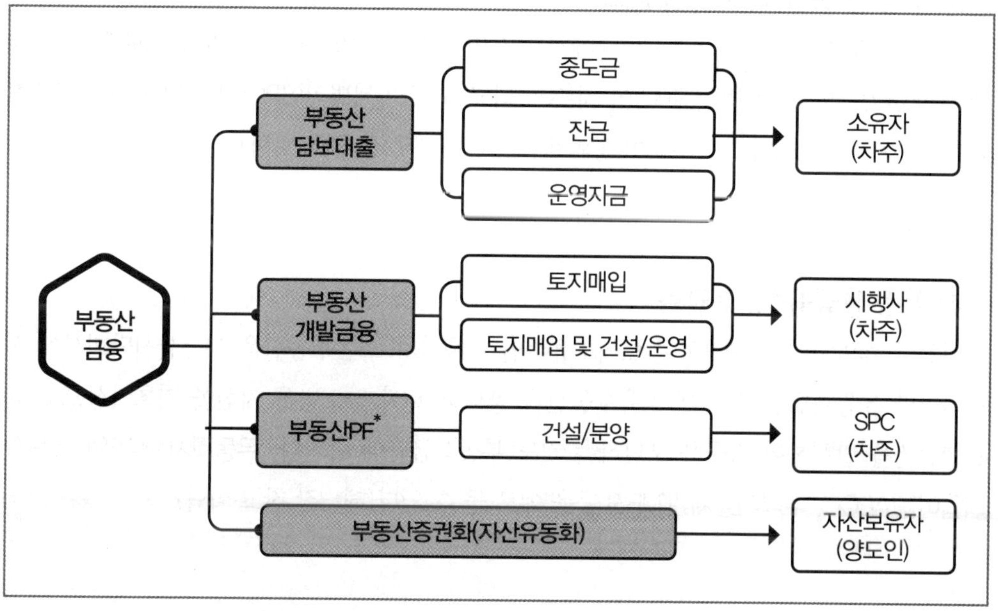

* 시장에서는 부동산개발금융을 포함하여 '부동산PF'라 부르기도 한다.

1) 부동산담보대출

부동산담보대출은 금융기관의 전통적인 담보대출로서 그 용도를 살펴보면 세 가지로 구분된다. 예를 들면 부동산매입을 위한 ① 중도금대출, ② 잔금대출, ③ 이미 완공되어 운영되고 있는 빌딩, 상가, 주택 등을 담보로 소유자에게 제공하는 운영자금대출(즉 운전자금대출)이 있다.

부동산담보대출의 상환재원으로는 담보부동산에서 파생되는 영업수익, 차주의 담보부동산과 관련 없는 소득 및 담보부동산의 처분 등이 있다.

2) 부동산개발금융

(제4절 4.부동산금융 '대출유형IV' 참고 바람)

3) 부동산 프로젝트파이낸스

프로젝트파이낸스(project finance)에서는 사업시행자와 법적으로 독립된 프로젝트 그 자체(project)인 특수목적법인(SPC)이 차주가 되고, 특수목적법인(SPC)에서 발생하는 미래현금흐름, 즉 프로젝트의 운영수익이 상환재원이 된다(제12장 참고 바람).

4) 부동산금융의 증권화

부동산 개발사업과 관련하여 토지소유주인 시행사가 소유부동산을 부동산신탁회사에 신탁하거나 유동화법인(SPC)에 소유부동산을 양도하고 이 양도받은 자산을 기초자산으로 유동화증권을 발행하여 자금을 조달하는 것도 부동산금융에 속한다. 유동화사채(ABS), 유동화기업어음(ABCP), 주택저당채권(MBS) 등을 예로 들 수 있다(제13장 참고 바람).

제2절

부동산개발금융의 구조와 위험분석

Risk Analysis for Real Estate Finance

1. 부동산개발금융의 내용 및 특성 (Risk Analysis for Real Estate Finance)

부동산개발금융은 상업빌딩, 아파트개발, 주상복합건물개발, 골프장 등 부동산개발 사업에 필요한 금융이다. 그 용도를 살펴보면 크게 두 가지, 즉 ① 부동산개발 사업에 필요한 토지매입을 위한 금융과 ② 개발부동산의 완공을 위한 건설 및 리모델링(remodeling)에 필요한 금융으로 구분할 수 있다.

부동산개발사업은 대상 부동산을 개발하고 그 사업이 완공되면 분양을 하는데, 그 분양을 통하여 유입되는 분양대금(중도금 및 잔금) 및 회원권 판매대금 등이 상환재원이 된다.

이와 같이 부동산개발금융의 상환재원은 분양대금이므로 성공적인 분양여부가 대출금회수의 핵심이다. 따라서 대출기간은 공사기간, 즉 3-5년 정도가 일반적이다. 부동산개발금융의 차주는 시행사(사업주; project owner)이고, 건설사가 대출기관에 대출금의 담보로 '책임시공 및 채무인수' 또는 '연대보증'을 제공하는 경우가 많다.

2. 부동산개발금융의 단계별 위험분석

부동산개발금융은 사업의 단계별로 여러 가지 위험이 상존한다. 이를 그림으로 정리하면 다음과 같다.

● 그림 11-2 _ 부동산 개발사업 단계별 위험분석

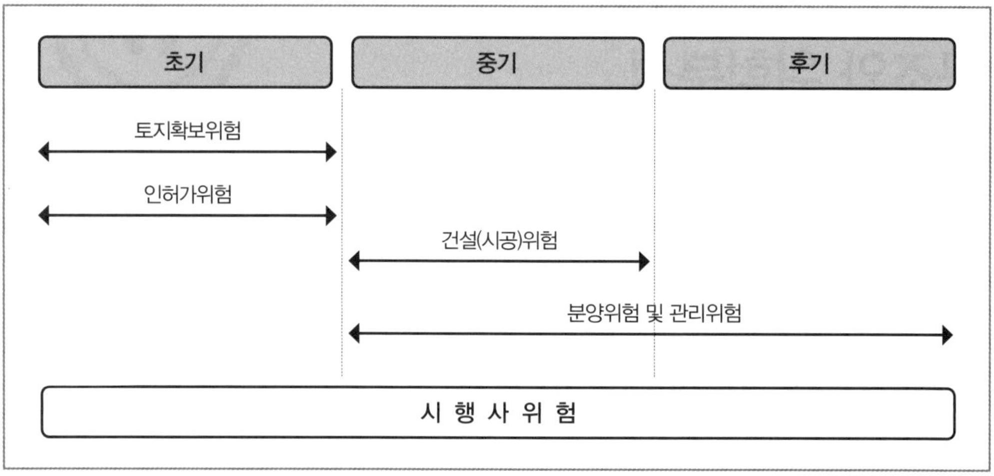

부동산개발 사업은 초기, 중기, 후기 3단계로 구분할 수 있으며 전 단계에서 발생하는 위험의 합이 곧 시행사가 사업을 실행하면서 직면하는 여러 가지 위험, 즉 시행사의 위험이다. ① 토지확보위험, ② 인허가위험, ③ 건설(시공)위험, ④ 분양위험 및 관리위험 등을 예로 들 수 있다.

1) 토지확보위험

토지확보위험은 사업시행자가 사업대상 토지를 확보하는 데 발생할 수 있는 위험을 말한다. 예를 들어, 사업부지 내에 토지소유주가 많은 경우, 교회 혹은 사찰이 있는 경우, 문화재 및 공공시설이 있는 경우 등의 사업부지는 상대적으로 토지확보위험이 높다고 할 수 있다. 특히 사업부지 내에 토지소유주가 많은 경우에는 전체 토지에 대하여 일괄계약방식을 원칙으로 해야 한다.

만약 자금이 부족하면 계약금은 일시에 지급하고 중도금 혹은 잔금은 소유주별로 시차를 두고 지급하는 방식을 취하게 된다. 또한 시차를 두고 계약을 한다면 최대한 그 시차를 단축시켜야 위험을 최소화할 수 있다. 그러므로 대출은행은 대출실행 이전에 사업부지에 대한 실사를 반드시 해야 한다.

만약 토지매입이 일괄계약으로 이루어지지 않으면 소수토지소유자의 토지매도 거부 및 지연으로 사업의 진행이 계획대로 진행되지 않을 수 있을 뿐만 아니라, 만약 토지소유자가 매도가격을 높일 경우 사업성, 즉 사업의 수익성을 악화시킬 수 있다. 바꾸어 말하면, 토지매입 비용의 증가로 인하여 사업의 수익성을 확보하고자 분양가격을 높이게 되면 미분양의 원인이 될 수 있다.

2) 인허가위험

인허가위험은 사업시행을 위하여 정부 혹은 지방자치단체로부터 인가 혹은 허가를 받는 과정에서 발생하는 위험, 즉 인허가를 받지 못할 위험을 말한다. 인허가위험은 현실적으로 대출은행이 분석하기에 어려움이 많다. 따라서 원칙적으로 인허가를 받은 후에 대출이 이루어지는 것이 바람직하지만, 그렇지 않으면 인허가위험을 축소하기 위하여 대출은행은 인허가위험을 경험이 많은 건설사에 전가하는 방안을 강구하는 것이 좋다.

예를 들면, 인허가승인을 받는 조건부 한도승인, 인허가승인 진행에 따라 대출한도의 일부를 집행하는 방안 등을 예로 들 수 있다.

3) 건설위험

건설위험은 시공위험이라고도 하며 사업부지에서 계획한 건축물을 착공에서 완공할 때까지 발생할 수 있는 위험을 말한다. 건설위험은 건설사의 시공능력 및 재무능력, 기존시설물 및 주민의 철거, 환경단체의 반대, 주위주민의 민원, 공사 중 문화재 출토 등으로 인한 공사중단에서 발생한다.

이와 같이 건설과정에서 발생하는 모든 위험은 건설사의 능력에 의존해야 하므로 부동산개발금융에서 건설위험분석의 대상은 곧 건설사의 신용위험이 된다.

그러므로 대출은행은 건설사의 시공능력(도급순위, 기술력 및 전문분야, 업계지위, 과거실적 등) 점검과 재무능력(차입능력, 업계 인지도, 재무상태, 매출액, 수익성 등) 점검이 건설위험분석의 핵심이다. 건설위험을 회피하기 위하여 시공능력이 우수한 관계건설사 또는 다른 건설사의 책임시공 및 채무인수 조건 등을 내세우는 것을 예로 들수 있다.

4) 분양위험

분양위험은 시행자가 완공된 건축물을 분양할 때에 목표로 하는 분양률에 미치지 못할 위험을 말한다. 시행자에 따라 분양전략을 다양하게 할 수 있다. 예를 들어 100%분양 전략과 80%분양 전략이 있을 때 100%분양 전략은 시행자가 자금력이 부족하거나 적정수익성을 목표로 하여 수분양자로부터 구매력이 있는 적정분양가에 분양하는 경우이고, 80%분양전략은 시행사가 자금력이 있거나, 시중금리가 낮거나 부동산가격이 상승기에 있을 때 다소 높은 분양가로 고수익을 목표로 하는 전략이다.

3. 부동산개발금융의 대출상환능력

대출은행 입장에서 볼 때 부동산개발금융의 성공 여부는 대출금의 상환능력 분석에 있고, 대출금의 상환능력은 현실적으로 성공적인 분양에 달려 있다. 따라서 성공적인 분양과 대출금의 상환능력 분석을 위해서는 여러 가지 점검사항이 있으며, 이를 정리하면 다음과 같다.

1) 토지매입가격의 적정성

토지매입가격의 적정성에 대한 분석은 부동산개발사업의 초기에 발생하는 토지확보위험에 해당하고, 이를 위해서는 실사를 통하여 유사 토지(예; 위치 및 규모 등)에 대한 주변 시세와 최근 매매가에 대한 점검이 반드시 필요하다.

2) 사업비산정의 점검

사업주가 제시한 사업비산정에 대한 점검은 대출기관의 부동산금융 심사에 매우 중요한 자료이다. 사업비산정의 주요 내용은 설계비용, 인허가비용, 부담금 및 세금, 건설공사비, 관리비 및 분양비용 등으로 구성된다.

사업비 = 설계비용 + 인허가비용 + 부담금 + 세금 + 건설공사비 + 관리비 + 분양비용 등

3) 완공건물 단위면적당 원가의 산정

사업주가 제시한 완공건물 단위(예; MM)면적당 원가의 산정에 대한 검토 역시 대출기관의 부동산금융 심사에 매우 중요한 자료이다. 완공건물 단위(예; MM)면적당 원가는 다음과 같이 산출된다.

완공건물 단위면적당 원가의 산정 = (토지매입가격 + 총사업비) / 단위면적

4) 분양가 및 목표(예상)분양률의 산정

일반적으로 분양가는 시나리오분석을 통한 목표(예상)분양률에 따라 분양가가 달라지고, 이에 따라 분양가를 산정한다. 예를 들어 최소분양률(최대분양가 적용)과 최대분양률(최소분양가 적용)을 사전에 정하고, 최근 주변 분양가, 최근 분양률, 주변 매매가 및 임대수익 등을 고려하여 분양가를 결정한다. 따라서 사업주 입장에서는 시나리오분석을 통한 목표(예상)분양률의 산정은 손익분기점의 산정기준이 된다.

제3절

부동산금융을 위한 자금조달방안

Source of Real Estate Finance

시행자 입장에서 자금조달을 위한 부동산금융의 자금조달방안을 정리하면 다음과 같다.

● **그림 11-3** _ 부동산금융의 재원

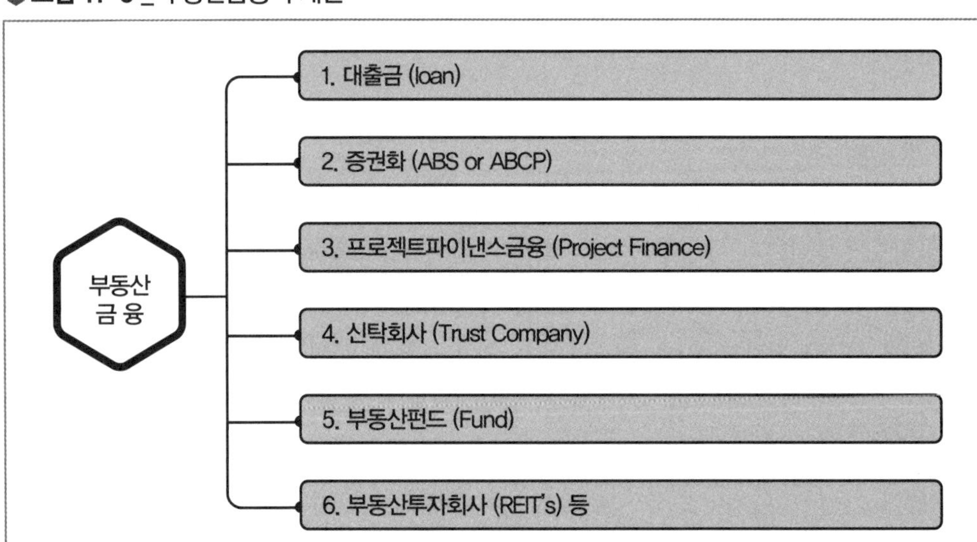

부동산개발을 위한 개발사업 시행자 입장에서 보면 사업에 필요한 자금조달이 가장 중요하다. 시행자 입장에서 자금조달을 위해 이용할 수 있는 재원은 대략 여섯 가지 정도로 정리할 수 있다.
사업시행자는 ① 시중은행 및 저축은행에 의한 대출금(loan),(제4절 참고 바람) ② 자산유동화를 통한 증권화(ABS 또는 ABCP),(제13장 참고 바람) ③ 프로젝트파이낸스(project finance), ④ 부동산신탁회사(trust company), ⑤ 부동산펀드(fund), ⑥ 부동산리츠(REIT's) 등을 이용하여 자금을 조달할 수 있다.

1. 신탁회사 (Trust Company)

신탁회사는 개인 또는 법인의 부동산을 신탁받아 효율적으로 개발, 관리, 처분 등을 한 이후에 계약기간이 끝나면 다시 소유주에게 신탁부동산을 돌려주는 업무를 담당한다.

주요 업무에는 ① 고객이 신탁한 토지에 택지를 조성하거나 건축물을 건설하고 이를 분양하거나 임대하여 그 수익을 소유주에게 돌려주는 토지신탁업무, ② 임대차관리, 시설유지관리 등의 업무를 수행하는 관리신탁업무가 있다.

또한 ③ 처분이 어려운 부동산을 신탁받아 공신력을 바탕으로 처분을 대행하는 처분신탁업무, ④ 소유자가 특정채권자(금융기관)의 채무를 불이행하면 신탁부동산을 환가하여 채권자에게 변제하고 남은 잔액을 소유자에게 지급하는 담보신탁업무 등이 있다.

2. 부동산투자펀드 (Real Estate Investment Fund)

부동산투자펀드는 간접투자자산운영법을 근거로 설립된 주식회사인 금융기관으로서 부동산 간접투자기구, 즉 자산운용사에 해당한다. 부동산펀드(자산운용사)는 부동산개발 및 부동산관련 채권 등에 투자를 목적으로 개인투자자로부터 자금(투자신탁자산)을 모집하여 이 자금을 수탁회사에 보관하고 수탁회사는 자산운용사(부동산펀드)의 지시에 따라 부동산을 매입하고 처분한다.

부동산투자펀드의 주요 업무는 특정부동산에 대한 집중투자가 아니라 다양한 부동산의 매입, 개발, 임대, 관리 등이다. 자산운용사는 투자신탁운용회사 및 증권투자회사뿐만 아니라 은행, 보험사, 종금사도 설립이 가능하다. 또한 뮤추얼펀드(mutual fund)는 투자대상이 다양하여 부동산투자 외에 주식이나 채권에도 투자가 가능하다.

3. 부동산투자회사 (Real Estate Investment Trusts: REITs)

2001년 부동산투자회사법을 통하여 부동산투자회사(REITs)가 도입되었다. 리츠(REITs)는 부동산증권화의 대표적인 상품으로 투자자로부터 투자위임을 받아 부동산개발사업, 임대, 부동산관련 증권 등에 투자하고 그 수익을 투자자에게 배당하는, 부동산투자만을 전문으로 하는 주식회사를 말한다.

투자신탁회사와 뮤추얼펀드(mutual fund)는 부동산투자 외에 일반주식이나 채권에도 투자하지만 리츠(REITs)는 부동산 및 부동산관련 채권에만 투자한다는 점이 다르다.

리츠(REITs)의 특징은 투자부동산의 미래현금흐름에 기준을 두고 투자하고 배당을 설계하기 때문에 투자부동산은 주로 임대료수익이 발생하는 수익부동산이다. 투자대상별로 사무용빌딩 리츠, 주택리츠, 호텔리츠, 소매점포리츠, 학원리츠 등을 예로 들 수 있다.

제4절

부동산금융의 대출구조와 위험분석

Loan Structure & Risk for Real Estate Finance

금융기관 입장에서 보면 부동산금융은 ① 대출금(loan), ② 자산유동화를 통한 부동산증권화(ABS, ABCP), ③ 프로젝트파이낸스(PF) 등을 통하여 부동산소유자, 부동산매입자 및 부동산개발자에게 자금을 지원할 수 있다.

은행이 기업금융(corporate banking)에서 종합금융(investment banking)으로 발전하면서 대출금(loan)에 의한 부동산금융보다는 자산유동화를 통한 부동산증권화(ABS, ABCP) 또는 프로젝트파이낸스(PF)를 이용하는 부동산금융이 확대되는 경향이다.

금융기관 입장에서 직간접적으로 관여하는 여러 가지 부동산금융의 구조를 구분해 보면 대출구조와 유동화구조로 나눌 수 있다. 본 절에서는 우선 여러 가지 대출유형에서 현금흐름구조와 금융위험을 분석하기로 한다.

1. 부동산금융 '대출 유형 I'

● **그림 11-4** _ 부동산금융 '대출 유형 I'

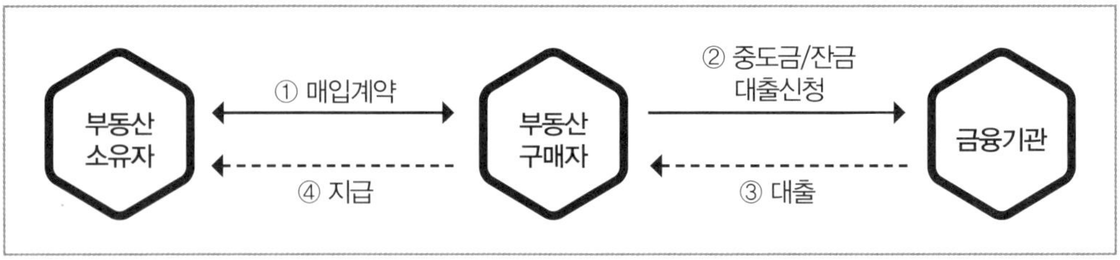

부동산금융 '대출 유형 I'은 부동산금융에서 가장 간단한 구조로서 전통적인 부동산담보대출 유형이다. 부동산구매자가 부동산 구입자금이 부족하여 금융기관으로부터 부동산구입에 부족한 중도금 또는 잔금을 대출받아 부동산을 구입하는 구조이다.

이때 부동산구매자는 취득부동산에 대한 담보제공을 전제로 대출을 받기 때문에 금융기관은 대출금을 부동산구매자에게 지급하는 것이 아니라 부동산판매자에게 지급하고 담보서류를 받는다. 대상부동산은 주로 아파트, 주택, 상가, 상업빌딩 등이며 금융기관은 은행 외에 저축은행 혹은 보험회사도 된다.

■ **금융위험분석**

부동산담보대출의 상환재원은 ① 담보부동산의 처분, ② 담보부동산에서 파생되는 수익 및 ③ 담보부동산과 관련 없이 차주의 소득에 있다. 그러므로 금융기관 입장에서는 담보물건의 현재 및 미래가치와 부동산구매자의 직업 및 연소득 등이 대출심사의 대상이 된다.

2. 부동산금융 '대출 유형 II'

● **그림 11-5** _ 부동산금융 '대출유형 II'

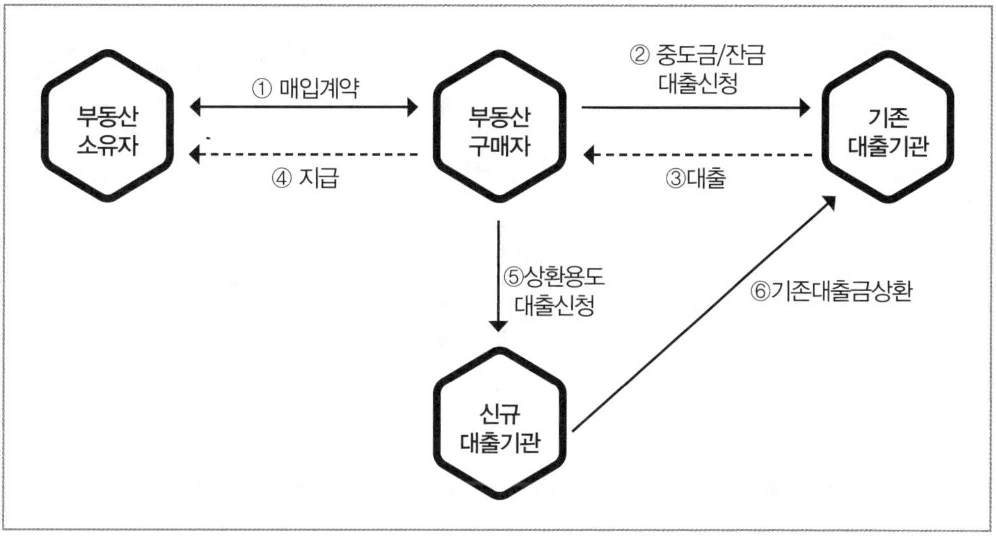

부동산금융 '대출 유형 II'는 금융기관 가운데 은행의 부동산담보대출을 이용하고 부동산을 구입한 부동산소유자가 추가자금이 필요한 경우에 신규대출기관(예; 보험회사 혹은 저축은행)으로부터 담보대출을 받아 은행으로부터 빌린 기존 대출금을 상환하는 차환대출(refinancing) 구조이다.

이와 같이 신규대출로 기존대출을 상환하는 이유는 은행과 비교하여 저축은행 혹은 보험회사의 담보에 대한 대출비율이 상대적으로 높기 때문이다. 또 다른 이유로는 상가 혹은 상업빌딩 등의 부동산을 구입하는 경우에 상대적으로 대출이 용이한 금융기관(저축은행, 보험회사)의 대출금으로 부동산을 구입한 이후에 금융비용을 절약하기 위하여 상대적으로 금리가 저렴한 은행에서 대출을 받아 기존대출을 상환하는 경우가 있다.

■ 금융위험분석

부동산담보대출의 상환재원 및 대출심사의 대상은 부동산금융 '대출 유형 I'과 같다.

3. 부동산금융 '대출 유형 III'

● **그림 11-6 _ 부동산금융 '대출 유형 III'**

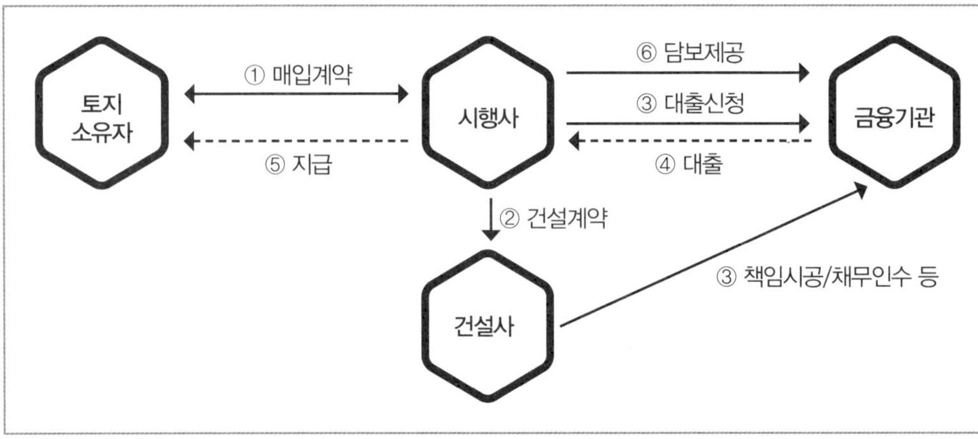

부동산금융 '대출유형III'는 부동산개발금융에 속한다. 부동산개발사업의 대상은 주로 상업건물, 사무용건물, 아파트, 콘도미니엄, 골프장 등이고, 대출금의 상환재원은 개발 중인 부동산사업의 분양으로 유입되는 분양대금 또는 회원권 판매대금이 된다. 따라서 대출기간은 공사기간, 즉 3–5년 정도가 일반적이다. 건설사가 대출기관에 대출금의 담보로 '책임시공 및 채무인수' 또는 '연대보증'을 제공하기도 한다.

▪ 금융위험분석

단기대출은행의 금융위험은 시행자의 신용위험과 부동산의 담보가치에 있다. 만약 건설사의 연대보증이 있거나 책임시공 및 채무인수의 신용보강이 있으면 건설사의 신용위험에도 의존한다.

금융기관 입장에서 보면 '대출 유형 III'은 '대출 유형 I 혹은 II'에 비하여 상대적으로 금융위험이 높다. 왜냐하면 '대출 유형 I 혹은 II'의 담보대상은 주로 완공된 부동산(예; 아파트, 주택, 상가, 상업빌딩)대출의 담보대상인 반면에 '대출 유형 III'의 담보대상은 주로 개발 예정된 토지, 개발 중인 토지 혹은 리모델링(remodeling) 대상인 건물과 같이 향후 용도나 외형이 변형될 부동산이기 때문이다.

4. 부동산금융 '대출 유형 IV'

● **그림 11-7** _ 부동산금융 '대출 유형 IV'

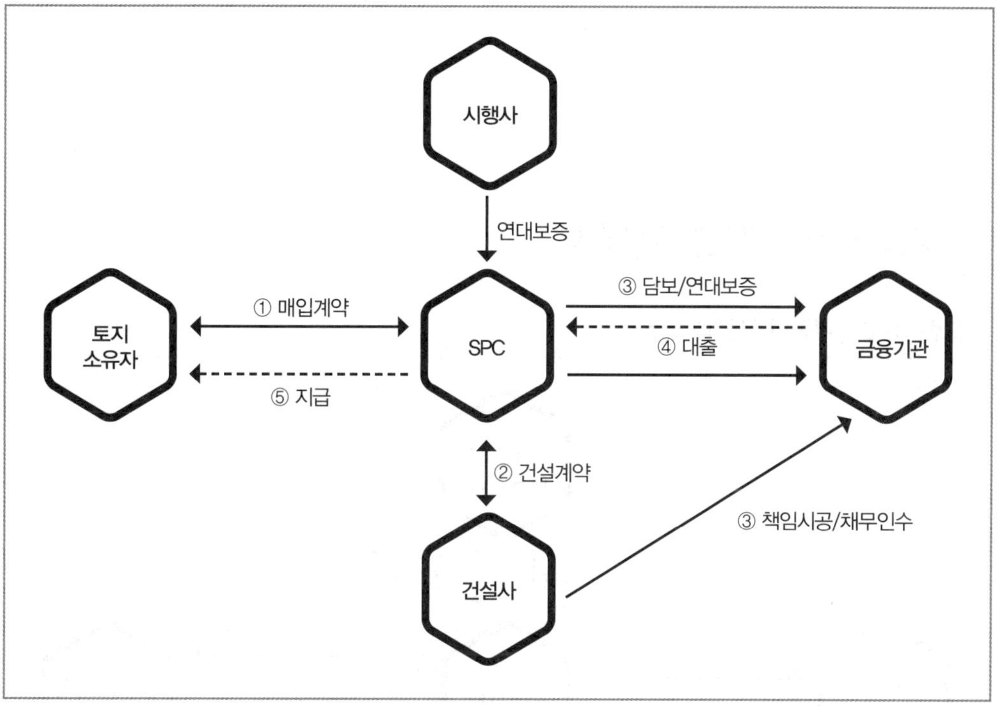

부동산금융 '대출유형IV'은 '부동산PF'에 속한다. 부동산PF에서는 부동산개발금융과는 달리 특수목적법인(SPC)이 차주가 되고, 대신 시행사(사업주)는 SPC를 위해 대출기관에 연대보증을 제공한다. 그러나 대출금의 상환재원은 부동산개발금융과 마찬가지로 개발 중인 부동산사업(상업건물, 사무용건물, 아파트, 콘도미니엄, 골프장 등)의 분양으로 유입되는 분양대금 또는 회원권 판매대금이 된다. 따라서 대출기간은 공사기간, 즉 3-5년 정도가 일반적이다.

이와 같이 시행사(사업주) 본인이 부동산금융의 차주가 되지 않고, 특수목적법인(SPC)을 차주로 하는 이유는 그 대출금을 시행사입장에서는 장부외금융으로 하기 위함이다. 한편 시장에서는 부동산개발금융과 부동산PF를 구분하지 않고 '부동산PF'라 부르기도 한다.

■ 금융위험분석

부동산금융 '대출유형IV'에서는 시행사(사업주)가 SPC를 위해 대출기관에 연대보증을 제공하지만, 차주가 시행사가 아니고 특수목적법인(SPC)이므로 금융기관입장에서 금융위험은 '대출유형III' 보다 '대출유형IV'가 상대적으로 높다고 평가한다.

5. 부동산금융 '대출 유형 V'

● **그림 11-8** _ 부동산금융 '대출 유형 V'

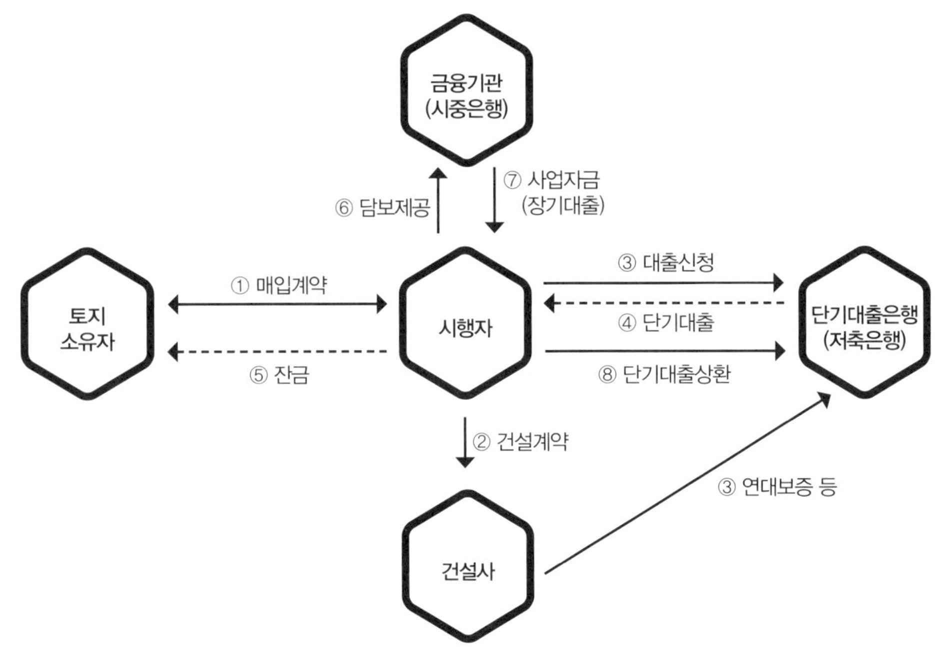

※ 단기대출(bridge loan)

부동산금융 '대출 유형 V'는 부동산개발 사업시행자가 개발지역의 토지를 매입하고 이를 담보로 예상금융기관(예; 은행 혹은 부동산신탁회사)에 제공하고 부동산개발 사업자금을 마련하거나 사업을 하려는데 토지매입자금이 부족한 경우이다. 시행자는 토지매입을 위한 매매계약을 하고 대출이 상대적으로 용이한 단기대출은행(예; 저축은행 혹은 보험회사)으로부터 일시적으로 단기대출을 받아 개발예정 토지를 구입한다.

(사업시행자는 취득한 토지에 계획하고 있는 사업을 위하여 토지의 형질을 변경하거나 시설물 건축에 대한 인허가 등을 받음으로써 개발대상 토지에 대한 가치를 높인 후에) 이 개발예정지를 원래 계획한 금융기관(예; 은행 혹은 부동산신탁회사)에 담보로 제공하고 사업자금을 마련하거나 신탁회사와 부동산 사업을 하려는 구조이다.

이와 같이 다른 금융기관의 장기대출금을 상환재원으로 대출은행의 일시적인 단기대출은 특정용도단기대출(bridge loan: 3장 3절 참고 바람)에 속한다. 이때 개발예정지에 시설물을 건설하기로 계약한 건설사는 사업주를 위하여 일시대출은행에 연대보증 혹은 지급보증을 제공하기도 한다.

■ **금융위험분석**

단기대출은행의 금융위험은 상환재원이 다른 금융기관의 예정된 장기대출금이다. 그러므로 만약 갑작스러운 부동산경기의 악화 등을 이유로 장기대출금이 예정대로 집행되지 않으면 단기대출은행의 금융위험은 담보부동산(토지)의 가치와 시행사의 신용위험에 의존해야 한다. 따라서 부동산개발 사업이 예정대로 진행되지 않는 상황에서 부동산가격의 하락이 발생하면 시행사로서는 이자지급과 부노위험이 높아진다.

만약 건설사가 차주를 위하여 단기대출은행에 연대보증 혹은 책임시공 및 채무인수 등의 신용보강을 제공했다면 건설회사의 신용위험에도 의존한다. 부동산개발 사업에 제공한 부동산금융 위험은 '대출 유형 III'과 같다.

6. 부동산금융 '대출 유형 VI'

● **그림 11-9** _ 부동산금융 '대출 유형 VI'

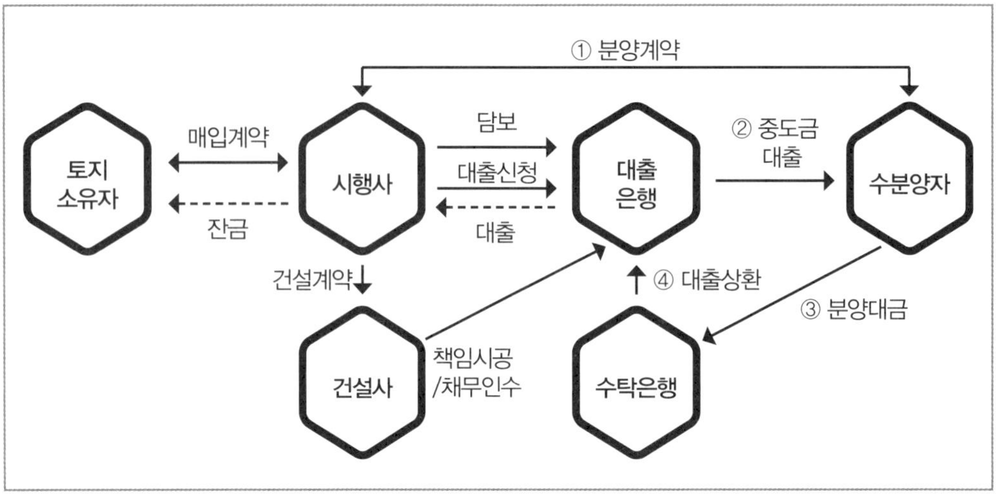

부동산금융 '대출 유형 VI'는 부동산개발 사업시행자는 대단위 아파트분양, 주상복합건물분양, 재개발 혹은 아파트 재건축과 같이 대단위 주택분양사업을 계획하고 개발지역의 토지를 매입하기 위하여 금융기관으로부터 대출을 받아 토지매입 잔금을 지급하고, 동시에 취득한 토지를 금융기관에 담보로 제공하고, 분양을 통하여 투자자를 모집하고 투자자가 납입하는 중도금 및 잔금으로 건축물을 완공하고 대출금을 상환하는 구조이다.

수분양자(투자자)가 수탁은행이 관리하는 수탁계좌(escrow account: 시행사의 계좌)로 분양대금(계약금, 중도금 및 잔금)을 납입하면 수탁은행이 이자지급 및 대출금 상환 등을 관리한다. 또한 대출은행은 이 개발사업에 시행자의 대출은행과 수탁은행으로 참여함으로써 수분양자(투자자)에 대한 집단대출, 즉 중도금대출 및 잔금대출을 위한 집단대출은행의 기회를 갖기도 한다.

개발예정지에 시설물을 건설하기로 약정한 건설사(시공사)는 시행자를 위하여 대출은행에 책임시공 및 채무인수와 같은 신용보강을 제공하고 연대보증을 제공하는 경우도 있다.

■ 금융위험분석

금융기관의 금융위험은 시행자의 신용위험, 부동산의 담보가치, 건설사의 책임시공 및 채무인수가 있으면 연대보증이 없더라도 건설사의 신용위험에 의존하는 것과 같다.

이 구조에서는 대출금의 상환재원이 분양대금이므로 사업성검토 및 (평가기관이 있으면) 검토의견과 건설회사의 시공능력 분석이 매우 중요하다. 시행자의 자금조달 실패, 미분양 또는 갑작스러운 불경기 도래 등의 사태로 인하여 시행자가 건설사 혹은 관련 채권자에 대금지급을 못 하고 부도가 나는 경우를 종종 볼 수 있다.

만약 건설사의 책임시공과 채무인수 조건이 있으면 시공능력과 차입능력이 있는 건설사가 사업과 채무를 인수하고 책임시공으로 설계변경을 통한 시설물 및 단지환경(놀이터, 산책로, 지상주차장) 등을 보강하고 재분양을 통하여 대출금을 회수할 수 있다.

7. 부동산금융 '대출 유형 VII'

그림 11-10 _ 부동산금융 '대출 유형 VII'

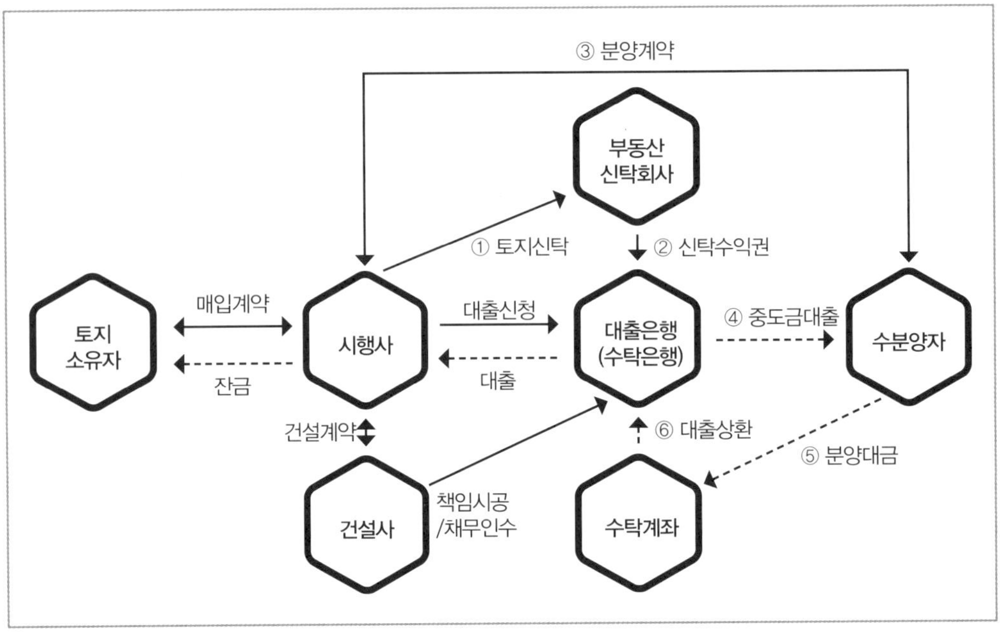

부동산금융 '대출 유형 VII'은 부동산개발 사업시행자는 대단위 아파트분양, 주상복합건물분양, 재개발 혹은 아파트 재건축과 같이 대단위 주택분양사업을 계획하고 개발지역의 토지를 매입하기 위하여 대출은행으로부터 대출을 받아 토지매입 잔금을 지급하고, 동시에 취득한 토지를 부동산신탁회사에 신탁하고 그 신탁수익권을 대출은행에 담보로 제공하고, 분양을 통하여 수분양자(투자자)를 모집하고 투자자가 납입하는 중도금 및 잔금으로 건축물을 완공하거나 대출금을 상환하는 구조이다.

'대출 유형 VII'은 부동산신탁회사의 신탁 외에는 '대출 유형 VI'의 구조와 모두 같다.

■ **금융위험분석**

'대출 유형 VII'은 대출은행이 토지를 담보로 받는 대신 부동산신탁회사로 시행자가 신탁한 토지로부터 발생하는 신탁수익권을 담보로 받는 것만 다를 뿐이다.

그러므로 금융기관의 금융위험, 대출금의 상환재원 및 대출심사의 대상은 부동산금융 '대출 유형 VI'와 같다.

제5절

부동산금융의 활용사례

부동산금융과 관련하여 대출, 부동산펀드, 자산유동화를 활용한 사례를 소개하면 다음과 같다(유동화에 관한 자세한 내용은 제13장 참고 바람).

● **그림 11-11** _ 대출과 ABS 활용사례

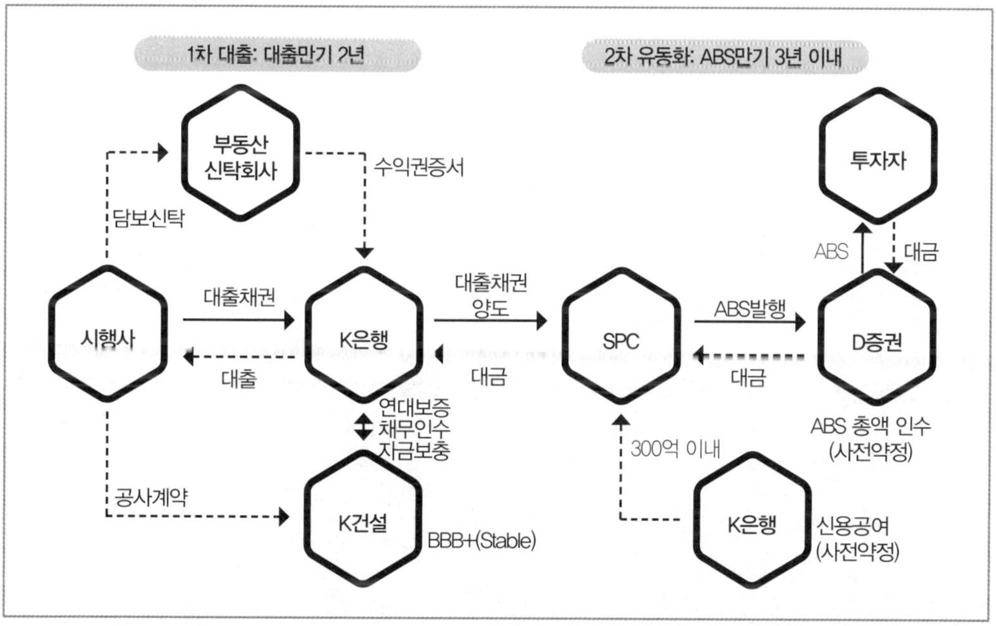

● 그림 11-12 _ 부동산펀드와 대출활용사례

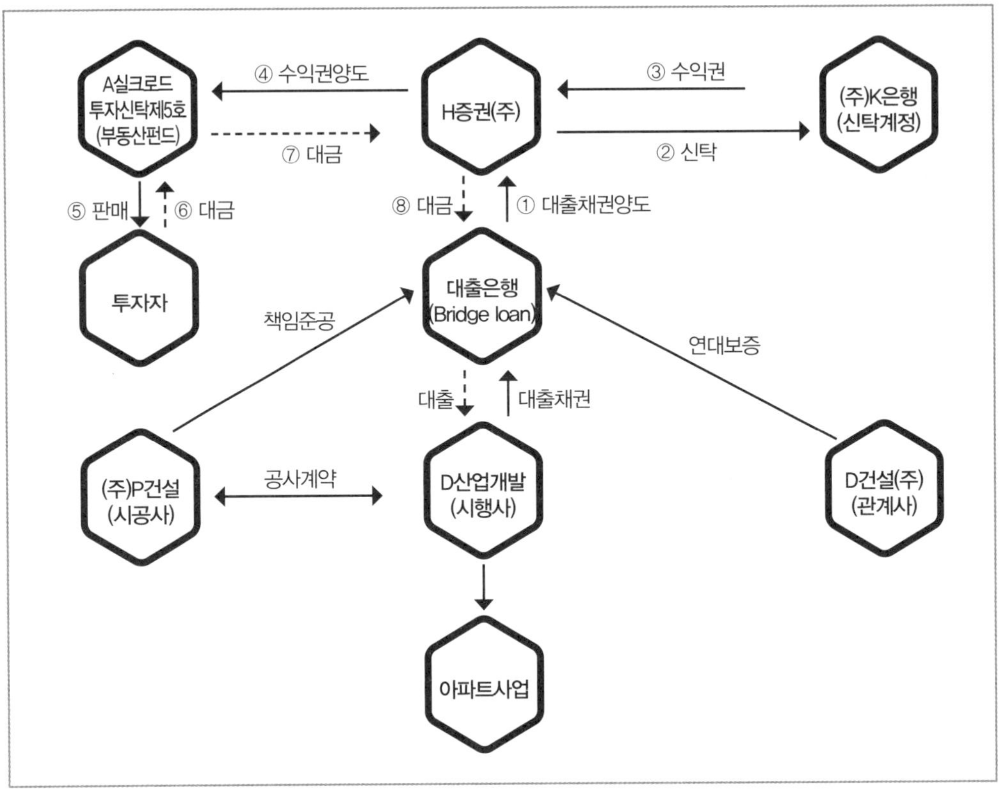

● **그림 11-13 _ 부동산대출(A, B)과 ABS 활용사례**

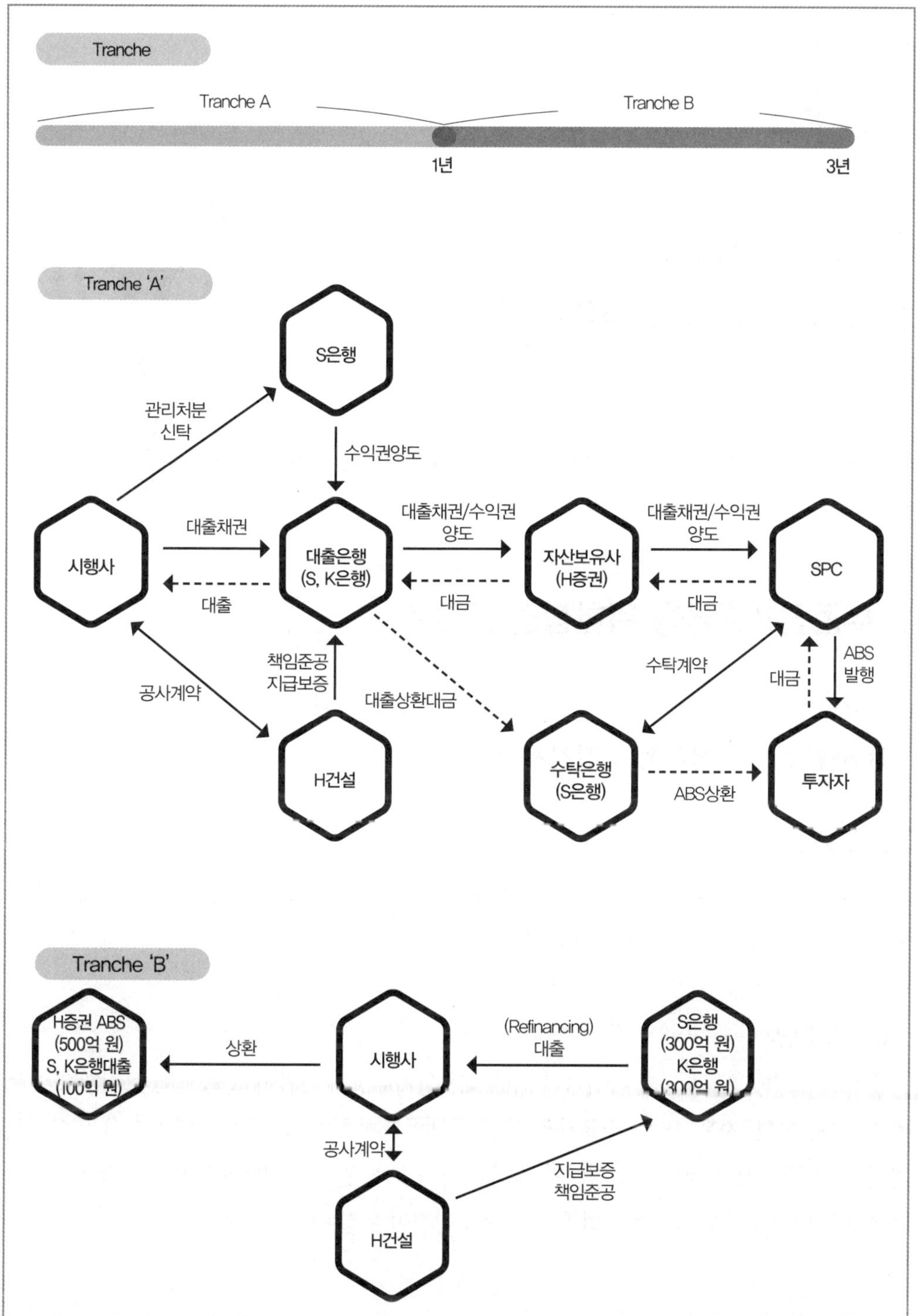

제6절

부동산금융의 위험점검과 관리방안

1. 부동산개발금융 위험점검 포인트

1) 사업초기 위험분석의 점검사항

(1) 지적도

토지구조를 파악하기 위해서는 지적도의 열람이 필요하다. 지적도에는 토지의 소재, 면적, 지번, 지목, 경계선, 소유관계 등이 나타나 있다.

(2) 토지대장

토지와 관련된 변동사항을 확인하기 위해서는 토지대장의 열람이 필요하다. 토지대장은 토지의 소재, 지번, 지목, 면적, 소유자의 성명, 주민등록번호, 주소 등 토지의 상황을 명확하게 알리고, 또한 주요 사항의 변경일자와 원인을 나타낸다. 만약 토지대장의 면적과 토지등기부등본상의 면적에 불일치가 있으면 토지대장의 면적이 우선한다.

(3) 토지등기부등본

토지의 권리관계 분석을 하기 위해서는 토지등기부등본의 열람이 필요하다. 토지등기부등본에는 소유권 외에 가압류, 근저당, 전세권, 임차권 등 물권이 나타난다.

(4) 토지의 공시지가와 감정가

해당토지의 현재가치 파악을 위해서는 공시지가의 확인과 감정평가법인의 감정가가 필요하다. 감정평가법인은 가능한 한 공신력이 있는 곳이어야 한다.

(5) 토지이용계획확인원

토지이용계획확인원에는 ① 토지의 고유한 성격(예; 소재지, 지번, 면적, 지구지정 여부 등), ② 각종 공법상의 제한사항(예; 용도구역, 건축행위제한, 도시계획시설, 건축물의 개축 가능 여부 등), ③ 해당토지의 미래경제가치 변동에 관한 정보(예; 개발가능여부, 건축물의 최고층수, 건폐율, 용적률, 최고 고도, 상수원보호구역 등)가 나타난다.

(6) 건폐율

건폐율은 대지면적(예; 토지의 수평투영면적) 대비 건축면적(예; 한 층의 바닥면적)을 나타내는 비율이다. 이때 대지면적에 도로 및 공원에 속한 면적은 제외한다.

건폐율 = 건축면적 / 대지면적 X 100, (예; 50%)

(7) 용적률

용적률은 대지면적 대비 각층 바닥면적의 합계를 나타내는 비율이다. 그 비율은 지역별(예; 주거지역, 상업지역 등)로 법률로 정하고 있지만, 주민의 민원, 지방자치단체의 주택정책 등에 따라 낮게 설정되는 경우가 있다.

용적률 = 각층 바닥면적의 합계 / 대지면적 X 100, (예; 270%)

2) 사업성분석을 위한 점검사항

사업성분석을 위해서는 건폐율, 용적률, 토지이용계획(예; 개발개획 지구지정 등) 등을 알아야 한다. 또한 단지설계도면, 단지를 포함한 주위환경을 나타내는 상세지도 등이 확보되어야 하고, 입지분석(예; 학교, 상권, 교통, 병원, 공원 등), 주위환경분석(예; 혐오시설 여부, 새로운 도로신설 등) 및 미래에 발생할 주위변화 등을 종합적으로 고려해야 한다.

(1) 분양가의 적절성

최근에 분양한 부동산(예; 아파트, 상가빌딩, 오피스빌딩 등) 중에서 주변 유사건물의 분양가와 비교한다.

(2) 분양가 대비 목표(예상)분양률의 실현가능성

분양가 대비 주위환경(학교, 교통, 상업시설, 학원, 공원 및 혐오시설 등) 및 지역발전 가능성(예; 도로확장, 신설도로, 신설고속도로의 진출입로 계획 등) 등을 고려하여 목표분양률의 가능성(즉 분양가의 시장성)을 평가한다.

3) 부동산개발금융의 대출금상환능력분석

분양가의 적절성(시장성) 검토와 목표(예상)분양률의 달성 여부가 사업성분석의 핵심이고, 동시에 대출금상환능력분석의 핵심포인트이다. 따라서 금융기관 입장에서 사업주가 시나리오분석을 기초로 제시한 목표(예상)분양률과 최악의 시나리오에 대한 검토는 결국 부동산개발금융의 대출금상환능력분석에서 핵심이 된다.

2. 부동산개발금융의 위험관리방안

1) 시행위험 관리방안

구입한 토지는 대출은행에 담보로 제공함으로써 선순위대출인 대출은행의 원리금상환에 대한 담보를 확보한다. 건설사(시공사)가 대출은행의 이자지급을 보증하게 한다. 또한 차주 명의의 수탁계정(escrow account) 관리를 위해 대출은행이 수탁은행역할을 담당한다. 만약 PF방식인 경우에는 프로젝트회사(SPC)가 토지구입 시에 사업주로 하여금 SPC에 후순위대출을 제공하게 한다.

이외에도 시행사의 부도 시에 시행권 포기각서 제출, 목표분양률 미달 시에는 분양권 포기각서 제출, 할인분양권 양도 등으로 시행위험을 관리할 수 있다.

2) 건설(시공)위험 관리방안

공사비지급에 대한 공사미지급금의 설정을 위해 공사비의 정산을 대체로 80%로 정한다. 공사기성이 매번 완료되면 건설사입장에서 볼 때 공사비의 80%는 지급되고, 20%는 공사미지급금으로 남게 된다. 공사미지급금의 지급순위는 선순위대출인 대출은행의 원리금상환 다음으로 정하고, 시행사의 후순위대출 보다는 우선순위로 정한다. 따라서 자금사용의 우선순위는 대출은행의 원리금상환, 공사미지급금, 후순위대출, 배당금 순으로 한다.

사업주는 건설사와 공사계약 시에 총공사비에 대하여는 확정부일괄도급계약(turn-key contract base)으로 체결한다. 일반적으로 건설사는 대출기관에 대출금의 담보로 '책임시공 및 채무인수'를 제공한다. 또는 '연대보증'을 제공하는 경우도 있다. 이때 연대보증의 제공자는 입장에 따라 사업주의 관계사, 건설사, 건설사의 관계사 등이 될 수 있다. 이외에도 공사 중단에 따른 시공권포기각서 제출 등이 있다.

3) 시장위험 관리방안

현재 적용되고 있는 부동산정책의 지속성 여부 혹은 현재 논의 되고 있는 새로운 정책이 적용되는 시기와 향후 부동산 시장에 미치는 영향에 대한 전문가의 의견 등을 사전에 고려한다.

대출금인출과 공사비지급의 기준을 위하여 사전에 목표분양률을 정하고, 만약 분양률이 목표 이하일 경우에는 대출금인출과 공사비지급을 제한하는 장치를 마련한다.

4) 기타 담보확보 방안

이외에도 대출은행에 건설공사에 대한 보험증권 양도, 수탁계좌(escrow account)에 대한 예금담보, 부채상환적립의무의 설정(예; 1회 차 원금상환금액과 이자지급금의 합계액의 120%를 수탁계좌에 예치함) 등이 있다.

연습문제

제 11 장

1. 부동산담보대출의 상환재원을 설명하시오.

2. 부동산금융의 종류를 설명하시오.

3. 부동산개발금융을 설명하시오.

4. 부동산신탁회사의 업무를 설명하시오.

5. 부동산투사회사(REITs)를 설명하시오.

6. 부동산증권화를 설명하시오.

7. 분양가산정 방법을 설명하시오.

8. 목표분양률 산정방법과 평가방법을 설명하시오

12장

프로젝트파이낸스와 위험분석

Project Finance(PF) & Risk Analysis

핵 심 용 어

구매자신용방식 Buyer's Credit
프로젝트 사업주 Project Sponsors
생산물구매자 Off-Taker or Purchaser
프로젝트 발주국정부 Host Country
비소구금융 Non-Recourse Financing
프로젝트파이낸스 Project Finance
신용위험 Credit Risk
프로젝트회사 Project Company
원료공급자 Supplier
운영전문회사 Operator
금융자문회사 Financial Adviserary

제1절

프로젝트파이낸스(PF)의 내용과 특성

Project Finance(PF) & Risk

1. 프로젝트파이낸스(PF)의 내용

프로젝트파이낸스(project finance)란 특정한 프로젝트로부터 미래에 발생할 현금흐름을 담보로 하여 당해프로젝트를 수행하는데 필요한 자금을 조달하는 금융기법을 총칭하는 개념이다. 일반적으로 프로젝트의 총사업비는 자본금 20~30%와 차입금 80~70%로 구성된다.

사업주와 법적으로 독립된 프로젝트, 즉 특수목적법인(special purpose company: SPC)으로부터 발생하는 미래현금흐름을 차입금의 상환재원으로 삼고, 프로젝트의 자산과 다양한 이해당사자와의 계약을 담보로 하여 사업주는 제한적인 책임만 부담하면서 당해프로젝트의 시공 및 운용에 소요되는 자금을 조달하는 기법이다.

프로젝트파이낸스의 대상범위는 유전개발, 광물채취, 항공기제작, 도로·항만 등의 사회간접자본시설, 일반주거시설 및 빌딩, 호텔, 발전소, 수도, 폐기물 처리시설, 통신시설 등과 같이 거의 모든 건설 분야가 해당한다.[1)]

1) 박동규, 「프로젝트 파이낸싱의 개념과 실체」, 한국프로젝트관리기술회(1999), pp. 17-21에서 인용.

2. 프로젝트파이낸스(PF)의 특성

1) 사업위험의 분리와 분산

프로젝트의 사업주로부터 사업위험이 분리되고, 또한 사업위험은 해당프로젝트에 참가하는 여러 이해당사자(예; 생산물구매자, 원료공급자, 건설사, 관리전문회사, 신디케이션 주간사은행 등)로 그 위험이 분산된다.

2) 장부외 금융 (Off-Balance Sheet Finance)

프로젝트회사(SPC)가 프로젝트파이낸스의 차주가 되고, 사업주와는 독립적인 법인이 된다. 사업주 입장에서 볼 때 프로젝트회사의 차입금은 사업주의 재무제표에 계상되지 않는다. 왜냐하면 사업주가 프로젝트회사에 지분참여를 할 때 사업주의 연결재무제표의 대상이 되지 않는 범위 내에서 출자하기 때문이다.

3) 비소구금융 (Non-Recourse Finance)

프로젝트를 완성하고 프로젝트의 운영에서 유입되는 현금흐름이 계획보다 훨씬 작거나 프로젝트의 실패로 대출기관의 원금을 상환할 수 없는 상태가 발생할 수 있다. 그러나 대출기관은 사업주 및 출자자에게 대출금상환에 대한 소구권(recourse)이 없다.

예외적으로 프로젝트의 구조에 따라 대출기관이 사업주 또는 출자자에게 제한적인 소구권(limited recourse)을 갖도록 설계하는 경우도 있다.

4) 미래현금흐름대출 (Cash Flow Lending)

프로젝트파이낸스는 프로젝트에서 발생할 미래현금흐름(미래영업수익)을 담보로 금융을 지원하는 것이므로 미래현금흐름을 상환재원으로 하는 대출에 해당한다.

5) 채권확보의 한계

프로젝트파이낸스가 실패할 경우 대출은행의 채권회수는 원칙적으로 프로젝트 그 자체의 자산 및 현금흐름에 제한을 받는다.

6) 복잡한 금융구조와 계약내용

프로젝트파이낸스에는 프로젝트회사, 사업주, 건설회사, 원료공급자, 장기구매자, 관리운영회사 등의 여러 당사자가 존재한다. 따라서 프로젝트파이낸스에서는 대출계약서 외에 관련 계약서가 사안별로 여러 개로 분리(예; 대출계약서, 장기구매계약서, 장기공급계약서 등)되어 작성되므로 계약서의 작성기간 및 대주단의 검토기간이 길어진다.

7) 개별사업금융 (Single Business Finance)

프로젝트파이낸스는 원칙적으로 특정사업, 즉 1개의 단일사업에 금융을 제공하는 것이다. 특정사업에서 발생하는 미래현금흐름을 상환재원으로 금융을 제공하기 때문에 2개 이상의 사업이 혼재하면 프로젝트가 복잡해지고 사업성분석도 어려워진다.

따라서 사업위험이 높아지기 때문에 대주단 구성이 어려워질 수 있고, 최악의 경우에는 프로젝트파이낸스 실행이 어려워질 수도 있다.

8) 신디케이션대출 (Syndicated Loan)방식

프로젝트파이낸스는 대출규모가 크고 사업위험도 높다. 따라서 대출기관이 단독으로 금융을 제공하는 경우는 거의 없고, 신디케이션 방식으로 주간사은행이 대주단(lenders' group)을 구성하여 자금을 조성하고, 대출을 실행하는 것이 일반적이다.

제2절

프로젝트파이낸스(PF)와 현금흐름분석

Project Finance & Cash flow Analysis

1. 프로젝트파이낸스(PF)와 관련 당사자

프로젝트파이낸스의 관련 당사자를 그림으로 나타내면 다음과 같다.

그림 12-1 _ 프로젝트회사와 관련 당사자

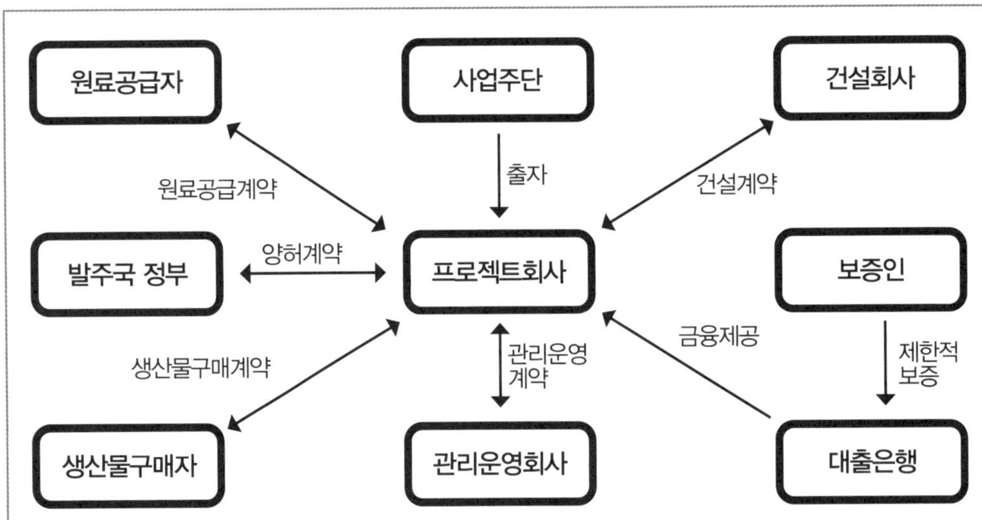

① 사업주단은 각기 출자하여 프로젝트회사를 설립한다.
② 프로젝트회사는 원료공급계약, 양허계약, 생산물구매계약 등을 체결한다.
③ 대출은행은 보증인으로부터 공사완공 및 지연 등에 관한 제한적인 보증을 받고 프로젝트 회사에 금융을 제공한다. 일반적으로 대출기관은 신디케이션방식으로 금융을 지원한다.
④ 건설회사는 프로젝트회사와 계약에 따라 프로젝트를 시공하고 프로젝트회사는 건설의 기성고에 따라 건설대금을 지급한다.
⑤ 프로젝트가 완공되면 운영 및 관리를 위하여 해당분야에 전문성이 있는 사업주 또는 별도의 운영회사를 선임하여 계약을 체결하고 프로젝트의 관리운영을 맡긴다.
⑥ 사업주단은 양허기간에 프로젝트를 운영하고 그 기간이 만료되면 발주국정부에 프로젝트를 양도한다.

1) 프로젝트 사업주 (project sponsors)

프로젝트 사업주는 프로젝트를 계획하고 실행하는 주체로서 특정기업이거나 여러 기업으로 구성된 사업단(consortium)이 된다. 일반적으로 사업주는 프로젝트의 시공, 운영, 원료공급, 설비이용 등에 관련이 있는 이해당사자가 된다. 그리고 단순히 투자목적으로 프로젝트에 참여하는 사업주도 있는데 주로 금융기관이 이에 해당한다.

2) 프로젝트회사 (project company)

프로젝트회사는 사업주가 주체가 되어 단독 또는 공동으로 설립한 특수목적법인(SPC)으로서 사업주와는 법적 또는 경제적으로 독립되고 프로젝트 과정에서 발생하는 모든 권리와 의무의 당사자가 된다. 예를 들어 자금조달, 자금상환, 시공 및 운영 등과 같은 프로젝트의 직접적인 당사자이다. 프로젝트회사를 별도로 설립하는 이유는 사업주 입장에서 프로젝트의 위험을 본인으로부터 분리할 수 있기 때문이다.

또한 사업주와 투자자 입장에서 프로젝트의 영업관리, 프로젝트의 참여, 자산과 부채관리가 용이하기 때문이다. 아울러 현지정부가 장려하는 사업인 경우에는 조세감면 등의 혜택도 받을 수 있다.

3) 차주 (Borrower)

프로젝트파이낸스의 차주는 일반적으로 특수목적법인 프로젝트회사(SPC)가 된다. 그러나 프로젝트 소재국의 외환관리규정, 담보제공의 문제 등을 이유로 프로젝트회사가 차주가 되는 것이 어렵거나 상대적으로 불리한 경우에는 건설회사, 운영회사, 원료공급자 등이 프로젝트금융의 차주가 되기도 한다.

4) 원료공급자 (supplier)

프로젝트가 소비하는 원료를 공급하는 프로젝트금융의 이해당사자이다. 원재료의 적정가격과 장기공급이 프로젝트 성패의 중요한 원인이 된다. 왜냐하면 원재료의 적정가격은 프로젝트의 수익성에 결정적인 요인이고, 원재료의 장기공급은 프로젝트회사 입장에서 원재료구매위험을 감소시키기 때문이다.

그러므로 원료공급계약(feedstock contract)은 원재료에 대한 안정적인 가격과 공급으로 프로젝트회사의 원재료구매위험을 최대한 감소시킨다.

5) 생산물구매자 (off-taker or purchaser)

생산물구매자는 프로젝트회사가 생산하는 제품 또는 서비스를 장기구매계약(off-take contract)을 체결하고 제품을 구매하는 장기구매자(off-taker)이다. 그리고 프로젝트회사가 생산하고 판매한 제품에서 유입되는 현금흐름이 프로젝트금융의 상환재원이 되므로 대출은행은 상환재원을 보장받고자 한다.

따라서 장기구매자는 프로젝트회사와 프로젝트회사의 생산품을 일정한 가격과 수량으로 무조건 구매하겠다는 내용의 무조건구매계약(take-or-pay contract)을 체결하게 된다. 그러나 고속도로, 항만공사와 같은 프로젝트인 경우는 무조건구매계약을 체결하기가 어렵다. 이 때문에 예를 들어 도료이용률이 예상보다 낮으면 원금상환을 위한 현금흐름이 부족해진다.

6) 운영전문회사 (operator)

운영회사는 프로젝트의 운영 및 관리업무를 수행하는 회사를 말한다. 그리고 사업주 또는 사업주 이외의 이해당사자가 운영회사가 된다. 그러나 프로젝트회사가 별도의 전문회사와 관리운영에 대한 계약을 체결하고 그 전문회사가 프로젝트를 관리하기도 한다.

7) 프로젝트 발주국정부 (host country)

프로젝트 발주국정부는 프로젝트를 허가하고 그 프로젝트가 소재한 국가의 정부로서 주로 국영기업을 통하여 간접적으로 프로젝트에 참여한다.

그리고 BOT(build-operate-transfer)방식인 경우에는 발주국정부와 사전에 약속한 양허기간(concession period)이 경과하면 프로젝트를 정부 또는 관련기관에 양도한다. 따라서 발주국정부가 개입한 프로젝트파이낸스(PF)는 발주국정부가 양허계약(concession agreement)의 당사자이기 때문에 프로젝트에 대한 정부의 역할 및 지원이 프로젝트의 성패에 매우 중요하다.

8) 기타 당사자

그 외 프로젝트파이낸스(PF)의 당사자로는 일반상업은행, 수출금융기관(ECA), 국제금융공사(IFC), 아시아개발은행(ADB), 유럽부흥개발은행(EBRD) 등의 대출기관을 비롯하여 보증회사, 리스회사, 보험회사, 법률회사, 엔지니어링회사, 건설회사, 감리회사, 신용평가기관, 운송업자, 금융자문기관(financial advisors) 등이 있다.

2. 부동산PF와 사회간접자본(SOC)PF의 차이 (Project finance vs Real Estate Finance)

부동산개발금융, 부동산PF와 사회간접자본(SOC)[1]PF의 차이를 정리하면 다음과 같다.

① 부동산개발금융의 차주는 사업주(project owner)이지만, 부동산PF와 사회간접자본PF(일반적으로 '프로젝트파이낸스(PF)'라 호칭함)의 차주는 특수목적법인(SPC)이다.

② 부동산개발금융과 부동산PF의 대상은 상업건물, 사무용건물, 아파트, 콘도미니엄, 골프장 등이고, 사회간접자본PF의 대상은 도로, 철도, 항만, 공항, 발전시설 등이다. 이 외에 선박, 항공기 등도 PF의 대상이 된다.

③ 부동산개발금융과 부동산PF에서 대출금의 상환재원은 개발 중인 건축물의 분양으로 유입되는 분양대금 또는 회원권 판매대금이므로 대출기간은 일반적으로 공사기간, 즉 3~5년으로 상대적으로 짧은 편이다. 그러나 사회간접자본PF에서는 대출금의 상환재원이 완공된 프로젝트(project)에서 발생하는 운영수익(미래현금흐름)이기 때문에 일반적으로 공사기간과 시험운영기간을 대출금의 거치기간으로 하고 대출기간은 10~20년 정도로 상대적으로 매우 길다.

④ 부동산개발금융에서는 건설사의 '책임시공 및 채무인수'가 있거나 또는 '연대보증'이 있고, 부동산PF에서는 사업주(project owner)가 SPC를 위해 연대보증을 제공한다. 그러나 사회간접자본PF에서는 기본적으로 사업성을 담보로 하기 때문에 사업주(project owner)의 연대보증이 없는 것이 일반적이다.

⑤ 대출은행의 대출금회수위험 관점에서 보면 일반적으로 부동산개발금융, 부동산PF, 사회간접자본PF 순으로 회수위험이 높다고 볼 수 있다.

1) 사회간접자본(SOC: Social Overhead Capital)은 도로, 철도, 항만 등과 같이 개별 생산활동에 직접 사용되지는 않지만 국민의 경제활동을 원활하게 하기 위해서는 반드시 필요한 사회기반시설을 말한다.

3. 주요 관련용어 및 개념[2)](Project Related Major Concept)

1) 민자우선 (PFI) 방식

PFI(Private Finance Initiative)방식은 이른바 선진국형 BOT라 일컬어지는 것으로 BOT와 마찬가지로 본래 정부가 수행해야 할 교통운송, 상·하수도, 정보통신, 교육, 환경, 보건의료 등의 사업을 민간사업자가 설계·건설하고 자금조달에서 운영(Design Build Finance Operate: DBFO)까지 도맡아 함으로써 공공 서비스를 제공하는 것이다.

2) BOT (Build Operate Transfer) 방식

프로젝트 사업주가 자금을 조달하여 프로젝트를 건설(build)하고, 일정기간(concession period) 운영(operate)하면서 그 사업 수익으로 운영자금을 충당하고 부채를 상환하고, 지분투자자에 대해 배당을 실시하고 동 기간이 종료되면 정부 등 관련 기관에 양도(transfer)하는 금융방식이다.

3) 우선BTO (Build Transfer Operate) 방식

BOT방식과는 달리 프로젝트 준공과 동시에 사업주가 당해 시설의 소유권을 정부나 지방자치단체에 양도하고 일정기간 관리운영권을 부여받아 시설을 운영하여 사업기간 투자비 회수를 보장해 주는 방식이다.

4) BOO (Build Own Operate) 방식

사업주가 프로젝트 시설을 건설하여 소유권을 취득한 후 운영하며 허가기간 종료 후에도 소유권을 양도하지 않고 프로젝트 및 잔여재산의 처분권을 계속 보유하는 방식이다.

2) 반기로, 「프로젝트파이낸스」, 한국금융연수원, pp. 238~243에서 인용.

5) BLT (Build Lease Transfer) 방식

사업주가 프로젝트 시설을 건설 또는 구입하여 일정기간 정부나 관계당국에 리스(lease)하고 리스료를 받음으로써 투자비를 회수하며, 리스기간 종료 후 시설물의 소유권을 정부나 관계당국에 양도하는 방식이다.

제3절

프로젝트파이낸스(PF)의 업무흐름과 사례

1. 프로젝트파이낸스(PF)의 업무흐름과 당사자 역할

● **그림 12-2** _ 프로젝트금융의 업무흐름과 당사자 역할

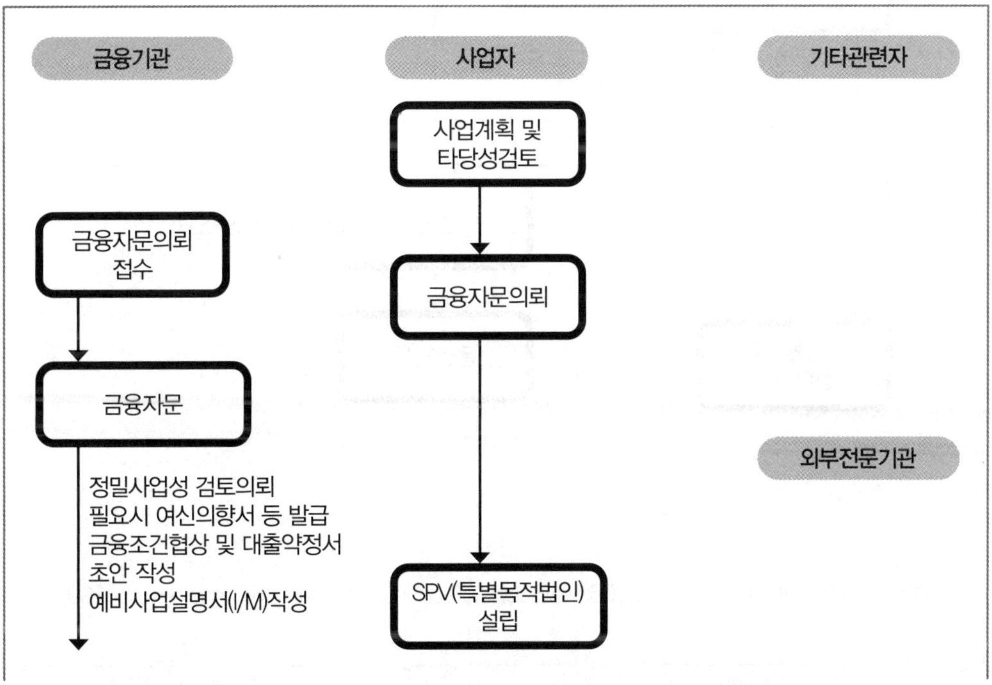

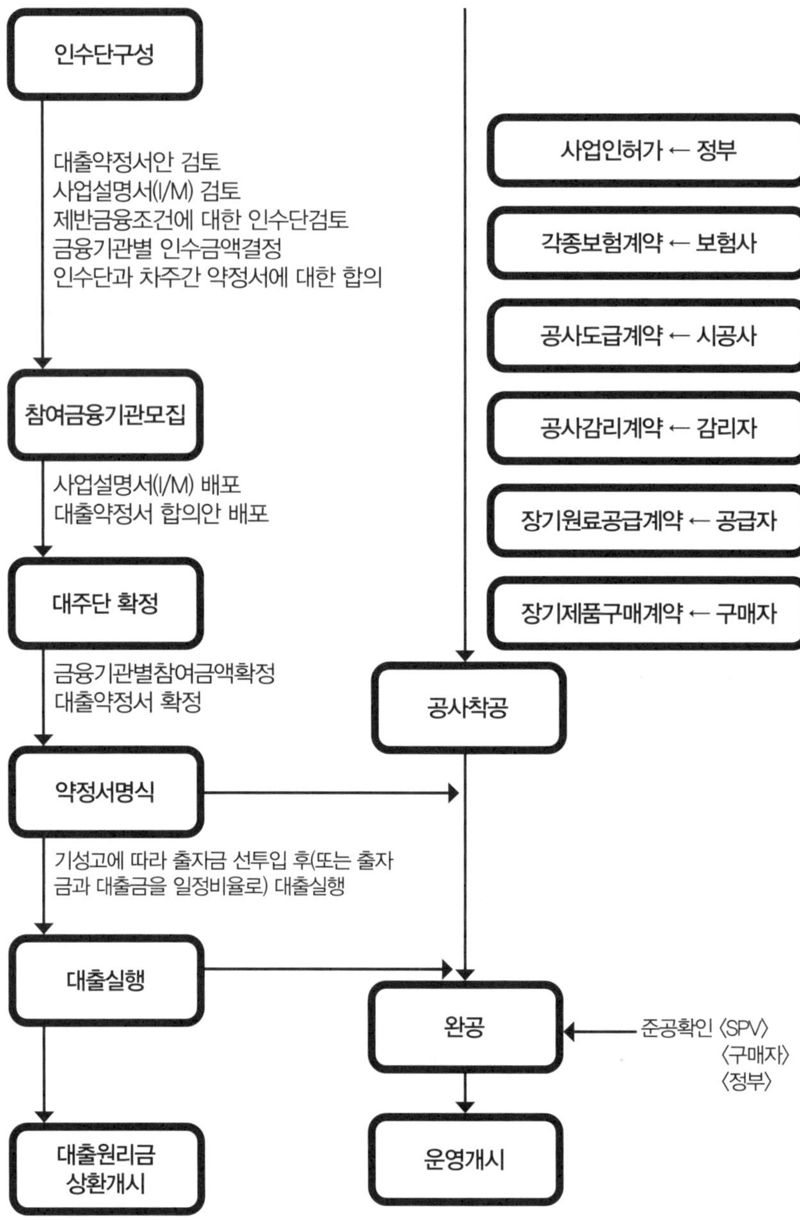

※ 현병호, 「프로젝트 파이낸스」, 「2006 NICE Structured Finance Rating Methodology」, p. 299.

2. 프로젝트파이낸스(PF)의 주요 대출조건

프로젝트파이낸스(PF)의 신디케이션 사례를 소개하면 다음과 같다.

차 주	• OOO(주) – 프로젝트회사
약정금액	• 1,000억원
자금용도	• 프로젝트 투자자금
만 기	• 인출일로부터 5년
Put Option	• 인출일로부터 3년차(200 년 월) 이후 대출은행이 차주에 대한 Put Option(대출상환) 보유

상환방법 • 상환일 / 상환금액

상환일	상환금액
2014. 12:	[20]억 원
2015. 03:	[20]억 원
– 중 략 –	
2016. 12:	[20]억 원
2017. 03:	[20]억 원
2017. 06:	[25]억 원
2017. 09:	[25]억 원
– 중 략 –	
2018. 12:	[25]억 원
2019. 03:	[25]억 원
계	[400]억 원

부채상환적립의무	• 차주 ×××(주)의 영업수익금 관리계좌에(OO은행) 차기 회차 상환 원금과 이자지급액의 합계액의 120%에 대한 기간 경과분을 매월 말 부채상환용으로 적립함
이자율	• 연 [ ]%
취급수수료	• [1.25%]

연체이자율	• [19%]
주선기관(주간사)	• [○○은행, 은행]
대출기관	• ○○은행 및 ○○은행이 선정하는 금융기관
재무약정사항	• ×××××(제14장 제3절 참고 바람)
기타 약정사항	• 승인받지 않은 추가차입금지 • 승인받지 않은 담보제공금지 • 승인받지 않은 '허용된 배당' 외의 배당금지 • 승인받지 않은 지분매각 금지 • 승인받지 않은 보증 및 자금대여 금지 외 • 승인받지 않은 자본적 지출 금지
허용된 배당	• 연 [3]억 원 이내 • 단, 각종 약정사항 준수 후 배당가능
담보	• 출자지분 [50~75]% 이상 질권 • 자산가치가 있는 유형자산 근저당 • 수익계정(escrow account) 담보관리 • ×××에 대한 매출채권 양도담보 • 기타
현금흐름확약	• ×××이 향후의 운영비용과 Debt Service를 충당할 수 있는 최저 현금흐름 보장에 대한 확약서 제출
기타사항	• 통상적인 금융관행에 따르되 주선기관과 차주가 협의하여 결정함

3. SOC사업의 프로젝트파이낸스(PF) 사례

SOC사업의 프로젝트파이낸스 사례를 소개하면 다음과 같다.

● **그림 12-3** _ 신공항고속도로 프로젝트 파이낸스(PF) 거래구조와 사례

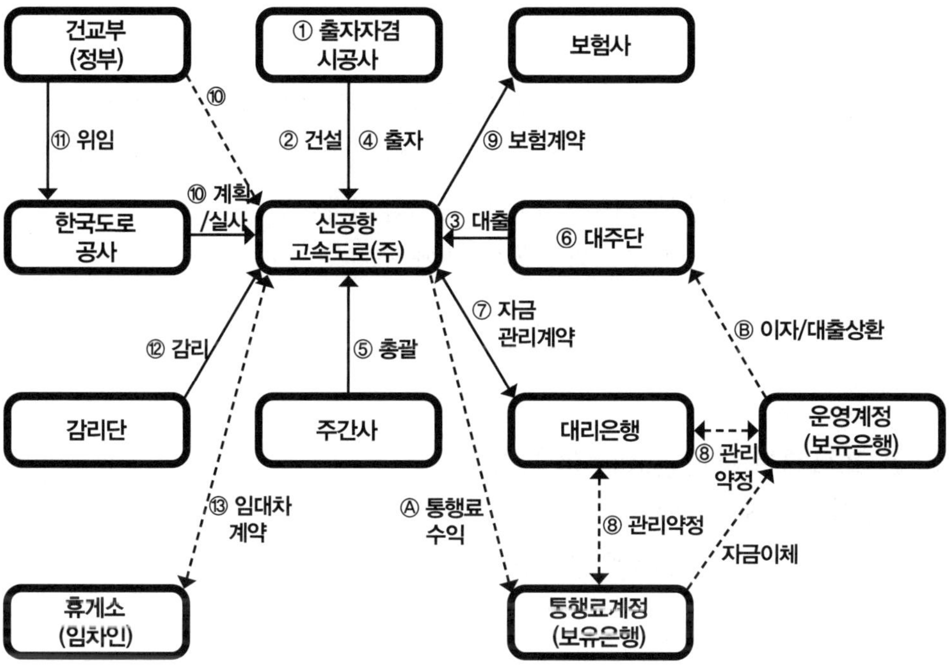

① 주주협약, ② 공사계약, ③ 은행단대출약정서, ④ 출자자보증서/출자자약정서, ⑤ 수수료약정서,
⑥ 대주단협약서, ⑦ 자금관리에 관한합의서, ⑧ (개별계정)관리약정, ⑨ 보험계약,
⑩ 시설사업기본계획 및 실사협약, ⑪ 권한위임, ⑫ 감리계약, ⑬ 임대차계약

1) 사례내용

① 총사업비: 1조 7000억 원(25% 출자금, 75% 대출금)

② 출자회사: 삼성건설, 엘지건설 포함 11개 건설사 컨소시엄

③ 대주단: KDB 포함 18개 금융기관

④ 대출금액: 1조 3000억 원(조달방법: syndication)

⑤ 대출조건: 5년 거치 16년 분할상환

⑥ 상환재원: 통행료수익

⑦ 자금관리: 대리은행(통행료계정 및 운영계정 보유은행과 각각 관리약정체결)

⑧ 운영계정: 자본금, 대출금, 건설비, 운영비, 통행료계정의 이체금액, 보험료, 이자지급, 대출금상환 등 모든 자금의 입금과 출금 관리계정

⑨ 대출담보: 출자자의 연대보증(외 보험청구권에 질권설정 등)

⑩ 대출covenant: 부채상환비율(DSCR) 1.1 이상 유지

2) 본 프로젝트 파이낸스(PF)의 특징

① 출자자의 연대보증이 있음.

② 생산물구매자와 장기공급계약이 없음.

제4절

프로젝트파이낸스(PF)와 기업금융의 비교

Project Finance vs Corporate Finance

프로젝트파이낸스(PF)와 기업금융의 가장 큰 차이점은 차주가 누구인가에 따라 기업금융이 될 수 있고 프로젝트금융이 될 수 있다는 것이다. 프로젝트에 출자지분을 보유하고 있는 기업(사업주)이 차주가 되면 해당대출은 대출은행의 기업금융(corporate finance)이 된다. 그러나 어떤 기업이 출자하여 설립한 프로젝트회사(SPC)가 차주가 되면 해당대출은 대출은행의 프로젝트파이낸스가 된다.

이 외에 프로젝트파이낸스(PF)와 기업금융을 비교하면 여러 가지 차이점을 발견할 수 있고, 이를 정리하면 다음과 같다.

표 12-1 _ 프로젝트파이낸스(PF)와 기업금융의 비교

구분	프로젝트 파이낸스(PF)	기업금융
소구권행사	• 비소구 또는 제한소구금융: 사업주에 대한 대주의 소구권이 배제 되거나 한정됨	• 완전소구금융(full recourse): 사업주에 대한 소구권 행사
여신의 기초	• 현금수지에 기초한 여신(Cash Flow Lending): 프로젝트에서 발생하는 미래의 기대 현금흐름	• 기업의 전체재력: 기업의 전체 신용력 및 담보의 가치
담 보	• 해당 프로젝트 자산에 한정 • 판매대금 입금계좌에 대한 조건부지급 신탁계정(Escrow Account) • 주요 계약상의 권리양도: 건설계약, 장기판매계약, 보험계약 등 • 사업주, 구매자, 건설시공사, 설비공급사, 원료공급사 등 이해관계 있는 제3자로부터의 직·간접 보증	• 기업의 전체자산 • 금융기관 보증 • 관련회사 연대보증 등
금융구조	• 구조화금융: 다수의 당사자가 관여하며 특별목적기구를 설립하는 복잡한 구조	• 대주, 차주, 보증인(있을 경우)의 단순구조
차관단구성	• 대주단 구성	• 소요자금 규모에 따라 단독 또는 대주단 구성
차입비용	• 프로젝트 위험 및 국별 위험의 정도를 반영한 높은 마진과 수수료	• 기업의 신용력에 따라 단독 또는 차단관 구성
금융기간	• 프로젝트의 Life Cycle에 따른 5~15년의 중장기	• 설비금융의 경우에도 5~7년 이하의 중기
채무수용능력	• 기존회사의 채무와 분리, 재무상태표 외 금융으로 신규 수용능력 창출	• 기존 부채를 포함한 재무비율 계산 및 기존 차입약정서의 준수서약 조항에 의한 제한 있음
기 타	• 프로젝트의 단일 사업성 • 외부전문가의 철저한 기술성, 경제성 검토 실행 • 여신기간 중 지속적인 프로젝트 감시	• 정관상 다수의 사업 영위 • 일반적인 신용분석 및 사업성 검토 실행 • 일반적인 사후관리

※ 반기로, 앞의 책, p. 44에서 인용 및 일부수정.

제5절

프로젝트파이낸스(PF)의 유용성

Project Finance & Borrower/Bank

1. 사업주의 장단점 (Project Finance & Project Owner)

1) 사업주의 장점

(1) 사업위험의 분리

프로젝트에서 계획한 대로 현금흐름이 창출되지 못하면 해당사업은 실패하게 된다. 그러나 해당프로젝트의 실패가 사업주의 기업부실 원인이 되지는 않는다.

(2) 회계상의 이점

프로젝트회사의 차입금이 사업주의 부채로 계상되지 않는 장부외금융(off-balance sheet finance)이므로 사업주의 재무구조를 악화시키지 않으면서 차입금융으로 신규사업을 실행할 수 있다.

(3) 자금조달의 다양성

프로젝트사업에 필요한 자금을 제작금융(structured finance)으로 조달한다. 즉 자금조달을 기존의 기업금융(corporate finance)에서 벗어나 본 프로젝트를 지원하기 위하여 특별히 제작한 방법으로 자금을 조달할 수 있다.

(4) 자금조달의 분담

프로젝트를 주관하는 사업주는 프로젝트에 필요한 기본자금을 조성하기 위하여 프로젝트에 지분참여 형태로 여러 사업주를 참여시킴으로써 사업주는 프로젝트에 참여하는 사업주들과 자금조달을 분담할 수 있다.

(5) 사업위험의 분담

프로젝트가 실패하더라도 사업주는 프로젝트회사에 참여한 지분만큼만 책임을 지게 된다. 따라서 사업주는 지분의 배분을 통하여 프로젝트에 참여하는 여러 사업주와 사업위험을 분담하게 된다.

(6) 세제상의 이점

프로젝트 발주국이 장려하는 사업은 법인세감면 또는 특정기간유예 등과 같은 세제상의 여러 가지 지원을 받을 수 있다.

2) 사업주의 단점

(1) 긴 소요기간

사업주가 대출기관에 프로젝트를 설명하고 대출기관이 금융을 설계하고 신디케이션방식으로 대출참여단을 모집하고 이해당사자들의 협조를 얻어서 금융실행에 이르기까지 소요기간이 길다. 그리고 사업에 따라 프로젝트금융을 추진하다가 대출기관들의 외면으로 실패할 수도 있다.

(2) 높은 금융비용

프로젝트금융은 경우에 따라서 계획에서 실행에 이르기까지 자문비용, 보험료, 법률비용, 금융비용 등을 종합하면 프로젝트금융에 지급되는 비용이 일반금융에 비하여 상대적으로 더 높을 수 있다.

(3) 비밀유지의 어려움

프로젝트의 수익성 및 특혜 등의 여러 가지 이점들에 대한 비밀을 유지할 수 없다. 왜냐하면 대출기관 입장에서는 신규 사업에 대한 위험이 높고 그 평가가 어렵기 때문에 프로젝트금융 참여에 관심이 있는 대출기관에는 최종적인 참여 여부와는 상관없이 프로젝트에 관한 상세한 정보를 제공해야 하기 때문이다.

2. 금융기관의 장점 (Project Finance & Bank)

① 금융자산을 다양화하고 자산포트폴리오를 재구성하는 데 유용하다.
② 일반대출에 비하여 수익성이 상대적으로 높다.
③ 사업성이 보장되는 프로젝트금융은 예상되는 현금흐름 이외에 프로젝트회사가 소유하고 있는 유무형의 자산에 대한 담보권이 있기 때문에 재무구조가 취약한 기업에 대한 신용대출에 비하여 대출위험이 낮게 평가되기도 한다.
④ 사업주의 요구에 부응하는 다양한 제작금융을 제공하면 경쟁적인 금융시장에서 해당금융기관의 지명도가 향상된다.
⑥ 일반대출에 비하여 프로젝트금융은 금융지원 이후에도 프로젝트회사의 영업현황 또는 재무사항에 대한 정기적인 보고를 받거나 경영에 참여함으로써 금융에 대한 보다 적극적인 사후관리를 할 수 있다.

제6절

프로젝트(Project)의 성공요건

프로젝트파이낸스(PF)를 제공하는 금융기관의 위험은 프로젝트회사의 사업성패에 달려 있다. 그러므로 프로젝트파이낸스(PF)에 참여하는 금융기관의 위험은 한마디로 프로젝트의 기술적·경제적 사업성분석에 있다. 따라서 프로젝트의 사업성분석을 위해서는 다음 사항의 점검이 매우 중요하다.

바꾸어 말하면 프로젝트의 성공요건은 다음과 같다.

① 계획한 수준의 생산품과 적정량을 생산할 수 있는 시설물을 제작·완공할 수 있는 기술적인 검토가 선행되어야 한다(기술적인 사업성).

② 손익분기점을 상회할 수 있는 판매량과 구매자가 받아들일 수 있는 판매가격의 경쟁력(경제적인 사업성).

③ 안정적인 판매를 위한 장기공급계약과 적정판매가격의 유지에 대한 안전장치(매출액 및 수익성의 안정성).

④ 예상현금유입액과 원리금상환 및 각종 비용지급으로 발생되는 현금유출액의 비교분석 (부채상환능력: Debt Serviceability).

⑤ 안정적인 원재료구입을 위한 장기구매계약과 적정한 구매가격의 유지에 대한 안전장치 (원가의 안정성).

⑥ 프로젝트당사자(예; 건설·시공 및 운영·관리)의 전문성.

⑦ 프로젝트 발주국의 사업에 대한 지원 또는 우호적인 정도.

제7절

프로젝트파이낸스(PF)의 단계별 위험분석

Project Finance & Risk Management

1. 프로젝트의 단계별 위험분석 (Project Risk Analysis)

프로젝트파이낸스(PF)와 관련하여 프로젝트의 사업초기에서 종료까지 존재하는 위험을 사업진행의 단계별로 구분하면 다음과 같다.

그림 12-4 _ 프로젝트의 단계별 위험

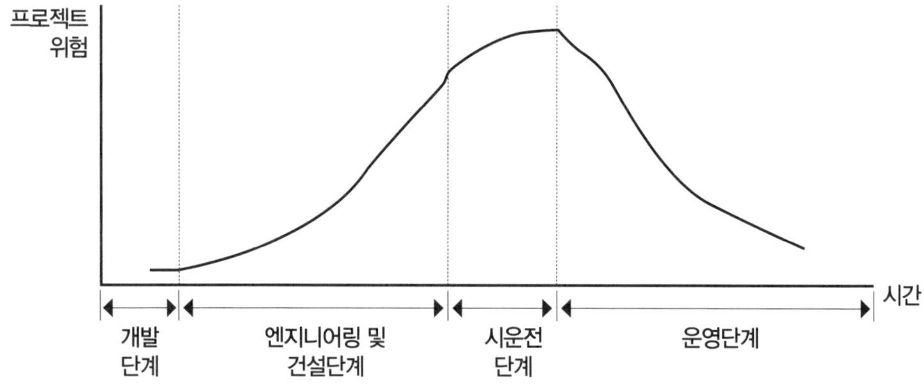

※ 서극교, 「프로젝트파이낸스 원리와 이용」, 한국수출입은행(2004), p. 62에서 인용.

1) 개발단계위험

이 단계는 개발초기에 존재하는 위험으로 토지확보위험, 인허가위험 등을 말한다.

2) 엔지니어링 및 건설단계위험

이 단계는 개발중기에 발생하는 위험으로 수년에 걸친 공사기간에 존재하는 공사완공위험을 의미한다. 특히, 이 기간은 프로젝트의 미완성기간으로서 사업의 불확실성이 존재하는 가운데 투입자금에서 발생하는 현금흐름(즉 현금창출)이 없는 기간으로 대출금을 포함한 투자금은 최고조로 올라가고, 동시에 이자금액도 증가하게 되는 기간, 즉 사업위험이 급격히 상승하는 단계로 볼 수 있다.

3) 시운전단계위험

이 단계는 개발중기에서 후기로 넘어가는 시기에 존재하는 위험으로 프로젝트의 완공물이 정상적인 가동을 하지 않을 위험, 즉 시운전위험을 말한다. 만약 EPC계약자가 완공테스트의 기준을 통과하면 공사완공위험은 소멸되고, 다음 단계인 프로젝트의 운영위험으로 전환된다.

> ■ **EPC계약**
>
> 플랜트(plant)의 설계(engineering), 기자재구입(procurement), 건설(construction) 등을 일괄적으로 공급하는 조건의 계약을 말한다. 대체로 프로젝트파이낸스에서는 turn-key EPC계약이 많은데, 이는 공사금액과 완공일자의 확정조건계약을 말한다.

4) 운영단계위험

이 단계는 프로젝트가 종료되는 개발후기에 존재하는 위험으로 프로젝트파이낸스의 대출은행 입장에서 가장 중요한 관심사항은 프로젝트의 운영에서 산출되는 현금흐름이 계획초기에 예상한 금액이 산출되는, 즉 대출금의 정상적인 상환가능성 여부에 있다. 이것이 달성되기 위해서는 생산의 효율성, 원재료의 안정적인 가격추세 확보, 생산물의 적정판매가격 유지와 판매계약 등이 운영위험의 점검의 핵심사항이다.

2. 프로젝트파이낸스(PF)와 위험관리방안
(Project Finance & Risk Management)

프로젝트파이낸스(PF)에서는 개별사업의 특수한 위험을 고려하여, 승인받지 않은 추가차입금지, 배당금액의 제한 혹은 허용된 배당외의 배당금지, 승인받지 않은 담보제공, 보증 및 자금대여금지, 승인받지 않은 자본적지출금지, 프로젝트회사(SPC)에서 발생한 매출채권의 양도담보, 사업주의 보유주식에 대한 담보관리 등이 있는 경우도 있다.

연습문제

제 12 장

1. 프로젝트금융(project financing)의 특성을 설명하시오.

2. 프로젝트금융에 관계하는 주요 당사자의 역할을 설명하시오.

3. 프로젝트금융과 기업금융을 비교하시오.

4. 사업주 입장에서 프로젝트금융의 장점과 단점을 설명하시오.

5. 금융기관 입장에서 프로젝트금융의 장점과 단점을 설명하시오.

6. 프로젝트금융의 성공요건을 설명하시오.

06편

다양한 특수금융

자산유동화, 외화대출, 건설보증,
신디케이션, 신용파생상품을 중심으로

13장

자산유동화증권과 위험분석

Asset-Backed Securities(ABS) & Risk Analysis

핵 심 용 어

자산유동화증권 ABS
매각(Sales)방식
자산보유자 Originator
유동화대상자산 Underlying Asset
신용보강기관 Credit Enhancer
수탁자 Trustee
현금담보 Cash Collateral
차액적립 Spread Account
유보금설정 Cash Reserve Fund
유동화특수목적법인 SPC
신탁(Trust)방식
채무자 Obligor
자산관리자 Servicer 또는 Administrator
선 · 후순위구조 Senior/Junior Structure
초과담보 Overcollateralization
환매요청권 Put-Back Option
조기상환 Trigger Events
유동화기업어음 ABCP

제1절

자산유동화증권과 위험분석

ABS & Risk Analysis

1. 자산유동화증권의 내용과 특성 (Asset-Backed Securities: ABS)

자산유동화증권(ABS)은 자산보유자(기업 또는 금융기관)가 보유하고 있는 매출채권(account receivables) 또는 대출채권(loans) 등을 특정조건으로 분류하고 구분함으로써 해당자산을 표준화하여 만든 특정자산그룹, 즉 유동화자산그룹(pooling)을 기초자산으로 구분하고, 자산유동화를 위하여 별도로 설립한 특수목적법인(special purpose company: SPC; 이하 '유동화법인'으로 호칭함), 즉 유동화법인(SPC)에 그 기초자산을 '진정한 양도 혹은 매매(true sale)'를 통하여 양도하고, 이를 담보로 유동화법인(SPC)이 발행하는 채권을 말한다. 자산유동화법은 유동화법인(SPC)을 '유동화전문회사'라고 호칭한다.

이때 '진정한 양도(true sale)'를 충족시켜야 자산보유자와 유동화법인(SPC) 사이에는 파산절연성을 인정받을 수 있다. 바꾸어 말하면 유동화증권 투자자는 투자손실이 발생하여도 원칙적으로 자산보유자에게 투자손실을 청구할 수 없다(비소구권)는 의미이다. 따라서 개별 유동화자산에서 발생하는 현금흐름이 이 유동화증권(ABS)의 상환재원이 되고, 유동화증권은 시장에서 유동성을 가지게 된다.

한편 '자산유동화에 관한 법률'(이하 '자산유동화법'으로 호칭함)은 1998년 9월 제정되었다. 이 법률은 우리나라가 외환위기(1997년 11월)를 극복하는 과정에서 기업의 국내외 자금조달을 다양하게 하고 아울러 기업의 재무구조를 개선시키는 방안 중의 하나로서 도입한 새로운 금융기법을 뒷받침하기 위하여 제정되었다.

1998년 12월 삼성전자는 프랑스은행인 크레디리요네은행을 주간사(sponsor)로 하여 삼성전자의 수출매출채권 중에서 우량/현재 채권을 유동화자산으로 하고 자산유동화(ABS)를 통하여 미화 1억 불의 외화자금을 조달하였다. 삼성전자는 우량채권을 유동화함으로써 금융비용을 상당히 절약할 수 있었다. 이 사례는 국내에서 금융기관이 아닌 기업으로서 자산유동화(ABS) 금융기법을 사용하여 자금을 조달한 최초사례로 기록되었다.

2. 자산유동화(ABS)의 유용성

1) 자산보유자의 장점

① 새로운 자금조달의 수단이고, 자금조달을 다양화한다.

② 보유채권의 만기 이전에 보유사산을 사금화할 수 있다.

③ 보유자산을 양도한 이후에는 매각채권에 지급의무가 있는 채무자가 채권 만기에 대금을 지급하지 않더라도 유동화증권 투자자는 자산보유자(자산양도자)에게 원칙적으로 소구권(recourse)을 행사할 수 없다(비소구금융).

④ 자산보유자보다 높은 신용등급을 가진 국내외 채무자들에 대한 채권(우량채권)을 기초자산으로 하면 자금조달비용을 절약할 수 있다.

⑤ 자산보유자의 재무구조를 개선시킨다.

2) 자산보유자의 단점

① 만기 시까지 관리가 매우 번거롭고 복잡하다.

② 채권 중에서 유동화자산이 되기에는 제약이 많다.

③ 유동화의 초과담보(예; 10~20%)로 인하여 고정화자산이 많이 발생할 수 있다.

④ ABS발행을 위한 채무자의 동의를 구하기가 어려운 경우가 있다. 만약 원채무자의 동의를 구하지 못하면 해당채권은 유동화자산에서 제외되고, 이로 인하여 유동화증권의 발행규모가 예상과는 달리 축소될 수도 있다.

⑤ 실질적으로 ABS발행비용은 매우 높다. 신용평가비용, 실사비용(due diligence), 약정수수료, 법률비용, 수탁수수료 등을 고려해야 하기 때문이다.

⑥ ABS 준비에서 발행까지 오랜 기간이 소요된다. 심지어 ABS 준비를 시작하고 오랜 기간이 경과한 이후에 ABS발행을 포기해야 하는 경우도 있다.

3. 자산유동화증권(ABS)의 기초자산

자산유동화증권(ABS)의 기초자산을 요약하면 다음과 같다.

표 13-1 _ 자산보유자별 유동화의 기초자산 예시

구분	유동화의 대상
은 행	대출채권, 장기채, 주택저당채권, 비업무용부동산
금융회사	신용카드채권, 보증 · 무보증 대출채권, 중소기업채권, 자동차대출채권, 각종기계설비 · 항공기리스채권
보험회사	보험료 예상수입
정부기관	국세, 기타 정부수입채권, 공공자금 대출채권
지방자치단체	지방세수입 채권, 공공임대주택 임대료채권
공공시설 운영기관	이용료, 임대료, 기타 수수료수입
무역회사	외상매출(수출대금)채권
제조회사	할부판매채권, 공급자신용채권, 부품공급 대금채권
유통회사	외상매출채권, 장기공급계약상의 채권,
통신회사	국제전화 정산요금채권, 장비대여료채권, 장기계약상채권

※ 자료: 자산유동화실무연구회, 「금융혁명 ABS」, 한국경제연구사(2002.12), p. 29에서 인용.

제2절

자산유동화구조와 현금흐름분석

ABS Structure & Cash Flow Analysis

1. 자산유동화구조와 발행절차 (ABS Structure & Process)

● **그림 13-1** _ 자산유동화구조와 현금흐름분석

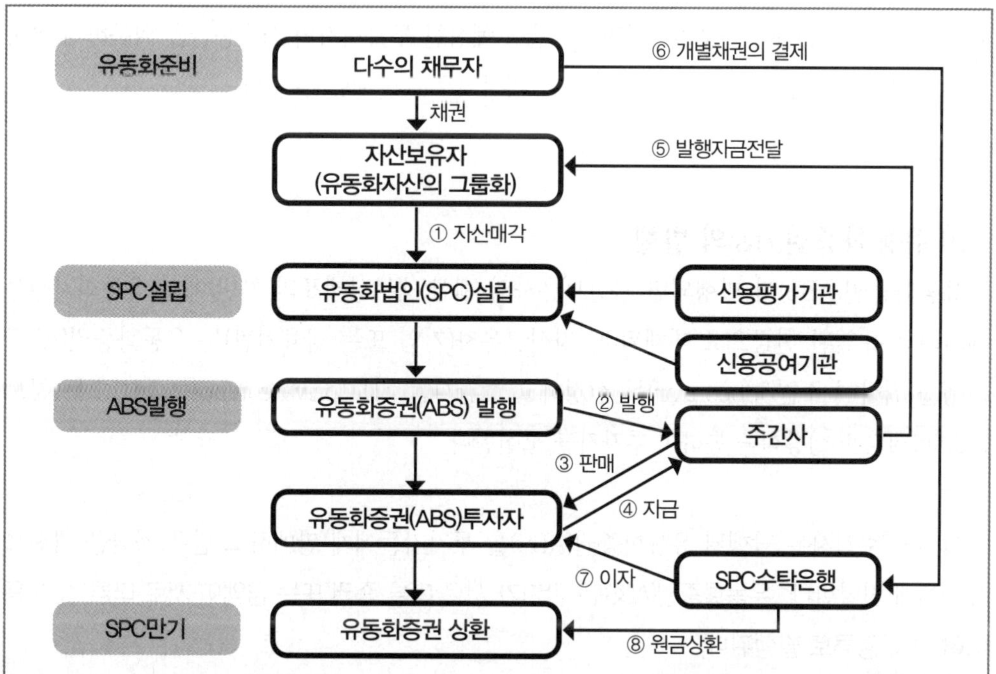

1) 유동화준비단계

자산보유자(기업 또는 금융기관)가 소유한 유동화 대상자산의 적정성(예; 개별채권금액의 크기와 발생빈도, 채권의 월별 평균잔고, 채무자의 신용등급과 수 등)을 검토한다. 자산보유자는 표준화할 수 있는 특정자산을 그룹화(pooling)하고 발행규모와 그 적정성을 검토한다.

채무자가 대금수령인의 변경에 동의하지 않으면 원칙적으로 해당채권은 유동자산그룹에서 제외되고, 이로 인하여 유동화증권(ABS)의 발행규모가 축소되기도 한다.

2) 유동화법인(SPC)의 설립

자산보유자(기업 또는 금융기관)는 유동화증권(ABS) 발행을 위한 유동화법인(SPC)을 설립하고 그룹화(pooling)한 유동화의 기초자산을 유동화법인(SPC)에 매각하거나 신탁회사(혹은 금융기관의 신탁계정)에 신탁하는 방식으로 양도한다.

그리고 유동화법인(SPC)은 유동화증권(ABS)을 발행하기 전에 신용평가기관으로부터 신용평가를 받는다. 바꾸어 말하면 유동화증권(ABS)의 상환능력을 평가하는 것을 말한다. 이때 유동화법인(SPC)이 신용평가기관으로부터 예상한 투자적격의 신용등급을 획득하지 못하면 유동화법인(SPC)은 유동화증권(ABS)을 정상적으로 발행할 수 없다.

3) 유동화증권(ABS)의 발행

유동화증권(ABS)이 발행되면 자산보유자의 재산(재무상태표의 차변)에서 유동화자산은 제거되고 유입된 현금으로 대체된다. 자산보유자(기업 또는 금융기관)는 유동화증권(ABS) 발행을 위하여 주간사(sponsor)를 선정하고 주간사는 사모(private placement) 또는 공모(public offering)방식을 통하여 투자자를 모집한다.

그리고 주간사는 발행된 유동화증권(ABS)을 투자가들에게 판매하고 받은 자금을 자산보유자에게 전달한다. 유동화증권(ABS)은 만기가 서로 다른 증권 또는 금액이 서로 다른 증권 등 여러 가지 종류로 발행된다.

4) 자산유동화기간

자산유동화기간에 유동화자산그룹의 개별채권 만기일에는 개별채권의 채무자(obligor)가 채무결제를 위한 대금지급을 하게 된다. 그러나 채무자(obligor)는 대금지급을 자산보유자에게 하는 것이 아니고, 반드시 수탁은행이 관리하는 유동화법인(SPC)의 수탁계좌(escrow account)로 해야 한다.

왜냐하면 유동화증권(ABS)을 발행하기 전에 자산보유자는 보유채권의 매각사실을 채무자(obligor)에게 알리고 채무자로부터 대금지급을 자산보유자가 지정하는 수탁계좌(escrow account)로 입금할 것에 대한 약속(지급동의서)을 받기 때문이다. 그리고 자산유동화기간 동안 자산보유자의 역할에는 수탁은행과 함께 개별채권의 만기일에 채권회수의 확인, 잔고관리 및 미회수채권의 추심 등이 있다.

수탁은행은 개별채권에서 유입되는 자금으로 유동화증권 만기까지 유동화증권(ABS) 투자자에게 이자를 지급한다. 또한 만기가 먼저 도래하는 개별 유동화증권(ABS)을 상환하고 유동화자산의 건전성, 잔고, 현금흐름을 관리하는 역할을 수행한다.

참 고

지급동의서(acknowledgement of payment) 혹은 채권양도동의서

수출채권과 같이 채무자의 수가 소수인 경우에는 자산유동화를 위하여 자산보유자가 지정하는 수탁계좌((escrow account), 즉 수탁은행이 관리하는 유동화법인(SPC)의 계좌로 결제대금을 지급하는 데 동의하는 내용의 지급동의서 혹은 채권양도동의서를 채무자들로부터 받는다.

5) 자산유동화의 종료

수탁은행은 개별채권에서 유입되는 자금으로 만기가 마지막으로 도래하는 개별유동화증권(ABS)을 상환한다. 즉 만기 및 금액이 서로 달리 발행된 유동화증권(ABS)들이 모두 상환되면 유동화법인(SPC)과 수탁계좌는 청산되고 자산유동화는 종료된다.

2. 자산유동화의 당사자 (ABS Counter Parties)

1) 자산보유자 (Originator)

유동화증권(ABS) 발행에서 기초자산이 되는 매출채권 또는 대출채권 등의 유동화자산을 실질적으로 보유한 기업 또는 금융기관을 말한다. 즉 자산유동화를 통하여 자금을 조달하는 자로서 실질적인 유동화증권의 발행자이다.

일반적으로 자산보유자는 자산관리자(Servicer 또는 Administrator)로서의 역할을 하게 된다. 간혹 서로 다른 경우가 발생하기도 하는데, 자산보유자의 유동화자산이 원자산보유자로부터 양도를 받은 경우이다.

2) 채무자 (Obligor)

자산보유자의 직접적인 채무자를 말한다. 따라서 채무자는 자산보유자의 요구에 따라 자산보유자가 요구하는 수탁계좌((escrow account)로 대금을 지급하게 된다. 만약 채무자가 대금수령인의 변경에 동의하지 않으면 해당채권은 유동화증권 발행을 위한 기초자산그룹에서 제외된다. 이로 인하여 유동화증권 발행규모가 축소되기도 한다.

3) 자산관리자 (Servicer 또는 Administrator)

자산관리자는 일반적으로 유동화자산에 대한 채권자로서 자산보유자가 된다. 따라서 자산관리자는 영업활동에서 발생하는 유동화자산의 잔고유지, 정상채권의 회수 및 부실채권의 관리 등 채권과 현금흐름 관리에 대한 총괄적인 관리책임이 있는 자이다.

그러므로 자산관리자가 채무자에 대한 직접적인 거래당사자인 경우는 자산관리자와 자산보유자가 일치한다. 그러나 자산관리자가 자산보유자로부터 채권 또는 대출을 매입했을 경우에는 자산관리자와 자산보유자가 달라진다.

4) 유동화법인 (Special Purpose Company: SPC)

유동화법인(SPC)은 자산유동화를 위하여 별도로 설립한 특수목적법인(special purpose company: SPC)으로서 현실적으로는 근무 인력이 존재하지 않는 흔히 말하는 페이퍼캄퍼니(paper company)에 해당한다. 자산유동화법은 유동화법인(SPC)을 '유동화전문회사'라고 호칭한다.

또한 유동화증권(ABS)은 자산유동화의 설계에 따라 유동화사채(ABS)와 유동화기업어음(ABCP)으로 구분된다.

유동화법인(SPC)도 유동화사채(ABS)를 발행하는 유동화사채(ABS)발행법인과 유동화기업어음(ABCP)을 발행하는 유동화기업어음(ABCP)발행법인으로 구분된다. 유동화사채(ABS)를 발행하는 유동화법인(SPC)은 '자산유동화법'에 근거하여 설립된 유한회사이고 유동화기업어음(ABCP)을 발행하는 유동화법인(SPC)은 상법에 근거하여 설립된 주식회사로 운영된다.

유동화법인(SPC)의 자산관리 업무(예; 유동화자산의 잔고유지, 정상채권의 회수 및 부실채권의 관리 등)는 대체로 자산보유자(혹은 자산관리자)가 대신하고, 유동화사채(ABS) 및 유동화기업어음(ABCP)의 발행과 같은 증권발행을 통한 자금조달 업무는 주간사(sponsor)인 금융기관(은행, 증권회사, 여신전문기관)이 대신한다. 또한 유동화법인(SPC)을 특수목적기구(Special Purpose Vehicle: SPV)로 호칭하기도 한다.

5) 주간사 (Sponsor or Arranger)

주간사는 자산보유자가 보유하고 있는 여러 자산에 대한 유동화 가능성을 검토하고 그 구조를 설계하는 자로서 일반적으로 은행, 증권회사와 같은 금융기관이 된다. 그러므로 주간사는 유동화의 가능성 검토, 구조설계, 법률, 관련기관과 협의(세무, 회계, 인허가 등), 유동화증권의 판매, 상환 및 현금흐름분석 등과 같이 자산유동화의 전반적인 내용을 총괄하는 금융기관이다. 유동화증권(ABS)의 발행과 판매는 주간사인 금융기관이 하거나 관련금융기관이 하는 경우가 일반적이다.

6) 수탁자 (Trustee or custodian bank)

수탁자는 채무자(obligor)가 결제하는 개별채권에서 발생하는 현금유입, 즉 유동화법인(SPC)의 현금유입, 유동화자산의 잔고, 만기가 도래하는 유동화증권(ABS)의 상환 등 관리업무를 수행하는 은행으로서 수탁은행이라 한다.

현실적으로 유동화증권(ABS)의 상환 등 업무는 자산관리자(자산보유자)의 협조를 받아 수행한다. 일반적으로 신용공여기관이 수탁은행 역할을 겸임하여 유동화법인(SPC)의 수탁계좌를 운영하며, 투자자를 대신하여 유동화자산에서 유입되는 현금흐름을 관리·감독하는 역할을 한다.

참 고

수탁계좌(Escrow Account)와 매각(True Sale)

수탁은행은 유동화법인(SPC)의 기초자산에서 유입되는 현금흐름을 제3자 입장에서 객관적으로 관리하기 위하여 수탁은행에 자산보유자의 명의가 아닌 유동화법인(SPC)의 명의로 별도계좌(수탁계좌)를 개설하게 한다. 자산보유자는 자산유동화를 위하여 채무자로부터 자산보유자가 지정하는 유동화법인의 수탁계좌((escrow account)로 결제대금을 지급하는 데 대한 지급동의서 혹은 채권양도동의서를 받는다. 수탁은행은 유동화자산에서 유입되는 현금유입 및 상환 등을 이 수탁계좌를 통하여 관리한다. 그러므로 수탁계좌의 목적은 자산보유자로부터 유동화법인(SPC)을 단절시켜서 자산보유자와는 독립적으로 유동화자산에서 유입되는 자금을 유동화증권(ABS)의 상환재원이 되게 한다. 따라서 수탁은행이 자산보유자와는 독립적으로 수탁계좌를 통하여 유동화자산의 현금흐름을 독립적으로 관리 및 처분할 수 있을 때 자산보유자의 유동화자산이 유동화법인으로 진정한 양도 또는 매각(true sale)이 이루어졌다고 평가한다.

참 고

수탁계좌(Escrow Account) 시스템의 완성

① 자산보유자가 채무자를 설득하여 채무자로부터 지급동의서 혹은 채권양도동의서를 수취하고, ② 채무자가 대금결제를 수탁은행이 관리하는 유동화법인(SPC)의 수탁계좌(Escrow Account)로 입금하고, ③ 수탁은행은 자산보유자와는 독립적으로 입금된 대금을 ABS의 이자지급과 원금상환 등을 위하여 사용하고 관리할 수 있어야 자산유동화의 수탁계좌시스템이 완성되었다고 평가한다.

3. 선 · 후순위 유동화증권발행과 현금흐름

(Senior & Junior Structured ABS & Cash Flow Analysis)

1) 선 · 후순위 유동화증권(ABS)의 특징

유동화증권(ABS) 발행금액을 100%로 결정했다고 할 때 자산보유자는 유동화자산 120%를 유동화법인(SPC)에 매각하고 그 대가로 매각대금(100%만)을 유동화법인(SPC)으로부터 받는다. 유동화법인(SPC)은 유동화증권(ABS)을 매각하여 자금을 조달한다. 이 구조는 자산보유자 입장에서 보면 유동화자산 20%는 발행금액(100%)의 추가담보로 제공되므로 유동화자산의 고정화가 발생한다. 즉, 20%에 해당하는 유동화자산에 대해서는 자금화가 어려운 상태가 된다는 뜻이다. 예를 들어 수출채권 혹은 매출채권 각각 120%를 은행에 매각(혹은 할인)하면 120% 금액에서 할인기간이 고려된 이자금액을 차감한 나머지 금액 전부를 현금화할 수 있기 때문이다.

이 구조로 선순위ABS(100%)와 후순위ABS(20%), 즉 2종류 사채를 발행하면 자산보유자는 선순위채권 매각대금 100%를 우선 받는다. 만약 후순위ABS가 투자가에게 매각되면 나머지 매각대금 20%를 추가로 받고, 매각되지 않으면 자산보유자는 후순위ABS를 회수한다. 현실적으로 후순위ABS에 대하여 별도의 신용보강이 없으면 후순위ABS는 투자자에게 판매되기는 어렵다.

바꾸어 말하면 투자자 입장에서 보면 유동화자산의 고정화(20%)는 추가담보에 해당한다. 그러므로 선순위ABS(100%)의 이자와 후순위ABS의 이자를 동일하게 발행하면 선순위ABS(100%)는 투자자에게 모두 판매되고 후순위ABS는 전혀 판매되지 않게 되며, 판매되지 않은 후순위ABS는 자산보유자가 모두 회수하는 구조를 만든다.

그러므로 선순위ABS(100%)를 매입한 투자자는 채권확보에서는 초과담보(over-collateralization)가 20%인 증권을 매입한 것과 같은 조건이 된다. 즉 선순위ABS(100%)의 추가담보(20%)가 있는 것과 같다. 왜냐하면 자산보유자에게 신용위험이 발생하더라도 유동화법인(SPC)은 120% 유동화자산에서 유입되는 현금흐름으로 선순위ABS(100%)를 우선적으로 상환하기 때문이다.

이와 같은 후순위ABS(20%)를 통한 초과담보(20%)구조 때문에 선순위ABS(100%) 투자자는 상환재원에서 상당한 여유(20% cushion)를 갖고 안심하고 선순위ABS에 투자할 수 있다. 이에 따라 자산보유자 입장에서는 자산유동화를 통한 자금조달이 용이해진다.

2) 선 · 후순위 유동화증권(ABS)구조와 현금흐름

그림 13-2 _ 선 · 후순위 유동화증권(ABS)구조과 현금흐름

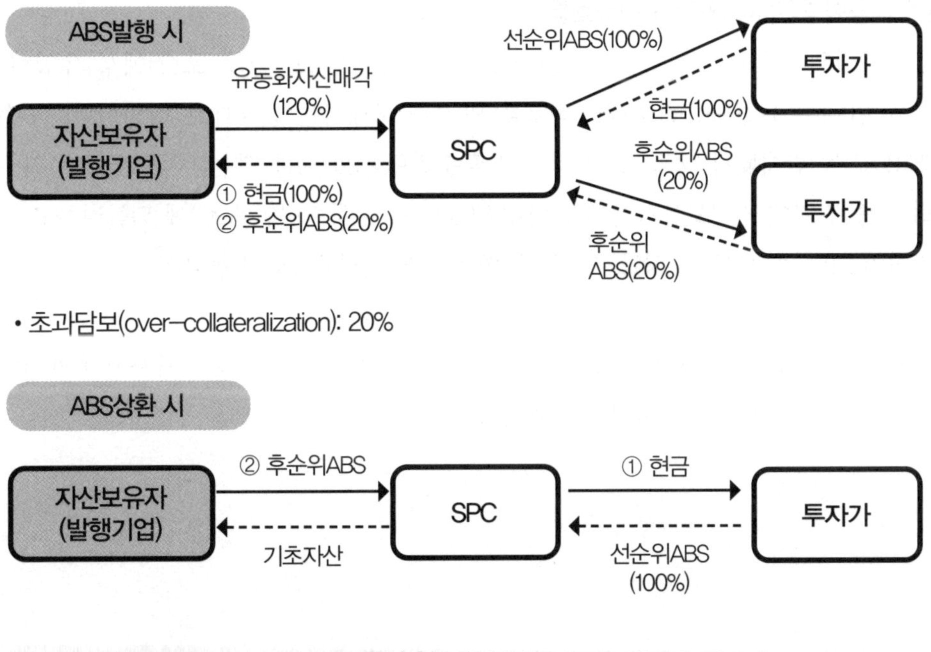

* 후순위채에는 신용보강기관의 보증 등이 없으면 현실적으로 판매되지 않는다.

(1) 유동화증권(ABS)발행과 현금흐름

자산보유자는 선·후순위구조의 유동화증권(ABS)을 발행하기로 하고 유동화자산 120%를 유동화법인(SPC)에 매각하였다. 유동화법인(SPC)은 유동화자산 120%를 기초자산으로 선순위ABS(100%)와 후순위ABS(20%)를 발행하였다. 이때 선순위ABS(100%)의 이자와 후순위ABS(20%)의 이자를 동일하게 발행하므로 선순위ABS(100%)는 투자자에게 판매되고, 후순위ABS(20%)는 판매되지 않아 자산보유자가 회수하는 구조가 일반적이다.

만약 후순위ABS(20%)가 투자자에게 매각되면 자산보유자는 유동화자산 전체 매각대금 120%를 받게 되지만, 후순위ABS(20%)는 판매되지 않으므로 매각대금 100%만 받게 된다.

(2) 유동화증권(ABS)만기와 현금흐름

유동화법인(SPC)은 양도받은 유동화자산 120%(추가담보 20% 포함)에서 유입된 현금으로 판매된 유동화증권(ABS) 전부를 만기가 도래하는 순서대로 상환한다. 후순위ABS(20%)는 판매되지 않고 자산보유자가 후순위ABS(20%)를 회수한 구조였으면 자산유동화 최종 만기에 자산보유자는 후순위ABS(20%)를 유동화법인(SPC)에 되돌려주고 유동화자산인 20%(추가담보 해당)를 다시 회수함으로써 자산유동화가 종료된다.

바꾸어 말하면 자산보유자는 후순위ABS(수익증권)를 재무상태표의 자산에서 제거하고 대신 기초자산 20%를 다시 자산에 복귀시킨다.

4. 유동화증권발행과 재무구조 개선효과

(ABS Originator & Capital Structure)

유동화증권(ABS) 발행을 통한 발행기업(자산보유자)의 재무구조 개선효과를 살펴보면 다음과 같다.

① ABS발행을 고려하고 있는 자산보유자(기업)에는 매출채권 ₩200억 원과 단기차입금 ₩200억 원이 각각 존재하고 ABS를 발행하기 전 A기업의 재무상태표는 다음과 같다.

(차) 매출채권 ₩20,000,000,000 (대) 단기차입금 ₩20,000,000,000

② 매출채권 120억 원을 기초자산으로 선순위ABS 100억 원과 후순위ABS 20억 원을 발행한다. 이때 선순위ABS는 투자자에게 모두 판매되고, 판매되지 않은 후순위ABS는 자산보유자(기업)가 모두 회수하였다.

(차) 매출채권 ₩8,000,000,000 (대) 단기차입금 ₩20,000,000,000
현금 ₩10,000,000,000
후순위ABS ₩2,000,000,000

③ ABS발행으로 유입된 현금으로 단기차입금 90억 원을 상환하였다.

(차) 매출채권 ₩8,000,000,000 (대) 단기차입금 ₩11,000,000,000
현금 ₩1,000,000,000
후순위ABS ₩2,000,000,000

④ ABS만기가 도래하여 자산보유자(기업)는 유동화법인(SPC)에 후순위ABS를 돌려주고 매출채권 20억 원을 회수하였다. 바꾸어 말하면 자산보유자는 후순위ABS(수익증권)를 재무상태표 자산에서 제거하고 대신 유동화의 기초자산인 매출채권 20%를 다시 자산에 복귀시킨다.

(차) 매출채권 ₩10,000,000,000 (대) 단기차입금 ₩11,000,000,000
현금 ₩1,000,000,000

제3절

유동화증권의 구조와 설계

ABS Structuring

1. 유동화설계를 위한 구분 (Types for ABS Structuring)

유동화증권은 유동화자산과 채무자(obligor)의 성격 등에 따라 그 내용과 구조가 다음과 같이 여러 가지로 구분된다.

① 현재보유채권을 기초자산으로 발행하는 현재채권담보부 유동화증권과 장기공급계약을 근거로 미래에 발생할 채권을 기초자산으로 발행하는 미래채권담보부 유동화증권으로 구분할 수 있다.

② 지급보증이 있는 구조(자산유동화의 예외)와 지급보증이 없는 구조로 구분할 수 있다. 바꾸어 말하면 유동화자산이 우량자산인 우량채권담보부 유동화증권과 유동화자산이 부실자산인 부실채권담보부 유동화증권으로 구분할 수 있다.

③ 채무자의 소재지를 기준으로 국내채권 유동화증권(domestic ABS)과 해외채권 유동화증권(cross-border ABS)으로 구분할 수 있다.

④ 자산보유자가 기초자산인 유동화자산을 유동화법인(SPC)에 양도하는 방식에서 매각(혹은 양도: true sale)방식과 신탁회사에게 신탁하는 신탁(trust)방식으로 구분할 수 있다.

⑤ 선 · 후순위구조가 있는 구조와 없는 구조로 구분할 수 있다.

⑥ 유동화사채(ABS)발행구조와 유동화기업어음(ABCP)발행구조로 구분할 수 있다.

이와 같이 유동화자산과 채무자(obligor)의 특성 등에 따라 자산유동화의 구조와 설계가 다양하게 이루어진다. 따라서 유동화증권(ABS)의 발행은 자산보유자의 소요자금 용도, 조달시간, 조달금액의 크기, 조달비용, 유동화자산의 우량 정도, 투자가의 선호구조 등을 고려하여 설계한다.

2. 자산유동화증권의 구조 (ABS Structure)

자산유동화증권을 설계(Structuring)할 때 사용하는 구조는 크게 세 가지, ① 매각 혹은 양도(True Sale)방식, ② 신탁(Trust)방식, ③ ABCP(Asset Backed Commercial Paper)발행방식 구조로 나눌 수 있다.

1) 매각 혹은 양도(True Sale)구조

자산유동화 설계에서 매각 혹은 양도(true sale)구조를 설명하면 다음과 같다.

● **그림 13-3** _ 매각 혹은 양도(true sale)구조

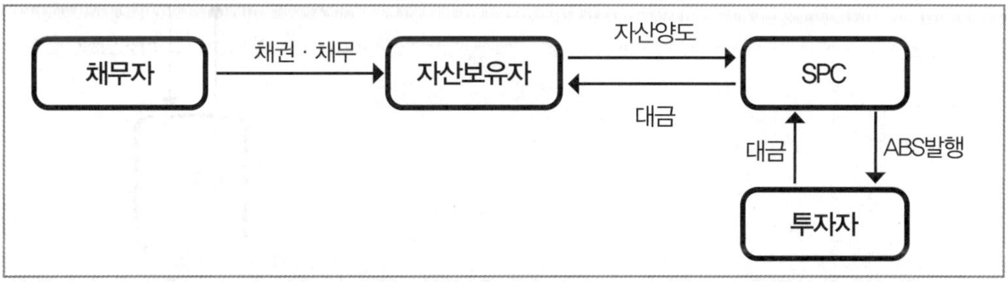

자산매각 혹은 양도(true sale)구조는 자산보유자가 유동화증권 발행을 위한 유동화법인(SPC)을 설립하고 그룹화(pooling)한 유동화자산을 유동화법인(SPC)에 매각(혹은 양도: true sale)한다. 그리고 유동화법인(SPC)이 유동화증권(혹은 유동화채권)을 발행하는 구조이다.

한편 유동화법인(SPC)은 유동화증권을 발행하기 전에 신용평가기관으로부터 신용평가를 받아야 한다. 바꾸어 말하면 유동화(ABS)증권을 평가받는 것을 말한다. 이때 발행할 유동화증권(ABS)이 신용평가기관으로 투자적격을 받지 못하거나 투자등급 중에서 상대적으로 매우 낮은 투자적격등급을 받게 되면 유동화증권의 전부 또는 일부에 대하여 신용보강(예; 지급보증)을 하고 발행한다.

이 구조에서는 유동화자산에 대한 소유권을 유동화법인(SPC)이 보유하므로, 유동화사채(ABS) 투자가는 자산보유자에게 청구권(recourse)이 있는 것이 아니고 발행자인 유동화법인(SPC)에게만 청구권(recourse)을 갖는다. 따라서 이 구조는 외상매출금, 카드채권, 자동차할부대출 등을 기초자산으로 하는 자산유동화에 많이 사용한다.

2) 신탁(Trust)구조

자산유동화 설계에서 신탁(trust)구조를 설명하면 다음과 같다.

그림 13-4 _ 신탁(trust)구조

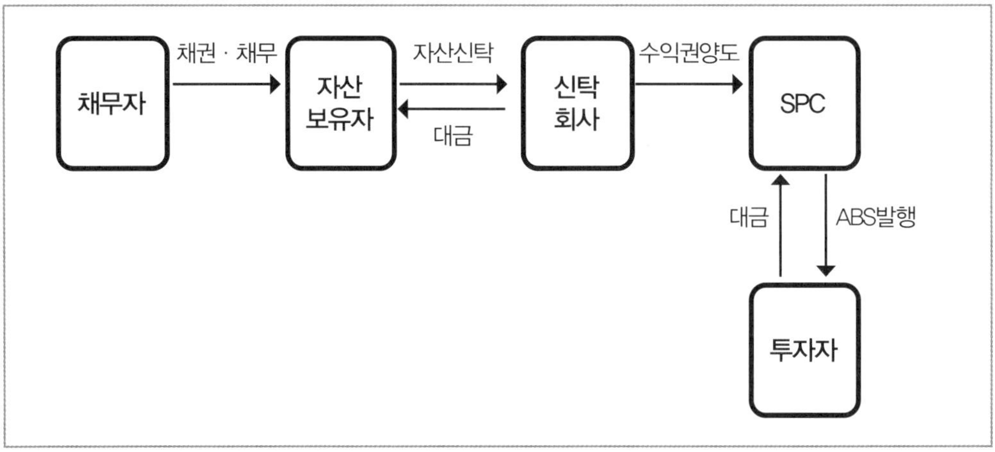

신탁(trust)구조는 자산보유자(기업 또는 금융기관)가 그룹화(pooling)한 유동화자산을 신탁회사(trust company)에 신탁(trust)한다. 신탁회사는 양수한 신탁자산(은행신탁계정)을 기초자산으로 유동화사채(ABS)를 발행하거나 자산보유자가 신탁한 특정자산 만으로 유동화법인(SPC)을 설립하고 이 유동화법인(SPC)이 유동화사채(ABS)를 발행한다.

이 구조는 부동산금융과 관련하여 자산유동화를 하는 경우에 한국토지신탁회사, 한국주택금융공사의 신탁계정 등을 이용하는 경우가 많다. 예를 들면, 주택저당채권 유동화(mortgage Backed Securities; MBS), 부동산PF(project finance) 관련된 자산유동화 등에 주로 사용된다.

3) ABCP(Asset Backed Commercial Paper) 발행구조

자산유동화의 설계서 ABCP(Asset Backed Commercial Paper) 발행구조를 설명하면 다음과 같다.

● **그림 13-5** _ ABCP(Asset Backed Commercial Paper) 발행구조

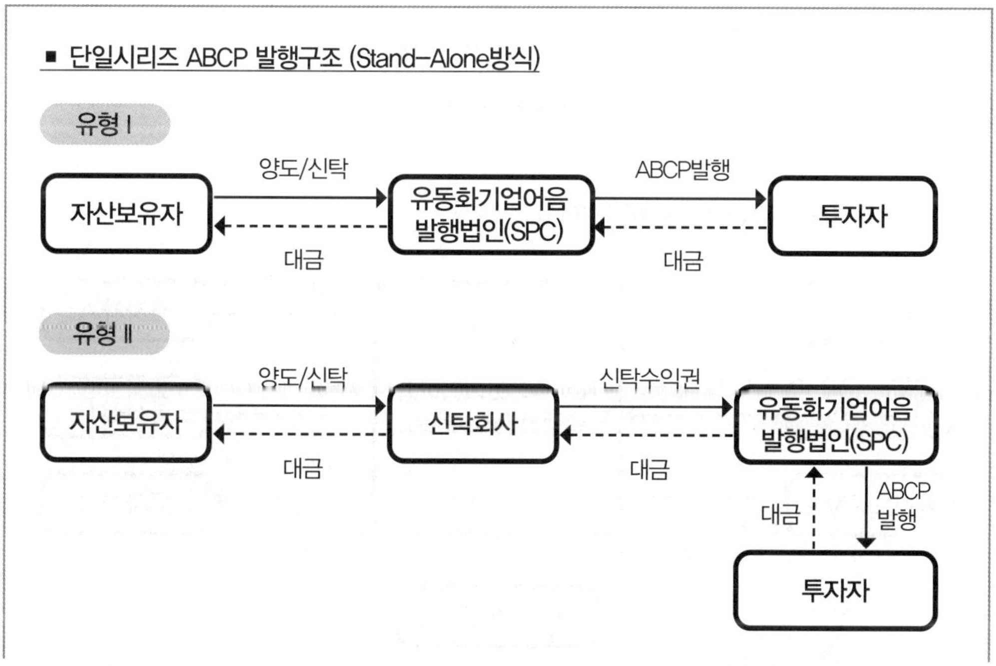

유형 Ⅲ

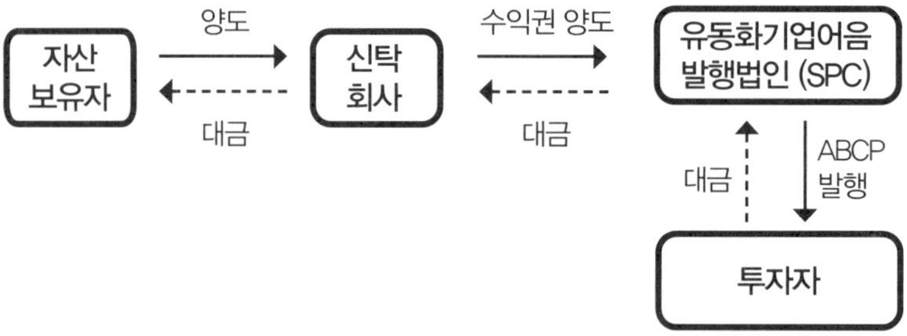

■ 복수시리즈 ABCP발행구조 (Multi- Series방식)

① 복수시리즈(multi-series)프로그램

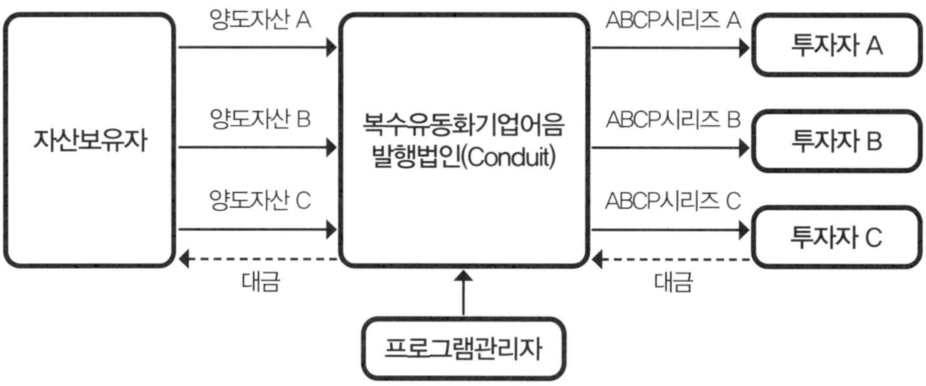

② 복수자산보유자(multi-seller)프로그램

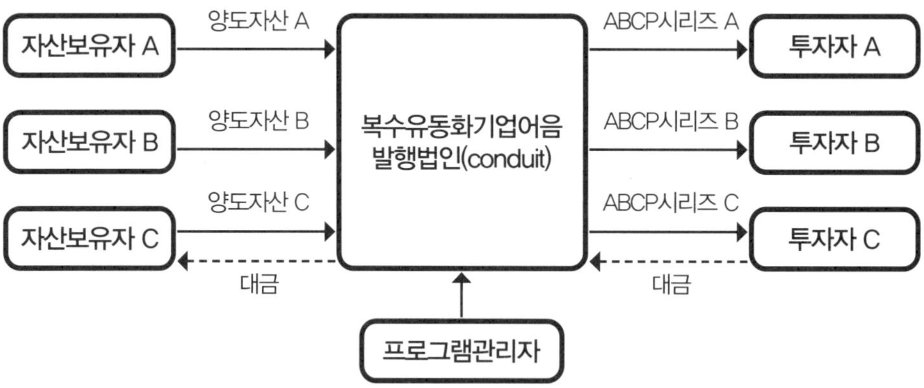

(1) 유동화법인

일반적으로 유동화기업어음발행법인(SPC)은 ABCP프로그램을 운영하면서 1개 시리즈(series) ABCP를 발행한다. 그리고 복수유동화기업어음발행법인(SPC: Conduit형 Program)은 ABCP프로그램을 운영하면서 여러 종류의 시리즈 ABCP를 발행한다. ABCP발행법인(SPC)은 주로 여신전문금융기관(예; 카드회사 및 캐피탈회사)에 의하여 설립되고, 복수ABCP발행법인(Conduit형 Program: Conduit)은 시중은행 및 대형증권회사에 의하여 설립된다.

이들 법인도 유동화사채(ABS)를 발행하는 유동화법인(SPC)과 마찬가지로 페이퍼컴퍼니(paper company)에 해당하고, ABCP발행 및 상환 등 실질적인 업무수행은 주간사인 금융기관이 한다. 예를 들어 주간사가 시중은행이면, 주간사인 시중은행이 수탁은행이 되고 그 역할을 대신한다.

(2) ABCP발행구조

ABCP발행구조는 크게 두 가지로 구분할 수 있다. 시리즈(series) 기준에서 보면 ① 유동화기업어음발행법인(SPC: ABCP Program)이 ABCP프로그램을 운영하면서 1개 시리즈 ABCP를 발행하면 단일시리즈ABCP(Single Series ABCP: Stand-Alone Program)발행구조이고, ② 복수유동화기업어음발행법인(SPC: Conduit형 ABCP Program or Conduit)이 ABCP프로그램을 운영하면서 여러 종류의 ABCP 시리즈를 발행하면 복수시리즈ABCP(Multi Series ABCP) 발행구조이다.

또한 자산보유자 기준에서 보면 ① 유동화기업어음발행법인(SPC: Conduit형 ABCP Program or Conduit)이 1개 자산보유자의 기초자산으로 프로그램을 운영하면서 1개 시리즈 ABCP를 발행하면 단일자산보유자ABCP(Single Seller ABCP Program) 발행구조이고, ② 복수유동화기업어음발행법인(conduit)이 여러 자산보유자의 기초자산으로 프로그램을 운영하면서 여러 종류의 ABCP 시리즈를 발행하면 복수자산보유자ABCP(Multi-Sellers ABCP Program) 발행구조이다.

유동화기업어음발행법인(SPC or conduit)은 자산유동화를 위하여 새로 신설한 유동화기업어음발행법인(SPC) 혹은 복수유동화기업어음발행법인(conduit)이 될 수도 있고, 이미 설립되어 운영되고 있는 복수유동화기업어음발행법인(conduit)도 될 수도 있다. 일반적으로 단일시리즈ABCP(Stand-Alone Program) 발행구조이면 신설법인이고, 복수시리즈ABCP 발행구조이거나 복수자산보유자ABCP 발행구조이면 기존에 설립되어 운영되고 있는 복수유동화기업어음발행법인(conduit)을 사용하는 경우가 많다. 그 이유는 기존법인(conduit)을 사용하면 주간사 입장에서 자산유동화에 지출되는 여러 가지 비용을 절감하거나 유동화를 신속하게 진행할 수 있기 때문이다.

참 고

국내 ABCP발행실적

2007년 자산유동화 시장규모는 약 31조 6,000억 원이었으며, 자산유동화를 위하여 ABCP발행구조를 사용한 경우가 65.1%(230건)이고, ABS구조를 사용한 경우가 34.9%(72건)였으며, 지난 3년간 자산유동화를 하는 경우에 ABCP발행구조를 사용한 경우는 증가 추세에 있었다. ABCP발행구조에서 단일시리즈ABCP(Stand-Alone Program) 발행구조가 약 80%, 복수유동화기업어음발행법인(conduit형 Program)이 운영하는 복수프로그램 ABCP(Multi-Series ABCP) 발행구조가 약 20%를 차지하였다. 향후는 국내 금융기관의 투자금융(investment banking)업의 확대와 관련하여 복수유동화기업어음발행법인(conduit)의 활용이 증대할 것으로 예상된다.

참 고

국내 복수유동화기업어음발행법인(conduit)

국내에서는 ABCP발행구조가 2000년 8월에 처음으로 소개되었으며 복수유동화기업어음발행법인(conduit)이 사용되는 복수시리즈ABCP(Multi-Series ABCP) 발행구조는 2003년에 S은행이 주간사(sponsor)를 한 골드윙(주), 즉 유동화기업어음발행법인(conduit)이 ABCP프로그램을 운영하면서 약 2년 동안 여러 종류의 ABCP시리즈를 발행한 것이 처음이다.

(3) ABCP발행구조의 유용성과 위험

① ABS(예; 1~3년) 발행금리에 비하여 ABCP(예; 1~6개월) 발행금리가 상대적으로 훨씬 저렴하고, ② ABS 발행구조에 비하여 ABCP 발행구조를 사용하면 투자자를 상대적으로 쉽게 모집할 수 있다. ③ ABCP발행구조에서 기존의 운영 중인 복수유동화기업어음발행법인(conduit)을 이용하면 유동화비용을 절약할 수 있다.

이상과 같은 이유로 ABS구조에 비하여 ABCP발행구조를 사용하는 경우가 증가추세에 있었다. 특히 2005년 이후로 부동산PF 대출채권을 유동화의 기초자산으로 하는 ABCP발행구조의 증가가 눈에 띄었다. 부동산 프로젝트파이낸스에 ABCP구조를 사용한 자산유동화가 많이 사용되는 이유는 자금조달의 신속성과 용이성에 있다. 투자자 입장에서는 부동산 금융에 ABCP를 발행하여 자금을 조달하면 자금 재조달 위험이 발생한다.

참 고

패스스루(pass-through)구조와 패이스루(pay-through)구조

유동화구조를 패이스루(pay-through)구조와 패스스루(pass-through)구조로 구분하기도 한다. 패스스루(pass-through)구조는 채무자(obligor)가 상환하는 원리금이 채권투자자에게 그대로 이전되어 빈번한 현금흐름 및 채권상환과 불일치한 현금흐름으로 유동화업무가 매우 복잡하고 불편한 구조로 유동화 초기에 사용된 구조이다. 패이스루(pay-through)구조는 유동화증권의 변제순위와 변제시기 등을 유동화자산에서 유입되는 현금흐름과 달리 만기가 다른 다양한 채권을 발행할 수 있는 구조로서 국내의 유동화에 주로 사용되는 구조이다.

사 례

ABCP발행구조의 문제점

2008년 10월 국제금융시장에서 미국발 금융위기(리먼브러더스 파산)의 발생으로 2009년에는 국내자금시장도 금융위기에 직면하게 되었고, 부동산PF 투자와 같은 장기투자에 단기자금 조달방법인 ABCP를 발행하여 자금을 지원한 일부 건설사들은 ABCP 재발행이 어려워져 워크아웃 또는 부도에 직면한 사례가 있었다.

그림 13-6 _ 자산유동화구조의 종합

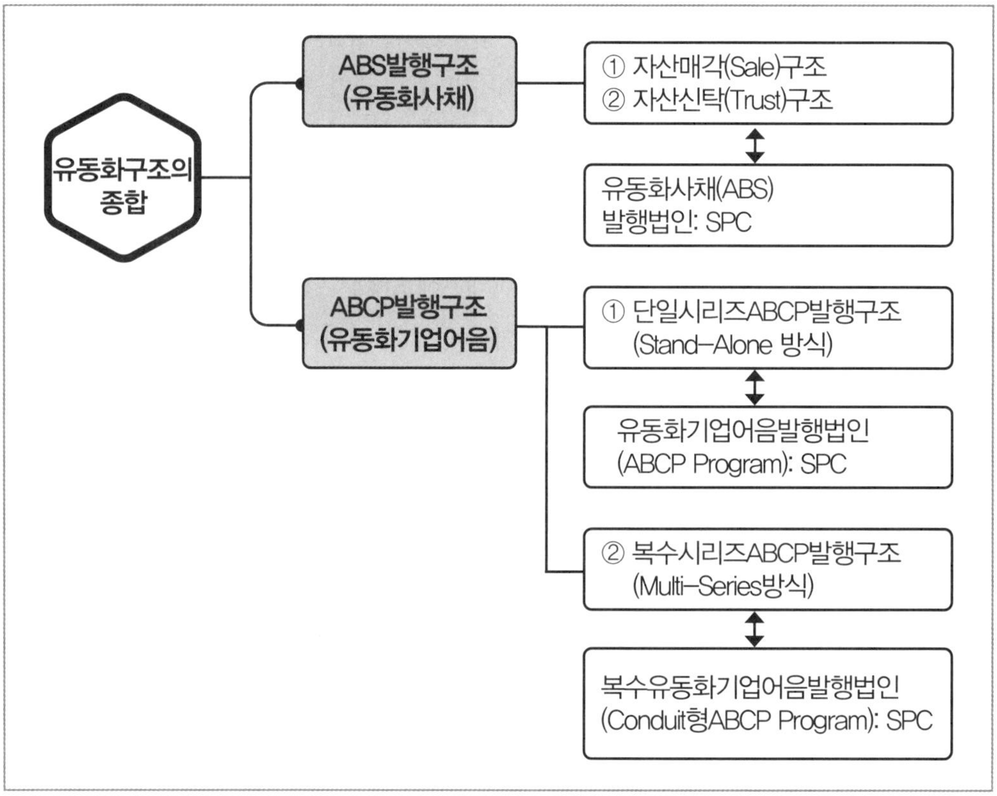

유동화법인(SPC)은 유동화사채(ABS)발행법인(SPC)과 유동화기업어음(ABCP)발행법인(SPC)으로 구분된다. ABS발행법인(SPC)은 자산유동화법상의 유한회사이고, ABCP발행법인(SPC)은 상법상의 주식회사 형태를 갖는다.

제4절

신용보강의 구조와 종류

Internal & External Credit Enhancement

1. 내부 신용보강구조 (Internal Credit Enhancement)

1) 선 · 후순위구조 (Senior & Junior Structure)

선·후순위구조는 유동화증권을 발행할 때 두 가지 이상 서로 다른 유형(tranche)의 증권을 발행하는 것으로 선순위채권(senior bond or note)과 후순위채권(surbordinated or junior bond)으로 구분된다. 그리고 유동화법인(SPC)을 청산할 때 선순위채권은 후순위채권에 비하여 원리금 변제에서 우선권을 갖는다.

후순위채권은 모든 선순위채권이 상환된 이후에 원리금이 상환되므로 선순위채권보다 높은 이자율로 발행된다. 그러나 현실적으로 후순위채권을 매입할 투자가가 없는 경우에는 자산보유자가 이를 회수한다.

2) 초과담보 (over-collateralization)

초과담보구조는 유동화법인(SPC)이 자산보유자로부터 양도받은 유동화자산의 가치가 유동화법인(SPC)이 발행할 유동화증권의 발행금액을 초과하는 금액, 즉 유동화자산양도금액과 유동화증권의 발행금액과의 차이를 말한다.

자산보유자 입장에서 그 초과분을 매출채권할인으로 처리하면 큰 손실이 발생한다. 그러므로 후순위채를 발행함으로써 그 손실을 막을 수 있다.

3) 현금담보 (cash collateral)

현금담보구조는 자산유동화증권을 발행할 때 신용도가 우량한 은행에 유동화법인(SPC)의 명의로 별도계좌(escrow account)를 개설하고 일정금액(예; 10%) 이상의 현금잔고를 유지하게 하고, 이에 담보권을 설정함으로써 예상하지 못한 손실을 대비하는 방법이다. 일반적으로 수탁은행에 현금담보계좌를 개설한다. 그리고 주간사가 증권회사이면 수탁은행은 제3자인 은행이 되지만 주간사가 은행이면 주간사가 대체로 수탁은행이 된다.

4) 환매요청권 (put-back option)

기초자산 중에서 특정 유동화자산에 대한 채무자(obligor)의 신용등급이 하락하여 개별채권의 만기에 상환불이행이 우려되거나 특정 유동화자산이 만기에 상환이 제대로 이루어지지 않아서 유동화의 기초자산으로서 부적격한 채권이 발생할 수 있다.

또한 이런 부적격채권이 누적되면 초과담보구조도 의미가 없어지게 된다. 이러한 부적격채권의 누적문제를 해소하기 위한 장치가 바로 유동화의 기초자산으로서 부적격한 채권에 대하여 자산보유자에게 재매입, 즉 교환을 요청할 수 있는 권리인 환매요청권을 유동화법인(SPC)에 부여하는 방법이다. 따라서 유동화법인(SPC)은 환매요청구조를 통하여 유동화의 기초자산으로서 적격한 채권을 유지할 수 있다.

5) 차액적립 (Reserve Account)

자산유동화증권을 계획할 때는 원칙적으로 유동화자산그룹에서 유입되는 현금흐름이 유동화증권의 원리금 지급액을 초과하도록 설계한다. 그러므로 차액적립구조는 원리금지급 후에 남는 잉여금(reserve)을 자산보유자가 임의로 처분할 수 없도록 별도의 계좌(escrow account)에 적립하는 것이다.

6) 유보금설정 (Cash Reserve Fund)

유보금설정구조는 유동화증권(ABS) 발행금액의 일정비율(예; 10%)을 우선 설정한다. 유동화법인(SPC)이 유동화증권(ABS)을 발행하고 조달한 자금을 자산보유자에게 모두 주지 않고 일정비율에 해당하는 금액을 손실보전 용도로 유동화법인(SPC)의 계좌에 유보금(cash reserve fund)으로 예치하는 것이다.

7) 조기상환 (Trigger Events)

조기상환구조는 유동화증권(ABS)을 발행한 후에 자산보유자 혹은 신용보강기관의 신용도가 낮아져서 자산보유자가 자산유동화 만기까지 유동화자산을 계속적으로 공급할 수 없는 경우를 대비하여 투자자를 위하여 유동화법인에 조기상환청구권을 부여하는 것이다. 자산유동화에서 조기상환구조는 드문 구조이고, 예외적인 구조이다. 예를 들어 신용카드채권과 같이 채무자의 수가 너무 많아서 개개인별로 지급동의서(혹은 채권양도동의서)를 수취하기가 어려워 수탁관리시스템을 유동화에 사용할 수 없는 유동화방식에만 극히 예외적으로 사용하는 구조이다.

일반적으로 조기상환(trigger events)을 적용하는 경우는 다음과 같다.

① 자산보유자(ABS발행기업)의 신용등급이 기준 이하로 하락한 경우(예; 신용카드채권 ABS 등)

② 관련법규가 변경된 경우

2. 외부 신용보강구조 (External Credit Enhancement)

1) 관계회사의 지급보증과 건설사의 연대보증

관계사의 지급보증은 자산보유자의 관계회사가 유동화증권(ABS)의 원리금을 보증하는 것인데, 이 방법은 자산유동화의 초기에는 사용하였지만 지금은 거의 사용하지 않는 구조이다.

그러나 부동산개발사업과 관련하여 자금조달이 어려운 시기의 유동화증권(ABS or ABCP) 발행에 자금조달을 용이하게 하기 위하여 관계회사가 무리하게 지급보증을 제공하거나 관련 건설사가 연대보증을 제공하는 경우가 예외적으로 있다.

2) 건설사의 책임시공 및 채무인수

국내에서는 부동산개발 및 투자를 위한 시행사의 자금조달 수단으로서 부동산관련 채권을 기초자산으로 한 자산유동화(ABS)증권의 발행이 매우 활발해졌다. 부동산개발금융과 관련한 자산유동화에서 투자자를 안심시키고 자금조달을 용이하게 하기 위하여 건설사의 책임시공 및 채무인수 등을 요구하는 구조로 설계한다.

3) 신용보강 (Credit Enhancement)

신용보강을 실행하는 신용보강기관(credit enhancer)이 있다. 신용평가기관이 유동화법인(SPC)을 평가했을 때 예상한 투자적격의 등급이 되기에 부적격한 경우에는 정상적인 채권발행을 위하여 유동화증권(ABS)에 신용보강을 하게 된다. 이와같이 기초자산이 부실채권인 경우에는 예외적으로 금융기관이 지급보증을 하게 되고 이 보증을 제공하는 금융기관(guarantor)이 신용보강기관이 된다.

4) 신용공여기관 (Liquidity Provider)

일반적으로 유동화법인(SPC)에 자금이 갑자기 필요해지면 그 자금을 즉시 지원할 신용공여기관, 즉 신용공여기관(liquidity provider)도 필요하다. 신용공여기관은 자산유동화 설계 시점에 유동화법인(SPC)에 대출을 공여하기로 사전에 대출한도(credit line)를 약정한다. 이때 약정금액은 일반적으로 유동화금액의 10% 정도로 하고 주간사은행이 약정 수수료를 받고 신용공여기관이 된다.

단기대출의 두 가지 용도는 다음과 같다. ① 만기가 서로 다른 여러 종류의 유동화사채(ABS) 중에서 만기가 도래한 유동화사채(ABS)를 유동화법인(SPC)이 상환하기에 일시적으로 자금이 부족한 경우, ② 만기가 단기인 ABCP를 발행하여 조달한 자금으로 만기가 장기인 유동화증권(ABS)을 매입한 경우이다.

이 구조에서 금융시장의 경색 혹은 자산보유자의 신용등급하락 등으로 ABCP발행에 문제가 발생하거나 차환발행(revolving)에 문제가 발생하면 유동화업무에도 차질이 생긴다. 이처럼 유동화법인(SPC)의 자금조달에 문제가 발생하는 경우에 대출기관(liquidity provider)이 일시적으로 필요해진다. 이 대출금은 유동화법인(SPC)의 현금유입이 정상화되거나 유동화기업어음(ABCP)이 정상적으로 발행되면 우선순위로 상환을 받는다.

제5절

부동산금융의 유동화구조와 위험분석

ABS Structure & Risk for Real Estate Finance

1. 유동화사채(ABS) 발행구조

1) 부동산대출과 ABS 활용사례

그림 13-7 _ 부동산대출과 ABS 활용사례

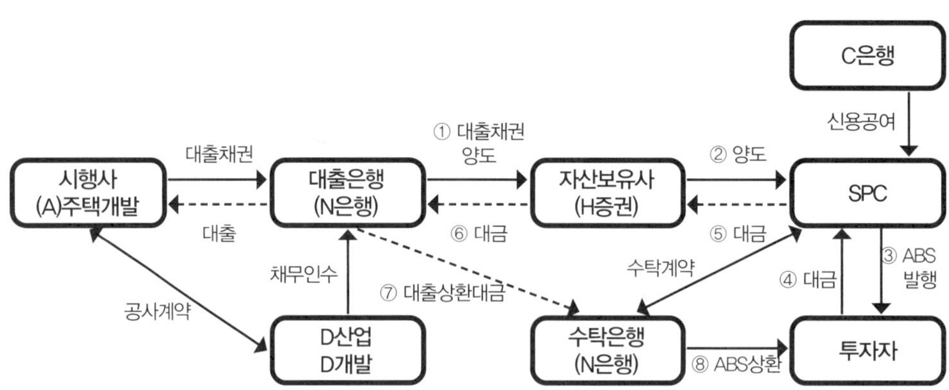

① 시행사: A주택개발, ② 건설사: D산업/D개발, ③대출은행 : N은행, ④ 자산보유사: H증권,
⑤ 신용공여은행: C은행, ⑥ 수탁은행 : N은행

2) 부동산금융-유동화사채(ABS) 발행구조

● 그림 13-8 _ 부동산금융-유동화사채(ABS) 발행구조

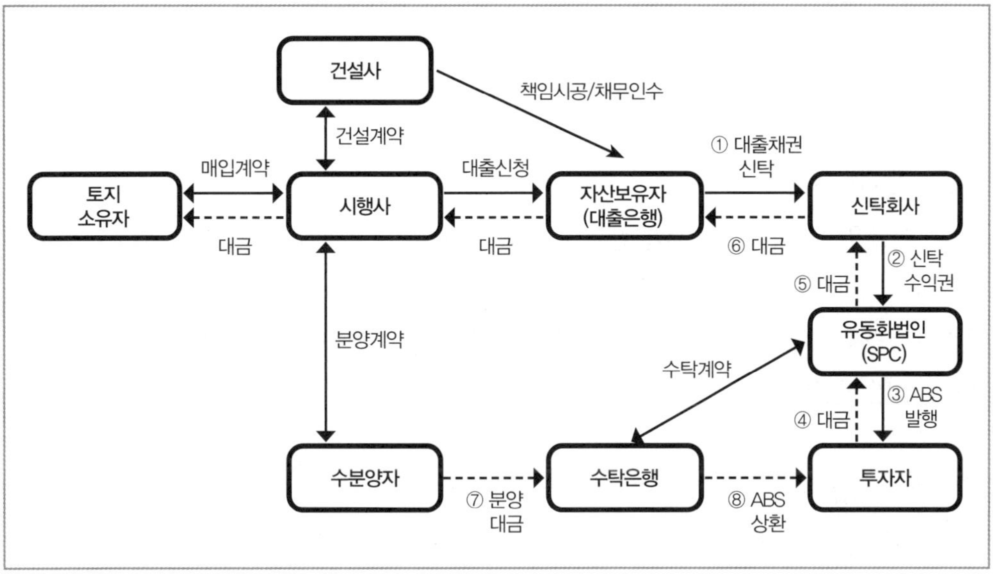

유동화사채(ABS) 발행구조는 부동산을 담보로 대출채권이 있는 금융기관(대출은행)이 대출채권이 만기가 되기 전에 대출채권을 현금화하거나 부동산 개발자금을 조달하는 데 그 목적이 있다. 이를 위하여 대출은행은 대출채권과 담보로 제공받은 부동산을 신탁회사에 신탁하고, 신탁회사로부터 신탁수익권을 위임받은 유동화법인(SPC)을 설립하고, 유동화법인(SPC)이 유동화사채(ABS)를 발행하여 조달한 자금을 대출은행에 지급하는 구조이다.

자산보유자로서 대출은행 입장에서 보면 시행사에 대한 대출채권을 신탁회사에 양도함으로써 자산에서 제외시키고 자산유동화를 통하여 현금화할 수 있고, 현금화한 자금은 또 다른 대출재원으로 사용할 수 있다. 이와 같이 대출채권을 기초자산으로 유동화를 계속하는 어떤 은행이 있다면 그 은행은 적은 자금으로 많은 대출업무를 수행할 수 있을 뿐만 아니라 위험가중자산대비 순이익비율(return on risk weighted asset: RORWA)을 다른 은행과 비교하여 상대적으로 높일 수 있다.

유동화법인(SPC)은 수탁은행과 수탁계약을 맺고 수탁은행은 유동화법인(SPC)의 수탁계좌(escrow account)를 관리하게 된다. 자산보유자로서 대출은행은 대출채권에서 유입되는 이자 또는 상환금을 유동화법인(SPC)이 지정하는 수탁은행의 수탁계좌(escrow account)로 집중시킨다. 수탁은행은 유동화법인(SPC)을 대신하여 유동화사채(ABS)의 이자지급 및 상환 등의 업무를 수행한다.

■ **금융위험분석**

부동산금융과 관련하여 대출은행은 자산보유자로서 대출채권의 유동화를 위하여 대출채권을 양도했기 때문에 자산유동화 구조상 유동화사채(ABS) 투자자에게 상환의무는 없다. 왜냐하면 유동화사채(ABS) 투자자는 자산보유자인 대출은행에 상환청구권(recourse)이 없고 유동화법인(SPC)에 있기 때문이다.

그러나 유동화구조를 보면 투자자를 보호하기 위하여 대부분 초과담보(over-collateralization) 혹은 환매요청권(put-back option) 구조를 갖기 때문에 기초자산인 대출채권에 부실채권이 발생하면 부실채권에 대해서는 자산보유자인 대출은행은 손실을 입을 수 있다. ABS투자자 입장에서는 기초자산의 신용위험과 신용보강구조의 점검이 매우 중요하다.

2. 유동화사채(ABS)와 유동화기업어음(ABCP) 혼합구조

● **그림 13-9** _ 유동화사채(ABS)와 유동화기업어음(ABCP) 혼합구조

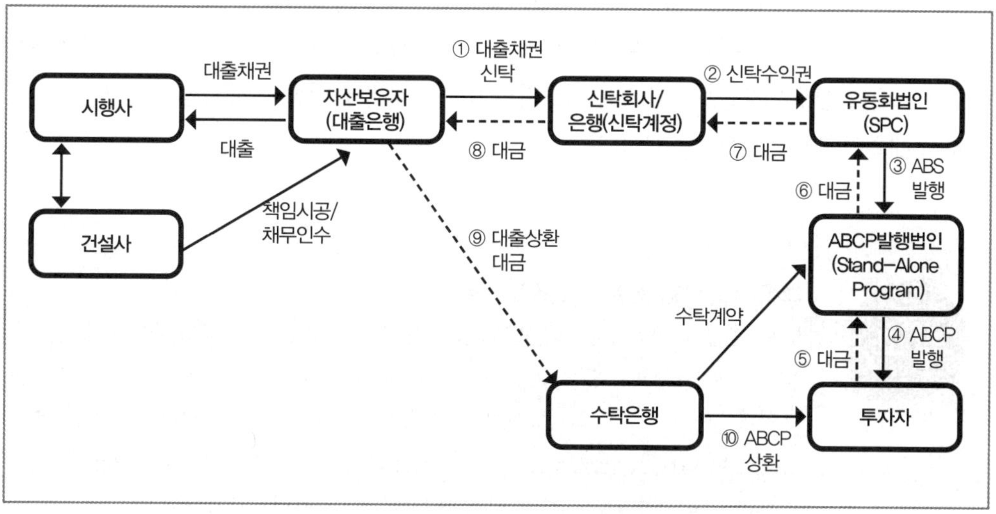

유동화기업어음(ABCP) 발행구조는 부동산을 담보로 대출채권이 있는 금융기관(대출은행)이 대출채권이 만기가 되기 전에 대출채권을 현금화하거나 부동산개발자금을 조달하는 데 목적이 있다. 이를 위하여 대출은행은 대출채권과 담보로 제공받은 부동산을 신탁회사에 신탁하고, 신탁회사로부터 신탁수익권을 위임받은 유동화법인(SPC)을 설립하고, 유동화법인(SPC)이 유동화사채(ABS)를 발행하여 조달한 자금을 대출은행에 지급하는 구조이다.

유동화기업어음(ABCP) 발행을 위한 제2의 유동화법인(SPC)인 유동화기업어음발행법인을 설립하여 유동화기업어음(ABCP)을 발행하고 받은 대금으로 유동화법인(SPC)이 발행한 유동화사채(ABS)를 매입하는 구조이다.

물론 이 구조에서도 대출채권을 기초자산으로 유동화를 계속하는 어떤 은행이 있다면 그 은행은 위험가중자산대비 순이익비율(return on risk weighted asset: RORWA)을 다른 은행과 비교하여 상대적으로 높일 수 있다.

■ **금융위험분석**

유동화기업어음(ABCP) 발행구조에서는 자산보유자인 대출은행이 수탁은행으로서 유동화기업어음발행법인을 운영하고, 유동화기업어음발행법인에 긴급자금이 필요하게 되면 그 자금을 즉시 지원할 신용공여기관 역할을 한다. 따라서 자산보유자인 대출은행이 신용공여기관이 되면, 대출은행은 자산보유자로서 기초자산인 대출채권에 대한 부도위험과 신용공여기관으로서 대출약정이행위험이 존재한다.

참 고

부동산금융과 ABCP발행의 위험

부동산개발 사업의 자금조달방안으로 유동화기업어음(ABCP)을 발행하면 ① 자금조달이 상대적으로 용이하고, ② 조달금리도 상대적으로 저렴하다. 그러나 만약 사업을 시행하는 중에 부동산 경기가 급격히 침체되거나 부동산경기의 침체를 유발시키는 사건이 발생하고, 유동화기업어음(ABCP) 투자자들이 개발부동산의 분양 전에 자금회수를 요구하게 되면, 이는 사업의 부도로 나타난다. 즉 부동산개발금융의 실패가 된다.

3. 복수유동화기업어음(ABCP)발행구조 (Conduit형 ABCP Program구조)

● **그림 13-10** _ 부동산금융(Conduit형 ABCP Program 구조)

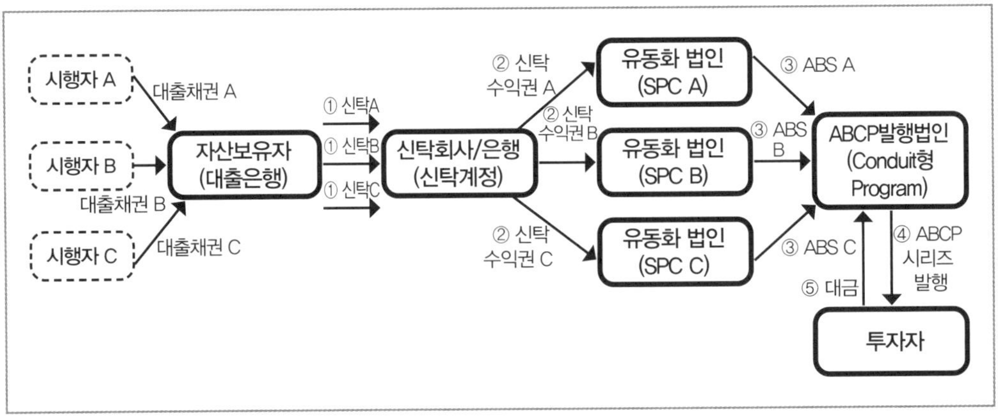

복수유동화기업어음(Conduit ABCP) 발행구조는 부동산을 담보로 대출채권이 있는 금융기관(대출은행)이 대출채권이 만기가 되기 전에 대출채권을 현금화하거나 부동산개발자금을 조달하는 데 목적이 있다. 이를 위하여 대출은행은 대출채권과 담보로 제공받은 부동산을 신탁회사에 신탁하고, 신탁회사로부터 신탁수익권을 위임받은 유동화법인(SPC)을 설립하고, 유동화법인(SPC)이 유동화사채(ABS)를 발행하여 조달한 자금을 대출은행에 지급하는 구조이다.

유동화기업어음(stand-alone ABCP) 발행구조와는 달리 유동화기업어음(stand-alone ABCP)의 발행을 위하여 제2의 유동화법인(SPC)인 유동화기업어음발행법인(ABCP program)을 설립하는 것이 아니라 이미 설립되어 운영되고 있는 기존의 유동화기업어음발행법인(conduit형 ABCP program)을 이용하여 추가로 유동화기업어음(ABCP)를 발행하고 유동화법인(SPC)이 발행한 유동화사채(ABS)를 매입하는 구조이다.

■ **금융위험분석**

복수유동화기업어음(Conduit ABCP) 발행구조에서 자산보유자인 대출은행의 금융위험은 유동화기업어음(stand-alone ABCP) 발행구조에서의 자산보유자로서 대출은행의 금융위험과 같다.

한편 자산보유자로서 대출은행이 주간사은행이 되는 경우가 일반적이다. 그러므로 주간사은행의 수익성 관점이나 유동화업무 확대를 위한 다른 금융기관과의 경쟁력 관점에서 보면 복수유동화기업어음(ABCP) 발행구조가 유동화기업어음(ABCP) 발행구조에 비하여 상대적으로 유리하다.

왜냐하면 복수유동화기업어음(ABCP) 발행구조에서는 기존의 복수유동화기업어음발행법인(conduit형 ABCP program)을 이용하므로 상대적으로 유동화관련 비용을 절감할 뿐만 아니라 유동화의 실행도 신속하게 할 수 있고 유동화업무 경험에 대한 전문성도 인정받을 수 있기 때문이다.

제6절

자산유동화증권(ABS) 발행사례

Cases of ABS Issuance

1. 신탁구조-ABS시리즈 발행사례

● **그림 13-11** _ 신탁구조-ABS시리즈 발행사례

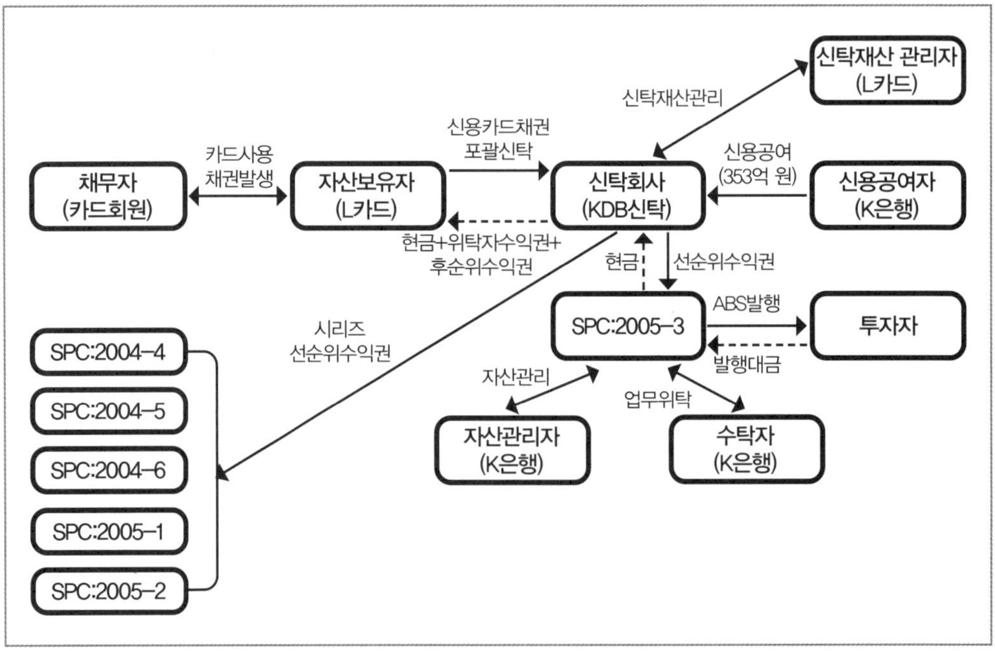

2. 미래현금흐름 ABS발행사례

● **그림 13-12** _ 미래현금흐름 ABS발행사례

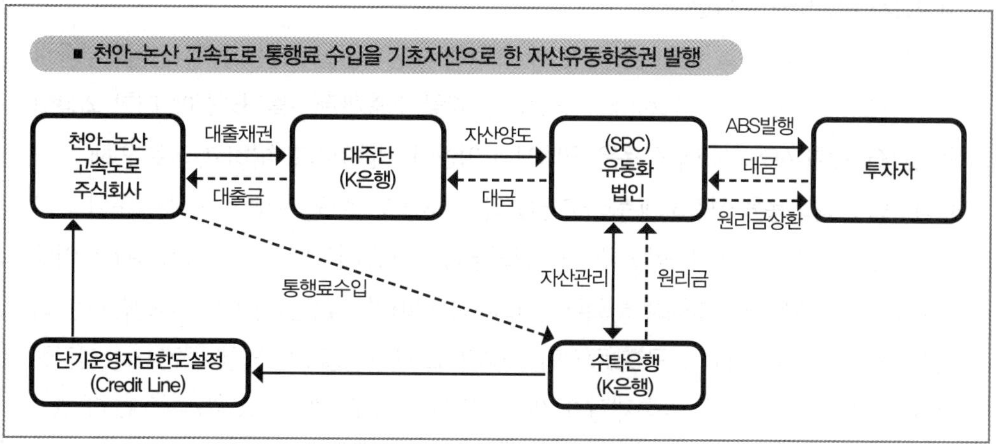

① 대주단은 천안고속도로(주)에 도로건설자금을 대출

② 대주단은 SPC를 설립하고 대출채권을 SPC에 양도

③ SPC는 유동화사채(ABS)를 발행하고 받은 대금을 대주단에 지급

④ 주간사은행은 수탁은행 및 자산관리자로서 단기운영자금 한도를 설정

⑤ 수탁은행은 통행료수입을 받아 ABS투자자에게 원리금을 상환

⑥ 유지보수비 적립계정 설정

⑦ 채무상환유보 및 적립계정 설정

⑧ 재무약정: 최소 DSCR 1.45 및 평균 DSCR 1.91 이상 유지

3. 해외수출채권-ABCP발행사례

삼성전자 자산담보부 발행

삼성전자가 수출채권을 해외 금융기관에 매각해 운영자금을 조달하는 자산담보부증권(ABS)시스템을 8월부터 도입한다. 삼성전자는 12일 수출채권(수출거래선에 대한 외상매출채권)에 대한 ABS시스템 적용은 국내에서 이번이 처음이라고 밝히고 이로 인해 75억 원정도의 금융비용을 절감하게 됐다고 말했다. 이 시스템은 GE, 지멘스 등 신용도가 높은 해외 수출거래선으로부터 받을 채권을 해외금융기관에 매각하고 해외금융기관은 이를 담보로 CP(기업어음)를 발행해 해외투자자들에게 판매하는 금융기법이다. 삼성전자는 이 시스템을 도입하기 위해 최근 프랑스의 크레디리요네은행을 ABS발행 주간사로 선정했으며 크레디리요네은행은 수출채권 매각을 전담하기 위해 FKSC(First Korea Securitization Coporation)를 뉴욕에 설립했다. FKSC는 삼성전자로부터 매입한 수출채권을 ABS발행 전문회사인 미국의 애틀랜틱사에 판매하고 애틀랜틱사가 이를 담보로 CP를 발행한다. 발행된 CP는 주간사 책임 아래 뉴욕채권시장에서 판매된다.

삼성전자는 이 금융기법의 도입으로 현재 수출채권 회수기간이 65일에서 70일이기 때문에 발생하는 약 1억 달러의 수출채권 평균잔액을 없앨 수 있게 됐다고 설명했다. 또 국내 금융기관을 통해 수출채권의 네고(수출환어음매입의뢰)보다 5~6%포인트 낮은 '리보(런던 은행간 금리)+1%'의 비용으로 매각할 수 있어 연간 75억 원의 금융비용을 절감할 수 있다고 덧붙였다. 삼성전자는 이달 말 크레디리요네은행과 주간증권사 및 대손발생 시의 책임 등에 관한 최종 계약을 체결한 후 8월부터 수출채권을 매각할 예정이다. 삼성전자가 매각할 수출채권의 해외거래선은 GE, 월풀, 제록스, 지멘스 등 신용도가 높은 20여 개사이다.

● **그림 13-13** _ 해외수출채권-ABCP발행사례

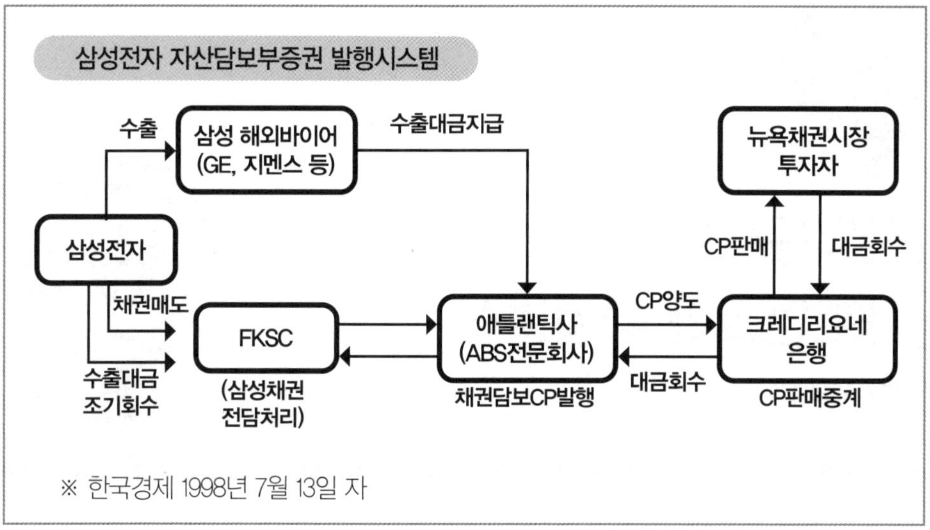

제7절

자산유동화의 심사포인트와 위험분석

ABS Risk Analysis

1. 금융기관의 자산유동화(ABS) 심사포인트

1) 정상적인 자산유동화(ABS)구조의 점검사항

① 자산보유자의 기초자산에 대한 수개월 동안 혹은 정기적인 채권(예; 매출채권 등)의 발생(예; 영업부 혹은 수출부 등), 관리 및 판매대금의 유입(예; 자금부 혹은 재무팀 등) 등의 확인에 대한 실사(due diligence)가 주간사에 의하여 반드시 실행되어야 한다.

② 수탁은행의 수탁계좌시스템의 정상적인 운영이 있어야 한다(자세한 내용은 앞의 2절 참고 바람).

③ 투자자 입장에서 볼 때 유동화구조의 취약한 부분에 대한 적절한 신용보강(예; 환매요청권 등)이 있어야 한다.

2) 유동화자산의 건전성

① 채무자의 특성(예; 개인 혹은 기업)

② 채권의 평균만기 및 개별채권의 최장만기

③ 채권의 평균금액 및 개별채권의 최고금액

④ 유동화자산그룹에서 높은 비중을 차지하는 채권(즉, 채무자)

⑤ 채권의 분산정도(예; 높은 비중을 차지하는 채권의 분포)

⑥ 과거 대손기록 및 과거 대손율

⑦ 채무자의 신용등급(예; 개인, 중소기업, 대기업, 투자등급기업 등)

⑧ 신용보강구조(예; 환매요청권, 추가담보 제공의무 등)

3) 유동화의 기초자산 선정 시 주의사항

투자자 입장에서 보면 유동화의 기초자산으로 가장 적합한 유동화대상자산은 기초자산의 가치(금액)에 변동성이 없어야 한다. 따라서 유동화의 기초자산으로 가장 적합한 대상자산은 매출채권과 대출채권이다.

가축(소, 돼지, 활어) 또는 주식 등과 같이 기초자산의 가치(가격)가 변할 수 있는 자산은 유동화대상자산으로 적합하지 않다. 그 이유는 정상적인 자산유동화의 구조와 같이 초과담보구조를 갖더라도, 만약 가축 또는 주식의 가치(가격)가 20% 이상 하락하면 유동화증권(ABS) 투자자에게 원금손실이 발생하기 때문이다.

결론적으로 정상적인 유동화자산이 되기 위해서는 자산가치(가격)에 변동성이 거의 없는 보유자산은 유동화자산(비소구금융)으로 적합하지만, 자산가치(가격)에 변동성이 있는 자산은 유동화자산으로 적합하지 않다. 그 대신 투자자(대출은행)가 자산보유자(차주)에게 상환청구권을 행사할 수 있는 소구금융인 자산담보대출(예; 가축담보대출 혹은 주식담보대출, 평가액의 50%)에 적합하다.

4) 특정채권을 담보한 대출유동화(ABL) 취급 시 주의사항

구매기업이 판매기업에 비하여 상대적으로 신용도가 높은 우량기업이고, 판매기업입장에서 우량기업에 대한 우량채권(특정채권)을 담보로 대출을 취급하는 경우, 혹은 유동화를 계획하는 경우에는 우선 실사(즉, 특정채권의 발생과 결제에 대한 진위를 확인)가 가장 중요하고, 실사에는 다음 사항의 점검이 매우 중요하다.

① 특정채권의 발생확인 (우량기업의 물품구입 확인 혹은 판매기업의 판매사실 확인)
② 특정채권의 결제확인 (우량기업의 대금지급 확인 혹은 판매기업의 대금수취 확인)
③ 판매기업의 감사보고서 또는 매출내역(즉, 해당매출액의 규모 및 내역)의 확인과 매출채권명세서(즉, 해당매출채권의 규모와 내역)의 확인 등

2. 자산보유자의 신용위험 심사포인트

1) 기초자산이 현재채권인 경우

자산유동화의 기초자산이 현재채권인 경우에는 유동화과정에서 현금유입이 계획한대로 이루어지지 않더라도 유동화증권의 투자자는 원칙적으로 자산보유자에 유동화증권의 상환을 요구할 수 없다(비소구금융). 만약 자산보유자에게 부도와 같은 신용사건이 발생하여 영업이 중단되더라도 진행 중인 자산유동화가 정상적으로 설계된 경우(예; 수탁계좌시스템의 정상적인 운영, 초과담보구조 등)이고 유동화에서 발생할 수 있는 부실채권이 초과담보부분(예; 10-20%) 이내이면, SPC는 현재채권에서 유입되는 자금으로 투자자의 원금을 문제없이 상환할 수 있다.

반면에 자산유동화는 발행 시에 계획한 유동화의 만기에 정상적으로 청산되는 것이 아니고, 자산보유자의 영업이 중단된 시점인 유동화기간 중에 청산하게 된다. 따라서 현재채권이 기초자산인 자산유동화의 심사포인트는 자산보유자의 신용위험에 의존하지 않고, ①기초자산의 건전성(즉 채무자의 상환능력)과 ②유동화구조의 안전성에 있다.

2) 기초자산이 미래채권인 경우

미래매출채권의 유동화가 성사되기 위해서는 오랜 기간 자산보유자와 특정구매자들 간에 정기적 혹은 지속적으로 거래한 매출채권의 발생(예; 발생빈도, 월별 거래규모, 연도별 거래규모, 연체율, 대손률 등)이 적합해야 한다. 따라서 미래매출채권담보부 자산유동화의 가능성 여부는 양당사간에 오랜 기간 거래사실 여부 혹은 장기공급계약의 유무가 주요 점검대상이다.

또한 미래매출채권을 유동화의 기초자산으로 하고 미래매출채권담보부 유동화증권을 발행한 경우에는 유동화자산의 건전성에 대한 위험(즉 채무자의 상환능력에 대한 의존) 보다 자산보유자에 대한 신용위험이 더 크다. 그 이유는 유동화의 기초자산이 미래매출채권이기 때문이고, 미래에 매출채권이 존재하기 위해서는 자산보유자가 유동화법인(SPC)의 만기까지 계속기업으로 존속해야 하기 때문이다.

따라서 현재채권담보부 유동화의 자산보유자에 비하여 미래채권담보부 유동화의 자산보유자는 상대적으로 신용위험이 낮아야 한다. 바꾸어 말하면 투자자입장과 유동화설계자입장에서 유동화기간(예; 2-3년) 정도에는 자산보유자에 대한 신용위험의 우려가 없는 기업이어야 한다는 의미이다.

그러므로 미래매출채권을 기초자산으로 유동화를 하는 경우에는 유동화의 상환재원이 미래매출채권이므로 유동화증권의 투자자를 보호하기 위하여 신용카드채권의 유동화에서와 같이 예외적으로 자산보유자의 신용등급하락(예; 회사채등급의 하락) 등을 전제로 SPC는 자산보유자에 대하여 소구권을 갖는 구조를 가져야 한다.

제8절

자산유동화 · 팩토링 · 포페이팅의 비교

ABS vs Factoring vs Forfaiting

자산유동화(ABS), 팩토링(Factoring), 포페이팅(foraiting)을 비교하면 다음과 같다.

표 13-2 _ ABS · 팩토링 · 포페이팅의 비교

	ABS	팩토링	포페이팅
운용프로그램	있음	있음	없음
거래형태	한도거래	한도거래	건별거래
법적형태	자산매각	자산매각	자산매각
소구권	없음	없음/있음	없음
자산영수자	SPC	금융기관	금융기관
매각대상자산	매출채권 등	매출채권 등	수출채권
채무자의 국적	국내외	국내외	국외
회계처리	B/S에서 제외	우발채무관리(소구권 있는 경우)	B/S에서 제외
만기	중·단기	단기	중·단기

연습문제

제 13 장

1. 자산유동화증권의 내용과 특성을 설명하시오.

2. 자산유동화증권 설계에서 매각구조를 설명하시오.

3. 자산유동화증권 설계에서 신탁구조를 설명하시오.

4. ABS발행절차와 주요당사자의 역할을 설명하시오.

5. ABS발행기업 입장에서 선·후순위 ABS구조를 설명하시오.

6. 내부보강구조의 종류와 그 내용을 설명하시오.

7. 외부보강구조의 종류와 그 내용을 설명하시오.

8. 자산보유자(ABS발행기업)의 장단점을 설명하시오.

14장

외화대출과 건설 및 외화보증의 위험분석

FCL & Guarantee Risk Analysis

핵 심 용 어

거치기간 Grace Period
인출가능기간 Availability Period
대출약정 Commitment
채무불이행사유 Events of default
취급수수료 Management fee
기한이익의 상실 Acceleration
차주준수사항 Covenants
재무약정 Financial Covenants
입찰보증 Bid Bond
선수금환급보증 AP bond
계약이행보증 P bond
유보금환급보증 Retention Bond
하자보증 Warranty Bond
관세보증 Customs Bond
지급이행보증 Payment Bond
보증신용장 Standby L/C

제1절

외화대출의 구조와 위험분석

Foreign Currency Loan & Risk Analysis

1. 외화대출(FCL)의 구조와 전문용어의 이해

외화대출의 구조와 외화대출에서 주로 사용되는 전문용어를 이해하기 위하여 다음의 사례를 살펴보기로 한다.

Terms and Conditions of FCL are as follows;
(외화대출의 조건은 다음과 같다.)

- Lender bank: A bank (대출은행: A은행)
- Borrower: ABC Company (차주: ABC회사)
- Facility: Term Loan (여신: 중장기대출)
- Amount: USD300 million (금액: 미화 3억 불)

- Purpose: to finance the expansion of the production facilities
(자금목적: 시설자금대출)

- Availability: within 6 months from the signing date of the loan agreement
(인출기간: 약정일로부터 6개월 이내)
- Tenor: 5 years from the first drawdown date of the loan
(만기: 인출일로부터 5년)
- Grace Period: 2 years (거치기간: 2년)

- Interest: 2.5% p. a. over 6 month SOFR[1)]
(이자율: 연 2.5% + 6개월 소파금리)
- Interest Payment: to be payable semi-annually in arrears
(이자지급: 6개월 마다 후취로 지급)
- Management Fee: 1.5% flat of the loan amount
(취급수수료: 대출금액의 1.5%)

- Repayment: 7 equal semi-annual instalments
(상환방법: 7회에 걸친 매 6개월 균등분할상환)
- Conditions Precedent (인출선행조건)
- Financial Covenants (재무약정사항)
- Governing Law (재판관할)

참 고

3 Month SOFR 조건

Interest: 2.5% p. a. over 3 month SOFR (이자율: 연 2.5% + 3개월 소파금리)

Interest Payment: to be payable quarterly in arrears (이자지급: 3개월 마다 후취로 지급)

Repayment: 13 equal quarterly instalments (상환방법: 13회에 걸친 매 3개월 균등분할상환)

1) 2023년 7월부터 전세계 금융기관들은 LIBOR금리 대신 SOFR금리를 사용함.

1) 대출약정 (Commitment)

대출약정은 대출은행의 차주에 대한 대출의무금액을 말하고, 일반적으로 대출신청금액이 된다. 만약 계약서에 약정수수료(commitment fee)가 있으면 인출가능기간(예; 6개월)에 차주가 인출하지 않은 미인출금액(un-drawdown amount)에 대하여 대출은행은 약정수수료를 차주로부터 받는다.

인출가능기간이 긴 경우(예; 6개월 이상)에 약정수수료를 받으며, 금융기관의 경쟁이 심하면 약정수수료는 면제하는 경우도 많다(자세한 내용은 2장 1절 참고 바람).

2) 대출기간 (Maturity or Tenor)

대출기간은 외화대출의 약정금액 중에서 최초로 대출금의 일부인출이 발생한 최초인출일(first draw-down date)로부터 원금의 최종상환일까지를 의미한다.

3) 인출가능기간 (Availability)

인출가능기간은 차주가 대출기관의 별도 승인 없이 대출금을 인출하겠다는 서면통지만으로 대출금을 인출할 수 있는 특정기간, 즉 기업에게 대출금의 인출이 허용된 기간을 말한다. 그러므로 인출가능기간이 경과하면 대출금을 인출할 수 없게 된다. 인출가능기간은 대출계약서의 서명일을 기준으로 하고, 서명일로부터 통상 3~6개월 이내로 한다. 인출가능기간은 차주의 사정과 대출기간에 따라 짧아질 수도 있고 길어질 수도 있다.

만약 인출가능기간이 경과한 이후에 대출금을 인출하려고 하면 일반적으로 대출실행지점이 인출가능기간의 연장에 동의하거나 별도의 승인기관으로부터 승인을 받아야 한다. 이와 같은 인출가능기간은 외화대출과 같은 중장기대출을 실행하는 경우에 주로 사용된다.

한편 인출가능기간은 미인출분에 대한 약정수수료의 계산기준이 되기도 한다(자세한 내용은 2장 1절 참고 바람).

4) 거치기간 (Grace Period)

거치기간은 대출금의 상환이 유예되는 기간으로서 차주에게 유리한 기간에 해당하고, 대출금의 최초인출일을 기준으로 계산한다. 만약 대출기간이 5~7년 이라면 거치기간은 대출인출일로부터 1~2년 동안으로 하고 대출기간이 길수록 거치기간도 일반적으로 길어진다. 예를 들어 대출기간이 3년이면, 거치기간은 1년 정도가 되고, 대출기간이 6~7년으로 길어지면 거치기간도 2~3년으로 길어진다.

5) 원금상환기간 (Repayment Period)

원금상환기간은 최초상환일로부터 대출만기일까지를 말하고, 이 기간에는 사전에 약정한 바와 같이 대출금액이 상환계획(repayment schedule)에 따라 감소하고 대출만기일에는 마지막 남은 대출금잔액이 모두 상환된다. 그리고 중장기대출(term loan)인 경우는 일반적으로 균등분할상환방식을 주로 사용한다.

6) 이자지급 (Interest Payments)

대출은행은 일반적으로 해외금융시장에서 변동금리인 SOFR로 자금을 조달하고, 그 금리에 사전에 약정한 마진(margin)을 가산하여 차주로부터 이자를 수취한다. SOFR금리는 대체로 3개월 금리와 6개월 금리를 주로 사용하고, 대출기간이 짧으면(예; 1~2년) 3개월 SOFR를 주로 사용하고, 대출기간이 길면(예; 3년 이상) 6개월 SOFR를 주로 사용한다.

7) 취급수수료 (Management fee)

취급수수료 또는 관리수수료는 'management fee', 'up-front fee', 'participation fee' 등으로 불린다. 취급수수료의 금액은 대출계약금액에 취급수수료를 곱하여 계산한다. 예를 들어 취급수수료 0.5% flat, 참가금액이 ＄5,000,000이면 취급수수료는 ＄25,000(=＄5,000,000× 0.5%)이 된다.

대출은행 입장에서는 대출기간 동안에 3개월마다 SOFR 자금을 국제금융시장에 상환하고 다시 재조달하고 관리하는 명목으로 수수료를 받지만 대출신청인 입장에서는 취급수수료도 자금조달비용(all-in cost)에 포함한다.

8) 최소인출금액 (Minimum Drawdown amount)

대출금액이 상대적으로 거액인 중·장기대출(예; 외화대출, 시설자금대출, 부동산금융 등)인 경우는 대체로 최소인출금액을 정하고, 그 금액은 대출약정금액의 5~10% 정도로 설정한다. 최소인출금액을 설정하는 이유는 대출관리를 간편하게 하기 위함이다.

2. 외화대출과 원화장기대출의 차이

1) 외화대출과 조기상환수수료

원화장기대출에서는 차주가 조기상환을 하면 일반적으로 대출은행이 차주에게 조기상환수수료를 청구하는 것이 관례이다. 반면에 외화장기대출에서는 차주가 예정된 원금상환일(이자지급일)에 조기상환을 하면 일반적으로 차주에게 조기상환수수료를 수취하지 않는 것이 관례이다.

그 이유는 외화대출 조건에는 일반적으로 대출은행이 대출실행 전에 취급수수료(management fee)를 수취하기 때문이고, 또한 대출은행이 조달한 SOFR금리가 변동금리이기 때문이다. 차주가 예정된 원금상환일(이자지급일)에 조기상환을 하면 대출은행은 조기상환으로 인하여 미래에 발생할 이자수익의 감소와 같은 상대적인 기회비용은 발생하지만 그 조기상환으로 인하여 금융손실이 발생하지는 않는다.

그러나 차주가 예정된 원금상환일(이자지급일)이 아닌 다른 날에 조기상환을 하면 대체로 대출은행에 금융손실이 발생한다. 만약 대출은행이 국제금융시장에서 6개월 SOFR금리(예; 2.65% p.a.)에 자금을 조달했다고 가정할 때, 차주가 지난번 이자지급일로부터 4개월이 경과(즉 예정된 이자지급일이 아닌)한 날에 조기상환을 한다면, 대출은행은 그 상환자금을 금융시장에서 조달금리(예; 2.65% p.a.)보다 상대적으로 낮은 금리(2.35% p.a.)로 매각해야 한다. 따라서 대출은행은 조달금리와 매각금리 차이에서 금융손실이 발생한다.

그러므로 차주가 예정된 이자지급일이 아닌 다른 날에 조기상환을 하면, 차주는 당연히 대출은행에 조기상환으로 발생할 손실금액을 보전해주어야 한다. 이때, 대출은행은 차주에게 청구할 금액이 조기상환수수료가 아니고, 예정된 이자지급일이 아닌 다른 날의 조기상환으로 발생할 대출은행의 금융손실에 대한 보전금액임을 명확히 이해시켜야 한다.

만약 차주가 조기상환을 주장하면 대출은행은 상환계획에 있는 예정된 이자지급일에 조기상환할 것을 자문하는 것이 바람직하다. 그러면 차주 입장에서는 조기상환으로 발생되는 상환관련 비용을 절약할 수 있고, 대출은행 입장에서는 예정된 이자지급일까지 연장되는 기간만큼 이자수익을 얻을 수 있기 때문이다.

2) 외화대출의 최초상환일과 균등분할상환 횟수

5년 만기 대출로 2년 거치기간과 6개월마다 균등분할상환 조건인 경우도 원화대출 상환방법과 외화대출 상환방법은 일반적으로 서로 다르다.

(1) 원화대출 상환횟수: 총 6회

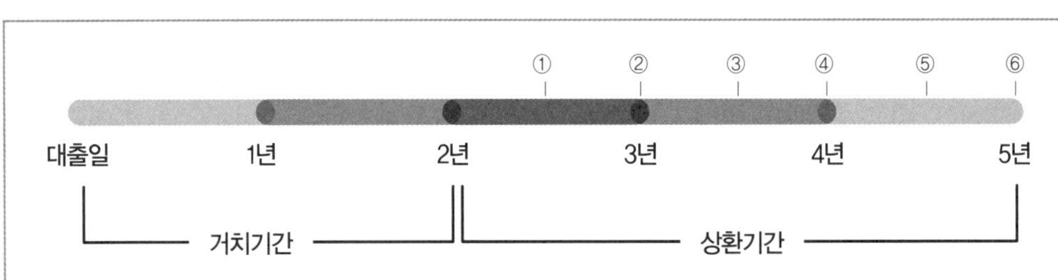

원화장기대출의 대출금 최초상환일은 일반적으로 거치기간 종료일로부터 6개월이 경과한 날(2년 거치기간 + 6개월)이 되고 이날부터 6개월마다 6회 균등분할상환금액으로 대출금 전액을 상환한다.

(2) 외화대출 상환횟수: 총 7회

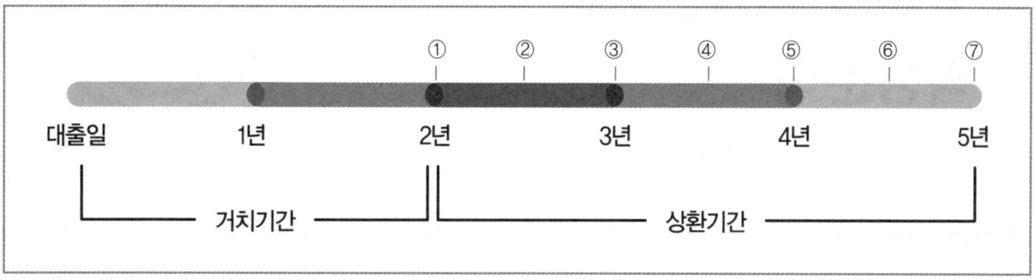

반면에, 외화장기대출의 대출금 최초상환일은 일반적으로 거치기간 종료일(2년 거치기간 마지막 날짜)이 되고 이날부터 6개월마다 7회 균등분할상환금으로 대출금 전액을 상환한다. 403

제2절

외화대출 대출은행의 수익성분석

Profitability Analysis of Lender Bank

1. 평균대출금액과 평균대출기간의 산출

〈사례〉 K기업은 A은행으로부터 USD7,000,000을 다음 조건으로 차입하였다. 대출기간(tenor)은 5년, 이자비용은 1.5% p.a. over 6 month SOFR 이자지급방법은 원금상환일에 후급조건(in arrears), 거치기간(grace period)은 대출실행일(draw-down date)로부터 2년, 대출금의 상환은 7회 균등분할상환조건(7 equal semi-annual installments)이고, 취급수수료(management fee)는 1.2%이다.

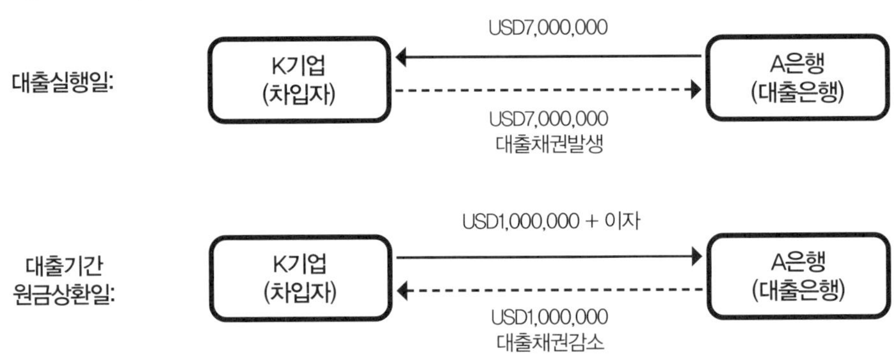

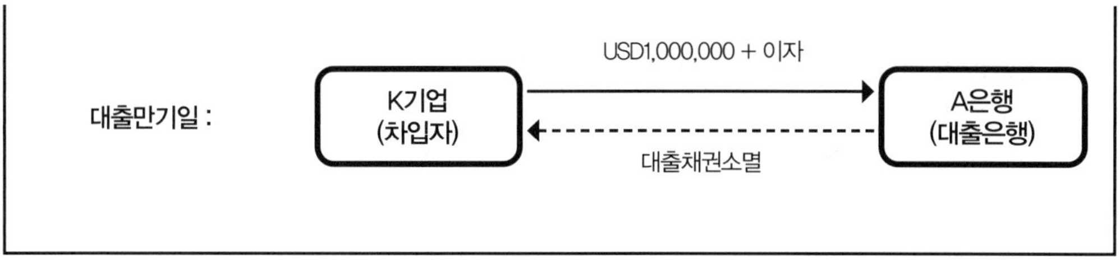

(1) 상환횟수: 총 7회

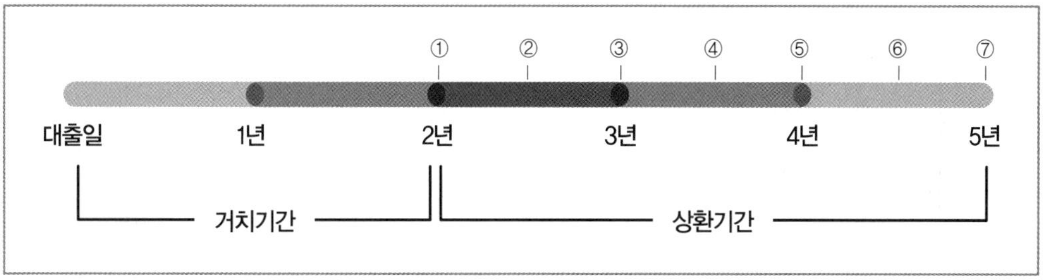

(2) 원금 1회 상환금액: USD1,000,000(= USD7,000,000 / 7회)

(3) 첫 번째 원금상환일의 이자지급금액:

{USD7,000,000 × (SOFR + 1.5%) / 360일 × 182일},

(예; 이자지급기간 182일)

(4) 두 번째 원금상환일의 이자지급금액:

{USD6,000,000 × (SOFR + 1.5%) / 360일 × SOFR funding일수}

(5) 분할상환대출의 5년 동안 평균대출금액의 산출

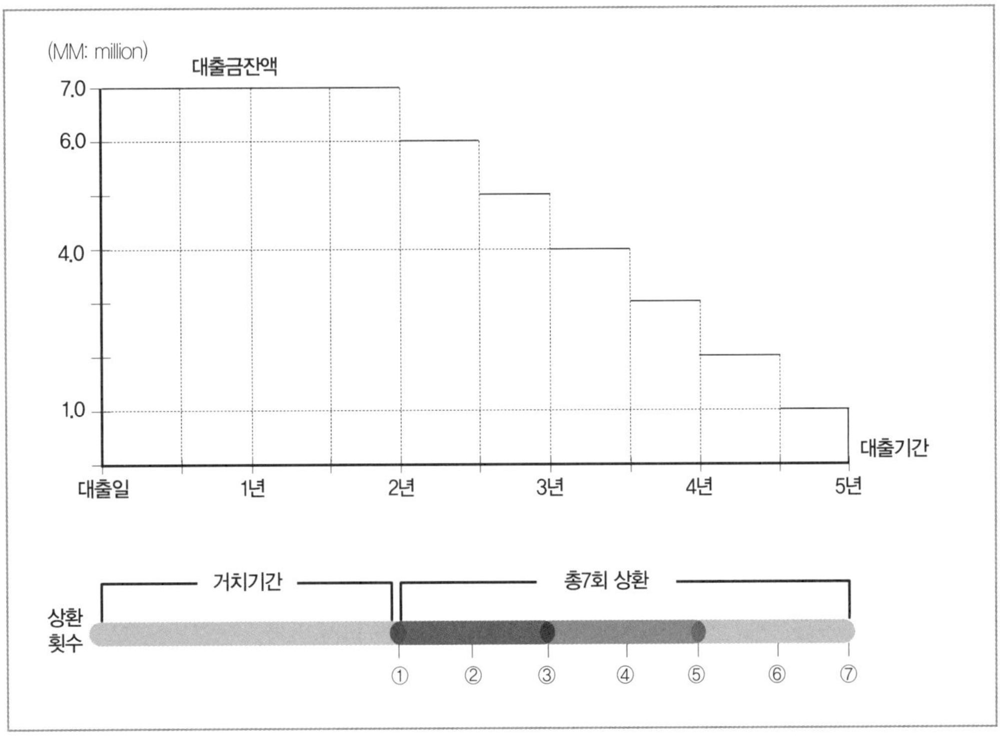

막대그래프의 밑면은 대출기간을 나타내고 막대그래프의 밑면 1단위는 6개월을 나타낸다. 막대그래프의 높이는 대출금 잔액을 나타낸다. 평균대출금액은 다음과 같이 구할 수 있다.

$$\text{평균대출금액} = \frac{(7.0\times4+6.0\times1+5.0\times1+4.0\times1+3.0\times1+2.0\times1+1.0\times1)}{10}$$

$$= \text{USD}4,900,000$$

(6) 총대출금기준의 평균 대출기간의 산출

총대출금기준의 평균 대출기간: 3.5년 = 2년(거치기간) + 3년(상한기간) × 1 / 2

2. 대출기관의 외화대출 수익성분석

〈예제 1〉 앞의 〈사례〉를 참고로 A은행이 K기업에 대출을 함으로써 대출기간 5년 동안 얻을 수 있는 순이자수익합계액을 구하시오.

〈풀이〉

① 평균대출금액의 이용: USD367,500 = (USD4,900,000 × 1.5%) / 5년

② 총대출금의 대출기간 이용: USD367,500 = (USD7,000,000 × 1.5%) / 3.5년

대출수익성(연) = (대출금리−조달금리) + 취급수수료/대출기간

〈예제 2〉 앞의 〈사례〉를 참고로 대출은행의 1년 평균 대출수익성을 구하시오(단, A은행의 자금조달비용은 연 0.2% + 6 month SOFR임).

〈풀이〉

대출기관의 대출수익성: 약 1.64% = (1.5% − 0.2%) + 1.2% / 3.5년

제3절

대출계약서와 신용보강의 종류

Loan Agreement & Covenants

차주가 대출자에게 계약서의 내용을 준수할 것을 약속한 ① 차주준수사항의 주요 조항을 위반하거나 ② 원리금상환에 채무불이행 사유가 발생하면 그 사안의 중요성에 따라 차주는 해당대출에서 기한이익을 상실하게 된다.

이와 같이 기한이익을 상실하면 대출은행(lender)은 대출만기 전에 대출상환을 청구(즉 put option행사 = 조기상환청구권 행사)할 수 있다. 그리고 대출은행은 위반사항을 완화해 주거나 유예해 주는 대가로 ① 일정수수료를 수취하거나 ② 이자율을 상향조정할 수도 있다.

1. 차주의 재무약정 준수조항 (Financial Covenants)

재무약정준수조항은 대출만기일까지 차주의 재무상태를 건전하게 유지시키고 차주의 부채상환능력을 유지시키며, 아울러 차주가 계약서에 명시된 재무약정준수조항을 어기면 대출에 대한 기한이익을 상실시키고자 하는 데 그 목적이 있다. 재무약정준수조항의 내용으로 다음의 사항이 많이 사용된다.

① 유동비율 120% 이상 유지할 것
② 부채비율 400% 이하 유지할 것
③ 이자보상비율 1.3배 이상 유지할 것
④ 자기자본(net worth), 혹은 순자기자본(tangible net worth)을 적정금액 이상 유지할 것 등

2. 차주의 채무불이행사유 (Events of default)

차주에게 채무불이행 사유가 발생하면 주간사은행은 신디케이션 참여은행과 협의하고 참여은행의 결정에 따라 즉시 차주의 기한이익을 상실시키고 대출만기 전에 상환을 청구할 수 있다. 일반적으로 계약서에 명시하는 채무불이행의 사유는 다음과 같다.

① 원금상환 또는 이자지급의 연체사유
② Negative Pledge의 위반
③ 대출은행에 제공한 진술사항에 사실과 다른 주요 사항이 있는 경우
④ 대출은행의 승인이 없이 주요자산을 매각 또는 양도한 경우
⑤ 대출은행의 승인이 없이 다른 기업과 합병 또는 취득한 경우
⑥ 차입자 준수사항에서 기타 중요한 사항의 위반 등

■ Negative Pledge

Negative Pledge는 의미 그대로 '어떤 사항을 하지 않을 것을 서약한 내용'으로서 일반적으로 대출계약서 서명일 이후에는 차주가 소유자산을 다른 금융기관에 담보로 제공하지 않을 것을 약속하는 조항이다. 이 조항은 신용대출을 기준으로 하고 있으며, 본 계약서의 대출금으로 차주가 취득한 자산이 향후에 다른 금융기관에 담보로 제공되는 것을 금지하는 조항이다.

예외적으로 리스(lease), 팩토링(factoring), 환매(repurchase) 등의 특수거래는 이 조항이 적용되지 않는 것으로 해석되므로 이러한 거래도 제한하고자 할 때는 계약서에 그 제한사항을 구체적으로 명시해야 한다. 그리고 ① 차주가 대출자의 사전 동의를 구하는 경우, ② 정부의 정책금융을 받을 때 규정에 따라 대출받은 자산을 반드시 해당대출기관에 담보로 제공해야 하는 경우 등 예외조항을 둘 수 있다.

Negative Pledge는 일반적으로 차주가 대출받은 자금으로 구입한 시설물에 대하여 대출은행이 근저당설정을 할 수 없는 경우에 ① 재무약정과 ② Negative Pledge를 대출계약서에 설정한다. 그러나 시장상황에 따라 대출은행이 해당시설물에 대하여 근저당설정을 하고, 추가로 계약서에 Negative Pledge를 설정하는 경우도 있다.

3. 차주의 기타준수조항 (Other Covenants)

앞에 설명한 사항 이외 차주준수사항에는 ① 감사보고서 및 사업계획서 등의 서류제출, ② 대출기간에 발생하는 재무 및 영업 관련 주요 변동사항에 대한 정보를 제공할 것 등이 있다.

제4절

지급보증의 종류와 특성

Payment Guarantee Structure & Risk Analysis

1. 지급보증의 개념과 당사자(Payment Guarantee & Counter-Parties)

1) 지급보증의 개념과 금융위험

금융기관의 지급보증(payment guarantee)은 채무자와 채권자 간에 존재하는 금융채무 또는 계약이행에서 발생할 수 있는 손실에 대하여, 채무자(applicant)의 신청을 받아 제3자인 금융기관이 채권자(beneficiary)를 보증수혜자로 하고 그 손실의 지급을 확약하는 것을 말한다.

예를 들어 금융기관 입장에서는 차입성지급보증의 위험은 대출과 비교해도 그 위험평가는 같다. 왜냐하면 대지급이 발생하면 금융기관의 보증위험은 대출과 마찬가지로 보증채무금액의 100%가 되기 때문이다.

그러므로 지급보증도 대출과 마찬가지로 여신의 종류로 취급된다. 지급보증의 수수료는 일반적으로 선급조건을 원칙으로 한다. 그리고 보증은행이 보증서를 발행하고 나면 보증료의 수취유무와는 무관하게 보증은행의 보증의무는 보증서만기까지 유효하다.

한편 금융기관의 지급보증은 금융기관의 장부외 항목(off-balance sheet)으로 관리한다. 그러나 금융기관은 차입성보증에 대한 위험을 대출위험과 같이 평가하고 지급보증의 위험가중자산을 대출과 마찬가지로 100%로 관리한다.

그러나 지급보증에 대한 위험가중자산을 평가할 때 특정거래와 관련된 지급보증, 예를 들어 입찰보증, 계약이행보증, 특정거래관련 보증신용장, 수입화물선취보증 등은 그 위험가중자산을 보증금액의 50%로 관리한다(첨부된 부록을 참고 바람).

2) 지급보증의 당사자와 기재사항

(1) 보증신청인 (Applicant)

일반적으로 보증신청인은 거래당사자 중에서 채무자에 해당된다. 본인이 이행해야 할 금융채무의 원리금상환 또는 계약이행에 대하여 제3자인 금융기관에 보증을 신청하는 자이다.

(2) 보증수혜자 (Beneficiary)

일반적으로 보증수혜자는 거래당사자 중에서 채권자에 해당한다. 보증신청인에게 금융을 제공한 금융채권자 혹은 계약이행을 청구할 수 있는 청구권자이다.

(3) 보증은행 (Guarantor Bank)

보증신청인(채무자)과 보증수혜자(채권자) 간에 존재하는 금융채무 또는 계약불이행으로 발생할 수 있는 보증수혜자의 손실을 보증해 주는 제3자로서 보증은행(guarantor bank)을 말한다.

(4) 지급보증서의 주요 내용

지급보증의 내용은 거래가 복잡해지면 지급보증서의 기재사항도 복잡해진다. 따라서 차입성보증서보다 비차입성보증서의 내용이 상대적으로 더 복잡하고 기재사항도 더 많다. 지급보증서의 주요 기재사항은 다음과 같다.

① 보증은행의 상호 및 주소
② 보증신청인의 상호 및 주소
③ 보증수혜자의 상호 및 주소
④ 보증은행의 보증서를 나타내는 참조번호, 발행일
⑤ 보증금액과 기간
⑥ 거래내용과 보증목적
⑦ 보증내용
⑧ 지급청구요건
⑨ 보증은행 서명권자의 서명과 서명감

3) 지급보증의 구분

지급보증에 대한 구분은 여러 기준을 중심으로 다음과 같이 구분할 수 있다.

(1) 표시통화에 따른 구분

지급보증은 지급보증금액의 표시통화에 따라 구분할 수 있다. 즉 원화표시지급보증(local currency denominated guarantee)과 외화표시지급보증(foreign currency denominated guarantee)으로 구분할 수 있다. 외화표시지급보증은 다시 ① 대내외화표시지급보증과 ② 대외외화표시지급보증으로 구분할 수 있다.

(2) 보증용도와 지급조건에 따른 구분

지급보증은 지급용도에 따라 ① 차입성지급보증(borrowing guarantee), ② 비차입성지급보증(non-borrowing guarantee), ③ 지급보증내재금융(credit derivatives: 신용파생상품 ; 15장 참고 바람)으로 구분할 수 있다.

2. 지급보증의 구조와 위험분석 (Payment Guarantee Structure & Risk Analysis)

그림 14-1 _ 지급보증의 거래구조

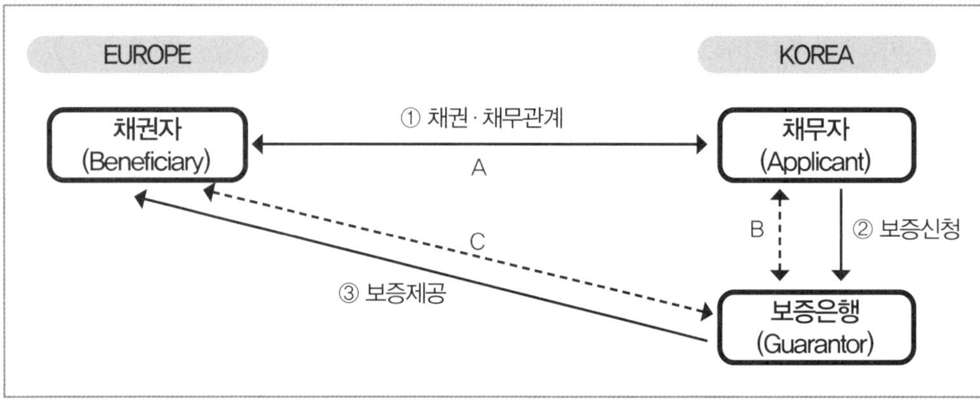

〈지급보증의 거래구조〉

① 채권자(beneficiary)와 채무자(applicant) 간에 채권과 채무가 발생하다.

② 채무자(보증신청인)는 보증은행에 보증을 신청하고 보증료를 지급한다.

③ 보증은행은 채권자를 보증수혜자로 하고 보증서를 발행한다.

④ 채무자의 계약불이행으로 채권자에게 손실이 발생하면 채권자는 보증은행에 손실금액에 대한 지급을 청구한다.

⑤ 보증은행은 청구금액, 지급사유, 지급기간 등의 지급조건이 보증서의 내용과 일치하면 청구금액을 채권자(보증수혜자)에게 지급한다.

■ 보증위험분석

채권자와 채무자의 관계(A), 채무자와 보증은행의 관계(B), 채권자와 보증은행의 관계(C)에서 A와 C의 관계는 주계약(A)과 주계약에 종속된 계약(C)관계이다. 그러므로 지급보증계약(C)은 주계약(A)의 1차적인 채무자가 채권자의 청구금액을 지급하지 않을 경우에 보증은행이 2차적으로 지급하겠다는 종속의무이다. 따라서 주계약(A)이 무효 또는 취소되어 채무가 소멸되면 보증은행의 보증(C)의무도 연동하여 소멸된다.

3. 지급보증의 종류와 특성 (Borrowing Guarantee & Non-Borrowing Guarantee)

본 절에서는 차입성지급보증, 비차입성지급보증, 건설관련지급보증을 중심으로 설명한다. 무역관련 지급보증(제4장 참조)과 지급보증내재금융(신용파생상품금융: 제16장 참조)은 별도로 설명된 각 장을 참고 바란다.

1) 차입성지급보증 (Borrowing Guarantee)

차입성지급보증(borrowing guarantee)은 보증신청인이 금융기관으로부터 자금을 차입하거나 채권을 발행하여 자금을 조달하는 경우에 제3자인 금융기관이 보증신청인의 의뢰를 받아 대출 혹은 채권의 만기에 원금과 이자를 지급할 것을 보증수혜자인 채권자에게 확약한 내용으로서 원리금지급보증을 의미한다.

예를 들어 대출보증, 회사채보증, 해외에 있는 관계회사의 차입을 위해 발행하는 보증신용장(standby L/C) 등이 차입성지급보증에 해당한다.

2) 비차입성지급보증 (Non-Borrowing Guarantee)

비차입성지급보증(non-borrowing guarantee)은 거래당사자 사이에서 채권과 채무가 발생한 경우에 채무자(보증신청인)의 의뢰를 받아 보증은행이 채무자의 계약이행과정에서 계약불이행으로 채권자에게 발생할 수 있는 손실에 대하여 채권자를 보증수혜자로 하고 그 손실에 대한 지급을 확약한 내용으로서 일반적으로 특정거래에 대한 보증을 의미한다.

예를 들어 입찰보증(bid bond), 선수금환급보증(AP bond), 계약이행보증(P bond), 신용장(L/C), 수입화물선취보증(shipping letter of guarantee) 등이 비차입성지급보증에 해당한다. 그러므로 비차입성지급보증은 대부분이 건설관련보증과 무역관련보증이다.

제5절

건설보증과 위험분석

Construction Bonds & Risk Analysis

건설 및 조선관련 지급보증에는 여러 가지가 있으며 같은 내용의 지급보증이라도 공사발주자에 따라 약간 다르게 호칭되는 경향이 있다.

1. 입찰보증과 위험분석 (Bid Bond 또는 Tender Bond & Risk Analysis)

공사발주자(project owner)는 시공능력 및 지급능력이 없는 부적격자의 입찰참가를 방지하기 위하여 건설회사(constructor)가 입찰에 참가할 때에 일반적으로 공사계약금액의 1~2%를 건설회사로부터 입찰보증금으로 받거나 공사발주자가 인정한 은행이 발행한 공사발주자가 원하는 문안(wording)의 입찰보증서(bid bond)를 받는다.

따라서 입찰보증은 건설공사 등의 입찰에 참여하기를 원하는 기업(보증신청인)의 요청에 따라 보증은행은 보증신청인을 위하여 공사발주자를 보증수혜자(beneficiary)로 하고 입찰과 낙찰 시에 수반되는 여러 가지 사항에 대한 입찰자의 이행을 보증하는 것이다.

입찰보증의 유효기간은 일반적으로 3~6개월이며 보증의무는 입찰에서 탈락한 경우에 소멸된다. 그리고 보증신청인으로 낙찰된 경우에는 일반적으로 보증신청인이 공사발주자에게 계약이행보증서(performance guarantee)를 접수시켜야 입찰보증이 해제된다.

■ 보증은행의 금융위험

공사발주자는 입찰보증서를 발행한 금융기관이 연속적으로 선수금환급보증(AP bond), 계약이행보증(P bond) 등을 발행하길 원한다. 그러므로 입찰보증은행의 주요 점검사항은 입찰보증의 문안에 선수금환급보증서 또는 계약이행보증서의 제공에 대한 확약사항이 기재되어 있는지를 점검해야 한다. 보증은행의 금융위험은 전적으로 보증신청인의 신용위험에 의존한다.

<u>TENDER BOND</u>

To: (Name and Address of Beneficiary)
Date:

Dear Sirs,

Tender Bonds No. (   )

1. We refer to the tender submitted to you by (customer's name) ("the Tenderer") under reference no (   ) in respect of (description of works/project) ("the Tender").

2. Now we, (bank) acting through our branch at (branch) hereby issue in your favour our irrevocable guarantee for an amount up to but not exceeding (figures) (say (words)) which shall be payable by us to you on receipt of your first written demand which shall incorporate your certificate that the Tenderer has been awarded a contract to which the Tender relates but has failed to perform its obligations under the terms and conditions on which the Tender was invited.

3. This guarantee will expire on the earlier of:

(i) the date that we receive notice in writing from you stating that the Tender submitted by the Tenderer was wholly unsuccessful;

(ii) the date that we receive notice in writing from you stating that the Tender submitted by the Tenderer was wholly or partially successful and that the Tenderer has performed its obligations under the terms and conditions on which the Tender was invited; or

(iii)

-------------- a.m./p.m. ((place) time) on ------------.

4. This guarantee shall be governed by and construed in accordance with the laws of England.

Yours faithfully,

For and on behalf of

※ Michael Rowe, 「Guarantees」, Euromoney Publications(1987), p. 940에서 인용.

2. 선수금환급보증과 위험분석 (Advance Payment Bond & Risk Analysis)

건설시공, 선박건조, 공장설비 수출 등과 같이 프로젝트의 계약금액이 거액이고 수년 동안 시공되거나 제작되는 경우에 일반적으로 공사발주자(project owner)는 건설회사(낙찰자)가 공사를 시작하기 이전에 공사착수금 또는 공사준비금 명목으로 계약금액의 10~20%정도의 선수금을 건설회사(프로젝트 시공자)에 지급하게 된다.

따라서 공사발주자는 선수금을 지급하기 이전에 건설회사에 공사발주자가 인정한 금융기관이 발행하는 선수금환급보증서를 요구한다. 그러므로 선수금환급보증(AP bond)은 보증신청인의 요구에 따라 보증은행이 공사발주자를 보증수혜자(beneficiary)로 하고 건설회사의 계약불이행 등이 발생하는 경우에 공사발주자가 건설회사에 이미 지급한 선수금을 보증은행에 청구하면 보증은행이 지급할 것을 확약한 증서이다. 선수금환급보증을 Refund Guarantee라 호칭하기도 한다.

일반적으로 해외건설공사에서 선수금환급보증의 보증금액은 공사가 진행됨에 따라 점차 감액된다. 그러므로 선수금환급보증서에는 보증서 만기까지 기간별로 보증금액이 감액되는 내용을 명시하거나 공사기성 진행과 연동하여 계약내용에 의거하여 보증금액을 점차적으로 감액한다. 또는 공사발주자가 기간별로 보증금액의 감액을 건설회사 또는 보증은행에 통지하는 경우도 있다.

한편 예외적으로 국내에서 공사기간이 단기인 경우이거나 공사계약에 따라 선수금이 소진되면 계약이행보증서(P Bond)와 교체되기도 한다.

■ **보증은행의 금융위험**

선수금환급보증서를 취급할 때는 그 내용 중에서, ① 보증금액에 대한 감액사항(보증서 문안 또는 계약조항), ② 공사발주자의 청구내용에 대한 객관성의 유무, ③ 보증만기의 명확한 표현, ④ 준거법의 결정 등의 점검이 중요하다.

보증은행의 금융위험은 보증신청인의 신용위험과 기술능력에 의존한다. 왜냐하면 보증신청인은 공사발주자로부터 선수금을 이미 받았기 때문이다.

ADVANCE PAYMENT BOND

To: (Name and Address of Beneficiary)

Date:

Dear Sirs,

Advance Payment Bonds No. (   )

1. We refer to the contract entered into by you with (customer's name) ("the Contractor") under reference no (   ) in respect of (description of works/project) ("the Contract").

2. Now we, (bank) acting through our branch at (branch) hereby issue in your favour our irrevocable guarantee for an amount up to but not exceeding (figures) (say (words)) which shall be payable by us to you on eceipt of your first written demand which shall incorporate your certificate that the Contractor has failed to perform its obligations under the Contract.

3. No drawing may be made by you under this guarantee unless we have previously received notice in writing from (you/the Contractor) stating that an advance payment of (figures) (say (words)) has been paid to the Contractor by you pursuant under the Contract.

4. Our outstanding liability under this guarantee will reduce by such amounts (expressed in (currency)) as may be notified by (you/the Contractor) to us in writing and stated

to be the reduction of this guarantee required to be made in accordance with the Contract by virtue of works completed thereunder by the Contractor. (Such notice shall purport to be countersigned by or on behalf of your consulting engineers, namely (name of engineers) or such other consulting engineers as may be advised to us in writing by (you/you and the Contractor).

5. This guarantee will expire on the earlier of:

(i) the date when our outstanding liability under this guarantee is reduced to zero in accordance with paragraph 4. above;

(ii) the date that we receive notice in writing from (you/you and the Contractor) stating that the Contractor has fulfilled its obligations under the Contract; or

(iii)

------------- a.m./p.m. ((place) time) on ------------.

6. This guarantee shall be governed by and construed in accordance with the laws of England.

Yours faithfully,

For and on behalf of

※ Michael, 앞의 책, p. 94에서 인용.

3. 계약이행보증과 위험분석 (Performance Bond & Risk Analysis)

건설시공, 선박건조, 공장설비 수출 등과 같이 프로젝트의 계약금액이 거액이고 공사기간이 긴 경우 공사발주자는 건설회사(낙찰자)의 계약이행능력을 우려하게 된다. 따라서 공사발주자는 본인이 인정한 보증은행이 발행하는 공사완공에 대한 계약이행 확약의 보증서를 요구한다.

따라서 계약이행보증서(P Bond)는 보증신청인(건설회사)의 의뢰에 따라 보증은행이 공사발주자를 보증수혜자(beneficiary)로 하고 건설회사의 계약불이행이 발생하는 경우에 공사발주자가 청구하면 보증금액을 지급할 것을 확약한 증서이다.

계약이행보증기간은 대체로 공사기간이 되고, 보증금액은 계약금액의 5~20%이고 계약금액에서 보증금액이 차지하는 비율이 높은 경우는 공사기간이 상대적으로 짧거나 공사기성에 따른 공사발주자의 대금지급기간이 길다고 볼 수 있다. 반대로 그 비율이 낮은 경우는 공사기간이 상대적으로 길거나 공사기성에 따른 공사발주자의 대금지급기간이 짧다고 볼 수 있다. 일반적으로 계약이행보증서는 하자보증서와 교체된다.

■ **보증은행의 금융위험**

계약이행보증서에 기재된 내용 중에서, ① 공사발주자의 청구내용에 대한 객관성의 유무, ② 보증만기의 명확한 표현, ③ 준거법의 결정 등의 점검이 중요하다.

계약이행보증에서는 특히 보증만기에 대한 명확한 표현에 대한 점검이 매우 중요하다. 보증은행은 보증신청인의 신용위험과 기술능력에 의존한다. 그러나 보증은행 입장에서 계약이행보증을 선수금환급보증과 비교하면 계약이행보증이 공사발주자에 대한 신용위험이 상대적으로 더 높다고 할 수 있다. 왜냐하면 만약 공사발주자의 지급능력이 약화되면 사소한 공사하자를 문제삼을 수도 있기 때문이다.

주 의

보증만기가 없는 문안(open validity)의 주의

현실적으로 중동국가 또는 후진국의 계약이행보증서(P bond)의 문안을 보면 보증서의 내용에 보증만기를 기재하고도 동시에 "공사발주자가 원하면 본 보증서는 연장된다. 혹은 연장가능하다." 등의 문안이 들어 있는 것을 종종 볼 수 있다. 이러한 내용을 담고 있는 보증서를 발행한 은행의 보증의무는 보증만기일이 도래한다고 보증의무가 면제될 것이라고 확정할 수 없다. 왜냐하면 만기일 이전에 보증수혜자(공사발주자)가 보증서의 연장을 요청해 오면 보증은행은 반드시 그 보증서를 연장해 주어야 하기 때문이다. 따라서 이러한 보증서는 현실적으로 보증만기가 없는(open validity) 보증서이고, 보증서에 다음과 같은 문장이 기재되어 있다.

(1) This guarantee shall be valid until the close of the official working hours of March 31, 2018 and shall be extendable for any period as requested by (the project owner), (2) This guarantee is valid up to March 31, 2018 and subject to any extensions against (the project owner) first written demand without any objection of whatever nature by (the Applicant), (3) This guarantee is expired on March 31, 2018 but shall remain effective until our obligation is fully discharged.

PERFORMANCE BOND

To : DDD OIL COMPANY, (Address)

Whereas DDD OIL COMPANY has entered into a Contract with ABC CONSTRUCTION COMPANY, Company, (Address), for the engineering, construction, commissioning, etc. for the DDD Project.

We, AAA Bank Seoul Branch, with its registered at Seoul Korea guarantee to DDD OIL COMPANY on behalf of ABC CONSTRUCTION COMPANY for the amount EUR 16,540,000(Euro Sixteen Million and Five Hundred Forty Thousand only). This guarantee is in your favor for the punctual and good performance by the aforesaid ABC CONSTRUCTION COMPANY of works in compliance with the obligations stated in the aforementioned contract.

------------- 중략 ---------------

We, AAA Bank Seoul Branch, do hereby bind ourselves formally, irrevocably and unconditionally to pay the amount not exceeding the sum of EUR16,540,000(Euro Sixteen Million and Five Hundred Forty Thousand only) against your first written demand and this notwithstanding any objection without necessity of any Legal or Juridical proceeding.

This Bank Guarantee is valid up to March 11, 2015 and subject to any extension against DDD OIL COMPANY first written demand without any objection of whatever nature by ABC CONSTRUCTION COMPANY or other authority.
This Guarantee has to be returned to us as soon as all obligation provided in the Contract numbered XXXXX are fulfilled by ABC CONSTRUCTION COMPANY or until you approve cancellation.

This Guarantee shall be governed by and construed in accordance with English Laws.

AAA Bank, Seoul Branch

AUTHORIZED SIGNATURE

4. 유보금환급보증과 위험분석 (Retention Bond & Risk Analysis)

공사발주자가 건설회사에 공사대금을 분기별로 지급하기로 약정했을 때 공사발주자는 일반적으로 분기별로 지급금액의 90%만 지급하고 나머지 10%에 해당하는 금액은 매번 유보시키도록 계약한다. 이는 공사완공 이후에 하자가 발생할 경우를 대비한 조치이다. 따라서 유보금환급보증은 하자보증을 대신하는 보증이다.

따라서 유보금환급보증서는 건설회사(보증신청인)가 분기별로 받지 못하는 유보금을 분기별로 유보하지 않고 분기마다 수령할 목적으로 보증은행에 유보금환급보증서의 발행을 신청하고 보증은행은 건설회사가 미리 받은 유보금에 대한 환급을 공사발주자에게 확약한 증서이다. 따라서 유보금환급보증의 보증금액은 공사가 진행됨에 따라 금액이 증가하는 특징을 갖는다.

그리고 유보금환급보증은 하자기간(예; 1년)을 포함하기 때문에 계약이행보증기간보다도 보증기간이 길다. 따라서 공사와 관련하여 발행하는 보증서 중에서 보증기간이 가장 길다고 할 수 있다.

- **보증은행의 금융위험**

유보금환급보증의 금융위험은 선수금환급보증의 금융위험과 거의 같다.

RETENTION BOND

To: (Name and Address of Beneficiary)

Date:

Dear Sirs,

Retention Bonds No. (   )

1. We refer to the contract entered into by you (customer's name) ("the Contractor") under reference no (   ) in respect of (description of works/ project) ("the Contract").

2. Now we, (bank) acting through our branch at (branch) hereby issue in your favour our irrevocable guarantee for an initial amount of up to (figures) (say (words)) (subject to increase as provided by paragraph 3 below) which shall be payable by us to you on receipt of your first written demand which shall incorporate your certificate that the Contractor has failed to perform its maintenance and other obligations under the Contract.

3. Our outstanding liability under this guarantee will increase by such amounts (expressed in (currency)) as may be notified by (you/the Contractor) to us in writing and stated to be the increase of this guarantee required to be made in accordance with the Contract by virtue of payments made by you to the Contractor, free of any retention, in respect of works completed thereunder by the Contractor. (Such notice shall purport to be countersigned by or on behalf of your consulting engineers, namely (name of engineers) or such other consulting engineers as may be advised to us in writing by (you/you and the Contractor)). Notwithstanding the receipt of any such said notifications, the maximum aggregate amount that we may be obliged to actually pay hereunder shall not, in any circumstances whatsoever, exceed (figures (say words)).

4. This guarantee will expire on the earlier of:

(ii) the date that we receive notice in writing from (you/you and the Contractor) stating that the Contractor has fulfilled its maintenance and other obligations under the Contract; or

(iii)

------------ a.m./p.m. ((place) time) on --------.

5. This guarantee shall be governed by and construed in accordance with the laws of England.

Yours faithfully,

For and on behalf of

※ Michael, 앞의 책, p. 98에서 인용.

5. 하자보증과 위험분석 (Warranty Bond & Risk Analysis)

공사발주자는 건축물 또는 공장 등이 완공되어 시설물을 인수받지만 해당시설물에 대한 하자발생을 우려하게 된다. 일반적으로 공사계약에 따라 공사발주자는 공사완공 후에 건설회사에 잔금을 지급하기 이전에 미리 완공물의 인수일로부터 1년 동안 공사완공 이후에 발생할 하자를 보증해 줄 것을 건설회사에 요청하고 그 방법으로써 금융기관이 발행하는 하자보증서를 받기로 한다.

따라서 하자보증은 완공된 시설물에 하자가 발생한 경우에 건설회사가 공사발주자의 하자보수 요구를 만족시키지 못하면 이를 금액으로 지급할 것을 확약하는 내용이다. 일반적으로 공사발주자가 하자보증을 요구하는 경우는 공사기성에 따라 지급하는 지급금액에서 일부를 유보하지 않는 경우이다. 하자보증서는 공사가 완료되고 계약이행보증서의 만기일 이전에 발행되어 계약이행보증서와 교체된다.

- **하자보증은행의 금융위험**

하자보증의 금융위험은 계약이행보증의 금융위험과 거의 같다.

6. 관세보증과 위험분석 (Customs Bond & Risk Analysis)

해외에서 장기간에 걸쳐 건설공사 또는 공장건설 등을 실행할 경우 건설회사는 보유하고 있는 주요 건설장비를 공사현장이 있는 국가로 반입한다. 이때 해당국가는 반입하는 건설장비에 대하여 관세를 요구한다. 그 이유는 건설회사가 공사를 마치고 반입한 장비를 그 국가에서 판매할 수도 있다고 판단하기 때문이다.

그러나 일반적으로 건설회사는 해당공사가 완료되면 건설공사를 위해 반입한 장비를 공사를 수행한 국가에서 반출한다. 따라서 관세보증서(customs bond)는 보증신청인(건설회사)이 해당국가에게 관세를 지급할 경우가 발생하면 관세당국을 보증수혜자(beneficiary)로 하고 관세지급을 확약하는 증서이다.

■ 관세보증은행의 금융위험

관세보증은행의 금융위험은 보증신청인이 공사현장이 있는 국가에서 공사를 완료한 이후에 건설장비를 반출하지 않은 경우에 발생한다. 그러므로 관세보증(customs bond)은 현실적으로 계약이행보증(P bond) 또는 선수금환급보증(AP bond)에 비하여 상대적으로 보증금액도 작고 금융위험도 낮다. 그리고 관세보증은행의 금융위험은 전적으로 보증신청인(건설회사)의 신용위험에 속한다.

7. 지급이행보증과 위험분석 (Payment Bond & Risk Analysis)

해외에서 건설공사 또는 공장건설 등을 실행할 경우 건설회사는 공사현장이 있는 국가의 원자재, 노동력, 장비 등을 구입하거나 임차한다. 이에 해당국가의 정부당국은 이러한 비용지급에 대한 보증을 공사시작 이전에 건설회사에 요구한다.

따라서 지급이행보증(payment bond)의 용도는 다양하게 나타날 수 있고 보증신청인(건설회사)에 의해 해당국가에서 발생한 구입비용, 제세공과금 등에 대하여 보증은행이 일반적으로 정부당국을 수혜자로 하고 그 지급을 확약하는 증서이다.

- **보증은행의 금융위험**

  지급이행보증의 금융위험은 건설회사(보증신청인)의 신용위험에 의존한다.

8. 보증신용장과 위험분석 (Standby L/C & Risk Analysis)

보증신용장은 무역거래에서 수입대금지급을 보증하는 화환신용장(documentary L/C)과는 달리 해외에 소재하는 관계회사 혹은 자회사의 차입금에 대한 원리금과 이자지급을 부증하는 보증서로 많이 사용된다.

그러나 건설공사 또는 공장건설 등의 공사발주자는 계약이행보증(P bond) 혹은 선수금환급보증(AP bond)의 내용을 담은 보증서의 제목을 보증신용장(standby letter of credit)이라고 표현하는 경우가 종종 있다. 이와 같이 제목을 보증신용장(standby L/C)이라고 하더라도 그 내용을 기준으로 계약이행보증(P bond) 혹은 선수금환급보증(AP bond)으로 취급해야 한다.

■ **보증신용장 발행은행의 금융위험**

보증신용장 발행은행의 금융위험은 원리금 지급을 보증한 보증신용장과 계약이행을 보증한 보증신용장에 대한 위험이 서로 다르게 평가된다. 원리금 지급보증의 보증신용장에 대한 위험가중자산은 보증금액의 100%가 된다. 그러나 계약이행보증을 위한 보증신용장에 대한 위험가중자산은 보증금액의 50%가 된다.

참고

보증신용장(Standby L/C)

지급보증서(Letter of Guarantee) 용어 대신에 보증신용장(Standby Letter of Credit)을 사용하면 화환신용장(Documentary Credit)과 같이 UCP600(The Uniform Customs and Practice for Documentary Credit, 2007 Revision, ICC Publication No. 600)과 'Standby L/C'를 위한 별도규칙인 "ISP98(보증신용장 통일규칙): International Standby Practice 1998, ICC Publication No. 590"의 적용을 받을 수 있다.

Standby Letter of credit

(Name and Address of Issuing Bank)

Date :________________,

[Name and Address of Beneficiary]

Gentlemen :

We hereby issue our Irrevocable Letter of Credit No.________

in your favor at the request of [Name of Account Party] for the aggregate amount of _________Million United States Dollars (U.S. $ __,000,000.00) expring on _______.

Funds under this Letter of Credit are available to you against your sight draft(s) drawn on us, mentioning thereon our Letter of Credit No. ______ accompanied by your written drawing certification in the form attached hereto as Annex I and made a part hereof.

The amount which may be drawn by you under this Letter of Credit shall be automatically reduced by the amount of any drawing hereunder. Partial drawings are permitted.

We hereby engage with you that all drafts drawn and presented under and in accordance with the terms of this Letter of Credit will be duly honored by us.

This Letter of Credit is subject to the Uniform Customs and the Practice for Documentary Credits (2007 Revision), International Chamber of Commerce P ublication No. 600.

Authorized Signature

Signed by :

[Name of issuing Bank]

Title :

※ Michael, 앞의 책, p. 121에서 인용.

제6절

재보증은행과 위험분석

Reissuing Bond & Risk Analysis

해외건설사 또는 조선사가 보증서를 재보증(reissuing)해야 하는 경우는 두 가지가 있다. ① 국내에서 보증은행으로서 적격의 보증기관을 찾기 어려운 경우와 ② 국내에 적격의 보증기관은 있는데 발주자(건설사 또는 조선사)가 적격보증기관에 직접 보증서를 신청할 수 없는 입장인 경우이다.

해외건설 및 해외선박수주와 관련한 보증에서는 사업발주자(시행자 혹은 선주)가 계약이행보증(P bond) 혹은 선수금환급보증(AP bond)을 받고자 할 때 보증은행에 제한을 두는 경우가 일반적이다. 예를 들면 사업발주자에 따라 S&P사 기준으로 볼 때 보증은행으로서 적격한 신용등급을 BBB+ 이상 혹은 A− 이상의 투자적격 신용등급을 보유한 은행으로 제한하고 있다.

만약 건설사 혹은 조선사가 소재하는 해당국가의 신용등급이 S&P 기준에서 BBB+ 이상의 신용등급을 보유하지 않으면 해당국가의 시중은행 신용등급이 BBB+ 이상 되는 은행은 거의 없을 것이다. 이러한 경우에 해당국가의 건설사 혹은 조선사가 해외수주를 받고자 하면 재보증(reissuing bond)발행을 통해야 한다.

예를 들면 건설사는 해당국 시중은행에 계약이행보증(P bond)을 신청하고, 시중은행은 다시

적격의 외국은행(신용등급 BBB+ 이상)에 계약이행보증(P bond)을 신청하고 외국은행이 이 보증서를 재발행하는 구조를 갖는다.

또한 시중은행이 적격보증기관이지만 그 은행과 해당건설사 간 여신관계(exposure)가 평소 많아서 시중은행이 본점으로부터 신규보증에 대하여 추가로 승인을 받기가 어려운 경우가 있다. 이런 경우에는 해당건설사가 부적격인 금융기관에 보증서의 발행을 신청하고, 그 보증 신청을 받은 금융기관(1차 보증기관; 증권회사 혹은 보험회사)이 보증신청인이 되어 시중은행(2차 보증기관)에 보증서의 발행을 신청하고, 시중은행이 해외보증서를 발행하는 구조가 된다.

이와 같이 재보증은행의 보증금액은 건설사(또는 조선사)에 대한 여신에서는 제외되고 대신 보증금융기관에 대한 여신으로 관리된다. 바꾸어 말하면 실질적인 보증신청인은 건설사(또는 조선사)이지만 재보증은행의 보증금액은 건설사(또는 조선사)에 대한 여신(exposure)으로 관리되지 않는 장점이 있다.

■ **재보증(reissuing bond)은행의 금융위험**

재보증은행(2차 보증기관)의 보증위험은 최초 보증신청인인 건설사 또는 조선사가 아니라 재보증서(reissuing bond) 발행을 신청한 1차 보증기관(보증신청 금융기관)의 신용위험에 있다. 만약 대지급을 해야 하는 사건이 발생하여 재보증은행이 1차 보증기관(보증신청 금융기관)에 대지급금을 신청하면 1차 보증기관(보증신청 금융기관)은 건설사(최초 보증신청인)의 대지급 유무와는 상관없이 요청한 대지급금을 재보증은행에 제공해야 하기 때문이다.

재보증은행이 특히 주의해야 할 사항은 보증서 문안에서 보증만기와 준거법을 반드시 점검해야 한다는 것이다. 만약 보증서 문안에 보증만기가 실질적으로는 없는(open validity) 조건의 내용이면 재보증은행도 보증신청금융기관으로부터 보증서 문안과 같이 반드시 보증만기가 없는(open validity) 조건으로 재보증 신청을 받아야 한다.

그렇지 않았을 때 만약 해외발주자가 재보증은행에 보증서의 연장을 요구해 오면 재보증은행은 반드시 보증만기를 연장해 줄 의무가 있는 반면에, 1차 보증기관(보증신청기관)으로부터는 보증만기 연장에 대한 재보증 신청을 받지 못할 수도 있기 때문이다.

재보증서(reissuing bond)의 구조는 다음과 같다.

〈 RE-ISSUING BOND〉

To : AAA Bank, Seoul Branch
From: BBB Bank, Seoul Branch

Under our full responsibility and Counter Standby Letter of Credit, we, BBB Bank Seoul Branch, hereby request you to issue an irrevocable and unconditional Letter of Guarantee in the form as quoted below, on behalf of our client, ABC CONSTRUCTION COMPANY, (Address), in favor of DDD OIL COMPANY. for the sum of EUR 16,540,000(Euro Sixteen Million and Five Hundred Forty Thousand only).

= QUOTE =

PERFORMANCE BOND

To : DDD OIL COMPANY, (Address)

Whereas DDD OIL COMPANY has entered into a Contract with ABC CONSTRUCTION COMPANY, Company, (Address), for the engineering, construction, commissioning, etc. for the DDD Project.

We, AAA Bank Seoul Branch, with its registered at Seoul Korea guarantee to DDD OIL COMPANY on behalf of ABC CONSTRUCTION COMPANY for the amount EUR 16,540,000(Euro Sixteen Million and Five Hundred Forty Thousand amount EUR 16,540,000(Euro Sixteen Million and Five Hundred Forty Thousand only). This guarantee is in your favor for the punctual and good performance by the aforesaid ABC CONSTRUCTION COMPANY of works in compliance with the obligations stated in the aforementioned contract.

------------- 중략 ---------------

We, AAA Bank Seoul Branch, do hereby bind ourselves formally, irrevocably and unconditionally to pay the amount not exceeding the sum of EUR16,540,000(Euro Sixteen Million and Five Hundred Forty Thousand only) against your first written demand and this notwithstanding any objection without necessity of any Legal or Juridical proceeding.

This Bank Guarantee is valid up to March 11, 2015 and subject to any extension against DDD OIL COMPANY first written demand without any objection of whatever nature by ABC CONSTRUCTION COMPANY or other authority.
This Guarantee has to be returned to us as soon as all obligation provided in the Contract numbered XXXXX are fulfilled by ABC CONSTRUCTION COMPANY or until you approve cancellation.

This Guarantee shall be governed by and construed in accordance with English Laws.

AAA Bank, Seoul Branch

AUTHORIZED SIGNATURE

=UNQUOTE=

In consideration of your issuance of the Letter of Guarantee above, we hereby irrevocably issue this Counter Irrevocable Standby Letter of Credit in your favor and unconditionally agree to hold you indemnified against all liabilities, losses and expenses incurred in connection with your guarantee.

----------- 중략 --------------

We further guarantee that this Counter Standby L/C in your favor shall remain effective until our obligation under this Counter Standby L/C is fully discharged. This Counter Irrevocable Standby L/C is subject to the Uniform Custom and Practices for Documentary Credits (2007 Revision) International Chamber of Commerce Publication No. 600. This Standby L/C shall be deemed to be a contract made under English Laws and shall, as to matters not governed by the Uniform Customs, be governed by and construed in accordance with the laws of England

BBB Bank, Seoul Branch
AUTHORIZED SIGNATURE

연습문제

제 14 장

1. 금융기관 지급보증의 개념을 설명하고 그 종류를 구분하시오.

2. 입찰보증(Bid Bond)의 특성과 금융위험을 설명하시오.

3. 선수금환급보증(AP bond)의 특성과 금융위험을 설명하시오.

4. 계약이행보증(P bond)의 특성과 금융위험을 설명하시오.

5. 유보금환급보증(Retention Bond)의 특성과 금융위험을 설명하시오.

6. 하자보증(Warranty Bond)의 특성과 금융위험을 설명하시오.

7. 관세보증(Customs Bond)의 특성과 금융위험을 설명하시오.

8. 지급이행보증(Payment Bond)의 특성과 금융위험을 설명하시오.

9. 보증신용장(Standby L/C)의 특성과 금융위험을 설명하시오.

15장

신디케이션과 위험분석

Syndication & Risk Analysis

핵 심 용 어

신디케이션 Syndication
간사단 Arranger Group
인수단 Underwriting Group
대출선행조건 Conditions Precedent
관리수수료 Management fee
채무불이행사유 Events of default
차주준수사항 Covenants
동등우대조항 Pari Passu
교차불이행 Cross-Default
주간사은행 Mandated Bank
대주단 Lender Group
모집금액의 초과 Oversubscription
사모방식 Private Placement
공모방식 Public Offering
대출약정 Commitment
기한이익의 상실 Acceleration
양도조항 Transfer
재무약정 Financial Covenants

제1절

신디케이션의 당사자와 유용성

Syndication & Counter-Parties

1. 신디케이션의 내용과 당사자

신디케이션(syndication)은 거액의 자금을 조달하려는 금융신청인의 위임을 받은 금융기관(mandated bank)이 신청인의 자금조달을 위한 대리인(agent bank)이 되어 금융시장에서 신청인에게 자금을 제공할 투자자(혹은 대출은행)를 모집하여 일시에 거액의 자금을 신청인에게 제공하는 방식을 말한다.

이때 신디케이션의 대상이 대출인 경우에는 신디케이션에 참여한 모든 금융기관을 포함하여 대주단(lender group)이라 한다. 신디케이션의 기초자산이 대출인 경우에 신디케이션대출을 공동대출이라고 한다.

1) 신디케이션의 대상

신디케이션은 거액의 대출, 지급보증, 채권 및 신용파생상품 등과 같이 다양한 금융이 대상이 될 수 있고, 표시통화 역시 원화 및 외화(예; 미국달러, 일본엔화 등)도 될 수 있다.

2) 보증인

금융신청인의 요청을 받아서 신디케이션 전체 금액에 대하여 원리금상환보증 등을 제공하는 자이다. 일반적으로 신청인의 관계회사 또는 금융기관이 보증인이 된다.

3) 주간사은행 (mandated bank or agent bank)

금융기관이 금융신청인에게 금융조건을 명시한 금융제안서(offer letter)를 제시했을 때 금융신청인이 그 조건을 승낙하고 자금모집에 관한 권한을 해당금융기관에 위임하게 된다. 이때 그 위임을 받아 신디케이션을 구성하는 은행을 신디케이션의 주간사은행(mandated bank 또는 agent bank)이라고 한다.

4) 신디케이션의 종류

신디케이션의 종류에는 사모(private placement)방식과 공모(public offering)방식이 있다. 사모방식은 신디케이션을 위임받은 주간사은행이 특정의 소수투자자에게만 참여여부를 묻는 방식이다. 일반적으로 부동산금융 및 외화대출 등에 사용되는 대부분의 신디케이션은 사모방식이다(자세한 내용은 2절 참고 바람).

공모방식은 주간사은행이 특정의 소수투자자와 간사단(또는 인수단)을 만들고, 이들과 신디케이션 금액을 먼저 확보한 후에, 금융시장에서 공모, 즉 불특정의 다수를 대상으로 신디케이션의 일부금액(예; 30~50% 전후)에 대하여 추가로 참여은행(또는 투자자)을 모집하는 방식이다(자세한 내용은 2절 참고 바람).

5) 간사단 또는 인수단

일반적으로 간사단(또는 인수단)은 신디케이션 공모방식에서 사용하는 용어이다. 주간사은행이 금융시장에서 신디케이션 공모를 시작하기 전에 간사단(또는 인수단)을 선정하여 모집금액을 먼저 확보한다. 이때 신디케이션의 대상이 대출인 경우에는 간사단(arranger group)이라 하고, 채권인 경우는 인수단(underwriting group)이라 한다.

6) 신디케이션 참가자 또는 투자자

주간사은행은 금융시장에서 사모 혹은 공모방식으로 신디케이션 참가자(participant)를 모집한다. 이때 신디케이션의 대상이 대출인 경우에는 대출참가자(loan participant)라 하고, 채권인 경우는 채권투자자(bond investor)라고 한다.

2. 차주와 금융기관의 신디케이션 유용성

1) 차주의 신디케이션 유용성

기업 입장에서 신디케이션을 사용하면 주간사가 같은 조건(대출만기, 이자율, 이자지급, 상환방법 등)으로 여러 은행으로부터 자금을 조달하므로 대출관리가 매우 간편해진다.

또한, 신디케이션방식으로 자금조달이 성공했음이 금융시장에 알려지면, 해당기업의 차입능력이 향상되어 향후 금융시장에서의 자금조달이 상대적으로 용이해지고, 금융비용도 낮아질 수 있다.

2) 금융기관의 신디케이션 유용성

금융기관 입장에서는 신디케이션을 사용하면 특히, 주간사은행 및 담당책임자(예; 지점장 혹은 RM)는 해당금융시장(예; 대출시장과 채권시장, 혹은 국내금융시장과 국제금융시장)에서 신디케이션 주간사로서의 명성이 높아져 향후 많은 기업으로부터 주간사 요청의뢰를 받을 확률이 높아진다.

또한, 주간사수수료(agent fee)의 수취로 대출수익성도 일반대출에 비하여 상대적으로 높다. 그리고 국책사업 혹은 큰 프로젝트를 위한 신디케이션을 주간사가 성공리에 마치면 국제금융시장에서 해당금융기관의 인지도가 향상된다.

제2절

신디케이션과 현금흐름

Syndication Structure & Cash Flow

1. 신디케이션의 사모방식 (Private Placement)

사모방식(private placement)은 금융신청인의 금융모집 사실을 일반투자자에게 공개하지 않고, 특정의 소수투자자에게만 알리고 신디케이션에 참여여부를 묻는 방식이다. 주간사은행은 차입기업의 소개서를 작성하고 이 외에 금융제공조건(즉 금융신청인, 모집금액, 금융의 목적, 금융의 종류, 만기, 이자율 및 재무약정조건 등)을 담은 금융초대장(financial invitation letter)을 보내 참여은행을 모집하고 자금모집을 종결하는 방식이다.

사모방식을 클럽딜(club deal)이라고 하고, 신디케이션의 대상이 대출인 경우에는 주간사은행과 참여은행(대체로 3~5 대출은행)을 포함하여 대주단(lender group)이라 한다. 예를 들어 부동산금융 및 외화대출 등에 사용되는 신디케이션은 프로젝트가 크거나 금액이 거액인 경우를 제외하고는 대부분이 사모방식의 신디케이션이다.

참여은행은 각자가 대출가능금액 혹은 승인받은 금액에 대하여 주간사은행에 확약조건(fully committed basis 또는 fully underwritten basis)으로 승인만기일까지 서면으로 통보해야 한다. 예정된 승인만기일까지 대출승인을 받지 못하는 금융기관은 참여은행에서 제외된다.

신디케이션 금액은 주간사은행과 참여은행이 제공하는 금액의 합으로 결정된다.

신디케이션을 시작하여 종결하기까지, 주간사은행은 ① 시장조사와 금융제안서의 준비(market tapping & financial offer letter), ② 금융초대장과 차주소개서의 작성(financial invitation letter & information memorandum), ③ 참여은행의 모집(book-running), ④ 법률검토 및 금융계약서의 준비(agreement & documentation), ⑤ 계약서명식(signing ceremony) 등과 같은 중요한 업무를 실행한다.

● **그림 15-1 _ 사모방식(private placement)과 현금흐름**

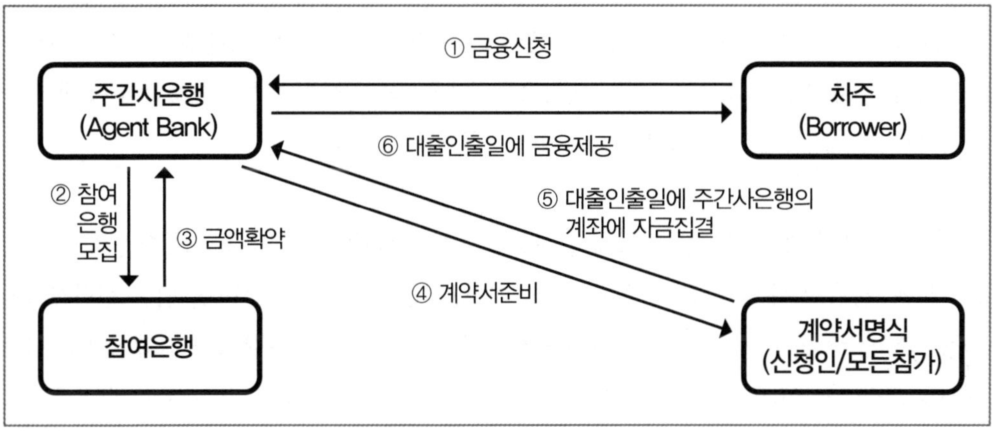

〈사모방식 신디케이션의 구조 및 현금흐름〉

① 금융신청인(차주)은 여러 은행이 제시한 금융제공의향서를 검토하고 주간사은행을 선정하고 해당은행에 신디케이션을 통한 금융제공을 요청한다.

② 신디케이션의 주간사은행으로 선정된 은행은 모집금액의 규모에 따라 신디케이션 방식을 결정한다. 모집금액이 상대적으로 작은 경우는 대체로 사모방식을 선택하고 신디케이션을 위한 참여은행을 모집한다.

③ 참여은행은 금액을 확약조건으로 주간사은행에 서면으로 통보한다.

④ 주간사은행은 계약서 및 계약서명식을 준비한다.

⑤ 대출인출일에 참여은행은 주간사은행의 계좌에 각자 금액을 이체한다.

⑥ 대출인출일에 주간사은행은 금융신청인에게 모은 자금(신디케이션 금액)을 제공한다.

결론적으로 신디케이션의 대상이 대출이고, 그 방식이 사모인 경우에는 대체로 주간사은행과 참여은행(대체로 3~5개 대출은행)으로 대주단이 구성되고, 신디케이션의 시작에서 종료까지 약 2개월 정도가 소요된다. 따라서 일반적인 단독대출의 신청과 종료에 비하여 상대적으로 소요기간이 길다.

2. 신디케이션의 공모방식 (Public Offering)

모집금액이 거액이거나 금융신청인이 공모방식을 원하는 경우에 주간사은행은 공모방식(public offering)으로 자금을 모집하게 된다. 공모방식에서는 주간사은행이 신디케이션을 공모하기 전에 특정의 소수투자자를 대상으로 간사단 또는 인수단(주간사 포함 4~5개 금융기관으로 구성됨)을 먼저 구성하여 신디케이션 금액을 확보한다.

그리고 주간사은행은 간사단 모집에서 사용한 기업소개서와 금융제공조건(즉 금융신청인, 모집금액, 금융의 목적, 금융의 종류, 만기, 이자율 및 재무약정조건 등)을 담은 신디케이션 금융초대장(financial invitation letter)을 작성하고, 불특정의 다수투자자를 대상으로 시장에서 공모를 통하여 신디케이션의 일부금액(일반적으로 약 30~50% 전후)에 대하여 추가로 참여은행(또는 투자자)을 모집한다.

추가로 참여하는 참여은행을 대출인 경우는 대출참가자(loan participant)라 하고, 채권인 경우는 채권투자자(bond investor)라 한다. 신디케이션 금액은 주간사은행, 간사단(또는 인수단), 참여은행이 제공하는 각자 금액의 합으로 결정된다.

참 고

모집금액의 초과(oversubscription)

모집금액의 초과(oversubscription)는 최종적으로 신디케이션에 참여한 금융기관의 대출 참가금액 또는 채권인수금액의 합계가 금융신청인이 주간사은행에게 요청한 모집금액을 초과하는 경우를 말한다. 이와 같이 신디케이션 참여금액의 합계액이 모집금액을 초과하게 되면 주간사은행은 간사단과 협의하여 참여금액의 합계액을 모집금액과 일치시킨다.

그 방법으로는 각 참가자의 확약금액(commitment amount)을 일정비율(pro-rata basis)로 축소함으로써 참가금액을 모집금액과 일치시킨다. 모집금액의 초과금액이 예상을 초과한 경우에는 예외적으로 금융신청인과 주간사가 협의하여 그 금액을 늘리기도 한다.

공모방식의 절차와 내용은 ① 시장조사와 금융제안서의 준비(market tapping & financial offer letter), ② 차입기업의 소개서작성, ③ 간사단(또는 인수단)의 모집, ④ 참여은행의 모집, ⑤ 법률검토 및 금융계약서의 준비, ⑥ 계약서명식 등으로 구성된다.

일반적으로 ② 차입기업의 소개서작성과 ③ 간사단(또는 인수단)의 모집은 주간사은행의 주요 역할이고, ④ 참여은행의 모집, ⑤ 법률검토 및 금융계약서, ⑥ 계약서명식 준비는 주간사은행이 간사단(혹은 인수단)과 협의하여 간사단에 그 역할을 배분한다.

● 그림 15-2 _ 공모방식 신디케이션의 구조 및 현금흐름분석

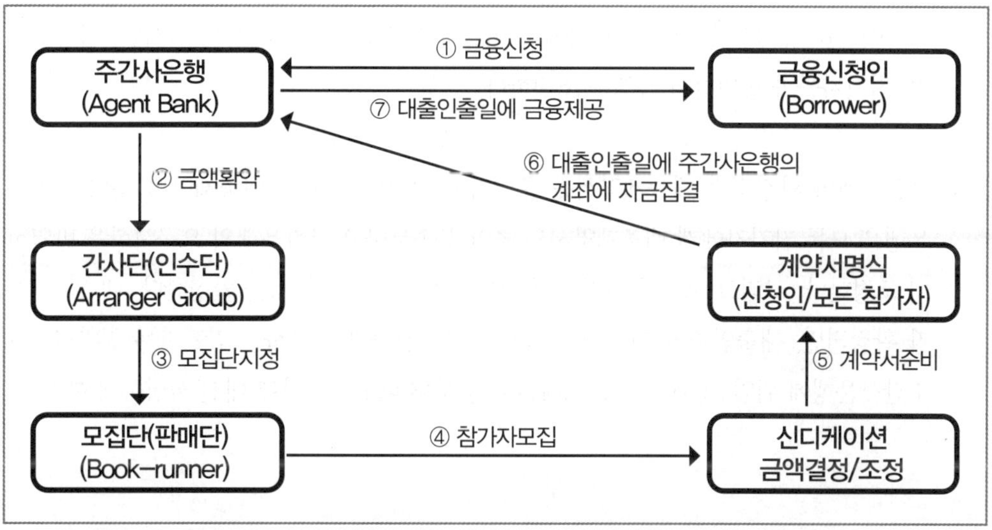

〈공모방식 신디케이션의 구조 및 현금흐름〉

① 금융신청인은 여러 은행이 제시한 금융제공의향서를 검토하고 주간사은행을 선정하고 해당은행에 신디케이션을 통한 금융제공을 요청한다.

② 신디케이션의 주간사은행으로 선정된 은행은 신디케이션의 금액에 따라 신디케이션방식을 공모방식과 사모방식 중에서 결정한다. 그리고 모집금액이 거액인 경우 공모방식을 선택하고 신디케이션을 위한 간사단(인수단)을 먼저 구성한다.

(3) 간사단이 구성되면 주간사은행은 신디케이션 과정에 필요한 여러 가지 역할을 간사단과 의논하고 역할을 분담한다. 만약 금융이 대출인 경우는 대출을 제공할 금융기관을 모집하는 역할 또는 채권인 경우는 채권을 인수할 금융기관을 모집하는 역할을 담당하는 은행을 선정한다. 만약 신디케이션의 금액이 크고 국제시장에서 해외금융기관들의 참여를 목적으로 한다면 모집은행(bookrunner)을 몇 개 선정한다. 예를 들어 한국계 은행을 모집하는 은행(Korean bookrunner), 유럽계 은행을 모집하는 은행(European bookrunner), 미국계 은행을 모집하는 은행(American bookrunner) 등 지역별로 나누기도 한다. 일반적으로 간사단 중에서 한국계 은행의 모집은 한국계 은행이 그 역할을 맡고 유럽계 은행의 모집은 유럽계 은행이 그 역할을 맡는다.

④ 모집은행에 선정된 은행은 불특정참가자를 모집한다. 각 참가자의 참가금액을 합계한 금액이 신디케이션 금액을 상회하거나 미달하게 되면 주간사은행은 간사단, 금융신청인, 참가자들과 협의하여 금액을 조정한다.

⑤ 모집금액이 확정되면 대출계약서를 준비하고 간사단 중에서 대출계약서 준비를 맡은 은행은 모든 참가자에게 대출계약서의 초안을 송부하고 참가은행의 요구사항을 반영하여 조정한다. 그리고 모든 참가자의 동의를 구하고 대출계약서를 확정한다. 대출계약서가 확정되면, 대출인출일 이전에 계약서명식에 참가하지 못하는 참가자는 일반적으로 주간사은행에 위임장(power of attorney)을 보내 대출계약서에 대신 서명하게 한다.

⑥ 대출인출일 이전에 주간사은행은 반드시 대출계약서에 명시된 대출선행조건(conditions precedent: 예를 들면 정부의 차입승인 또는 채권서류의 완결 등)이 완료되었음을 참가자에게 통지하고 각 참가자의 입금금액을 개별로 통지한다. 대출일에 참가자들은 참가금액을 주간사은행의 계좌로 입금한다.

⑦ 주간사은행이 간사단을 대표하여 신디케이션 금액을 대출신청인의 계좌에 입금하면 신디케이션이 종결된다.

결론적으로 신디케이션의 대상이 대출이고, 그 방식이 공모인 경우에는 주간사은행, 간사단(주간사포함 4~5개 은행으로 구성됨) 및 참여은행(10 개 이상이 될 수도 있음)으로 대주단이 구성된다. 신디케이션의 시작에서 종료까지는 약 3개월 정도가 소요되므로, 사모방식에 비하여 상대적으로 소요기간이 길다.

제3절

신디케이션 계약서의 주요내용

Syndication Agreement

1. 계약서의 일반적인 주요내용

1) 대출약정/ 대출기간 / 거치기간 / 인출가능기간 / 원금상환기간

(자세한 내용은 14장 1절을 참고 바람.)

2) 대출선행조건 (Conditions Precedent)

대출선행조건은 대출신청인이 자금을 인출하기 이전에 승인기관으로부터 금융허가를 취득하고 대출관련 서류를 주간사은행에 모두 제출하는 것을 말한다.

일반적으로 거래의 적법성과 채권서류의 완결에 대한 의견은 신디케이션의 계약서를 담당한 법률법인이 관련채권서류를 검토한 이후에 금융실행의 적법성과 채권서류의 유효성에 대한 의견서를 주간사은행에 제시한다. 이를 근거로 주간사은행은 모든 참가자에게 대출선행조건이 완결되었음을 통지한다.

3) 참여은행의 대출의무

대출실행과 관련하여 어떤 금융기관이 대출계약서에 서명하고 대출실행일에 참여금액을 주간사은행에 입금하지 않는 경우가 발생하면, 즉 차주 입장에서 대출금액이 부족해진 경우가 발생하더라도 참여은행은 각자의 참여금액 외에 추가로 대출금을 증액할 의무는 없다.

4) 의사결정지분율 (Majority lender)

신디케이션에서 의사결정지분율은 일반적으로 금액기준으로 신디케이션금액의 2/3 이상으로 한다. 물론 예외적으로 대출계약서에 서명하기 이전에 서로 협의하여 의사결정지분율을 50%로 완화할 수도 있다.

차입자가 재무약정준수조항과 같은 중요사항을 위반할 경우 금액기준으로 대출계약서에 명시된 의사결정지분율 이상이 동의하면 주간사은행은 차입자의 기한이익을 상실시키고 즉시 대출금상환을 청구할 수 있다.

5) 양도조항 (Transfer)

대출금의 양도조항은 참여은행이 보유하고 있는 대출채권을 다른 금융기관에 양도하는 것을 말한다. 이때 대출의 양도는 대출의 매각을 의미한다. 대출의 양도(매각)에는 ① 차입자의 동의를 구하지 않고 대출은행이 임의로 다른 금융기관에 매각할 수 있는 경우(silent basis)와 ② 차입자의 동의를 구해야 매출은행이 대출을 매각할 수 있는 경우가 있다.

매각(양도) 가능한 대출을 양도가능대출(transferable loan)이라고 한다. 그리고 신디케이션으로 조달되는 대출은 일반적으로 양도가능대출 형태를 갖는다. 왜냐하면 대출에 유동성이 없으면 상대적으로 신디케이션 참가자를 구하기 어렵기 때문이다.

6) 동등대우조항 (Pari Passu)

동등대우조항도 신용대출을 기준으로 한 것이다. 만약 기업이 청산 등의 상황에 직면하여 보유자산을 처분하여 채권을 변제할 때 우선변제 순위에서 본 신용대출보다 다른 신용대출을 우선 변제하는 경우가 없이, 차주가 무담보채권자에 대한 채무이행을 할 때에 본 대출채권도 채권금액에 비례하여 다른 무담보채권자와 동등하게 대우할 것을 약속한 조항이다. 일반적으로 공모방식의 계약서에 들어가는 조항이다.

2. 차주의 기한이익 상실에 관한 주요내용 (Acceleration)

차주가 대출자에게 계약서의 내용을 준수할 것을 약속한 ① 차입자준수사항의 주요사안을 위반하거나 ② 원리금상환에 채무불이행 사유가 발생하면 그 사안의 중요성에 따라 차주는 해당대출에서 기한이익을 상실한다.

이와 같이 기한이익을 상실하게 되면 대출은행(lender)은 대출상환을 청구(즉 put option행사 = 조기상환청구권 행사)할 수 있다. 그리고 대출은행은 위반사항을 완화해 주거나 유예해 주는 대가로 ① 일정수수료를 수취하거나 ② 이자율을 상향조정할 수도 있다.

① 재무약정 위반(자세한 내용은 14장 3절 참고 바람)
② 원금상환 또는 이자지급의 연체사유
③ Negative Pledge 위반(자세한 내용은 14장 3절 참고 바람)
④ 대출은행에 제공한 진술사항에 사실과 다른 주요 사항이 있는 경우
⑤ 대출은행의 승인이 없이 주요자산을 매각 또는 양도한 경우
⑥ 대출은행의 승인이 없이 다른 기업과 합병 또는 취득한 경우
⑦ 교차불이행(Cross-Default)의 위반 등
⑧ 차주의 준수사항에서 기타 중요한 사항의 위반 등

■ **교차불이행 (Cross-Default)**

교차불이행 조항은 차주가 다른 대출계약에서 채무불이행으로 인하여 기한이익을 상실하는 경우가 발생하면, 본 계약서의 대출도 자동적으로 연동하여 기한이익을 상실하게 된다는 내용이다. 따라서 이 조항은 차주에게는 상당히 불리한 조항이다.

제4절

신디케이션의 사례

Syndication Case

1. 원화장기대출과 신디케이션 사례

원화장기대출 신디케이션 사례를 소개하면 다음과 같다.

차 주	• ××× (주)
약정금액	• 300억원
자금용도	• 시설자금
만 기	• 인출일로부터 5년
상환방법	• 2년거치 3년 균등분할 상환조건
이자율	• 연 [ ]%
연체이자율	• [16%]
주선기관(주간사)	• [○○은행, 은행]
대출기관	• ○○은행 및 ○○은행이 선정하는 금융기관

재무약정사항 ① 부채비율 400% 이하 유지
② 유동비율 120% 이상 유지
③ 이자보상비율 1.3배 이상 유지 등

담보 • 자산가치가 있는 유형자산 근저당

기타사항 • 통상적인 금융관행에 따르되 주선기관과 차주가 협의하여 결정함

2. 외화대출과 신디케이션 사례

• Facility:	USD100Million 2-Year Term Loan Facility for ABC Limited
• Guarantor:	ABC Corporation Korea
• Borrower:	ABC Limited, incorporated in Hong Kong, a wholly-owned subsidiary of the Guarantor.
• Facility Amount:	Up to US $ 100Milion
• Purpose:	For refinancing of maturing debts and general working capital requirements.
• Facility Agent:	MBC Bank ("Agent")
Arranger(s):	CL Bank and BOA Bank
Closing Date:	March 10, 2025.

- Commitment Termination Date: 20 days after the closing date.

- Drawdown: A lump sum on the drawdown date

- Maturity Date: 2 years from the drawdown date

- Repayment: Bullet repayment at the maturity.

- Interest Rate: 1.75% p.a. over 3 month SOFR

- Management fee: 1.0% flat

- Interest Payments: Interest shall be payable quarterly in arrears

- Financial covenants: To be determimed.

- Event of default: The borrower or the guarantor: payment default, illegality, occurrence of material adverse change, cross default, breach of representations, warranties, negative pledge or other covenants.

- Governing law: English Law

제5절

외화대출 신디케이션과 참여은행의 수익성분석

Borrower's Cost & Lender's Profitability

1. 차주의 금융비용분석 (Borrower's Funding Cost Analysis)

A. Terms and Conditions

- Type of Facility : FCL (foreign currency loan)
- Amount : USD100,000,000.–
- Tenor : 2 years
- Availability : 3 months from the signature date
- Repayment : Bullet repayment
- Interest Rate : 1.75 % p.a. over 6 month SOFR
- Interest Payments : To be payable semi–annually in arrears

B. Arranger Group Fee Structure

Title	Commitment Amount	Arrangement Fee*	Management Fee	All-in Yield
Arranger	USD 20 MM	0.15%	1.00%	S+2.325 % p.a.

* Commitment fee 또는 Underwriting Fee라고 한다.

C. Participating Bank Fee Structure

Title	Commitment Amount	Management Fee*	All-in Yield
Lead Manager	USD 10 MM/ above	1.00%	S+2.25% p.a.
Manager	USD 5-9 MM	0.95%	S+2.225% p.a.
Co-Manager	USD 2-4 MM	0.90%	S+2.20% p.a.

* Subject to receipt of funds from the Company, Management fee payable to each participating bank will be calculated based on its respective final allocated amount in respect to the Facility.

D. Final Allocation

(Unit: USD)

Bank Name	Title	Allocated Amount
A Bank	Arranger	15,000,000
B Bank	Arranger	20,000,000
C Bank	Arranger	20,000,000
D Bank	Arranger	15,000,000
E Bank	Arranger	15,000,000
F Bank	Lead Manager	10,000,000
G Bank	Lead Manager	10,000,000
H Bank	Lead Manager	10,000,000
I Bank	Manager	5,000,000
J Bank	Manager	5,000,000
K Bank	Co-manager	4,000,000
L Bank	Co-manager	3,000,000
M Bank	Co-manager	3,000,000
N Bank	Co-manager	2,000,000
O Bank	Co-manager	2,000,000
Total		139,000,000

E. **최종금액:** 금액을 USD139,000,000으로 증액하기로 함.

F. Final Fee Allocation

(Unit: USD)

Bank Name	Commitment Amount	Allocated Amount	Arrangement Fee	Management Fee	Pool Fee	Total Fee
A Bank	20,000,000	15,000,000	30,000	150,000	3,800	183,800
B Bank	20,000,000	20,000,000	30,000	200,000	3,800	233,800
C Bank	20,000,000	20,000,000	30,000	200,000	3,800	233,800
D Bank	20,000,000	15,000,000	30,000	150,000	3,800	183,800
E Bank	20,000,000	15,000,000	30,000	150,000	3,800	183,800
F Bank	10,000,000	10,000,000		100,000		100,000
G Bank	10,000,000	10,000,000		100,000		100,000
H Bank	10,000,000	10,000,000		100,000		100,000
I Bank	5,000,000	5,000,000		47,500		47,500
J Bank	5,000,000	5,000,000		47,500		47,500
K Bank	4,000,000	4,000,000		36,000		36,000
L Bank	3,000,000	3,000,000		27,000		27,000
M Bank	3,000,000	3,000,000		27,000		27,000
N Bank	2,000,000	2,000,000		18,000		18,000
O Bank	2,000,000	2,000,000		18,000		18,000
Total	154,000,000	139,000,000	150,000 (A)	1,371,000 (B)	19,000 (C)	1,540,000

■ 신디케이션의 수수료 배분구조

a. Arrangement fee: \$150,000(A) = (\$20,000,000 × 0.15% × 5)

b. Management fee: \$1,371,000(B) = {\$139,000,000 × (0.9~1.0%)}

c. Pool fee: \$19,000(C) ={(\$139,000,000 × 1.0%) − \$1,371,000}

d. 개별 간사단은행의 추가 pool fee: \$19,000 / 5* = \$3,800

* 신디케이션의 모집금액에 대하여 간사단은행이 확약한 금액(Commitment amount)이 모두 같기 때문이다.

> **참고**
>
> **Pool Fee**
>
> 신디케이션 참가금액의 합계액이 신디케이션의 모집금액을 초과(over subscription)하게 되면 신디케이션의 모집금액을 주간사은행에 확약한 간사단(arranger group) 또는 인수단(underwriting group)에 주간사은행이 추가로 배분하는 수수료수익이다.

■ 기업의 2년 평균 자금조달비용

a. $1,540,000 / $139,000,000 = 1.108%

b. 1.108% / 2년 = 0.554%(연)

c. 2년 평균조달비용: {0.554% + 1.75%(이자율)}= 2.304%(연) over 6 month SOFR

2. 참여은행의 수익성분석 (Lender's Profitability Analysis)

1) 간사단은행의 수익성분석 (Arranger Group's Profitability)

- 수익성(연) ={(total fee÷2년)÷final allocated amount}
- A은행 수익성: a. ($183,800÷2)÷ $15,000,000 = 0.61%(연)
  b. 1.75%(액면이자율)+0.61% = 2.36%(연)
- B은행 수익성: a. ($233,800÷2)÷ $20,000,000 = 0.58%(연)
  b. 1.75%(액면이자율)+0.58% = 2.33%(연)

※ A은행의 수익성이 B은행의 수익성보다 높다. 그 이유는 간사단에 참여할 때 두 은행 모두 각각 $20,000,000씩 같은 금액의 대출을 확약했으나, A은행이 최종적으로 대출금액을 $15,000,000으로 축소했기 때문이다.

간사단은행의 수익성은 공모 전에 주간사은행에 제시한 확약금액(commitment amount)에 비하여 대출실행금액(final allocated amount)이 상대적으로 작을수록 신디케이션에 참여한 대출금액에 대한 수익성은 높아진다.

2) 참여은행의 수익성분석 (Participating Bank's Profitability)

(간사단은행 이외) 참여은행의 수익성 = 이자율 + (management fee / 대출기간)

(1) Lead Manager의 수익성분석

- F은행 수익성: {1.75% + (1.0% / 2년)} = 2.25%(연)

(2) Manager의 수익성분석

- I은행 수익성: {1.75% + (0.95% / 2년)} = 2.225%(연)

(3) Co-Manager의 수익성분석

- K은행 수익성: {1.75% + (0.9% / 2년)} = 2.20%(연)

제6절

신디케이션 참여은행의 위험분석

Lender's Syndication Risk Analysis

1. 주간사은행의 신디케이션 위험분석 (Agent Bank's Risk Analysis)

1) 주간사은행의 사전점검 포인트 (Agent Bank's Risk Analysis)

특정고객(기업)이 거액의 자금을 조달하려는 정보를 입수한 경우, 또는 금융신청인이 거액의 자금을 조달하기 위하여 주간사은행(agent bank)을 선임하려고 여러 금융기관에 금융제안서(offer letter)의 제출을 요구한 경우에, 금융기관은 해당기업의 자금조달을 대리하는 주간사은행(agent bank)이 되기 위해서는 금융제안서를 준비해야 한다. 이때 점검해야 할 사항은 다음과 같다.

① 금융신청인(차입자 또는 채권발행인))이 국내외 신용등급
② 모집금액의 크기
③ 자금의 만기(또는 채권의 만기)
④ 자금의 통화표시
⑤ 같은 신용등급의 다른 기업과 비교할 때 금융시장에서 금융신청인에 대한 투자가의 선호도

⑥ 신청인이 원하는 금융에 대한 현재의 시장상황(특정금융의 유동성 또는 투자자의 유무, 선호도 등)

⑦ 간사단(인수단) 구성의 용이성 등

이상의 사항을 점검한 후에 금융기관은, ① 금융에 대한 보증의 유무, ② 이자율 또는 수익률의 결정, ③ 재무약정의 종류, ④ 차주의 준수사항 등을 종합적으로 결정한다.

2) 주간사은행의 신디케이션 위험분석

금융제안서의 금융제공 내용에는 신디케이션의 성공유무와는 상관없이, ① 모집금액 전부를 제공할 것에 대한 확약조건(fully committed basis 또는 fully underwritten basis), 혹은 ② 모집금액의 제공을 위해 최선의 노력을 할 것을 제시한 조건(best effort basis) 등으로 금융을 제안할 수 있다.

주간사은행의 신디케이션 위험이 금융제안서를 제출할 때, 예를 들어 주간사은행이 간사단의 모집에 실패하여 신디케이션의 결과가 모집금액의 부족으로 나타났다고 하자.

이때 앞의 두 조건 중에서 ①의 조건으로 주간사은행이 신디케이션을 진행했으면 주간사은행은 모집금액의 부족분을 책임지고 제공해야 한다. 반면에 ②의 조건이면 주간사은행은 모집금액을 축소하고 부족금액에 대한 책임은 없다.

3) 주간사은행의 신디케이션 실패원인

주간사은행의 신디케이션 실패원인으로 다음의 사항을 지적할 수 있다.

① 시장에서 평가하는 차입자에 대한 신용상태, 선호도에 대한 오판

② 차입자의 신용도에 적합하지 않은 대출만기(예를 들어 차입기업에 대한 금융시장의 평가보다는 차입기업의 요구에 너무 치중한 경우)

③ 차입자의 신용도와 대출만기를 고려한 시장성 있는 대출수익률을 제시하지 못한 경우

④ 차입자의 신용상태에 비하여 모집금액의 규모가 큰 경우

⑤ 모집금액의 규모와 대출수익률에 대한 잘못된 평가

2. 간사단은행의 신디케이션 위험분석 (Arranger Group's Risk Analysis)

일반적으로 간사단은행에 참여하는 은행들은 확약금액(commitment amount)에 비하여 최종대출금액(final allocated amount)을 줄이기를 원한다. 그 이유는 참여금액에 대한 수익률을 높이고, 차후 발생할 차주의 추가 금융요구에 부응하려고 하기 때문이다. 반면에 그동안 해당기업에 여신이 없었거나 여신규모가 작았던 은행은 신디케이션에서 확약한 금액만큼 대출금액을 실행하기를 원하는 경우도 있다.

한편 주간사은행이 신디케이션을 공모방식으로 진행하였을 때, 만약 해당신디케이션에 대한 투자자의 호응이 낮으면 간사단의 대출금액은 예상과는 달리 거의 확약한 금액 수준으로 증가할 수도 있다. 그 결과 신디케이션에 참여할 때 예상했던 수익률(대출금액에 대한 수익률)에는 미달되고 또한 예상했던 금액 이상의 대출을 차주에게 제공해야 하는 위험이 있다.

제7절

지급보증과 신디케이션

Payment Guarantee & Syndication

1. 지급보증과 신디케이션 사례

● **그림 15-3** _ 지급보증과 신디케이션의 거래구조

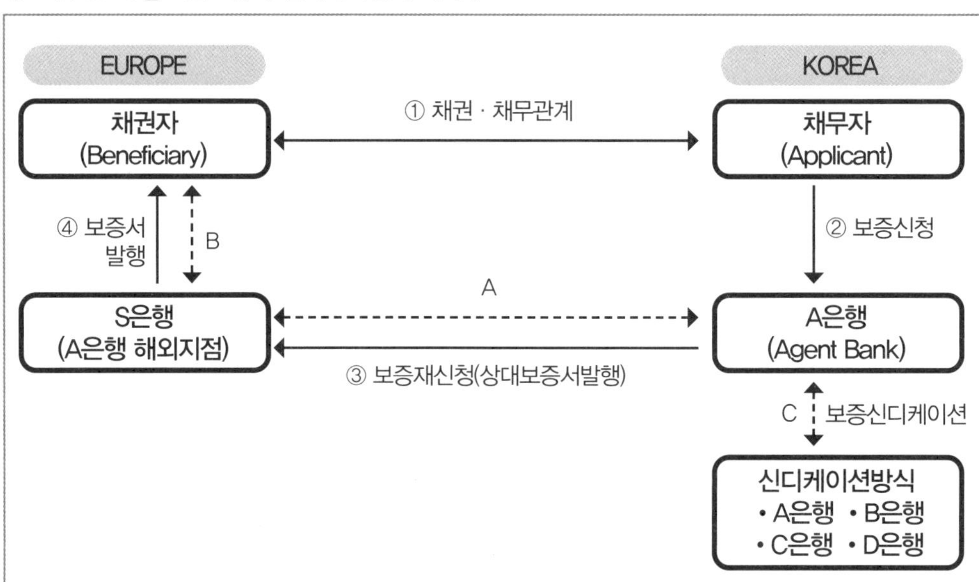

〈거래구조와 위험분석〉

① 채권자(beneficiary)와 채무자(applicant) 간에 채권과 채무가 발생하다.

② 채무자는 A은행에 채권자를 보증수혜자로 하는 지급보증을 신청한다.

③ A은행이 신청인(applicant)이 되어 S은행에 보증서 발급을 의뢰한다.

④ S은행은 채권자에 대한 공식적인 보증은행으로서 보증서를 발행한다. 이에 따라 채권자의 보증금액 청구에 대한 지급의무는 S은행에 있다.

■ **지급보증과 신디케이션**

건설공사 및 선박건조와 같이 계약금액 자체가 거액인 경우에는 채무자로부터 신청받은 보증금액도 대부분이 거액이다. 따라서 A은행이 단독으로 보증업무를 수행하기에는 그 위험이 너무 크므로 위험을 분산하기 위하여 신디케이션방식으로 지급보증에 참여하길 원하는 은행을 모집하게 된다.

신디케이션의 대상이 지급보증인 경우에는 대체로 사모방식(private placement)으로 진행한다. 그리고 참여은행은 공동으로 A은행과 지급보증참여에 대한 계약(risk participation agreement)을 체결한다. 따라서 A은행에서 대지급이 발생하면 A은행은 참여은행들에 각각의 보증금액을 청구하게 된다.

2. 지급보증 신디케이션 참여은행의 위험분석

앞의 '그림 15-3'에 등장하는 은행들 각각의 금융위험을 분석해 보면 다음과 같다.

A은행과 S은행의 거래(A)와 채권자와 S은행의 거래(B)는 거래당사자가 서로 다른 별도의 거래이다. 따라서 A거래는 B거래의 종속적인 관계도 아니고, A은행은 채권자에 대한 연대보증자도 아니다. 왜냐하면 채권자가 받는 지급보증서에는 보증은행이 S은행으로 나타나고 A은행과 S은행의 거래는 나타나지 않기 때문이다.

이와 같이 보증서가 재발행되는 경우에 S은행은 채권자에 대하여 공식적인 보증은행(guarantor bank) 또는 보증서재발행은행(reissuing bank)이라 하고, S은행에 대하여 A은행은 보증신청은행(applicant bank)이 되며, 채무자는 A은행에 대하여 보증신청인(applicant)이 된다.

또한 지급보증서(letter of guarantee)가 재발행되는 이유는 다음과 같다. 예를 들어 공사금액이 크고 공사기간이 긴 건설공사의 경우 공사발주자(project owner)가 선수금환급보증(AP bond), 계약이행보증(P bond) 등의 지급보증서를 건설회사에 요청하게 된다.

이때 공사발주자는 보증은행의 자격요건으로서 국제신용평가기관인 무디스(Moody's) 혹은 스탠더드 앤 푸어스(S&P)사가 평가한 신용등급이 최소한 A3 혹은 A 이상의 신용등급을 보유한 은행으로 제한하기 때문이다. A은행은 공사발주자가 원하는 자격요건에 미달되는 은행이다. 이때 S은행에 대한 A은행의 보증을 상대보증(counter-guarantee)이라고 한다.

1) S은행의 위험분석

채권자가 S은행에 보증금액을 적법하게 청구하면 S은행은 A은행에 지급을 청구하게 된다. 그러나 A은행이 S은행에 지급을 지연하는 것을 이유로 채권자에게 보증금액의 지급을 지연할 수 없다. 그리고 S은행의 위험가중자산은 A은행의 상대보증(counter-guarantee)에 좌우된다.

2) A은행의 위험분석

S은행이 A은행에 대지급을 청구하면 A은행은 신디케이션 참여은행에 지급을 청구하게 된다. 그러나 참여은행이 A은행에 지급을 지연하는 것을 이유로 A은행이 S은행에 보증금액의 지급을 지연할 수 없다. A은행의 보증수혜자는 S은행이 되고 S은행에 대하여 A은행은 보증신청인에 해당한다. A은행은 S은행에 상대보증서(counter-guarantee)를 발행한 보증은행이기 때문이다.

3) 참여은행의 금융위험

참여은행은 채무자가 보증금액을 지급하지 않는 것을 이유로 A은행에 각자 보증금액의 지급을 지연할 수 없다.

연습문제

제 15 장

1. 신디케이션에서 공모(public offering)방식과
   사모(private placement)방식을 서로 비교하시오.

2. 신디케이션에서 차주의 기한이익상실의 사유를 설명하시오.

3. 차주의 준수사항(covenants)에 해당하는 주요사항을 설명하시오.

4. 금융제안서(offer letter)를 제출하기 이전에 금융설계은행(주간사은행)으로서
   사전에 점검해야 할 사항을 설명하시오.

5. 주간사은행(mandated bank)의 신디케이션 위험을 설명하시오.

6. 간사단은행(arranger group)의 신디케이션 위험을 설명하시오.

7. 주간사은행(mandated bank) 입장에서 신디케이션의 실패원인을 설명하시오.

16장

신용파생상품과 위험분석

Credit Derivatives & Risk Analysis

핵 심 용 어

신용파생상품 Credit Derivatives

총수익스왑 Total Return Swap: TRS

대출포트폴리오스왑 Loan Portpolio Swap

신용불이행스왑 Credit Default Swap: CDS

보장매입자 Protection Buyer

보장매도자 Protection Seller

신용사건 Credit Events

제1절

신용파생상품의 내용과 특성

Credit Derivatives

1. 신용파생상품의 개념과 종류 (Credit Derivatives)

신용파생상품(credit derivatives)은 금융기관이 보유하고 있는 금융자산에서 발생할 수 있는 채무불이행위험(default risk)과 시장위험(market risk)을 회피하거나 보유하고 있는 금융자산의 포트폴리오를 재구성하기 위하여 사용되는 금융거래이다. 신용파생상품금융은 그 특성상 특정의 거래상대방 및 특정자산에 대하여 신용파생상품을 설계하고 거래하는 건별금융(one-off facility) 형태를 띠게 된다.

신용파생상품의 거래대상이 되는 금융자산은 대출, 채권, 주식 등이 거래의 기초자산(underlying asset)이 된다. 신용파생상품의 종류로는 ① 신용불이행스왑(credit default swap: CDS), ② 총수익스왑(total return swap: TRS), ③ 대출포트폴리오스왑(loan portpolio swap), ④ 신용연계채권(credit linked note), 등이 있다. 이들 중에서 가장 많이 사용되는 상품은 신용불이행스왑(CDS)과 총수익스왑(TRS)이다(신용연계채권은 제15장 참조 바람).

신용파생상품을 구조화하는 데 사용하는 주된 개념은 옵션(option)과 스왑(swap)이다. 그리고 신용파생상품은 금융기관(또는 기업)이 보유하는 금융자산에 대한 신용위험을 제거하려는 필요에 따라 설계되므로 그 구조도 점점 더 복잡하게 변하는 경향이 있다. 그러나 구조가 복잡하게 변형되는 신용파생상품에 내재되어 있는 핵심적인 신용파생상품의 내용은 신용불이행스왑(CDS)과 총수익스왑(TRS)이다.

2. 신용파생상품의 특성 (Types of Credit Derivatives)

① 일반적으로 신용파생상품은 기초자산과 분리되어 구조화되고 거래되는 상품으로서 장부외거래로 분류되지만, 신용파생조건이 부여된 자산(대출 또는 채권)의 거래는 장부내거래이다.

② 기초자산에 존재하는 신용위험을 제거하는 수단으로 사용한다.

③ 기초자산으로부터 신용위험만을 분리하여 별도거래가 가능하다.

③ 기초자산에 대한 유동성을 증대시킬 수 있다.

⑤ 기초자산의 종류와 그 시장상황에 따라 동일위험에 대해서도 재정거래(arbitrage)의 기회가 발생할 수 있다.

⑥ 고객관리와 위험관리를 각각 분리할 수 있다.

⑦ 자금부담이 없는 업무확대로 수수료 수익을 증대시킬 수 있다.

⑧ 특정규정 또는 법규의 회피수단이 된다.

⑨ 특정자산의 취득이 금지되어 있는 금융기관도 간접적으로 그 시장에 참여할 기회를 갖게 한다.

■ 대출포트폴리오스왑(Loan Portfolio Swap)

신용스왑의 가장 단순한 형태이며 주로 은행 간에 성립하는 스왑이다. 두 개의 은행이 각자 자신이 보유하고 있는 특정한 대출포트폴리오로부터 발생하는 현금흐름을 상대방에게 지급하는 계약을 맺는 것이다.

대출포트폴리오스왑은 서로 상이한 특성을 가진 대출포트폴리오를 보유하고 있는 두 은행이 각각 상대방의 시장에 신규로 진입하는 것과 같은 효과를 얻게 해 준다.

제2절

신용불이행스왑과 위험분석

Credit Default SWAP: CDS & Risk Analysis

1. 신용불이행스왑(CDS)의 내용과 당사자

1) 신용불이행스왑(CDS)의 내용과 목적

(1) 신용불이행스왑(CDS)의 내용

신용불이행스왑(CDS)은 신용부도스왑이라고도 한다. 대출 및 채권 등의 금융자산을 취득한 자산보유자(금융기관)가 금융자산의 보유기간 동안 보유자산에 대한 채무자의 신용위험이 증가하는 신용사건(credit events)이 일어나는 경우(예; 부도 등)에 보유자산에서 발생할 수 있는 채무불이행위험(신용위험)을 회피하거나 손실을 보전할 목적으로 거래상대방과 맺는 금융계약이다. 신용파생상품 중에서 가장 많이 사용하는 금융거래이다.

신용불이행스왑 거래를 하면 자산보유자(대출은행 혹은 채권보유 금융기관)는 거래상대방(상대 금융기관)에게 수수료를 지급하고, 그 대가로 거래상대방은 그 보유자산에 대한 지급의무가 있는 채무자에게 부도와 같은 신용사건이 발생하여 자산보유자에게 손실이 발생하면 손실액을 보전한다.

(2) 신용불이행스왑의 목적

① 채무불이행위험의 회피

② 손실금액의 보전

③ 동일자산의 한도관리

④ 자산포트폴리오의 관리

⑤ 금융기관의 수익성 향상

2) 신용불이행스왑(CDS)의 당사자

(1) 기초자산 (underlying asset)

기초자산(underlying asset)은 준거자산(reference asset)이라고도 하며 그 대상은 대출, 채권, 주식 등이 될 수 있다.

(2) 보장매입자 (protection buyer)

위험매도자(risk seller)라고도 하며, 자산보유자로서 손실을 보장받는 의미로 보장매입자라고도 한다. 보장매입자는 약정가격(예; 대출의 원금 또는 채권의 액면금액)에 기초자산을 팔 수 있는 권리, 즉 풋옵션을 매입한 것과 같고, 거래상대방에게 프리미엄(premium)을 지급한다.

따라서 보장매입자의 거래위험은 풋옵션매입자(즉, 약정가격에 기초자산을 팔 수 있는 권리를 가진 자)의 거래위험과 같다.

(3) 보장매도자 (protection seller)

위험매입자(risk buyer)라고도 하며, 자산보유자에게 발생할 수 있는 손실을 보장하는 의미로 보장매도자(protection seller)라고 한다. 따라서 보장매도자는 풋옵션을 매도한 것과 같다. 즉 거래상대방이 풋옵션을 행사(약정가격에 매도)하면 그 옵션행사를 이행해야 할 의무를 지는 대가로, 거래상대방으로부터 프리미엄(premium)을 수취한다.

따라서 보장매도자의 거래위험은 풋옵션매도자(즉, 약정가격에 기초자산을 매입해야 할 의무가 있는 자)의 거래위험과 같다.

2. 신용불이행스왑의 구조와 현금흐름분석 (CDS & Cash Flow Analysis)

> **〈사례〉** K기업은 6개월 전에 표면이자율 6개월 SOFR + 1.6%(연), 3년만기 외화변동금리부채권(FRN: floating rate note) USD50,000,000을 발행하였다. 현재 A은행(자산보유자)은 6개월전부터 K기업이 발행한 FRN USD10,000,000을 보유하고 있다. 그러나 A은행은 남은 2년 6개월 동안 K기업의 신용위험을 우려하여 신용불이행스왑(CDS)을 통하여 그 위험을 회피하고자 한다.
>
> A은행의 자금조달비용은 6개월 SOFR + 0.2%(연)이다. A은행(보장매입자)은 B은행(보장매도자)과 신용불이행스왑(CDS)계약을 체결하였다. A은행은 B은행에 보장매입수수료(프리미엄)를 연 1.0% 지급하기로 하고 그 지급조건은 분기별 선급조건이다.

● **그림 16-1** _ 신용불이행스왑(CDS)의 구조와 현금흐름분석

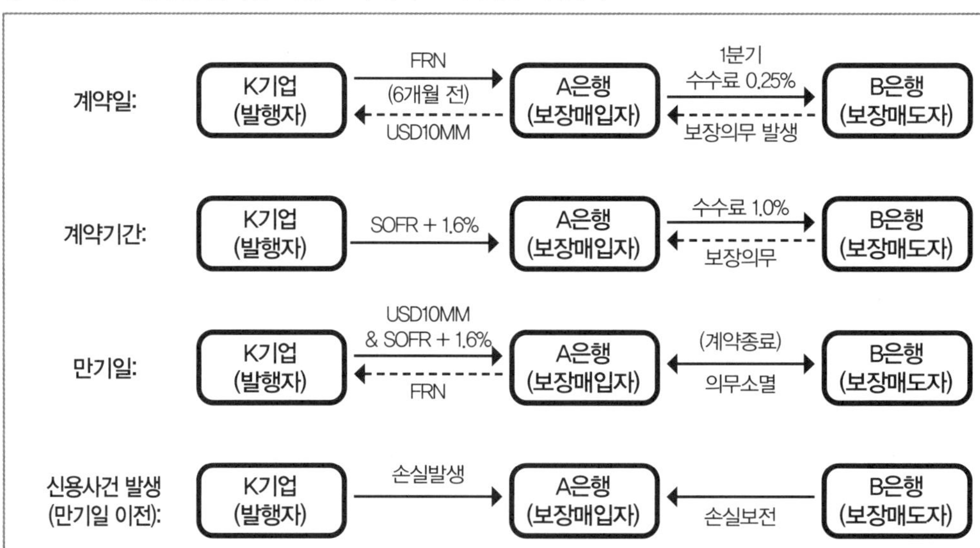

〈금융구조와 현금흐름분석〉

① 계약일: A은행(채권보유자)은 계약일로부터 보유채권의 만기일까지(2년 6개월 동안) K기업에 부도 등의 신용사건이 발생하여 보유채권에서 손실이 발생하면 B은행이 손실을 보전해 주기로 하는 신용불이행(CDS)계약을 체결하였다. A은행(보장매입자)은 B은행(보장매도자)으로부터 풋옵션을 매입한 대가로 B은행에 연 1.0% 수수료(프리미엄)를 지급하기로 하고 계약일에는 1분기 선급수수료 0.25%(연 1.0%)를 지급하였다.

② 계약기간: A은행은 K기업으로부터 SOFR + 1.6%(연) 이자를 6개월마다 후급으로 수취하고, 조달비용인 SOFR + 0.2%(연) 이자를 6개월마다 후급으로 지급한다. 그리고 A은행(보장매입자)은 B은행(보장매도자)에 분기별로 수수료 0.25%를 선급으로 지급한다.

③ 만기일: K기업에 부도와 같은 신용사건이 발생하지 않으면 A은행은 채권(FRN)의 만기일에 K기업으로부터 원금과 이자를 수취하게 된다. 따라서 A은행과 B은행 간에는 어떤 현금흐름도 발생하지 않는다. 왜냐하면 A은행이 보유한 FRN에서 손실이 발생하지 않았기 때문이다.

④ 신용사건 발생: 계약기간에 부도 등의 신용사건이 발생하여 A은행에 손실이 발생하면, B은행(보장매도자)은 A은행(보장매입자)에 FRN에서 발생한 손실금액을 보전해야 한다.

3. 보장매입자와 보장매도자의 금융위험과 손익분석

(TRS Risk & Profitability Analysis)

1) 보장매입자(풋옵션매입자)의 금융위험과 손익분석

(1) 금융위험과 손익분석

A은행(채권보유자) 입장에서 풋옵션매입자로서 보유채권에서 손실이 발생하지 않으면 최대거래손실은 수수료지급비용(연 1.0%)이 된다. 그런데 만약 보유채권에 손실이 발생하면 A은행(보장매입자)은 B은행(보장매도자)으로부터 그 손실액을 보전받는다. 따라서 신용사건이 발생하면 일반적으로 A은행에는 그동안 지급한 수수료총액을 차감하고도 거래이익이 발생하게 된다.

(2) 위험가중자산과 거래분석

신용불이행스왑거래 이전에는 A은행(채권보유자)의 자금조달비용을 차감한 1년 동안 순이자수익은 USD140,000{=USD10,000,000×(1.6%−0.2%)}이고, 위험가중자산에 대한 수익률은 연 1.4%(=1.6%−0.2%)였다.

그러나 A은행(보장매입자)이 B은행(보장매도자)과 신용불이행스왑(CDS)을 한 결과를 분석하면, A은행은 B은행에 연 1.0%의 비용을 지급함으로써 보유채권에 내재되어 있는 K기업의 신용위험을 전가하였다. 즉, B은행의 신용위험에 의존하고 연 0.4%={(1.6%−0.2%)−1.0%}의 투자수익률을 얻게 되었다.

신용불이행스왑(CDS)거래의 결과를 보면 1년 동안 A은행의 순이자수익은 USD40,000{=USD10,000,000×(1.6%−0.2%−1.0%)}으로 감소하였다. 그러나 위험가중자산에 대한 투자수익률은 오히려 연 1.4%에서 연 2.0%{=0.4%/(100%×20%)}로 향상되었다.

2) 보장매도자(풋옵션매도자)의 금융위험과 손익분석

A은행이 보유한 FRN에서 손실이 발생하지 않으면 B은행 입장에서는 손실보전을 위한 현금유출이 발생하지 않고 매년 보장매도의 대가로 A은행으로부터 프리미엄(수수료)을 연 1.0%씩 수취하게 된다.

그러나 A은행(보장매입자)의 보유채권에서 손실이 발생하면 B은행은 A은행에 그 손실액을 보전해 주어야 한다. 따라서 B은행의 금융위험은 (채권보전금액−수수료취득금액)이 된다. 바꾸어 말하면 B은행(보장매도자)의 금융위험은(채권액면금액−수수료취득금액−채권회수금액)이 된다.

한편, 보장매도자(B은행) 입장에서는 기초자산의 채무자(K기업)에 대한 신용평가가 매우 중요하다. 그러므로 보장매도자가 자기자금 부담 없이 수수료 수입을 증대시키고자 할 때 사용할 수 있는 금융기법이다.

4. 신용불이행스왑(CDS)의 특성과 손실보전방법

1) 신용불이행스왑의 특성

① 보장매입자(A은행) 입장에서는 보장매도자(B은행)에게 보증료를 지급하고 원금에 대하여 지급보증을 받는 것과 같다.

② A은행(풋옵션매입자)의 보유채권에 손실이 발생하지 않으면 계약만기일에 A은행과 B은행(풋옵션매도자) 간에 현금흐름이 발생하지 않으므로 스왑(swap)거래라기보다는 옵션(option)거래에 가깝다.

③ A은행(보장매입자)에 만기일 이내에 손실이 발생하면 A은행과 B은행(보장매도자) 간에 현금흐름이 발생하므로 옵션(option)거래라기보다는 스왑(swap)거래에 가깝다.

④ 이상의 특성을 고려해 볼 때 신용불이행스왑은 옵션부지급보증의 성격을 가진 금융이라고 말할 수 있다.

2) 손실보전방법

보장매입자(protection buyer)가 보장매도자로부터 손실을 보전받는 방법에는 두 가지가 있다. ① 손실금액이 확정되면 보장매도자(B은행)로부터 그 손실금액을 보전받는 방법, ② 신용사건이 발생하면 보장매입자(A은행)가 채권액면(원금)금액을 보장매도자(B은행)로부터 받고, 보장매도자(B은행)에게 해당채권(또는 대출채권서류) 전부를 인도하는 방법이다.

그러나 부도 등의 채무불이행 사건이 발생하면 현실적으로 채권회수에 많은 시일이 소요될 뿐만 아니라 회수금액이 확정되는 시기도 불확실하므로 보장매입자 입장에서는 ②의 채권보전방법이 유리하다. 현실적으로도 ②의 채권보전방법이 주로 사용된다.

제3절

총수익스왑과 위험분석

Total Return Swap(TRS) & Risk Analysis

1. 총수익스왑(TRS)의 내용과 유용성

1) 총수익스왑(TRS)의 내용

총수익스왑(TRS)은 대출, 채권, 빛 주식 등의 금융자산을 취득한 자산보유자(금융기관)가 자산보유기간에 보유자산에서 발생할 수 있는 ① 채무불이행위험((default risk)과 ② 시장위험(market risk), 즉 가격변동위험을 회피하거나 손실을 보전할 목적으로 거래상대방과 맺는 금융계약이다.

자산보유자(보장매입자)가 거래상대방(보장매도자)과 총수익스왑(TRS)을 체결하면 자산보유자(보장매입자)는 기초자산에서 발생하는 모든 현금흐름(기초자산의 약정이자율과 가격변동금액)을 거래상대방(보장매도자)에게 지급하고, 그 대신 자산보유자는 거래상대방으로부터 일정이자를 받는다.

그러므로 자산보유자(보장매입자)가 보유하고 있는 기초자산에서 가격하락으로 인한 손실이 발생하면 보장매도자가 자산보유자(보장매입자)에게 그 손실금액을 지급해야 한다. 만약 보유자산에서 가격상승으로 인한 이익(capital gain)이 발생하면 오히려 보장매입자가 보장매도자에게 그 이익을 지급해야 한다.

결론적으로 총수익스왑(TRS)은 자산보유자(보장매입자) 입장에서 보면 기초자산을 보유한 상태로 보장매도자에게 그 기초자산을 매각한 것과 같고, 거래상대방(보장매도자) 입장에서 보면 기초자산을 매입한 것과 같다.

2) 총수익스왑(TRS)의 유용성[1]

① 기초자산을 보유하고 있는 금융기관은 기초자산을 매각하지 않고도 기초자산에서 발생할 수 있는 채무불이행위험과 시장위험을 동시에 제거할 수 있다.

② 보장매도자 입장에서는 기초자산의 매입을 위한 현금지출 없이 자산매입과 같은 현금흐름을 얻을 수 있다.

③ 관련 규정 및 법규 등의 이유로 직접대출을 할 수 없는 금융기관도 보장매도자 역할을 하면 대출자산에 직접 투자한 것과 같은 효과를 볼 수 있다.

④ 자금조달비용이 상대적으로 높은 금융기관은 총수익스왑거래를 통하여 다양한 자산에 투자함으로써 분산투자의 효과를 얻을 수 있다.

---

1) 김형태 · 이준희, 「신용파생상품에 관한 연구」, 한국증권연구원(2000.03), pp. 36–37.

2. 총수익스왑의 구조와 현금흐름분석 (TRS & Cash Flow Analysis)

〈사례〉 A은행(자산보유자)은 K기업이 발행한 3년만기 FRN USD10,000,000을 인수하였고 액면이자율은 6개월 SOFR + 1.6%(연)였다. A은행은 현재 채권만기가 2년 남은 상태이다. A은행은 K기업에 대한 채무불이행위험과 시장위험을 모두 회피하고자 B은행과 총수익스왑(TRS) 매입계약을 체결하였다.

이로 인하여 A은행(보장매입자)은 B은행(보장매도자)에 이자를 후급조건으로 6개월마다 SOFR + 1.0%(연)를 지급하기로 하였고, 그 대신 B은행은 A은행에 이자를 6개월마다 후급조건으로 연 SOFR flat(SOFR + 0.0%)을 지급하기로 하였다. 한편 A은행의 FRN인수를 위한 자금조달비용은 6개월 SOFR + 0.2%(연)였다.

● **그림 16-2 _ 총수익스왑(TRS)의 구조와 현금흐름분석**

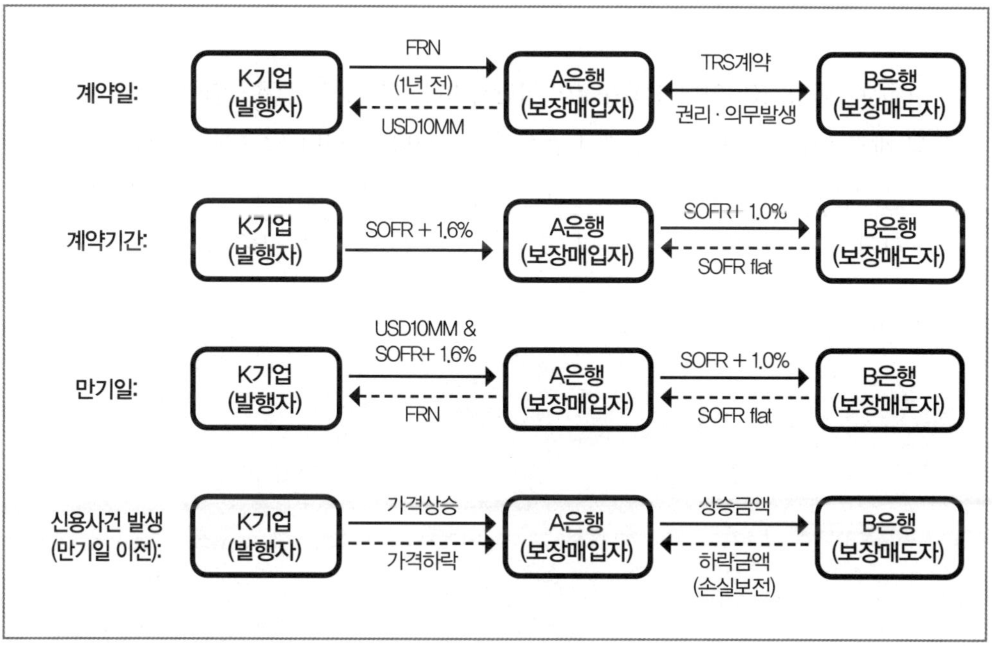

〈금융구조와 현금흐름분석〉

① 계약일: 계약일에 A은행(보장매입자)과 B은행(보장매도자) 사이에는 원금과 관련한 현금흐름은 발생하지 않는다. 후급조건이므로 이자지급으로 인한 현금흐름도 발생하지 않는다.

② 계약기간: 계약기간에 A은행(보장매입자)은 K기업으로부터 연 SOFR + 1.6%를 받는다. 그리고 A은행은 B은행(보장매도자)에 연 SOFR + 1.0%를 지급하고, B은행으로부터 연 SOFR flat(SOFR + 0.0%)을 받는다. 현실적으로는 A은행(보장매입자)이 B은행(보장매도자)에 연 1.0%의 수수료(프리미엄)를 지급하는 것과 같다.

③ 만기일: A은행은 K기업으로부터 FRN의 원금(USD10,000,000)과 마지막 이자를 받고 A은행의 FRN투자는 종료된다. 그리고 A은행(보장매입자)은 B은행(보장매도자)에 약정이자(SOFR + 1.0%)를 지급하고, B은행으로부터 약정이자(SOFR flat)를 받으면 총수익스왑(TRS)의 계약도 종료된다.

④ 신용사건발생: K기업의 신용등급이 하락하거나 부도 등의 신용사건이 발생하면 K기업의 채권가격은 하락하고 A은행에 손실이 발생한다. 그러면 A은행이 계약에 따라 그 손실을 B은행에 청구하고, B은행은 A은행에 그 손실을 보전한다. 반면에 채권가격이 상승하여 A은행에 이익이 발생하면, 오히려 A은행은 그 이익을 B은행에 지급한다.

3. 보장매입자와 보장매도자의 금융위험과 손익분석
(TRS Risk & Profitability Analysis)

1) 보장매입자(풋옵션매입자)의 금융위험과 손익분석

(1) 금융위험과 손익분석

A은행(보장매입자) 입장에서 볼 때 풋옵션매입자로서 K기업의 채권에서 채무불이행 사건이 발생하지 않거나 시장가격의 하락으로 인한 손실이 발생하지 않으면, 최대거래손실은 수수료지급비용(연 1.0%)이 된다.

그러나 K기업의 채권에 손실이 발생하면 A은행(보장매입자)은 B은행(보장매도자)으로부터 그 손실을 보전받는다. 만약 손실발생의 원인이 K기업의 신용등급하락으로 인한 시장위험이 아니라 K기업의 채무불이행위험이라면, 일반적으로 A은행에는 거래기간에 지급한 수수료총액을 차감하고도 거래이익이 발생하게 된다.

(2) 위험가중자산과 거래분석

위험가중자산과 거래분석은 신용불이행스왑(CDS)의 분석 결과와 서의 동일하다.

그러나 총수익스왑거래에서는 자산보유자(보장매입자)가 기초자산을 매각한 것과 같기 때문에 시장에서 발생한 기초자산의 가격상승분을 만기일에 A은행(보장매입자)이 B은행(보장매도자)에 지급해야 한다. 따라서 보장매도자(B은행)가 기초자산의 가격상승분을 수취하게 된다.

2) 보장매도자(풋옵션매도자)의 금융위험과 손익분석

A은행(보장매입자)에 손실이 발생하지 않으면 B은행(보장매도자) 입장에서는 손실보전을 위한 현금유출이 발생하지 않는다. 그리고 B은행은 보장매도의 대가로 매년 프리미엄(수수료)을 A은행으로부터 연 1.0%씩 수취하게 된다. 그 대신 B은행(보장매도자)은 계약에 명시된 ① 시장위험과 ② 신용위험의 변동으로 인한 가격상승분 또는 가격하락분을 보장매입자(A은행)로부터 받는다.

만약 A은행이 보유하는 기초자산에 손실이 발생하면 B은행은 A은행에 그 손실을 보전해야 한다. 따라서 B은행(보장매도자)의 금융위험은 '채권보전금액−수수료취득금액'이 된다. 바꾸어 말하면 B은행(보장매도자)의 금융위험은 '채권액면금액−수수료취득금액−채권회수액'이 된다.

그러나 총수익스왑(TRS)일 경우 보장매도자(B은행)의 금융위험은 신용불이행스왑(CDS)에서 보장매도자의 금융위험보다 높다. 왜냐하면 보장매도자는 채무불이행위험뿐만 아니라 시장위험으로 야기된 기초자산의 손실금액까지도 보장매입자(A은행)에게 보전해야 하기 때문이다. 그러므로 총수익스왑의 보장매도자는 신용불이행스왑의 보장매도자보다 상대적으로 금융위험이 높고 수익성도 높다.

- **손실보전방법**

보장매입자가 보장매도자로부터 손실을 보전받는 방법은 신용불이행스왑(CDS)의 손실보전방법과 같다.

4. 신용불이행스왑과 총수익스왑의 비교 (CDS vs TRS Risk)

① 신용불이행스왑(CDS)의 보장매도자는 보장매입자에게 채무불이행위험에서 야기된 기초자산의 손실금액을 보전하지만, 총수익스왑(TRS)의 보장매도자는 보장매입자에게 채무불이행위험뿐만 아니라 시장위험에서 야기된 기초자산의 손실금액도 보전한다.

② 신용불이행스왑(CDS)에서는 보장매입자에게 기초자산에서 신용사건이 발생하지 않으면 보장매입자가 풋옵션을 행사하지 않으므로 양 당사자 간에 현금흐름이 발생하지 않는다. 그러나 총수익스왑(TRS)에서는 보장매입자의 기초자산에서 손실이 발생하거나 이익이 발생하더라도 양 당사자 간에 현금흐름이 발생한다.

③ 신용불이행스왑(CDS)거래 당사자 간에 일어날 현금흐름의 발생률보다 총수익스왑(TRS)거래 당사자 간에 일어날 현금흐름의 발생률이 더 높다.

④ 신용불이행스왑(CDS)의 보장매도자는 보장매입자로부터 수수료(프리미엄)만 받지만, 총수익스왑(TRS)의 보장매도자는 보장매입자로부터 수수료뿐만 아니라 기초자산의 가격이 상승할 경우 그 가격상승분까지도 수취하게 된다.

⑤ 신용불이행스왑(CDS)은 옵션거래(option)와 유사한 반면에 총수익스왑(TRS)은 스왑거래(swap)와 유사하다. 왜냐하면 신용불이행스왑은 보장매입자가 풋옵션을 행사할 경우에만 현금흐름이 발생하나, 총수익스왑에서는 시장위험의 변화에 따라 기초자산의 가격이 변하기 때문에 현금흐름이 스왑거래에서 일어나는 흐름과 유사하기 때문이다.

제4절

신용파생상품의 유용성과 거래위험

Credit Derivatives & Risk Anlysis

1. 신용파생상품의 유용성

1) 보장매입자(옵션매입자)의 유용성

신용파생상품은 기초자산에 대한 위험회피, 포트폴리오관리, 신용한도관리 및 기초자산의 유동성증대 등을 목적으로 이용된다. 기초자산의 소유권을 유지하면서 신용위험만을 별도로 분리하여, 기초자산에 대한 상환의무가 있는 채무자(obligor)의 신용위험 증가로 야기되는 기초자산의 가치하락 등을 관리할 수 있다. 바꾸어 말하면 보유자산에 대한 위험제거에 그 유용성이 있다.

2) 보장매도자(옵션매도자)의 유용성

보장매도자(옵션매도자)가 보장매입자(옵션매입자)보다 기초자산 채무자에 관한 정보가 더 많은 경우, 또는 기초자산 채무자에 대한 재무위험, 영업위험 및 채무자가 속한 산업위험을 포함한 채무자에 대한 종합신용평가 능력이 우수하면, 자산을 취득함이 없이 혹은 기초자산의 취득을 위한 직접적인 영업활동의 노력 없이 무자본으로 수익을 창출할 수 있다.

아울러 제도적으로 투자대상이 아닌 기초자산에 간접적으로 투자할 수 있다. 그리고 일반적인 신용파생상품 거래는 장부외거래(off-balance sheet transaction)가 된다.

2. 신용파생상품의 거래위험

1) 가격결정위험 (Price Making Risk)

신용파생상품의 가격은 기초자산의 미래가치를 반영하여 결정되며, 기초자산의 미래가치는 자산에 대한 채무자(obligor)의 신용위험, 환율, 이자율 등의 변동에 영향을 받는다. 따라서 가격결정이 기초자산의 미래가치를 제대로 반영하지 못하면 보장매도자는 신용파생상품을 설계하고 거래한 이후에 큰 손실을 볼 수 있다. 바꾸어 말하면 금융상품 설계위험(structuring risk 또는 modelling risk)이라고 할 수 있다.

2) 운영위험 (Operational Risk)

신용파생상품거래는 신용상품연계채권과 같이 장부내거래도 있고 신용위험만을 별도로 분리하여 거래하는 장부외거래도 있다. 신용파생상품거래는 거래내용이 복잡하고 표준화되어 있지 않으므로 거래를 수행하면서 발생할 수 있는 위험, 즉 운영위험에 특히 주의해야 한다.

따라서 거래내용, 거래구조, 현금흐름을 정확히 이해하는 것이 가장 중요하다. 특히 장부외거래인 경우에는 한도관리와 거래사실 확인 등의 이중 점검 시스템으로 발생 가능한 운영위험을 사전에 제거하는 것이 매우 중요하다.

3) 기초자산 채무자의 신용위험 (Obligor's Default Risk)

신용파생상품거래에서는 신용위험만을 대상으로 거래가 이루어지기 때문에 기초자산 채무자의 신용위험(default risk) 분석에 초점을 두어야 한다.

4) 유동성위험 (Liquidity Risk)

기초자산에 대한 미래가치를 잘못 평가했거나 가격산정을 잘못한 경우, 즉 기초자산의 가치와 가격결정에 객관성이나 합리성이 결여되면 거래 이후에 보장매도자(옵션매도자)가 해당위험에서 벗어나기 위한 반대거래를 정상적으로 실행할 수 없게 되어 유동성을 상실하게 된다. 따라서 반대거래를 하려면 손실을 감수해야 한다.

5) 법규위험 (Legal Risk)

거래내용이 불법적이거나 규정에 맞지 않으면 보장매입자 입장에서 기초자산에 손실이 발생한 경우에 손실보전을 받을 수 없게 되는 위험을 말한다.

6) 계약서위험 (Documentation Risk)

계약서위험은 계약서내용의 불명확에서 발생할 수 있는 위험으로서 보장매입자와 보장매도자 모두에게 발생할 수 있다. 가장 큰 위험은 ① 거래기간 중에 기초자산에서 발생한 손실보전금액의 산정과 ② 신용사건의 정의에 있다고 할 수 있다.

그러므로 손실보전금액의 산정을 위한 기초자산의 가격평가에는 제3자인 평가기관을 명시해야 한다. 그리고 신용사건도 구체적으로 파산, 청산, 화의, 회사정리, 워크아웃(work-out) 등을 명시해야 한다.

3. 신용사건의 정의

일반적으로 신용사건의 정의에 대한 분쟁을 피하기 위하여 ISDA(International Swaps and Derivatives Association)의 표준안을 사용하고 있다. 그러나 신용파생상품의 거래와 종류가 다양하고 복잡하기 때문에 ISDA의 내용이 해당거래를 반영하기에 불충분한 조항에 대해서는 당사자 간 합의에 의하여 거래 전에 계약서에 구체적으로 명시함으로써 사전에 분쟁을 피할 수 있다.

1) ISDA표준안에 따른 신용사건의 정의

● **표 16-1** _ ISDA의 표준안에 따른 신용사건의 종류 및 정의

종류	정의
도산(bankruptcy)	파산, 청산, 화의, 회사정리 등
지급실패 (failure to pay, obligation default)	만기일에 채무를 상환하지 못하는 경우
기한의 이익상실 (obligation acceleration)	부도 등으로 만기 이전에 채무를 상환하여야 할 의무가 발생하는 경우
모라토리엄 (moratorium, repudiation)	국가의 지급정지 선언
채무재조정(restructuring)	채권자와 채무자 사이에 채무원금, 이자, 지급시기 등이 재조정되는 경우

※자료: 박종원 · 장욱, 「신용위험관리」, 한국금융연수원(2002), p. 229.

2) 일반적인 신용사건의 정의[2)]

신용사건의 정의는 크게 두 가지, ① 신용사건(credit events)의 발생과 ② 합병사건(merger events)으로 구분된다. 신용사건의 정의는 당사자 간 합의에 의하여 다양한 내용을 명시할 수 있으며 다음의 내용들이 일반적으로 포함된다.

(1) 신용사건 (Credit Events)

① 도산(bankruptcy): 파산, 청산, 화의, 회사정리 등

② 지급실패(failure of any financial obligation): 특정금액 이상의 금융채무에 대한 상환 실패 등

③ 계약불이행사항(event of default): 30일 이상 원금 또는 이자의 연체발생

④ 신용등급하락(downgrade): 계약서에 명시한 특정 신용평가기관이 차입자의 신용등급을 기준등급 이하로 하락시킨 경우

⑤ 지급거절(repudation): 모라토리엄(moratorium) 등의 지급거절 사항이 발생한 경우

⑥ 교차불이행(cross-default): 다른 금융계약서에 계약불이행 사항이 발생한 경우

(2) 합병사건 (Merger Events)

① 실질적인 합병 또는 공식적인 합병 발표

② 차입자와 타 기업과의 합병(amalgation)

③ 특정자산의 양도(transfer of assets)

④ 기초자산을 타 법인으로 양도 등

2) Janet M. Tavakoli, 「Credit Derivatives & Synthetic Structures」, John Wiley&Sons Inc(2001), pp. 52–53, 93–94.에서 참고.

다이아몬드 펀드 사건

이 사건은 국내 SK증권, 한남투자신탁, LG금속 3개사가 해외에 설립한 다이아몬드 펀드라는 역외펀드가 J.P.Morgan사와의 거래에서 무려 18,600만 달러, 원/달러 환율로 계산할 경우 2,600억 원에 달하는 막대한 손실을 입은 사실뿐 아니라, 해외에 이어 국내에서도 본격적인 파생금융상품 관련 사고가 발생했다는 점에서 금융시장에서 많은 관심을 끌었다. 다이아몬드 펀드 사건의 거래방식은 다음 그림에서 보는 바와 같이 놀랍도록 단순하다. 그토록 큰 손실가능성이 숨어 있으리라고는 도저히 짐작하기 어려울 정도이다. SK증권 등 국내 3개사는 계약 초기 3,440만 달러를 다이아몬드 펀드에 출자했다. 그리고 다이아몬드 펀드는 이에 더하여 J.P.Morgan사로부터 5,300만 달러를 차입하여 이 중 8,650만 달러를 갖고 인도네시아 루피화 채권에 투자한 것이 사실상 거래의 전부이다. 이 거래에서 국내 3개사는 초기투자금(3,440만달러)의 5배가 넘는 손실을 본 것이다.

● 다이아몬드 펀드 사건의 거래구조

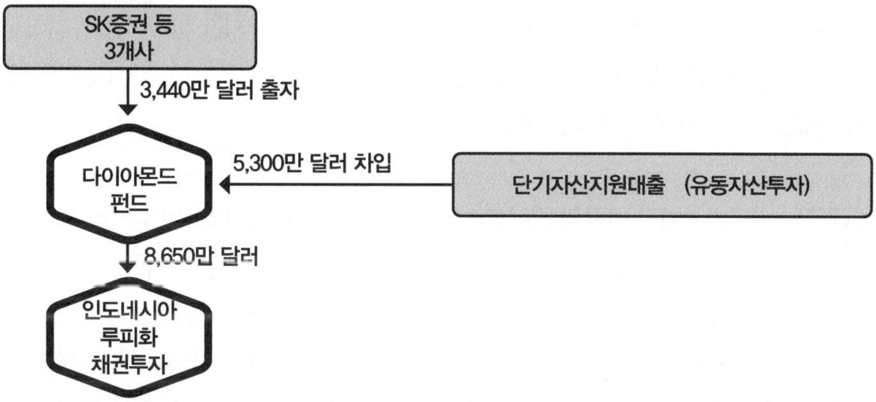

거래의 핵심내용은 J.P.morgan사 차입자금의 만기상환 조건에 숨어 있다. 이를 자세히 살펴보도록 하자. 다이아몬드 펀드의 만기상환금액은 다음 공식에 따라 결정되도록 되어 있었다.

$$\text{만기상환금액} = 5{,}300 \times (1 - 0.03 - \alpha)$$

$$\alpha = \max\left\{0,\ \frac{YenMat - YenSpot}{YenMat}\right\} + \min\left\{1,\ 5 \times \frac{BahtSpot - BahtMat}{BahtMat}\right\}$$

여기서 Yen과 Baht는 각각 달러 대비 일본 엔과 태국 바트화의 환율을 나타내며, 뒤에 붙은 Mat와 Spot은 각각 만기시점과 계약시점을 나타낸다.

489

그리고 식에서 max표시는 괄호 안의 두 값 중에서 큰 값을, 반대로 min표시는 작은 값을 택한다는 것을 의미한다. 다소 복잡해 보이는 식이지만 다음 방식으로 이해해 보자. 우선 일본 엔과 태국 바트화가 계약시점에서 만기시점까지 환율변동이 없다고 하면 α는 '0'의 값을 갖게 된다. 이때 실질적 차입금리는 얼마가 되는 셈인가? 놀랍게도 마이너스 3%가 된다. 당시 국내 금리가 대략 13%였음을 고려한다면 16%나 싼 금리인 것이다. 더 나아가서 마이너스 금리란 것은 원금보다 적은 금액을 상환한다는 것이다. 따라서 양국 통화의 가치가 고정될 경우 차입자인 다이아몬드 펀드 입장에서 아주 유리한 차입조건이다.

그렇다면 양국 통화의 가치가 변화한다면 어떻게 되는가? 우선 일본 엔의 가치가 하락할 경우를 보자. 이때 YenMat는 YenSpot보다 커지므로 α식에서 앞부분은 플러스 값을 갖는다. 다이아몬드 펀드 입장에서는 만기 상환금액이 줄어들어 유리한 입장에 놓이게 된다. 반대로 엔화가치가 상승하면 펀드 입장에서 상환금액이 증가하는가? 그렇지 않다. 이 경우 YenMat는 YenSpot보다 작아져 마이너스 값을 갖지만 max조건식에 의해 α식에서 앞부분은 0의 값을 갖는다. 즉, 다이아몬드 펀드 입장에서는 일본 엔의 가치가 하락하면 유리하지만, 상승하면 유리할 것도 불리할 것도 없는 셈이다. 이는 곧 펀드 입장에서 엔 풋옵션(달러 콜옵션)을 매입한 것과 동일한 효과를 갖는다.

다음은 태국의 바트화가치가 하락할 경우를 보자. 이때 BahtMat는 BahtSpot보다 커지므로 α식에서 뒷부분은 마이너스 값을 갖고, min식에 따라 선택되어 나온다. 값이 마이너스가 되므로 다이아몬드 펀드 입장에서는 만기상환금액이 늘어나 불리한 입장에 놓이게 된다. 반대로 바트화가치가 상승하면 해당 α값은 플러스가 되어 다이아몬드 펀드 입장에서는 상환금액이 줄어들어 유리해진다. 그러나 앞의 식에서 보듯 min식에서 1과 비교하여 작은 값을 선택하게 되어 있으므로, 바트화 가치상승폭이 일정수준을 넘어서면 그 이상의 가치상승은 펀드 입장에서 사실상 바트화 선물환 매입(달러 선물환 매도)과 동일한 효과를 낸다. 다만 바트화 가치에 상한이 주어졌다는 점이 다를 뿐이다.

그렇다면 다이아몬드 펀드와 J.P.Morgan사는 엔화와 바트화의 가치변화에 따라 상호 손익이 엇갈리는 수익구조를 갖는 것이다. 이러한 손익구조는 Total Return Swap(TRS)거래에 따른 것이며, 다이아몬드 펀드 사례는 TRS거래로 볼 수 있다.

※자료: 이건호 · 김진호 · 오세경, 「위험관리론」, 경문사(2001.8), pp. 122-124에서 인용.

연습문제

제 16 장

1. 신용파생상품의 개념을 설명하시오.

2. 신용파생상품의 특성을 설명하시오.

3. 신용불이행스왑(CDS)의 유용성을 설명하시오.

4. 총수익스왑의 유용성을 설명하시오.

5. 신용불이행스왑(CDS)과 총수익스왑을 비교하시오.

6. 신용파생상품의 거래에서 발생할 수 있는 여러 가지 위험을 설명하시오.

17장

기타특수금융과 위험분석

CDO, Commodity Finance & Risk Analysis

핵 심 용 어

자산담보부증권 CDO
채권담보부유동화증권 CBO
대출담보부유동화증권 CLO
무수익 대출채권 non-performing loan: NPL
신용연계채권 CLN
발행시장 CBO
유통시장 CDO
환매조건부채권 매도계약 repurchase agreement: REPO
환매조건부채권매입금융 Reverse REPO
생산물금융 Commodity Finance

제1절

자산담보부증권의 구조와 위험분석

Collateralized Debt Obligation & Risk

1. 자산담보부증권(CDO)의 내용 및 특성

자산담보부증권(CDO)은 금융기관이 자산 대비 자기자본을 관리할 목적으로 보유자산을 기초자산(예; 대출채권 및 회사채 등)으로 하고 이 기초자산 유동화를 위하여 별도로 설립된 특수목적법인(SPC)에 매각하고, 이 기초자산을 담보로 발행된 자산담보부유동화증권(ABS)이다.

채권(bond)을 담보로 발행된 채권담보부유동화증권을 CBO(collateralized bond obligation)라고 하고, 대출채권(loan)을 담보로 발행된 대출담보부유동화증권을 CLO(collateralized loan obligation)라 한다.

이와 같이 채권담보부유동화증권(CBO)와 대출담보부유동화증권(CLO)은 자산유동화증권(ABS)이므로 자산담보부증권(CDO)을 발행하는 금융기관은 증권발행과 유동화를 위하여 특수목적법인(SPC), 즉 유동화법인(SPC)에 양도한 회사채 또는 대출채권을 해당금융기관의 자산에서 제외한다. 금융기관은 자산담보부증권(CDO) 발행을 통하여 위험자산을 관리하고, 위험자산 대비 자기자본 비율을 관리하는 데 사용한다.

대출담보부유동화증권(CLO)은 금융기관의 대출채권을 기초자산으로 하여 발행되는 유동화증권(ABS)을 의미하는데 무수익대출채권(non-performing loan: NPL)도 포함한다. 은행은 대출담보부유동화증권(CLO)의 발행으로 특정 대출포트폴리오의 위험을 제거하는 동시에 신용자산을 증권화함으로써 재무상태표상에서 자산을 제거하고 자기자본 규제를 관리할 수 있다.

우리나라의 경우에 대출담보부유동화증권(CLO)의 시작을 살펴보면 기초자산의 대부분이 무수익대출채권(NPL)을 유동화한 증권발행이었다. 이와 같이 무수익대출채권을 기초로 하는 대출담보부유동화증권(CLO)을 영문약자로 NPL ABS라고 한다.

2. 자산담보부증권(CDO)의 구조와 위험분석

자산담보부증권(CDO)의 발행구조를 살펴보면 회사채와 같은 신규채권을 유동화의 기초자산으로 채권담보부유동화증권을 발행하는 발행시장CBO(primary CBO)와 이미 발행된 회사채를 유동화의 기초자산으로 채권담보부유동화증권(CBO)을 발행하는 유통시장CBO(secondary CBO)로 구분된다.

국내의 발행시장CBO(primary CBO)는 다수의 기업이 신규로 발행하는 회사채를 증권회사가 먼저 사모방식으로 전액을 인수하여 이를 유동화법인(SPC)에 매각하고, 유동화법인(SPC)은 금융기관의 신용보강(지급보증)을 하고 발행시장CBO(primary CBO)를 발행하여 투자자에게 매각하고 자금을 조달하는 새로운 구조로 되어 있다. 신용보강은 신용보증기금이 투자자에게 지급보증을 제공하는 방식이다. 이는 정부당국의 지원으로 이루어진 것으로서 국내 발행시장CBO만의 고유한 구조적 특징이다.

한편, 유통시장CBO(secondary CBO)는 금융기관이 투기등급채권을 유동화법인(SPC)에 양도하면 유동화법인(SPC)은 신용보강을 하고 채권담보부유동화증권(CBO)을 발행하여 자금을 조달하는 구조이다. 국내시장의 경우는 투자신탁회사가 부실채권을 기초자산으로 하여 유통시장CBO를 발행하여 자금을 조달하고 있다.

유통시장CBO는 선순위와 후순위 구조로 이루어진다. 일반적으로 선순위사채는 신용보강이 있는 채권이고 후순위사채는 신용보강이 없는 채권에 해당한다. 자산담보부증권(CDO)의 거래구조를 그림으로 나타내면 다음과 같다.

그림 17-1 _ 자산담보부증권(CDO)의 거래구조

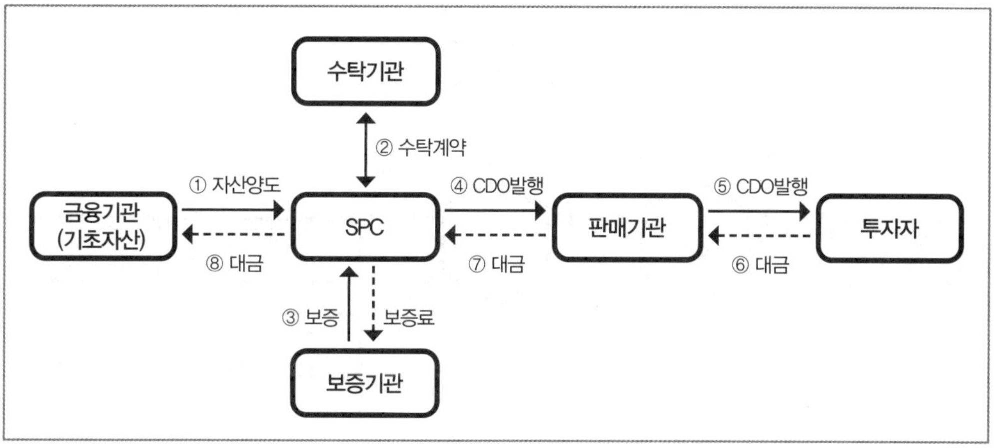

■ 금융위험분석

자산담보부증권(CDO) 투자자의 금융위험은 금융기관의 지급보증으로 유동화법인(SPC)의 기초자산 신용위험에서 금융기관의 신용위험으로 전환되었다. 만약 금융기관의 지급보증과 같은 신용보강이 없으면, 투자자는 유동화법인(SPC)에 대한 분석(예; 기초자산의 신용위험, 초과담보비율, 선후순위구조, 유보율, 환매요청권 등 자산유동화 제13장 참고 바람)에 중점을 두어야 한다.

참 고

Primary CBO의 발행배경

Primary CBO는 2000년 5월 새한그룹의 워크아웃 신청을 계기로 대기업의 유동성위기가 재연되자 자금시장의 경색을 해소하고 신용도가 낮은 중소·중견기업에 새로운 자금조달 기회를 제공하고자 정부의 기업자금조달 원활화 정책 일환으로 도입되었다. 이러한 탄생배경으로 CBO pool에 포함된 기업이 채무불이행 사태에 직면하게 되면 신용보증기금의 대지급과 손실로 이어진다는 비판도 있었다. 그러나 Primary CBO발행을 통하여 국내 채권발행시장의 경색을 정상화하고 CBO가 국내 ABS시장을 정착시키고 확대시키는 역할을 하였다.

3. 자산담보부증권(CDO)의 발행사례

자산담보부증권(CDO)의 거래사례를 소개하면 다음과 같다.

그림 17-2 _ 자산담보부증권(CDO)의 발행사례(선·후순위 ABS방식)

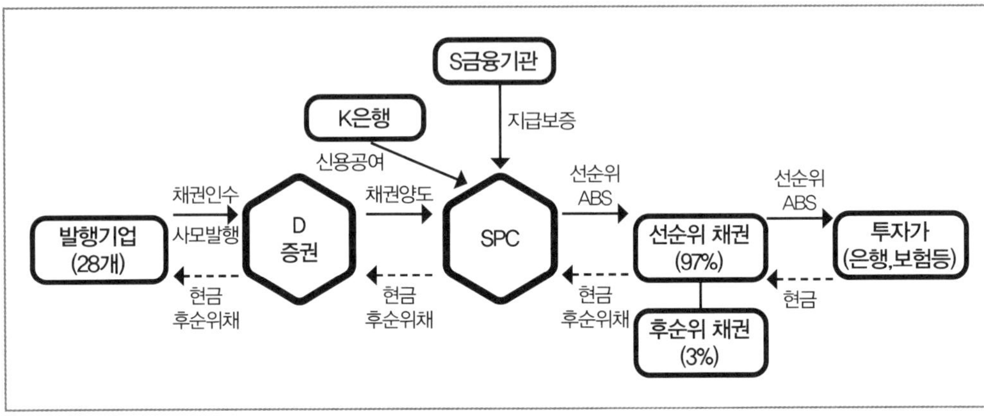

제2절

신용연계채권의 구조와 위험분석

Credit Linked Note & Risk Analysis

1. 신용연계채권의(CLN)의 내용 및 특성

신용연계채권(Credit Linked Note: CLN)은 회사채 혹은 금융기관의 대출채권을 유동화의 기초자산으로 발행하는 자산담보부증권(CDO)에 신용파생상품(credit derivatives)을 결합하여 발행하는 채권이다. 자산보유자인 금융기관의 신용연계채권(CLN) 발행목적은 보유자산(기초자산)에서 발생할 수 있는 부도위험을 제거하기 위한 경우가 많다.

예를 들면 대출채권을 유동화의 기초자산으로 자산보유자(예; 대출은행)는 일반 자산담보부증권(CDO)과는 달리 자산담보부증권(CDO)에 신용불이행스왑(CDS)이 결합된 신용연계채권(CLN)을 발행하는 구조이다.

신용연계채권(CLN)의 특징을 살펴보면 자산담보부증권(CDO)에 신용불이행스왑(CDS)이 결합된 채권이므로 자산보유자인 대출은행은 보장매입자(protection buyer)가 되고, 신용연계채권(CLN) 투자자는 보장매도자(projection seller)의 의무를 갖는다.

그러므로 자산보유자(보장매입자)는 위험보장(지급보증)을 채권투자자(보장매도자)로부터 매입하는 대신에 프리미엄(premium), 즉 보증료를 지급해야 한다. 따라서 일반적으로 자산보유자는 채권투자자에게 보증료를 가산한 상대적으로 높은 채권이자를 지급한다.

만약 기초자산에서 부도와 같은 신용사건이 발생하여 기초자산에 손실이 발생하면 유동화법인(SPC)은 채권투자자에게 손실금을 제외한 나머지를 지급하게 된다. 바꾸어 말하면 투자자 입장에서 신용연계채권(CLN)은 원금이 보장되지 않은 금융상품이다.

2. 신용연계채권의(CLN)의 구조와 위험분석

신용연계채권(CLN)의 발행구조와 현금흐름을 분석해 보면 그림과 같다.

● **그림 17-3** _ 신용연계채권(CLN)과 현금흐름분석

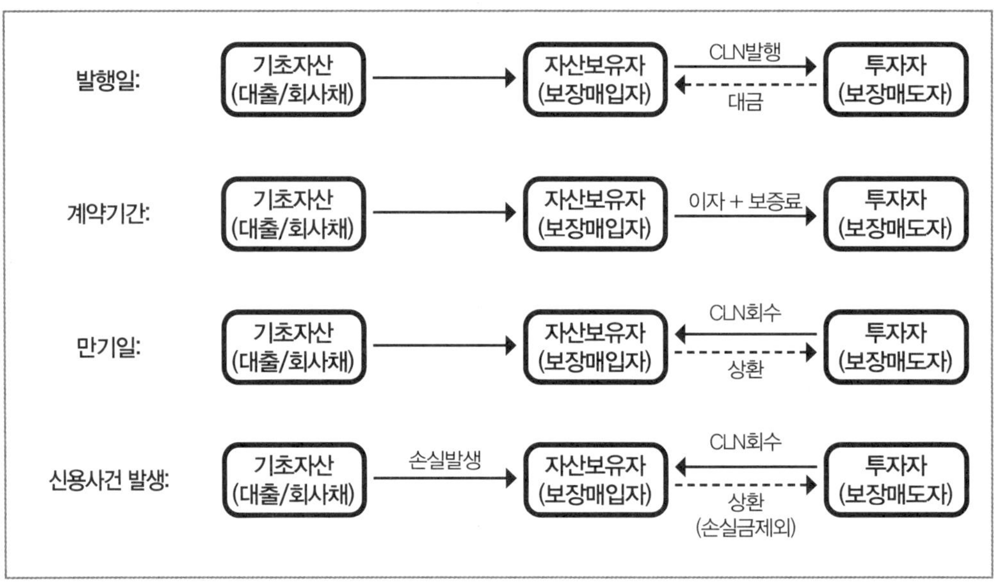

〈금융구조와 현금흐름분석〉

① 발행일: 자산보유자(예; 대출은행)는 대출채권을 기초자산으로 자산담보부증권(CDO)을 발행한다. 이때 발행되는 CDO는 일반 CDO와는 달리 CDO에 신용불이행스왑(CDS)이 결합된 신용연계채권(CLN)이다. 즉, 자산보유자는 보장매입자이고 CLN투자자는 보장매도자이다. 따라서 자산보유자는 CLN투자자에게 보증료에 해당하는 프리미엄(premium)을 지급한다.

② 계약기간: 자산보유자(보장매입자)는 채권투자자에게 보증료(premium)를 별도로 지급하지 않고 이자에 보증료를 포함하여 지급한다. 따라서 신용연계채권(CLN)의 이자는 일반채권의 이자에 비하여 보증료에 해당하는 프리미엄(premium)이 이자에 포함되어 있기 때문에 상대적으로 높다.

③ 채권만기: 자산보유자는 대금을 지급하고 채권을 회수한다.

④ 신용사건발생: 기초자산에서 부도와 같은 신용사건이 발생하여 기초자산에 손실이 발생하면 유동화법인(SPC)은 채권투자자에게 손실금을 제외한 나머지를 지급한다. 바꾸어 말하면, CLN 투자자는 보장매도자로서 그 손실금을 감수해야 한다.

■ **금융위험분석**

신용연계채권(CLN) 투자자의 금융위험은 보장매도자로서 자산보유자의 기초자산에서 발생하는 기초자산의 신용위험을 가지고 있다. 투자자 입장에서 신용연계채권(CLN) 상품은 원금이 보장되지 않은 금융상품이므로 기초자산에 대한 신용위험분석이 매우 중요하다.

한편 자산보유자는 보장매입자로서 투자자에게 신용불이행스왑(CDS)의 수수료인 보증료(premium)를 지급해야 하기 때문에 보증료를 가산하여 상대적으로 채권이자를 높게 지급하고 기초자산 부도위험을 제거하였다. 바꾸어 말하면, 자산보유자는 신용연계채권(CLN) 발행으로 회사채 혹은 대출채권과 같은 보유자산(기초자산)의 부도위험을 CLN투자자에게 전가하였다.

제3절

신용파생상품과 ABCP 혼합구조와 위험분석

CDS linked ABCP & Risk Analysis

신용파생상품이 연계된 ABCP구조를 소개하면 다음과 같다.

그림 17-4 _ 신용불이행스왑과 ABCP구조

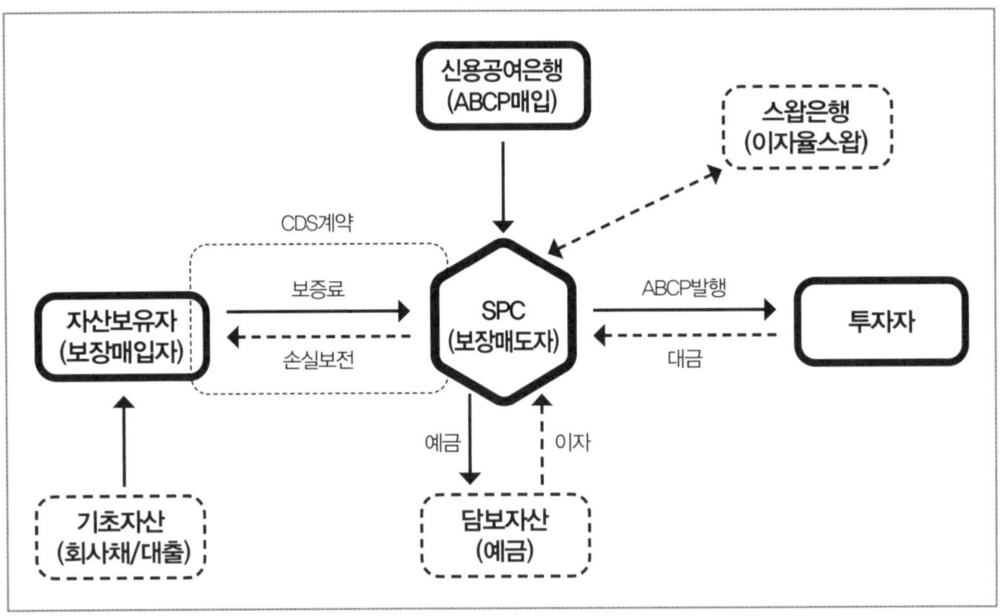

■ **금융구조와 위험분석**

ABCP구조에서는 담보자산으로 만기가 짧은 예금 혹은 금융상품 등을 선택한다. 왜냐하면 ABCP의 만기가 1~3개월로 단기이기 때문이다. 이 구조의 장점은 기업어음매입을 위한 신용공여은행이 있기 때문에 기업어음(ABCP) 발행으로 자금조달은 용이한 편이라는 것이다. 그러므로 자산보유자는 투자자를 상대적으로 쉽게 찾을 수 있고, 기초자산에 대한 위험을 투자자에게 전가할 수 있다.

ABCP투자자의 금융위험은 기업어음(ABCP) 기간이 단기이므로 상대적으로 그 위험이 낮다. ABCP투자자는 투자기간이 단기라는 이유로 신용위험을 간과하기 쉬운데, 유동화법인(SPC)의 신용등급 및 추가 신용보강구조를 분석한 것이 매우 중요하다.

제4절

환매조건부채권매입금융과 위험분석

Reverse REPO & Risk Analysis

1. 환매조건부채권매입금융(Reverse REPO)의 내용

환매조건부채권 매도계약(repurchase agreement: REPO)이란 채권을 매도하면서 동시에 미래의 일정시점에 같은 채권을 매도가격보다 약간 높은 가격에 재매입하기로 약정한 계약이다. 결과적으로 매도가격과 재매입가격의 차이만큼을 이자로 지급하고 거래상대방의 자금을 이용하는 것이다.[1)]

반대로 환매조건부채권 매입금융(reverse REPO)은 금융을 제공하는 금융기관 입장에서 현재시점에 해당채권을 채권보유자로부터 매입하고 미래시점인 계약만기일에 같은 채권을 매도할 것을 전제로 동시에 계약하는 것을 말한다.

일반적으로 환매조건부채권 매입자는 대출기관에 해당하고, 환매조건부채권 매도자는 차입기관에 해당한다. 현실적으로 환매조건부채권 매도자는 금융기관들이다. 왜냐하면 금융기관들은 환매조건부채권의 기초자산(underlying asset)으로 사용되는 통화안정증권(Monetary

1) 박진우, 「파생금융상품」, 명경사(2003.07), p. 195.

Stabilization Bond: MSB)과 같은 국·공채를 많이 보유하고 있고, 국·공채를 보유한 효과를 가지면서 자금을 조달할 수 있는 장점이 있기 때문이다.

그러므로 환매조건부채권 매입금융은 환매조건부채권 매입계약으로서 환매조건부채권 매도계약(정상적인 REPO계약)의 역(reverse)이다. 그러므로 환매조건부채권 매입계약자는 국·공채를 담보로 무위험대출을 제공하는 대출은행의 역할과 같다.

환매조건부채권 매입계약에서 환매조건부채권 매입자(대출은행)의 이자수취 방법에는 두 가지가 있다. ① 환매조건부채권 매입은행(대출기관)이 매입가격보다 약간 높은 가격으로 채권매도자(차입기관)에게 채권을 매도하여 그 매도가격과 매입가격의 차이를 이자로 수취하는 방법과 ② 환매조건부채권 매입은행(대출기관)이 채권을 수령함과 동시에 계약금액(대출금액)을 채권매도자(차입기관)에게 지급하고, 환매기간에는 약정이자를 채권매도자로부터 별도로 수취하는 방법이다.

2. 환매조건부채권매입금융의 구조와 현금흐름분석

(Reverse REPO & Cash Flow Analysis)

〈사례〉 B은행은 5년만기 통화안정증권(MSB)을 보유하고 있다. 이 채권을 기초자산으로 하여 A은행과 환매조건부채권 매도계약(정상적인 REPO)을 통하여 외화자금 USD10,000,000을 조달하고자 한다. B은행의 거래상대방인 A은행 입장에서는 환매조건부채권 매입계약을 하는 것이다.

따라서 B은행은 차입기관에 해당하고 A은행은 대출기관에 해당한다. A은행 입장에서 보면 B은행과 환매조건부채권매입(reverse REPO) 계약을 체결한 것이다. 계약의 조건은 다음과 같다.

- Counterpart : B은행
- Facility : Reverse REPO

- Amount : USD10,000,000
- Tenor : 1 year subject to a 3-month rollover basis
- Settlement : Delivery against payment
- Spread : 0.5% p.a. over 3-month SOFR
- Collateral : KRW denominated MSB
- Collateral ratio : 130%
- Hair Cut Ratio : 23.07%
- Margin Call Trigger : 5.0%
- Documentation : Master PSA/ISMA Repurchase agreement

1) 담보비율(Collateral Ratio)

담보로 받는 통화안정증권(MSB)의 외화환산금액이 REPO금액의 130%를 유지한다는 의미이고, 대출금이라면 대출금 대비 담보초과비율에 해당한다.

2) Hair Cut Ratio

23.07%는 '{100%-(100%÷130%)}×100'으로 구할 수 있다. 이는 담보금액을 기준으로 만든 담보여유비율에 해당한다. Hair Cut Ratio가 23.07%란 대출기관(A은행) 입장에서 담보로 받은 채권금액을 100%라고 할 때, 채권가격이 23.07% 하락하면 REPO금액이 된다는 의미이다.

3) Margin Call Trigger

5.0%의 의미는 만약 담보비율이 채권가격의 하락으로 130%에서 5% 이상 하락하면 그 부족분에 대하여 채권매입은행(A은행: 대출기관)이 현금담보를 추가로 채권매도자(B은행)에게 요구할 수 있다는 것이다. 반면 담보비율이 130%에서 5% 이상 상승하면 그 초과분을 채권매입은행이 채권매도자에게 현금으로 지급해야 한다는 의미이다.

● **그림 17-5 _ 환매조건부채권 매입금융과 현금흐름분석**

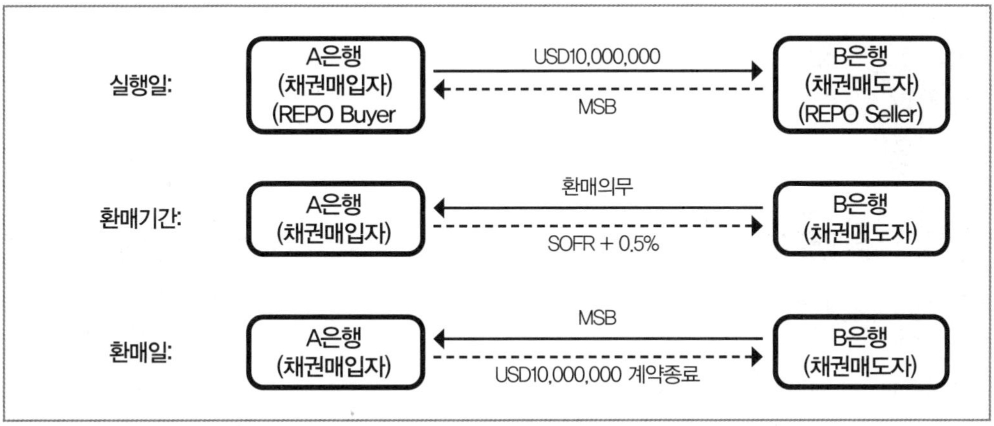

〈금융구조와 현금흐름분석〉

① 계약일: A은행(채권매입자)은 B은행(채권매도자)에 계약금액 USD10,000,000을 지급하고 외화로 환산한 금액을 기준으로 계약금액의 130%에 해당되는 원화표시 통화안정증권(MSB)을 수취한다. 동시에 A은행은 만기일에 같은 조건으로 B은행에 채권을 매도하기로 계약하였다. A은행 입장에서는 B은행을 차입자로 하고 대출채권 USD10,000,000이 발생한다.

② 환매기간: 환매기간은 1년이며 B은행은 3개월 SOFR + 0.5%(연) 조건으로 3개월마다 이자를 후급으로 A은행에 지급한다.

③ 환매일: A은행은 계약금액의 130%에 해당되는 통환안정증권(MSB)을 B은행에 인도하고 B은행으로부터 계약금액 USD10,000,000을 수취한다. 이로써 A은행의 대출채권 USD10,000,000은 소멸된다.

제5절

생산물금융과 위험분석

Commodity Finance & Risk Analysis

1. 생산물금융의 내용과 특성 (Commodity Finance & Risk)

생산물금융(Commodity Finance)은 광물, 원면, 원당, 원목, 원유 등의 생산물을 구입하는 데 소요되는 운전자금을 지원하는 금융으로서 재고자산을 구매하는 데 지원하는 금융이라 할 수 있다. 이 금융의 특징은 생산된 생산물뿐만 아니라 미래 생산물을 담보로 하고 금융을 지원하기도 한다는 것이다.

그러므로 생산물금융이 성립되기 위해서는 적정량의 생산물, 장기구매계약 및 장기공급계약에 의한 안정적인 거래가 있어야 한다. 생산물의 대상은 일반적으로 그 품질이 세계적으로 널리 알려지고 구매자가 그 생산물을 사용할 때 원재료의 혼용이 가능해야 한다.

생산물금융에 사용되는 금융기법은 ① 공급자의 신용공여(supplier's credit)방식을 사용하는 경우, ② 구매자의 신용공여(buyer's credit)방식을 사용하는 경우 혹은 ③ 두 방식을 혼합한 제작금융(structured finance) 등이 있다.

2. 공급자의 신용공여방식과 구매자의 신용공여방식 (Supplier's Credit & Buyer's Credit)

1) 공급자의 신용공여방식 (Supplier's Credit)

국내의 수출상이 국내의 대출은행(수출금융기관)이 제공하는 대출의 차주가 되고, 수출금융기관의 대출을 받은 수출상이 그 자금으로 상품(예; 플랜트)을 제작하고, 수출할 때 수입상에게 신용(외상)을 제공하는 방식을 공급자(수출상)의 신용공여방식(supplier's credit)이라 한다.

그림 17-6 _ 공급자(수출상)의 신용공여방식(Supplier's Credit)

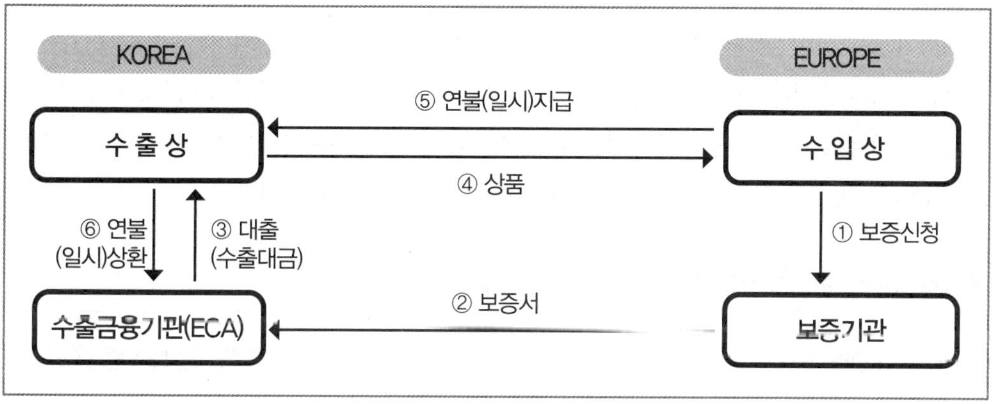

〈거래구조와 현금흐름〉

① 수입상은 수입국 또는 해외의 보증기관에 수출금융기관(export credit agency: ECA)을 수혜자로 하는 보증서의 발행을 신청한다.

② 보증기관은 수출금융기관(대출기관)을 수혜자로 하는 보증서를 발행한다. 일반적으로 보증기관이 발행하는 보증서를 수출상이 인수하여 대출기관에 제공한다.

③ 보증기관으로부터 보증서를 받은 대출기관(ECA)은 수출상에게 대출을 실행한다.

④ 대출기관으로부터 받은 자금으로 수출상은 수입상이 요구하는 상품을 제작·구매하여 수입상에게 수출한다.

⑤ 수입상은 상품을 인수하고 수입대금은 연불 또는 일시불로 지급한다.

■ ECA (Export Credit Agency)

개발도상국에서 선진국에 이르기까지 대부분의 국가는 자국의 수출을 촉진하고 고용을 확대시키기 위하여 자국기업들의 수출을 지원한다. 이를 위하여 국가마다 수출금융을 제공하는 별도의 수출금융기관(ECA)을 운영한다. 우리나라에서는 수출입은행(KEXIM)과 무역보험공사(KEIC)가 수출금융기관의 수출금융 업무를 담당하고 있다. 예를 들면 미국에는 US EXIM, 프랑스에는 Coface, 일본에는 JBIC와 NEXI 등이 있다.

2) 구매자의 신용공여방식 (Buyer's Credit)

해외의 수입상이 국내의 대출은행(수출금융기관)이 제공하는 대출의 차주가 되고, 수출금융기관의 대출을 받은 해외의 수입상이 그 자금으로 국내의 수출상에게 신용(금융)을 제공하는 방식, 즉 상품(예; 플랜트)제작에 필요한 자금을 선급금(수출상 입장에서는 선수금) 형태로 지급하는 방식을 구매자(수입상)의 신용공여방식(buyer's credit)이라 한다.

그림 17-7 _ 구매자(수입상)의 신용공여방식(Buyer's Credit)

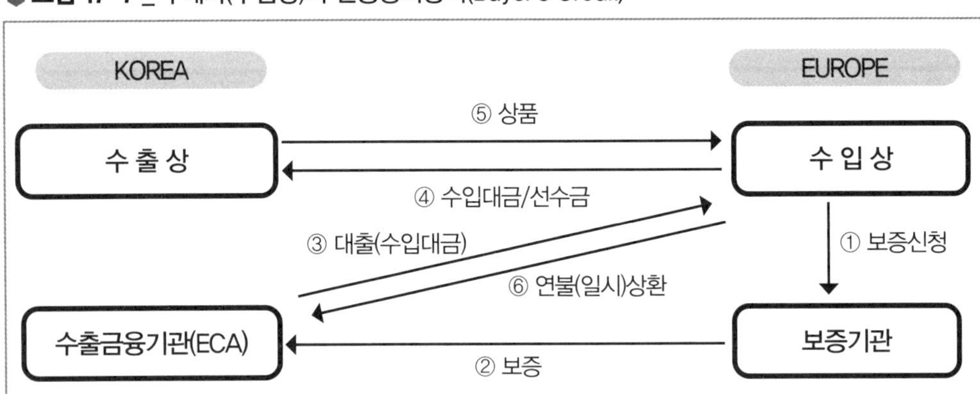

〈금융구조와 현금흐름〉

① 수입상은 보증기관에 대출기관(ECA)을 수혜자로 하는 보증서의 발행을 신청한다.

② 보증기관은 대출기관을 수혜자로 하고 보증서를 발행한다.

③ 보증서를 받은 국내의 수출금융기관(ECA)은 해외의 수입상에게 대출을 제공한다. 이 때 수출금융기관이 대출은행이 아니고 수출보험기관인 경우 수출상은 별도의 대출은행을 구하고 수출보험을 대출은행에 양도한다.

④ 수입상은 수출상의 요구에 따라 수입대금의 일부인 선수금을 수출상에게 지급한다(또는 상품을 수입하고 수입대금을 지급한다).

⑤ 수입상은 수입상품을 인수한다.

⑥ 수입상은 대출상환 조건에 따라 연불(또는 일시불)로 상환한다.

3) 공급자신용공여방식과 구매자신용공여방식의 차이

두 방식의 가장 큰 차이점은 공급자신용공여(supplier's credit)방식의 차주는 수출상이지만 구매자신용공여(buyer's credit)방식의 차주는 수입상이라는 점이다. 그리고 두 방식의 가장 중요한 공통점은 수출금융기관(ECA)는 ① 적격의 금융기관, ② 수입국 정부기관 또는 ③ 수입국 중앙은행 등의 보증을 요구한다는 점이다.

한편 수출상 입장에서 ① 공급자신용공여방식을 선택하면 매출(수출)을 증대시킬 수 있다는 장점은 있으나 수출상(공급자)의 재무구조가 악화된다는 단점이 있다. 반대로 ② 구매자신용공여방식을 선택하면 수출상(공급자)의 재무구조를 악화시키지 않고 매출(수출)을 증대시킬 수 있다는 장점은 있으나, 수출금융기관(ECA)의 차주로서 적격의 수입상을 찾기가 어렵다는 단점이 있다.

3. 생산물금융의 구조와 현금흐름분석

(Commodity Finance Structure & Cash Flow Analysis)

〈상황〉 유럽에 소재하는 A기업은 동유럽의 철광석 생산자로부터 철광석을 구매하여 서유럽에 있는 3~4군데의 구매자에게 그 철광석을 판매하고 있다. 그러나 최근에 철광석 생산자(독점생산자)가 선수금을 요구하고 있으며 이 요구조건을 A기업(구매자)이 수락하지 않으면 거래관계가 악화될 전망이다. 따라서 A기업은 기존 거래관계를 원만히 유지하기 위하여 생산자에게 구매자신용신용공여(buyer's credit)방식을 다음과 같이 제공 하기로 하였다.

그림 17-8 _ 생산물금융(commodity finance)의 구조와 현금흐름분석

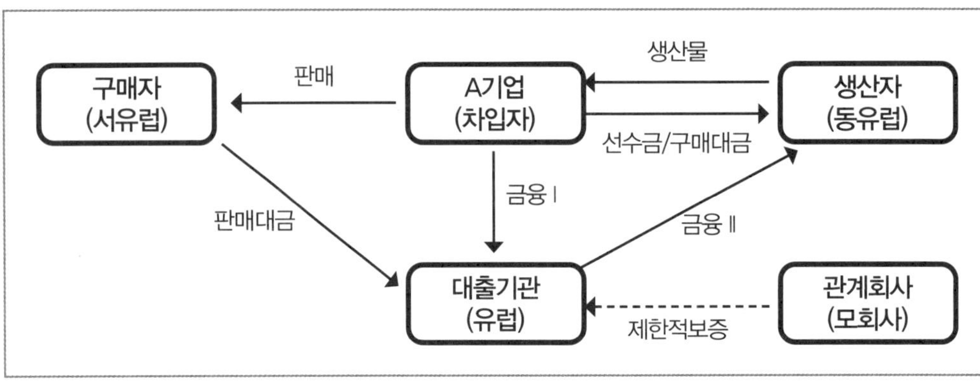

〈금융구조와 현금흐름분석〉

A기업과 생산자 관계에서 A기업은 구매자이고 생산자는 판매자이다. 반면에 서유럽의 구매자와 A기업의 관계에서는 A기업이 판매자이다.

① 대출기관은 A기업(구매자)과 생산자 간의 구매계약서 및 A기업(판매자)과 구매자 간의 판매계약서를 검토한다.

② 대출기관은 생산자로부터 구매하는 미래생산물을 담보로 하고 서유럽의 구매자로부터 유입되는 현금흐름을 담보로 하는 금융조건으로 금융금액을 산정한다.

③ 차입자가 금융만기 이전에 정상적인 영업활동, 즉 구매계약에 따른 구매활동과 판매계약에 따른 판매활동을 중단하면 상환재원인 판매대금의 회수가 중단되어 채권회수에 문제가 발생하게 된다. 그러므로 대출기관은 차입자가 금융 만기까지 정상적인 영업을 이행할 것에 대한 제한적인 보증, 예를 들어 계약이행보증을 관계회사 또는 모기업으로부터 받는다.

④ 이상의 요건이 충족되면 대출기관은 차입자에게 대출을 실행하고 차입자는 받은 자금을 생산자에게 선수금(혹은 구매대금)으로 제공한다.

⑤ 차입자는 철광석을 구매하고 구매대금을 결제할 때는 미리 지급한 선수금의 일부를 상계하고 그 차액을 지급한다.

⑥ 대출기관은 차입자가 서유럽에 철광석을 판매한 대금을 서유럽의 구매자로부터 직접 받아 원리금상환에 사용하고 잉여자금은 차입자의 계좌로 이체시킨다. 이때 대출기관은 대출실행 이전에 차입자로부터 서유럽에 소재하는 구매자가 구매대금을 차입자에게 지급하지 않고 대출기관에 지급하겠다는 지급동의서(acknowledgement of payment)를 받기도 한다.

⑦ 이 구조에서 생산물금융의 차입자는 생산물의 구매자, 즉 A기업(금융 I)이다. 그러나 일반적으로 생산물금융은 생산자(금융 II)가 직접 차입자가 된다.

참 고

생산물금융과 구매자신용공여방식

상기 생산물금융을 보면 대출기관이 A기업에 제공한 금융은 (상품)구매금융에 해당하고, A기업이 생산자에게 제공한 선수금은 구매자신용공여(buyer's credit)방식에 해당한다. 계약이행보증을 제공한 모기업 또는 관계기업 입장에서 보면 대출기관이 A기업에 제공한 구매금융은 결과적으로 A기업(차입자)의 유럽판매(수출)를 촉진하거나 증대시키는 역할을 하였다.

4. 생산물금융 · 프로젝트파이낸스(PF) · 기업금융의 비교

(Commodity Finance vs Project Finance vs Corporate Finance)

① 프로젝트금융의 차입자는 프로젝트회사이지만, 생산물금융의 차입자는 일반적으로 생산자(그림 17-9에서 금융 II)가 된다.

② 프로젝트금융은 사업주의 장부외금융이지만, 생산물금융은 생산물구매자의 장부내금융이다.

③ 프로젝트금융은 채무불이행위험(default risk)이 높지만, 생산물금융은 상대적으로 채무불이행위험이 낮다.

④ 프로젝트금융은 프로젝트의 계획부터 실행까지 소요기간이 길어서 대출기간이 일반적으로 장기이지만, 생산물금융은 상대적으로 소요기간이 짧아서 대출기간이 단기 또는 중기이다.

⑤ 프로젝트금융보다 생산물금융의 대출기간이 상대적으로 짧기 때문에 금융비용도 상대적으로 낮다.

⑥ 프로젝트금융은 거액이며 그 위험이 높게 평가되고 일반적으로 신디케이션방식 중에서 공모방식으로 자금을 모집한다. 그러나 생산물금융은 거액이긴 하지만 프로젝트금융에 비하면 상대적으로 금액이 적고 그 위험이 낮게 평가되어 금융기관이 단독으로 대출을 지원하거나 신디케이션방식 중에서 사모방식으로 자금을 모집하고 금융을 지원한다.

⑦ 프로젝트금융에서 제한적인 보증을 제공하는 자는 프로젝트에 따라 이해당사자가 보증인이 될 수 있지만, 생산물금융에서는 차입자보다 기업의 영업규모가 크고 재무구조도 보다 건실한 모기업 또는 관계기업이 보증인이 된다.

⑧ 기업금융은 차입자가 판매대금을 회수하지만, 생산물금융은 대출기관이 판매대금을 회수하는 구조를 갖는다.

⑨ 기업금융의 보증내용은 원리금상환에 대한 차입성보증을 대출기관에 제공하지만, 생산물금융의 보증은 계약이행과 같은 제한적인 보증을 제공한다.

⑩ 대출기관 입장에서 기업금융은 대출자금의 사용에 대한 추적이 어렵지만, 생산물금융은 대출자금의 사용에 대한 추적이 용이하다.

⑪ 기업금융의 상환재원은 불확실하지만, 생산물금융에서는 생산물의 판매 대금회수로 유입되는 미래현금흐름이 상환재원이 된다.

5. 대출기관의 위험분석 (Lender's Risk Analysis)

대출기관의 금융위험은 차입자의 채무불이행위험(default risk)에 있다. 그러나 생산물의 구매활동과 판매활동이 금융만기일까지 정상적으로 계속된다고 가정하면 채무불이행위험은 매우 낮아진다.

왜냐하면 채권보전에는 ① 정상적인 판매대금 회수로 인한 현금유입, ② 생산자에 대한 미결제선수금에 해당하는 생산물청구권, ③ 차입자가 서유럽의 구매자에게 생산물을 판매하고 결제하지 않는 매출채권에 대한 청구권이 있기 때문이다.

그러므로 생산물금융의 성패는 금융기간 동안에 지속되는 차입자의 정상적인 영업활동에 달려 있다고 분석된다. 따라서 생산물금융의 성공을 위해서 대출기관은 다음의 사항을 면밀히 점검해야 한다.

① 생산물: 생산물가격의 추세, 생산자의 생산능력, 생산물의 생산량, 생산자와 차입자 간에 체결한 계약서의 내용

② 구매자: (서유럽의) 구매자의 대금결제조건, 구매자의 연체사실, 구매자의 신용상태(예; 신용평가기관의 신용등급 등) 등

③ 차입자: 해당시장(서유럽시장)에서 차입자의 영업능력과 신용상태

④ 보증인: 보증인의 신용상태 및 상환능력 등

판매계약서 담보대출 '커모디티 파이낸싱'
삼성물산, 1억 2천만 달러 차입

삼성물산은 첨단 금융기법인 '커모디티 파이낸싱(Commodity Financing)'방식으로 1억 2천만 달러를 해외에서 차입했다고 밝혔다. 커모디티파이낸싱은 은행이나 관계사의 지급보증 없이 기업의 판매계약서 등을 담보로 차입하는 첨단금융기법이다.

삼성물산은 이날 영국 런던에서 공동주간사인 네덜란드의 ING은행 및 프랑스 크레디리요네은행과 차입계약을 맺었다. 차입계약은 독일 현지법인의 이름으로 이뤄졌으며 금리는 런던 은행간 금리(리보)에 3.5%포인트를 더한 수준이다. 계약기간은 1년기준으로 매년 갱신이 가능하다. 삼성물산 독일법인은 자금을 차입하면서 장기구매 및 판매계약서를 ING은행 및 크레디리요네은행에 담보로 제공했다. 이렇게 되면 차입금은 일종의 수출선수금 성격을 띠게 된다고 회사 측은 설명했다.

삼성물산 독일법인은 구미선진기업과 연간 6억 달러 규모의 비철금속 영업을 하고 있다. 독일법인은 동유럽 및 구러시아 지역에 대한 시장개척 전진기지로 철강 카메라 및 반도체에서 3국 간 거래에 탁월한 경쟁력을 갖추고 있어 현지 금융업계에서 신용이 우량한 기업으로 알려져 있다.

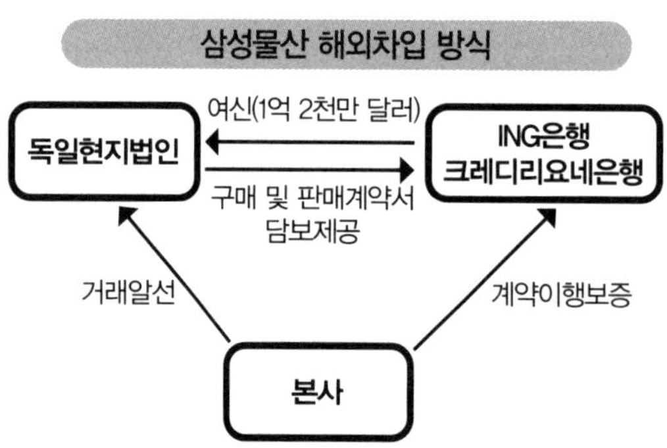

삼성물산 관계자는 "국제통화기금(IMF)사태 이전에는 본사지급보증만으로도 쉽게 자금을 차입할 수 있었지만, 차입이 불가능해 새로운 기법을 동원하게 됐다."고 설명했다.

그러나 이 같은 방식으로 해외차입을 하려면 장기판매계약을 많이 확보하고 있어야 한다. 종합상사업계는 이 같이 새로운 금융기법을 활용해 해외차입이 재개될 경우 종합상사의 수출기능이 강화될 수 있을 것으로 전망했다.

※ 자료: 한국경제 1999년 1월 28일 자

연습문제

제 17 장

1. 자산담보부증권(CDO)의 내용 및 특성을 설명하시오.

2. 신용연계채권의(CLN)의 내용 및 특성을 설명하시오.

3. 합성CDO(Synthetic CDO)의 내용 및 특성을 설명하시오.

4. 신용파생상품과 ABCP 혼합구조의 내용 및 특성을 설명하시오.

5. 환매조건부채권매입금융(Reverse REPO)의 내용 및 특성을 설명하시오.

6. 생산물금융(Commodity Finance)의 내용 및 특성을 설명하시오.

부록

위험가중자산의 계산과 신용환산율

위험가중자산의 계산과 신용환산율

1. 위험가중치의 적용(신 BIS협약 표준방법) 〈개정 2008.2.21〉

감독당국에 의해 공인된 외부신용평가기관이 부여한 신용등급에 따라 사전 정의된 신용등급별 위험가중치 적용

(단위 : %)

구 분	현 행	AAA~ AA–	A+~ A–	BBB+~ BBB–	BB+~ BB–	B+~ B	B– 미만	무등급
				신 BIS협약 (표준방법)				
국가 및 중앙은행	0	0	20	50	100		150	100
은 행	20	20	50	100			150	100
기 업	100	20	50	100		150		
자산유동화증권	100	20	50	100	350	자기자본에서 차감		

- 자국통화 표시의 정부 익스포져: 0%
- 소매익스포져(개인 및 중소기업법에 의한 중소기업): 75%
- 거주용부동산담보대출: 35%
- 투자주식: 상장 · 등록주식(100%), 비상장 · 비등록주식 및 출자전환채권(150%)

2. 부외항목의 신용환산율

부외항목의 익스포져는 해당 거래와 관련된 계약금액에 다음 표에서 정하는 신용환산율을 곱하여 산출한다.〈개정 2008.2.21〉

환산율	항 목	예 시
100%	(1) 일반 채무보증(대출과 유가증권에 대한 보증신용장포함) 및 인수(인수성격의 배서 포함) 등 직접적인 신용대체 수단 (2) 원본 또는 이익보전계약이 있는 신탁상품 관련 자산	• 사채발행지급보증, 융자담보 지급보증 등 • 신용파생상품 매도
50%	(3) 특정거래와 관련된 우발채무(입찰보증, 계약이행보증, 특정거래 관련 확정보증신장 등) (4) NIF(Note Issuance Facilities) 및 RUF(Revolving Undewriting Facilities) (5) 원만기 1년 초과 기타약정(할인어음 및 외국환 관련 약정 포함)	• 수입화물선취보증, 계약이행보증, 입찰보증, 확정수출선수금환급보증 등 • 당좌대출, 회전대출 약정액 중 미인출 한도 등
20%	(6) 단기의 자동결제성 무역관련 우발채무(상업신용장 등) (7) 단기의약정(할인어음 및 외국환 관련 약정 포함) (8) 특정거래 관련 미확정 보증신용장	• 신용장 개설 관련 지급보증 등 • 당좌대출, 회전대출약정액 중 미인출한도, 미확정 수출선수금환급보증 등
0%	(9) 은행이 사전통지 없이 항시 취소 가능한 약정 또는 거래상대방의 신용약화 시 자동적으로 취소되는 약정	

※ 주 1): 부외항목에 대하여 약정을 제공하는 경우 금융기관은 해당 부외항목에 대한 신용환산율과 해당약정에 대한 신용환산율 중에서 낮은 것을 적용한다.

주 2): 금융기관이 대리인의 지위로 고객과 제3자 간의 환매조건부유형거래(환매조건부채권매수, 환매조건부채권매도, 유가증권의 대여 및 차입거래 등)를 주선하면서 고객에 대하여 보증을 제공하는 경우 주선하는 해당거래 당사자의 리스크를 금융기관의 리스크로 본다. 이 경우 금융기관은 100%의 신용환산율을 적용하여 거래당사자인 경우와 동일하게 자기자본을 보유하여야 한다.

참 고 문 헌

제1장~제4장

- 강병호 · 서정호 · 옥기율, 「금융리스크관리」, 박영사(2000.9), pp. 3~62.
- 권성일, 「최신기업신용분석(제6판)」, 한국금융연수원(2011), pp. 42~45, pp. 258~272,
- 금융감독원, 「은행경영통계(2002. 6)」, p. 7.
- 금융감독원, 「검사업무편람(Ⅱ-1)」, pp. 293~295.
- 금융감독원, 「금융회사의 통합리스크관리 모범규준(2002. 5)」, pp. 3~13.
- 금융감독원, 「시장리스크 기준 자기자본보유제도 해설(개정~2001. 11)」, pp. 10~27.
- 김영문, 「포페이팅의 이론과 실체」, 한국수출입은행(1999. 1), pp. 3~45, pp. 101~135.
- 김남주, 「국제금융관계법률」, 한국금융연수원(2000. 9),pp. 62~77, pp. 97~135.
- 손기원, 「기업회계기준과 실무전략(제6판)」, 경영베스트(2000.3), pp. 411~418.
- 오세경 · 김진호 · 이건호, 「위험관리론」, 경문사(2001. 8), pp. 151.
- 이참수 · 정기성, 「BIS와 금융기관 경영관리」, 두남(2002. 7),pp. 169~201.
- 이영하, 「신용조사와 대출심사관리」, 육법사(1990. 1), pp. 292~330.
- 조아현 · 이승국, 「금융리스크」, 세경사(2002. 3),pp. 19~36.
- 윤범, 「신용조사와 대출심사관리」, 육법사(1990. 1), pp. 292~330.
- 양남하, 「최신대출심사기법」, 경문사(2002. 1), pp. 139~200.
- 은행업감독업무시행세칙(2002. 3. 29).

- Arthur G. Pulis Ⅲ, "Negotiating A Bank Loan", Probus Publishing Co(1991), pp. 127~142, pp. 181~200.
- Brian J. Terry,"International Finance and Investment - Multinational Corporate Banking", The Chartered Institute of Bankers(1990), pp. 123~161, pp. 257~296.
- Eugone F. Brigham Louis C. Gapenski, Michael Cehrhardt, "Financial Mangement Theory and Practice", Ninth edition, The Dryden Press(1999), pp. 835~838.
- George E Ruth, "Commercial Lending", American Bankers Association(1987), pp.

227~263.

- Jay M. McDonald and John E Mckinley,"Corporate Banking", American Bankers Association(1984), pp. 211~244.
- Morton Glantz,"Loan Risk Management". Probus Publishing Co(1994), pp. 89~103.
- Margrith Lutschg-Emmenegger, "A Guide To Forfaiting", Euromoney Books (1998), pp. 11~39.
- Tony Rhodes,"Syndicated Lending Practice and Documentation(second edition)", Euromoney Publications(1996), pp. 125~144.
- William Sihler,"Classics in Commercial Bank Lending(Volume I)", Robert Morris Associates(1981), pp. 213~228.

제5장~제7장

- 김한수 외 3인 공저, 「국내외 기업금융실무」, 국제금융연구원(1997.2), pp. 449~478.
- 김재철, 「무역실무메뉴얼」, 한국무역협회(2002. 4), pp. 121~155, pp. 222~238.
- 이대우, 「수입실무(제4판)」, 한국금융연수원(2001. 5), pp. 66~119, pp. 157~191.
- 이창식, 「손에잡히는 수출입업무」, 한국금융연수원(2010), pp. 274~283.
- 김용해, 「수출실무(제5판)」, 한국금융연수원(2001. 5), pp. 14~29, pp. 186~198.
- 홍종덕, 「신용장과 언페이드」, 두남(1998. 1), pp. 9~42, pp. 181~192.
- 황성민, 「수출입 · 외환실무영어」, 한국금융연수원(2002. 6), pp. 138~175.
- 황성민, 「무역금융(제7판)」, 한국금융연수원(2003. 3), pp. 70~100.

- Alan E. Branch, "Import / Export Documentation", Chapman and Hall(1990), pp. 112~135.
- Alasdair Watson, "Finance of International Trade(3rd edition)", The Institute of Bankers(1985), pp. 51~65, pp. 87~100.
- B. C. White, "A Simple Guide to Trade Finance", The Chartered Institute of Bankers(1991), pp. 162~186.

• Michael Rowe, "Guarantee", Euromoney Publications(1987), pp. 29~36, pp. 71~128.
• Michael Rowe, "Letter of Credit", Euromoney Publications(1985), pp. 122~141.
• Howard Palmer, "International Trade Finance", Euromoney Publications(1995), pp. 17~36, pp. 47~55, pp. 107~111.

제8장~제10장

• 김운섭 · 정헌구, 「외환실무」, 형설(2000. 7), pp. 47~68, pp. 143~164.
• 김성훈, 「환리스크대응방안」, 두남(2002. 9), pp. 59~184.
• 김정수, 「환위험관리해법」, 두남(2000. 7), pp. 109~120, pp. 165~173.
• 김철중 · 윤평식역, 「파생상품의 평가와 헷징전략」, 탐진(2001. 1), pp. 225~255.
• 금융감독원, 「외환리스크관리」, 탑존(2002. 11), pp. 57~165.
• 금융감독원, 「금융회사의 파생상품거래 관련자료집(2002. 4)」, pp. 6~11.
• 금융감독원, 「외국환계정해설」(2001. 8), pp. 8~10.
• 남상구 · 이영기 · 최승두 공역, 「기본투자론」, 한국맥그로힐(2002), pp. 351~389.
• 박정수 · 정경태 · 이철민, 「고급 파생금융상품의 실무」, pp. 77~112.
• 신용모, 「외환위험관리」, 형설출판사(2003. 2), pp. 288~306.
• 윤평식 · 김철중 · 정태영, 「선물 · 옵션 · 외환 이론과 실전문제」, 탐진(2001. 3), pp. 11~24, pp. 151~181.
• 오인환 · 장동기 · 정대길 · 김선화, 「파생상품의 이해와 헤지회계」, 영화조세통람(2003. 1), pp. 73~80.
• 이강남, 「국제금융론(제3진정판)」, 법문사(2003. 3), pp. 137~197, pp. 381~440.
• 지호준, 「환위험관리」, 경문사(2000. 7), pp. 255~299.
• 주상룡 · 지홍민역, 「옵션과 금융선물」, 시그마프레스(1999. 3), pp. 25~87.
• 장홍범, 「국제금융기초」, 한국금융연수원(2003. 4), pp. 73~80, pp. 207~221.
• 한완선, 「금융스왑의 이해」, 두남(2002. 12), pp. 159~172.

• Alan McDougall, "Mastering Swaps Markets", Prentice Hall(1999), pp. 51~78.

• Boris Antl, "Swap Finance(Volume I)", Euromoney Publications(1987), pp. 3~29. Euromoney Publications(Volume II), pp. 117~138.
• Gavin Gray and John Watson,"The Swaps Conpendium", Euromoney Publications (1995), pp. 34~62.

제11장~제14장

• 김필규, 「유동화 기본개념 및 구조」, 한국금융연수원강의교재(2007).
• 구맹회 · 김병곤, 「채권투자의 이해」, 법문사(2000. 6), pp. 163~249.
• 김규진, 「부동산증권화」, 한국금융연수원강의교재(2007).
• 김규형, 「신용위험의 측정과 관리」, 한국금융공학컨설팅(2000. 1), pp. 223~270.
• 김대호 · 오세호, 「투자론」, 경문사(2002. 1), pp. 331~368.
• 김환년, 「부동산금융」, 한국금융연수원강의교재(2007), pp. 26~32.
• 김형철, 「증권시장론」, 신론사(2002. 3), pp. 191~236.
• 김형태 · 이준희, 「신용파생상품에 관한 연구」, 한국증권연구원(2000), pp. 29~64.
• 김지수 · 정기웅, 「통신연수 리스크관리1」, 한국금융연수원(2001), pp. 94~137.
• 대우증권, 「회사채발행 안내(2002. 4)」, pp. 35~144.
• 박동규, 「프로젝트파이낸싱의 개념과 실체」, 한국프로젝트관리기술회(1999. 9), pp. 17~226.
• 박진우, 「파생금융상품」, 명경사(2003. 7), pp. 236~270.
• 반기로, 「프로젝트파이낸스(제3판)」, 한국금융연수원(2003. 3), pp. 24~248.
• 성태홍 · 정해근 · 최도성, 「파생금융상품과 금융위험관리」, 경문사(2003. 1), pp. 427~556.
• 수출입은행(www.koreaexim.go.kr), 수출지원금융(2003. 11).
• 신창득, 「프로젝트파이낸싱」, 한국금융연수원강의교재(2007), pp. 71~73.
• 오세경 · KPMG 역, 「신용위험측정」, 경문사(2002. 8), pp. 184~199.
• 유선종, 「부동산금융용어사전」, 부연사(2006. 8), pp. 89~105.
• 유진, 「채권과 이자율파생상품」, 경문사(2003. 3), pp. 75~124.
• 윤평식, 「고정수익증권론」, 탐진(2001 .12), pp. 21~234.

- 이용호 · 심충진, 「기업회계기준」, 한국금융연수원(2003. 4), pp. 195~201.
- 이상구, 「채권투자론」, 솔로몬채권연구소(2002. 6), pp. 125~276.
- 이창복, 「국체채」, 한국금융연수원(2001. 9), pp. 165~225.
- 임석필, 「증권투자의 이해」, 창민사(2002. 3), pp. 251~268.
- 이건호, 「신용파생상품의 이해와 위험관리에의 활용」, 한국금융연구원(1999. 4), pp. 4~60.
- 자산유동화실무연구회, 「금융혁명~ABS」, 한국경제신무사(2002. 12), pp. 19~170.
- 이정민, 「부동산개발을 위한 프로젝트파이낸싱제도」, 강의교재(2007).
- 장욱 · 박종원, 「신용위험관리」, 한국금융연수원(2002. 10), pp. 159~295.
- 최수석, 「부동산개발금융」, 한국금융연수원강의교재(2007).
- 현충호 · 박종덕 · 김재운공저, 「부동산금융의 이해」, 부연사(2007. 1), pp. 152~173.
- 한국금융연수원, 「자산유동화관련법률」, 강의교재(2007).
- 한국신용정보(박신영 · 배해원 · 이형진 · 서형민), 「2006 NICE Structured Finance Rating Methodology」.

- Andrew Kasapi,"Mastering Credit Derivatives", Pearson Education imited(1999), pp. 21~89.
- Clifford Chance,"Project Finance", IFR Publishing Co(1994), pp. 19~82.
- Frank J. Fabzzi, "The Handbook of Fixed Income Securities(six edition)", McGraw~Hill (2001), pp. 1103~1106.
- Isabelle J. Kayaloff, "Export and Project Finance", Euromoney Publications(1998), pp. 14~80.
- Janet M. Tavakoli, "Credit Derivatives & Synthetic Structures(second edition)", John Wiley & Sons(2001), pp. 73~140.
- Julion Roche,"Commodity~linked Derivative", IFR Publishing Co(1993).
- John H. Chaison and Frank J. Fabozzi, "The Trading and Securitization of Senior Bank Loans", Probus Publishing Co(1992), pp. 173~201.
- Pricewaterhouse Coopers, "Credit Derivatives – Applications for Risk Management", Euromoney Publications(1998), pp. 1~21.

- Robert Jameson,"Credit Derivatives", Risk Books(1998), pp. 9~36.
- Richard Tinsley,"Advanced Project Financing", Euromoney Books(2002), pp. 1~26.
- Zoe Shaw,"International Securitigation", Macmillan Publishers Ltd(1991), pp. 34~92.

색 인

ㅇ

ㅈ

ㅊ

ㅌ

ㅍ

ㅎ

A

B

C

D

E

O

P

R

S

T

U

W

■ **저자 권성일**

- 부산대학교 경제학과 졸업
- 부산대학교 경영대학원 졸업(경제학 석사)
- HSBC 서울지점 심사부 애널리스트 및 여신팀장
- 크레디리요네은행 서울지점 기업금융담당 RM 및 이사
  - 전)성균관대학교 Executive 금융 MBA 초빙교수
  - 전)한국금융연수원 실무전문교수 (기업금융부문)
- 저서
  - 「최신기업신용분석」, 한국금융연수원(2025)
  - 「신용분석기초3」(통신연수 교재), 한국금융연수원(2025)
  - 「기업금융종합마케팅2」(통신연수 교재), 공저, 한국금융연수원(2025)
  - 「K-IFRS 재무제표분석과 상장기업분석」, 한국금융연수원(2013)
  - 「기업금융컨설팅과 지원전략」, 한국금융연수원(2018)
  - 「핵심 종합신용평가연습」, 한국신용분석사회(2002)
  - 「악보없이 치는 드럼노트」, 바로북인쇄소(2021)

기업금융실무와 위험분석

1판 1쇄	2016년 1월 20일
5판 1쇄	2025년 11월 5일
저 자	권성일
발 행 인	이준수
발 행 처	한국금융연수원 출판미디어사업부 03053 서울특별시 종로구 삼청로 118
전 화	02)3700-1500
팩 스	02)3700-1530
홈 페 이 지	www.kbi.or.kr
등 록	1990년 4월 20일(제1-1040호)

〈정가 : 26,000원〉 ISBN 978-89-287-8285-7 13320

한국금융연수원 자격검정시험 안내

•「국가공인자격」은 자격기본법에서 정한 기준과 절차에 따라 국가가 공인한 자격으로 신용분석사, 여신심사역, 국제금융역, 자산관리사(FP), 신용위험분석사(CRA), 외환전문역 I종, 외환전문역 II종 등 7개의 자격이 있습니다.

•「자체인증자격」은 우리 원이 인정, 수여하는 자격으로 공개시험형 자체자격인 프라이빗 뱅커(CPB), 은행텔러, 영업점 컴플라이언스 오피서(은행)(보험)(증권), KBI 금융DT 테스트, 자금세탁방지 업무능력 검정시험 등 7개 자격이 있습니다.

구분	자 격 명 (공인/등록번호)	응시료	자격소개
국가공인자격	신용분석사 (제2024-1호) (2008-0438)	전과목 : 66,000원 1부 : 28,000원 2부 : 39,000원	금융회사의 여신관련 부서에서 기업에 대한 회계 및 비회계자료 분석을 통하여 종합적인 신용상황을 판단하고 신용등급을 결정하는 등 기업신용 평가업무를 담당하는 금융전문가
	여신심사역 (제2024-2호) (2008-0439)	전과목 : 66,000원 1부 : 28,000원 2부 : 39,000원	금융회사의 여신심사 담당자로서 경제상황과 기업의 재무, 비재무상태 등을 분석, 파악하여 적정한 대출심사 의견서 작성, 대출이율 및 대출기간 결정 등 대출실행 여부를 판단하고 자금의 효율적 운용, 대손 방지를 위한 제반조치, 여신의 법률적 검토, 사후관리업무 등 여신업무와 관련한 종합적인 업무를 수행하는 금융전문가
	국제금융역 (제2021-1호) (2008-0440)	전과목 : 66,000원 1부 : 33,000원 2부 : 33,000원	금융회사의 국제금융 관련 부서에서 국제금융시장의 동향파악, 분석 및 예측 등을 통하여 외화자금의 효율적 조달과 운용업무를 담당하고 이에 따른 리스크관리 등 국제금융 관련 업무를 수행하는 금융전문가
	신용위험분석사(CRA) (제2023-2호) (2008-0442)	1차 : 77,000원 2차 : 88,000원	금융회사 및 기업신용평가기관 등에서 개인과 기업에 대한 신용상태를 조사평가하고 신용위험을 측정 · 관리하는 여신전문가
	자산관리사(FP) (제2020-1호) (2008-0441)	전과목 : 55,000원 1부 : 28,000원 2부 : 28,000원	금융회사 영업부서의 PB(Private Banking) 팀에서 고객의 수입과 지출, 자산 및 부채현황, 가족상황 등 고객에 대한 각종 자료를 수집, 분석하여 고객이 원하는 Life Plan 상의 재무목표를 달성할 수 있도록 종합적인 자산설계에 대한 상담과 실행을 지원하는 금융전문가
	외환전문역 I종 (제2020-1호) (2008-0436)	전과목 : 55,000원	금융회사의 외환업무 중 외국환 거래 법규 및 외환거래실무를 이해하고 고객의 외화 자산에 노출되는 각종 외환 리스크를 최소화시키는 등 주로 개인 외환과 관련된 직무를 담당
	외환전문역II종 (제2020-1호) (2008-0436)	전과목 : 55,000원	금융회사의 외환업무 중 수출입업무 및 이와 관련된 국제무역규칙을 이해하고 외환과 관련된 여신 업무를 수행하는 등 주로 기업 외환과 관련된 직무를 담당
자체인증자격	은행텔러 (2008-0437)	전과목 : 55,000원	창구에서 일어나는 제반업무에 대해 신속하고 친절한 업무수행과 정확한 업무처리로 고객에게 도움을 주고 상담을 통해 문제해결을 하도록 도와주는 금융전문가
	영업점 컴플라이언스 오피서(은행) (2010-0118) (보험, 증권) (2013-0702,0703)	전과목 : 각 44,000원	금융회사의 영업점에서 준법관련 법규와 감독기관의 감독규정이 정한 내용과 취지를 충분히 이해하고 업무 수행과정에서 이를 준수하며, 영업점에서 발생 가능한 금융사고 및 민원사항이 발생하지 않도록 사전적 예방 차원에서 그 준수사항의 이행을 점검하는 금융전문가(은행, 보험, 증권 분야별로 자격이 구분됨)
	프라이빗뱅커 (CPB) (2018-004091)	1차 : 110,000원 2차 : 342,000원 (실무교육)	개인고액자산가의 자산 및 수익증대를 실현하기 위해 금융분야 전반에 걸쳐 종합적인 금융상담과 실행을 지원할 수 있는 최고급 수준의 금융자산설계전문가
	KBI 금융DT 테스트 (2021-001872)	전과목 : 44,000원	금융인 및 예비금융인을 대상으로 디지털금융 전반에 대한 기본지식과 업무활용능력 등 금융DT 관련 기본역량 평가
	자금세탁방지 업무능력 검정시험 (2023-004792)	전과목 : 66,000원	금융시스템을 이용한 자금세탁행위와 공중협박자금조달행위를 적발 및 예방할 수 있는 전문적인 업무역량 평가

소비자 알림사항

•상기 "프라이빗뱅커(CPB)", "영업점컴플라이언스 오피서(은행)(보험)(증권)", "KBI 금융DT 테스트", "은행텔러", "자금세탁방지 업무능력 검정시험" 자격은 자격기본법 규정에 따라 등록한 민간자격으로, 국가로부터 인정받은 공인자격이 아닙니다.

•민간자격 등록 및 공인 제도에 대한 상세내용은 민간자격정보서비스 (www.pqi.or.kr)의 '민간자격 소개'란을 참고하여 주십시오.

기타

•응시료 환불 규정 : 접수기간 중 100%, 접수기간 종료 후 시험일 5일전 18시까지 50% 환불/이후 환불 불가

•자격 공인번호는 재공인시점에 따라 변경될 수 있으며, 응시료, 환불규정 등은 응시 시점에 따라 변경될 수 있으니 자격시험 응시 전 반드시 한국금융연수원 홈페이지에서 응시하고자 하는 자격시험에 관한 최신 정보를 확인하시기 바랍니다. 자격시험에 관한 자세한 사항은 한국금융연수원 홈페이지를 참조하시기 바랍니다.

•주소 : 서울특별시 종로구 삼청로 118 / TEL : 02-3700-1500 / 홈페이지 : www.kbi.or.kr